自　序

　　建设法治社会是我国今后若干年内的一项重大的社会工程。法治社会不但要有完整的法学理论，还要有完善的法律制度，但更需要具有深厚的法律文化的载体，即一大批有法律意识的公众。法学理论的繁荣靠学者的研究，法律制度的完善靠立法机构的创制即"立法"，而法律文化的形成则要靠广泛的国民教育与长期的社会养成。只有形成一个人数众多的"了解法律制度、尊重法律制度、服从法律制度"的法律文化载体群时，法律制度才会深深地植根于人心，法律文化才会普及于全社会，法治社会才能在我国真正确立。而接受过现代教育的青年学生应该成为我们这个社会的良好的法律文化载体群。本书旨在帮助大学生读者形成有利于其谋生与创业的法律制度意识，增强其在今后谋生与创业中应对及防范法律风险的能力。

　　了解法律制度是形成良好法律文化的开端。在大学生中占绝大多数非法学专业学生应该学习哪些法律知识？这是我在长期的法学教育工作中经常在思考的问题。审视今天我国高校对非法学专业学生的法律知识的教育，根据不同专业虽然有《法律基础》、《法学概论》和《经济法》等课程，但这些课程内容对他们学习法律知识的要求既有不足，又有不适。《法律基础》作为高校法学教育的第一阶梯，显然不能满足学生在今后谋生与创业中应对及防范法律风险的需要。《经济法》课程的内容是根据法学专业的教学需要而特定的，其内容是为法学专业学生的需要而设定的，不适合非法学专业的学生。《法学概论》课程因其性质，决定了它必须追求较为完整的法学内容，对社会实际需求的针对性不强，所以也不适合大部分非法学专业的学生。而现代人才的知识结构中应该有必要的法律制度知识，应该有一门在《法律基础》之后，作为对非法学专业大学生进行第二阶梯法学教育的、有别于《经济法》与《法学概论》的课程和相应的教材，以适应培养"宽厚型、复合型"的中高端人才的需要。基于此想法，我们开始了本书内容的探索。

　　有利于学生"了解我国法律制度"是本书的初衷，但"了解我国法律制度"是一个大题目，这不是一本书能够完成，但又是本书试图基本完成的任务。根据绝大部分学生将来会在行政、管理、技术、商贸等领域工作，我们以规范这些领域相关行为的基本法律制度为脉络构架本书体系。本书相比《经济法》课程，具有知识面广的特点，它能覆盖行政法、劳动法、经济法、民商法、环境资源法等；相比《法学概论》则

1

具有知识重点突出,针对性、实用性强的特点,与一般学生在实际工作中联系不大的刑法、国际法和程序法等内容没有列入本书范围。书名之所以用"商务"、"中国"两词,一是考虑到书的内容与大学生毕业后的"谋生与创业"相关,二是因为本书知识点严格框定在"我国"范围之内。因此本书冠名为"中国商务基本法律制度"。

本书的逻辑起点是组织制度,因为现代社会的人的活动起点是加入到组织中去的,所以,组织的法律制度是可以成为社会法律制度的逻辑起点的。有了组织的法律制度化,才会有组织行为规范的法律制度化。在这个世界上为数极多的活动者是个人,组织不能与个人相比;但从对社会产生的影响看,能产生重大影响的主要不是个人,而是人的集合,即组织。组织不是一般的个人的集合,而是根据有特有规则、有常设机构、有特定目的,能有效、稳定运行的集合体。虽然自然人也会有对社会有影响的重大活动,但能通过组织活动的,影响尤其大。

本书首先从两个角度介绍了市场活动主体的规范,即社会市场管理主体的基本法律制度和商务活动主体的基本法律制度。第二章介绍调整商事活动组织与其成员之间劳动用工关系的法律制度,即劳动用工法律制度。公务员制度也是重要的人事制度,因为这方面的法律执行得较好,所以本书没有介绍。第三章介绍财产法律制度,财产是人们创业与谋生的物质基础,从大学生创业、谋生的情况看,掌握有关财产的法律制度是非常必要的。本书从有形财产和无形财产两个方面介绍我国财产制度。第四章介绍商事主体在市场活动中必须遵循的,以竞争法律制度、质量法律制度为核心的市场规则,这是确保商事主体在市场活动中不犯规所必须掌握的。第五章介绍以合同法、担保法为主要内容的市场交易基本法律制度。商事活动最后总要落实到交易上去,只有有了交易,人们的生产经营活动才有意义。所以,交易与保证交易安全的法律制度是非常重要的,大学生应该掌握。第六章介绍环境保护与资源利用法律制度。这是机关、企业乃至每一个公民都应当承担的基本社会责任,这种责任随着社会的进步会越来越具体、明确。社会生产与商务活动的实质是在利用资源、利用环境的基础上的活动,对此不加管理将会污染环境、破坏资源、贻害子孙。大学生应该掌握环境保护与资源利用的法律制度。

本书的侧重点是介绍法律制度,而不是研究法学理论。法学是以法律现象为研究对象的学科。那么,法律制度究竟是什么呢?学者们对制度的定义说法不一,但其基本内容大同小异。实际上制度是被社会管理者支持与推行的,要求人们普遍接受的、稳定的、可以反复实施的,违反者会受到相应制裁的社会规则。所以,制度就是规则、管理组织与制裁三者的有机结合。法律制度是指规则、管理组织与制裁三者都有法律依据的制度,是法治社会的基本社会制度,也是主体社会制度。制度(包括法律制度)的本质特点就是施行,不能违反,一旦违反就会受到制裁。制度在理论层面上讲也是可以讨论的,也可以作为研究对象,但与法学理论不一样的是,只要制度存在,无论人们对它评价如何都要施行,绝对不可以不施行,否则会产生社会混乱;而法学理论不会有这样的特性。

本书二版修改完成时,正是高校毕业生寻找工作之际,希望本书知识的传播能够有助于增强大学毕业生的能力,希望这些法律知识为大学生的就业能够提供必要的支持。

本书出版得到了上海交通大学出版社的大力支持。希望本书能在对非法学专业学生的法律知识教育中起到一定的作用,对增强大学生的谋生与创业有积极的意义。

编者

2009 年 4 月 3 日

目　　录

第一章 市场主体基本法律制度

市场主体是一个学理上的概念,在本书中定义为具备合法的身份、必要的能力,能按照自己的意志主动作出一定的行为,并能为自己的行为承担责任的个人与社会组织。不同的学科、一个学科内的不同的流派都可以按照不同的逻辑方法对市场主体作出不同的定义和分类。

市场行为是市场主体为实现自己的市场目的而实施的行为,本书把市场行为分为对市场秩序的行政管理行为和通过市场向社会提供产品与服务的行为两部分。相应的市场主体也有两类,一类是具有一定的行政权力,根据法律法规的规定以维持正常的市场秩序为目的,履行对市场商事活动的管理职能的社会组织。它们存在的全部意义就是根据法律法规,构造市场并维护正常的市场运行秩序,本身不参与,也不能参与具体的商业活动。为了将市场行政管理主体与其他行政管理主体在概念上区分出来,对专门履行对市场商事活动管理职能的社会组织定义为商事行政管理主体,简称"商事管理主体"。另一类是通过市场向社会提供产品和服务,并通过这种提供产品和服务的行为取得利润,缴纳税金,维持自己生存与发展,支持社会运行的个人和社会组织。它们存在的全部意义是向社会提供产品与服务以满足社会的合理需求,并在提供产品与服务的同时获取利润、缴纳税金。这类个人与社会组织定义为商业事务活动主体,简称"商事活动主体"。

任何一个成熟的社会都要求商事活动主体在市场活动中,一方面要遵循市场交易习惯、社会伦理规范构成的市场伦理的约束,另一方面要接受法律法规的约束。如果把这两种约束的最低规定称为市场活动的底线,那么只有有效地维持这个底线,市场才会是正常的。然而,趋利是商事活动的本质,由趋利引起的竞争总会使商事活动主体生成一种打破市场活动底线的冲动,这些冲动随时可能转为打破市场活动底线的行为。因此社会一定需要这样一个执行官,这个执行官能确保这个底线不被打破,能对冲击这个底线的行为进行有效的制止,这个执行官就是商事行政管理主体。

市场主体法律制度,就是规范商事行政管理主体和商事活动主体的组织构成、内部运行机制和组织职能的法律制度。任何一个国家的市场主体的组织构成与组织内部的运行机制都是法律化、制度化的,国家不允许任何人随便设计一套与法律化、制度化的市场主体结构与规则完全不同的组织构成与运行机制。至于市场主体的职能,也应是法律化、制度化的,尤其是商事行政管理主体的职能一定是法律

1

化、制度化的,依法行政是这些主体活动的第一的、最基本的准则,否则其管理行为无效。至于商事活动主体的职能,学界一般不用商事活动主体的职能这个概念,但无论从理论上讲,还是从客观上讲,商事活动主体应该有其社会职能,如提供合格产品与服务、纳税、保护环境等,这些都是商事活动主体在商事活动中应承担的基本的社会责任,也是其基本职能,这些基本社会责任或职能也是法律化、制度化的①。

第一节　商事行政管理主体法律制度

商事行政管理主体是指,具有行政管理权依法对商事活动主体及其商事活动行为进行行政管理的行政机关和法律法规授权的组织。任何一个商事行政管理主体都有一定的行政管理权,都对相应的商事活动主体及其商事行为具有行政管理权。整个社会的商事行政管理主体的组合及其权力体系应足以构成社会的完整的商事行政管理法律制度,这个法律制度的正常运行才能完成政府应当完成的构筑和维持正常社会商事活动秩序的社会责任。本书限于体系和篇幅,不能完整地介绍商事行政管理主体法律制度,只能概要地介绍商事行政管理主体法律制度,本节的知识只能作为读者了解、研究我国商事行政管理主体法律制度的入门指引。

一、商事行政管理人

行政主体是指享有国家行政权力,能以自己的名义代表国家,在法律法规授权的范围内对公众的行为进行行政管理活动,并对自己的行政管理行为独立承担法律责任的社会组织。行政主体的一个最显著的特征是获得法律、法规的明确授权,没有获得法律、法规授权的组织不能从事行政管理工作。社会对行政主体的最大限制是,它必须依据法律、法规,并只能在法律、法规授权的范围内,按照法定程序作出行政管理行为,没有法律依据的行政管理行为是不能产生法律约束力的行为。行政法理论把行政主体分为职权行政主体和授权行政主体两类。

商事行政管理主体是行政主体的一个分支,是指专门对社会商事活动进行行政管理的行政主体。它也是享有国家行政权力,能在法律法规授权的范围内,以自己的名义代表国家对公众的民商事行为进行行政管理活动,并对自己的商事行政

---

① 以我国公司法为例可以看出,商事活动主体的社会责任在商事主体法中也有规定.如该法第5条规定:公司从事经营活动,必须遵守法律、行政法规,遵守社会公德、商业道德,诚实守信,接受政府和社会公众的监督,承担社会责任.

管理行为独立承担法律责任的社会组织。商事行政主体的行政管理行为也要获得法律、法规的明确授权。没有获得法律、法规的授权它就不能从事行政管理工作。商事行政管理主体可以分为职权性行政主体和授权性行政主体两类。

(一) 商事行政管理人的分类

1. 职权行政管理主体

职权行政管理主体是指根据宪法或组织法成立的组织[①]，即各级各类国家行政机关。如北京市人民政府，江苏省南京市人民政府，上海市宝山区人民政府等。职权行政管理主体设立的目的就是为了完成某项行政管理职能。所以，它们自成立时就当然取得行政管理主体资格，即享有行政管理权。所以，它们一成立就能以自己的名义实施管理活动，并独立承担相应的法律后果。职权行政管理主体的职能范围和管理权力由宪法、组织法在设定国家行政机关时就直接作出规定。

2. 授权行政管理主体

授权行政管理主体是经法律、法规规定的授权而获得某项行政管理权的社会组织。授权行政管理主体可以是行政机构、事业单位，也可以是社会团体和企业单位。这些组织的设立本意并非是为了完成后来授权的行政职能，但它们经法律法规授权后就成为行政管理主体。

授权行政主体的行政管理职权的来源是法律法规的授权，具体有两种授权方式，一是法律、法规的直接授权。如：我国《铁路法》第 3 条规定"国家铁路运输企业行使法律、行政法规授予的行政管理职能。"在这里，铁路运输企业就是授权行政管理主体，它的行政管理职能是《铁路法》授予的。在以前，我国这类具有行政管理职能的企业是不少的，随着国家从计划经济向市场经济转变，国家实行了政企分开的制度改革后这种情况逐渐减少，但还会存在。二是法律法规的间接授权，即法律法规规定某个行政管理部门可以根据法律的规定向某个社会组织授权，例如《邮政法实施细则》第 3 条第 1 款规定："市、县邮电局是全民所有制的经营邮政业务的公用企业，经邮电管理局[②]授权，管理该地区的邮政工作。"在这里法律将市、县邮电局能否作为行政管理主体的决定权，授予邮电管理局。市、县邮电局如果得到邮电

---

① 《中华人民共和国宪法》第三章第三节、第五节、第六节对职权主体及其权限的设定有具体规定.《中华人民共和国地方各级人民代表大会和地方各级人民政府组织法》第四章对地方政府及其权限的设定有具体规定.

② 《中华人民共和国邮政法实施细则》第 2 条规定:各省、自治区、直辖市邮电管理局(以下简称邮电管理局)是地区邮政管理机构,管理该地区的邮政工作.

管理局的授权,那么它就是授权行政主体;如果它没有得到邮电管理局的授权,那么它就不是授权行政管理主体。

一家非行政机关单位是否是授权行政主体,首先要考察法律是否授权给它,如果没有法律授权就要考察授权给它的组织是否得到法律的授权①。

(二) 部分商事行政管理主体

商事行政管理主体是政府机关的重要组成部分,在国务院直属机构中,大部分机构都有与商事相关的管理职能。以下介绍几个具备直接管理商事事务职能的商事行政管理机关。

1. 发展和改革委员会②

国家发展和改革委员会与各地方政府设立的发展和改革委员会是我国重要的行政管理主体,它除了负责国家与地方发展和改革方面的战略和宏观事务之外,也直接管理一些重要的具体商事事务。如:负责组织制定和调整少数由国家和地方政府管理的重要商品价格和重要收费标准,依法查处价格违法行为和价格垄断行为;审批、核准、审核重大建设项目、重大外资项目、境外资源开发类重大投资项目和大额用汇投资项目;组织开展重大建设项目稽查等。

2. 工业和信息化部③

工业和信息化部与地方政府设立的相关部门是我国重要的行政管理主体,它除了负责国家在工业和信息化方面的战略和宏观事务之外,也直接管理一些重要的商事事务。如:审批、核准国家规划内和年度计划规模内工业、通信业和信息化固定资产投资项目;高技术产业中涉及生物医药、新材料等的规划、政策和标准的拟订及组织实施;组织领导和协调振兴装备制造业,组织编制国家重大技术装备规划,协调相关政策;工业日常运行监测;工业、通信业的节能、资源综合利用和清洁生产促进工作;对中小企业的指导和扶持。负责通信资源的分配管理,统一配置和管理无线电频谱资源,依法监督管理无线电台(站),负责无线电监测、检测、干扰查处,协调处理电磁干扰事宜,维护空中电波秩序,依法组织实施无线电管制等。

---

① 从 2006 年开始,邮电系统进行政企分开的体制改革,实行邮政管理和邮政业务分开,成立国家邮政管理局和中国邮政集团公司。各地邮电管理局改为邮政管理局,如上海市邮政管理局于 2006 年 8 月 6 日正式成立.

② 根据第十一届全国人民代表大会第一次会议批准的国务院机构改革方案和《国务院关于机构设置的通知》(国发〔2008〕11 号),设立国家发展和改革委员会,为国务院组成部门.

③ 根据第十一届全国人民代表大会第一次会议批准的国务院机构改革方案和《国务院关于机构设置的通知》(国发〔2008〕11 号),设立工业和信息化部,为国务院组成部门.

3. 人力资源和社会保障部①

人力资源和社会保障部与地方政府设立的相关部门是我国重要的行政管理主体,它除了负责国家在人力资源和社会保障方面的战略和宏观事务之外,也直接管理一些重要的具体商事事务。如:负责高层次专业技术人才选拔和培养工作;组织实施劳动监察,协调劳动者维权工作,依法查处相关重大案件等。

4. 国土资源部②

国土资源部和地方政府设立的相关部门是我国重要的行政管理主体,它除了负责国家在国土资源方面的战略和宏观事务之外,也直接管理一些重要的具体商事事务。如:依法保护土地、矿产、海洋资源所有者和使用者的合法权益,承办并组织调处重大权属纠纷,查处重大违法案件。审定评估机构从事土地评估的资格,确认土地使用权价格。承担报国务院审批的各类用地的审查报批工作。依法管理矿产资源探矿权、采矿权的审批登记发证和转让审批登记;依法审批对外合作区块;承担矿产资源储量管理工作,管理地质资料汇交;依法实施地质勘查行业管理,审查确定地质勘查单位的资格,管理地勘成果;按规定管理矿产资源补偿费的征收和使用。审定评估机构从事探矿权、采矿权评估的资格,确认探矿权、采矿权评估结果。监测、监督防止地下水的过量开采与污染,保护地质环境;认定具有重要价值的古生物化石产地、标准地质剖面等地质遗迹保护区。

5. 环境保护部③

环境保护部与地方政府设立的相关部门是我国重要的行政管理主体,国家环境保护部除了负责国家环境保护方面的战略和宏观事务之外,也直接管理一些重要的具体商事事务。如:牵头协调重特大环境污染事故和生态破坏事件的调查处理;对重大经济和技术政策、发展规划以及重大经济开发计划进行环境影响评价,对涉及环境保护的法律法规草案提出有关环境影响方面的意见,按国家规定审批重大开发建设区域、项目环境影响评价文件。参与核事故应急处理,负责辐射环境事故应急处理工作。监督管理核设施安全、放射源安全,监督管理核设施、核技术应用、电磁辐射、伴有放射性矿产资源开发利用中的污染防治。对核材料的管制和

---

① 根据第十一届全国人民代表大会第一次会议批准的国务院机构改革方案和《国务院关于机构设置的通知》(国发[2008]11号),设立人力资源和社会保障部,为国务院组成部门.

② 1998年3月10日,九届人大一次会议第三次全体会议表决通过关于国务院机构改革方案的决定。根据这个决定,由地质矿产部、国家土地管理局、国家海洋局和国家测绘局共同组建国土资源部.

③ 根据第十一届全国人民代表大会第一次会议批准的国务院机构改革方案和《国务院关于机构设置的通知》(国发[2008]11号),设立环境保护部,为国务院组成部门.

民用核安全设备的设计、制造、安装和无损检验活动实施监督管理。

6. 商务部①

商务部与地方政府设立的相关部门是我国重要的行政管理主体,它除了负责国家商务方面的战略和宏观事务之外,也直接管理一些重要的具体商事事务。如:依法实施对外贸易调查和产业损害调查,依法核准外商投资企业的设立及变更事项,依法核准重大外商投资项目的合同章程及法律特别规定的重大变更事项,依法监督检查外商投资企业执行有关法律法规规章、合同章程的情况并协调解决有关问题;依法核准境内企业对外投资开办企业(金融企业除外);依法对经营者集中进行反垄断审查。

7. 国家工商行政管理总局

国家工商行政管理总局与地方政府设立的相关部门是我国重要的行政管理主体,它除了负责国家工商方面的战略和宏观事务之外,也直接管理一些重要的具体商事事务。如:负责各类企业、农民专业合作社和从事经营活动的单位、个人以及外国(地区)企业常驻代表机构等市场主体的登记注册并监督管理,承担依法查处取缔无照经营的责任;承担依法规范和维护各类市场经营秩序的责任,负责监督管理市场交易行为和网络商品交易及有关服务的行为;承担监督管理流通领域商品质量和流通环节食品安全的责任,组织开展有关服务领域消费维权工作,按分工查处假冒伪劣等违法行为,指导消费者咨询、申诉、举报受理、处理和网络体系建设等工作,保护经营者、消费者合法权益;承担查处违法直销和传销案件的责任,依法监督管理直销企业和直销员及其直销活动。负责垄断协议、滥用市场支配地位、滥用行政权力排除限制竞争方面的反垄断执法工作(价格垄断行为除外);依法查处不正当竞争、商业贿赂、走私贩私等经济违法行为;负责依法监督管理经纪人、经纪机构及经纪活动。实施合同行政监督管理,负责管理动产抵押物登记,组织监督管理拍卖行为,负责依法查处合同欺诈等违法行为;指导广告业发展,负责广告活动的监督管理工作;负责商标注册和管理工作,依法保护商标专用权和查处商标侵权行为,处理商标争议事宜,加强驰名商标的认定和保护工作;负责特殊标志、官方标志的登记、备案和保护。

---

① 根据第十届全国人民代表大会第一次会议批准的国务院机构改革方案和《国务院关于机构设置的通知》(国发[2003]8号),组建商务部。商务部是主管国内外贸易和国际经济合作的国务院组成部门.

二、部分基本商事管理权①

由于商事活动的宽泛性,要达到对市场秩序的有效管理目标就应当按照因事设权的理念以及依法行政的原则来设定行政管理权。所以,国家的商事管理权是很宽泛的。仅选择部分基本的商事行政管理权作为本书内容。

(一) 商事行政管理权力的来源和特点

1. 商事行政管理权力的来源

商事行政管理权是一种源于法律、行政法规、地方性法规(治条例、单行条例)以及部门规章和地方性规章具体规定的国家权力。权力来源具体有以下几个方面:

(1) 法律。法律是指由中华人民共和国全国人民代表大会及其常务委员会通过立法程序制定的对全国有法律约束力的规范性文件。

(2) 行政法规。行政法规是指国务院为执行宪法赋予的职能和执行法律的规定根据宪法和法律,按照立法程序制定的对全国有法律约束力的规范性文件。

(3) 地方性法规。地方性法规是指省、自治区、直辖市以及较大的市②的人民代表大会及其常务委员会根据本行政区域的具体情况和实际需要,在不与宪法、法律、行政法规相抵触的前提下,为执行法律、行政法规的规定和属于地方性事务范围内,按照立法程序制定的对所辖区域有法律约束力的规范性文件。③

(4) 部门规章、地方政府规章。部门规章是指国务院各部、委员会、中国人民银行、审计署和具有行政管理职能的直属机构,根据法律和国务院的行政法规、决定、命令,按照立法程序在本部门的权限范围内制定的对全国具有法律约束力的规范性文件④。

---

① 在我国,政府拥有的商事行政管理权是广泛的,这里只介绍本书涉及的部分商事行政管理权.

② "较大的市"是我国的一个法律概念,是指除直辖市以外有立法权的城市,包括省会城市、特区城市和国务院特批的城市.

③ 除了地方性法规外民族自治地方的人民代表大会还有权制定自治条例和单行条例.自治区的自治条例和单行条例,报全国人民代表大会常务委员会批准后生效.自治州、自治县的自治条例和单行条例,报省、自治区、直辖市的人民代表大会常务委员会批准后生效.

④ 我国《立法法》第71条　国务院各部、委员会、中国人民银行、审计署和具有行政管理职能的直属机构,可以根据法律和国务院的行政法规、决定、命令,在本部门的权限范围内,制定规章.部门规章规定的事项应当属于执行法律或者国务院的行政法规、决定、命令的事项.

第72条　涉及两个以上国务院部门职权范围的事项,应当提请国务院制定行政法规或者由国务院有关部门联合制定规章.

地方政府规章是指省、自治区、直辖市和较大的市的人民政府,根据法律、行政法规和本省、自治区、直辖市的地方性法规为执行法律、行政法规、地方性法规的规定需要和属于本行政区域的具体行政管理事项范围内,按照立法程序制定的规范性文件①。

2. 商事行政管理权力的特点

商事行政管理权是一种源于法律、行政法规、地方性法规(自治条例、单行条例)以及部门规章或地方性规章具体规定的国家权力。再则,基于行政权的特点,商事行政管理权不但具有国家权力都具有的强制性特点,还具有行政权力特有的效率性特点。即行政行为一经作出立即发生法律效力,它的生效不需要经过其他行政机关或司法机关的确认与批准,非经法定程序作出的停止执行的裁判,该具体行政行为就不能停止执行。如果相对人拒不执行,行政机关可另加处罚,并可启动强制执行程序。如果相对人认为该具体行政行为违法,可以通过提起行政复议、行政诉讼来维护自己的合法权益,但在复议和诉讼过程中也不能停止执行,直到复议机关或审判机关作出停止执行的裁判。

(二) 部分商事行政管理权

1. 登记管理权与年度检验权

登记管理权是我国商事行政管理部门的一项重要权力,我国法律法规规定的商事行政管理权涉及的内容广泛,各个中央部委和各级地方政府都有自己主管的登记事项。大致如企业登记、船舶登记、车辆登记、土地房屋登记、户外广告登记②、排污登记③、施工机械与施工设施登记④、道路运输登记等⑤。本书只对企业

---

① 我国《立法法》第73条 省、自治区、直辖市和较大的市的人民政府,可以根据法律、行政法规和本省、自治区、直辖市的地方性法规,制定规章.
地方政府规章可以就下列事项作出规定:(一)为执行法律、行政法规、地方性法规的规定需要制定规章的事项;(二)属于本行政区域的具体行政管理事项.
② 《户外广告登记管理规定》2006年5月22日中华人民共和国国家工商行政管理总局令第25号颁布.
③ 《中华人民共和国水污染防治法实施细则》第4条 向水体排放污染物的企业事业单位,必须向所在地的县级以上地方人民政府环境保护部门提交《排污申报登记表》.
④ 《建设工程安全生产管理条例》第35条第3款规定 施工单位应当自施工起重机械和整体提升脚手架、模板等自升式架设设施验收合格之日起30日内,向建设行政主管部门或者其他有关部门登记。登记标志应当置于或者附着于该设备的显著位置.
⑤ 《中华人民共和国道路运输条例》第10条第1款第3项规定 客运经营者应当持道路运输经营许可证依法向工商行政管理机关办理有关登记手续.

登记制度作一简单介绍。

　　企业登记是商事行政管理部门的一项重要工作,商事活动首先要有商事主体,国家对商事主体的直接管理从设立登记开始。凡未依法进行设立登记的企业不能称之为企业,即没有依法登记的企业是没有合法经营权的,是不能从事商事行为的,凡未依法进行变更登记的企业其企业的身份有瑕疵,会受到行政管理部门的处罚。凡未进行注销登记的企业,虽然其经营权可能已经失去,但其法律与社会的责任依然存在,企业会为此付出不必要的代价。所以企业登记是企业的关键事务,企业所有人不能掉以轻心。登记管理权是我国商事行政管理部门的一项重要权利,登记事项都是法定的。在我国,关于企业登记的法律规定主要有《公司登记管理条例》、《企业法人登记管理条例》、《合伙企业登记管理办法》、《企业法定代表人登记管理管理规定》等。法律关于企业登记的要求都是法律的强制性规定,是任何人都不得违反的,如果违反就会受到法律制裁。对企业的登记规定的目的主要是为了规范社会商事活动主体,便于其他社会成员对企业的认知,便于企业运行成本的减低,也便于国家对国内经济活动管理、统计和调控。法律法规规范的商事主体登记种类主要有:设立登记、变更登记、注销登记、分公司的登记。登记事项主要有:公司(企业)名称、公司(企业)住所、公司(企业)的法定代表人、公司(企业)的注册资本、公司的企业类型、公司(企业)的经营范围、公司(企业)的营业期限、有限责任公司的股东或股份有限公司的发起人等①。

　　年度检验权是行政管理部门对相对人的一项重要的管理措施,针对商事主体的年度检验有不少种类,如工商年检、劳动年检②、税务年检③、许可证年检④等。年检的法律依据散见于各种法律法规。这里通过介绍工商年检制度来解释行政管理部门的年度检验权。

　　工商年度检验是政府管理部门对企业的一种行政管理制度,主要是检查企业一年中的登记事项有无变化。具体指企业登记机关依法每年根据企业提交的有关

---

　　① 《中华人民共和国公司登记管理条例》、《中华人民共和国企业法人登记管理条例》、《中华人民共和国合伙企业登记管理办法》、《企业法定代表人登记管理管理规定》等法律法规对登记事项、登记程序、等级形式、登记时间等都有具体而明确的规定.

　　② 《关于建立劳动用工年检工作制度的通知》劳部发(1996)214号.

　　③ 《税务登记管理办法》第36条　税务登记证件每年验审一次,审查核对税务登记证件和税务登记表的内容与纳税人的实际生产经营情况是否一致,有条件的地方,可与工商行政管理等部门实行联合检查验审.

　　④ 《民用爆炸物品生产许可实施办法》第16条　国防科工委对生产许可证实行年检制度.民用爆炸物品生产企业应当于每年3月,将《民用爆炸物品生产许可证年检表》(一式3份)报送省级国防科技工业主管部门审查盖章后,报国防科工委.

材料,对与企业登记事项有关的情况进行检查的监督管理制度。企业申报年检应当提交下列材料:年检报告书、营业执照副本、经营范围中有属于企业登记前置行政许可经营项目的,加盖企业印章的相关许可证件和批准文件的复印件、国家工商行政管理总局规定要求提交的其他材料①。

企业法人应当提交年度资产负债表和损益表,公司和外商投资企业还应当提交由会计师事务所出具的审计报告,企业有非法人分支机构的,还应当提交分支机构的营业执照副本复印件。《企业年检报告书》应包括企业的登记事项情况、备案事项情况、对外投资情况、设立、撤销分支机构的情况。

凡领取《中华人民共和国企业法人营业执照》、《中华人民共和国营业执照》、《企业法人营业执照》、《营业执照》的有限责任公司、股份有限公司、非公司企业法人和其他经营单位,均须参加年检。当年设立登记的企业,自下一年起参加年检。

企业应当主动参加年检,公司不按照规定接受年度检验的,由企业登记机关责令其限期接受年度检验。属于公司的,并处以1万元以上10万元以下的罚款。属于分公司、非公司企业法人及其分支机构、来华从事经营活动的外国(地区)企业,以及其他经营单位的,并处以3万元以下的罚款。属于合伙企业、个人独资企业及其分支机构的,并处以3 000元以下的罚款。企业在责令的期限内未接受年检的,由企业登记机关予以公告。自公告发布之日起,60日内仍未接受年检的,依法吊销营业执照②。

2. 行政检查权

行政检查是行政管理部门基于法律法规的授权而具有的无需征得相对人同意,就可以对相对人遵守法律、法规和规章的情况进行了解、查证和核实的行为。行政检查权是行政管理机关的一项重要权力,也是商事行政管理机关的一项重要权力,几乎是所有的行政管理部门都有行政检查权。它是行政权具有的主动执法特性的具体体现。它既是商事行政管理部门掌握从事商事活动的相对人的活动信息的重要来源,也是商事行政管理机关作出行政决定依据的来源,因而也是行政管理部门履行职责的重要手段。行政检查的目的是检查相对人的行为是否合法。

商事行政管理部门的日常工作中,行政检查是一项经常性的工作,行政检查权的法律依据散见于作为各部门执法依据的法律法规和规章。凡具有行政管理权的行政管理部门都有行政检查权。如《建设项目环境影响评价行为准则与廉政规定》

---

① 具体可上国家工商行政管理总局网站 http://www.saic.gov.cn查询。
② 参见《企业年度检验办法》(国家工商行政管理总局令2006第23号)第19条.

第11条规定：环境管理部门"对建设项目环境影响评价、技术评估、验收监测或调查和建设项目环境影响评价文件审批、环境保护验收工作的监督检查工作，可以采取经常性监督检查和专项性监督检查的形式。"又如《民用核安全设备设计制造安装和无损检验监督管理规定》第36条规定："国务院核安全监管部门及其派出机构有权对民用核安全设备设计、制造、安装和无损检验活动进行监督检查。被检查单位应当对国务院核安全监管部门及其派出机构进行的监督检查给予配合，如实反映情况，提供必要的资料，不得拒绝和阻碍。对于监督检查中提出的整改要求，被检查单位应当认真落实"。再如《矿山安全法》第33条第1款第1项规定，县级以上各级人民政府劳动行政主管部门"检查矿山企业和管理矿山企业的主管部门贯彻执行矿山安全法律、法规的情况"，第3项规定："检查矿山劳动条件和安全状况"第4项规定："检查矿山企业职工安全教育、培训工作"。总之，行政检查权是行政机关的一项普通的权力。

以国家工商行政管理机关的职能为例，介绍行政检查的基本内容和要求。工商行政检查的范畴大致有：①检查商事主体的登记事项的实际情况有了变化了以后，商事主体是否及时办理了变更登记；②查处垄断、不正当竞争、走私贩私、传销和变相传销等经济违法行为；③监督市场交易行为，监督流通领域的商品质量，查处假冒伪劣产品；④监督规范各类市场经营秩序；⑤监管拍卖行为，查处合同欺诈等；⑥监督查处广告违法行为；⑦查处商标侵权行为。

3. 行政监察权

行政监察权是我国政府的重要行政权力，一般意义上的行政监察是监察机关对国家行政机关、国家公务员和国家行政机关任命的工作人员的一种监督制度①。但这里介绍的行政监察是特定行政主体对特定商事活动主体的一种监督，它与行政检查是有区别的。从我国的立法看，行政监察权是由专门的行政法规设立的，由专门的政府机关或法规授权的组织行使的行政权力。具体有《特种设备安全监察条例》②、《劳动保障监察条例》③、《煤矿安全监察条例》④三部行政法规。这三部条例规定的监察对象与我国《行政监察法》规定的监察对象不同，不是国家行政机关

---

① 如《中华人民共和国行政监察法》第2条规定，监察机关是人民政府行使监察职能的机关，依照本法对国家行政机关、国家公务员和国家行政机关任命的其他人员实施监察.

② 《特种设备安全监察条例》(2003年3月11日中华人民共和国国务院令第373号公布，根据2009年1月24日《国务院关于修改〈特种设备安全监察条例〉的决定》修订).

③ 《劳动保障监察条例》已经2004年10月26日国务院第68次常务会议通过，现予公布，自2004年12月1日起施行.

④ 《煤矿安全监察条例》已经2000年11月1日国务院第32次常务会议通过，现予公布，自2000年12月1日起施行.

工作人员而是从事特种经济活动的企业以及企业负责人。从立法例看,行政监察权和行政检查权的差异在于是:①前者是专门行政组织才拥有的行政权力;而后者是行政机关普遍持有的一种行政权力;②前者适用于行政管理的关键领域,按照目前的立法,我国在三个领域中设立了行政监察权,即特种设备、煤矿安全和劳动保障领域;而后者适用于一般领域;③前者任务特殊,目的是要解决一般行政行为不能解决的问题;而后者任务一般,用于解决一般的行政管理事务。本书通过劳动保障监察制度介绍我国对商事活动主体的行政监察制度。

劳动保障监察权是我国劳动行政管理部门的一项重要职能,劳动保障监察权的直接法律依据是国务院颁布的《劳动保障监察条例》。

劳动保障监察是保障合法用工,保障劳动者权利,营造和谐劳资关系的重要措施,是我国劳动行政管理部门的重要职责。劳动法律法规都有这方面的规定。《劳动合同法》第74条规定,县级以上地方人民政府劳动行政部门对企业的劳动合同制度实施情况进行监督检查。检查的主要内容有:①用人单位制定直接涉及劳动者切身利益的规章制度及其执行的情况;②用人单位与劳动者订立和解除劳动合同的情况;③劳务派遣单位和用工单位遵守劳务派遣有关规定的情况;④用人单位遵守国家关于劳动者工作时间和休息休假规定的情况;⑤用人单位支付劳动合同约定的劳动报酬和执行最低工资标准的情况;⑥用人单位参加各项社会保险和缴纳社会保险费的情况;⑦法律、法规规定的其他劳动监察事项。

《劳动保障监察条例》第11条规定,劳动保障行政部门对下列事项实施劳动保障监察:①用人单位制定内部劳动保障规章制度的情况;②用人单位与劳动者订立劳动合同的情况;③用人单位遵守禁止使用童工规定的情况;④用人单位遵守女职工和未成年工特殊劳动保护规定的情况;⑤用人单位遵守工作时间和休息休假规定的情况;⑥用人单位支付劳动者工资和执行最低工资标准的情况;⑦用人单位参加各项社会保险和缴纳社会保险费的情况;⑧职业介绍机构、职业技能培训机构和职业技能考核鉴定机构遵守国家有关职业介绍、职业技能培训和职业技能考核鉴定的规定的情况;⑨法律、法规规定的其他劳动保障监察事项。

4. 行政许可权

所谓许可经营,是指企业从事的经营事项因为与国计民生有特殊的联系,又符合法律关于行政许可的规定,所以要由经营者申请,经行政主管部门批准,并向其颁发许可证后才可以从事该种经营项目的法律制度。行政许可权的基本法律依据是《行政许可法》①。

_____

① 《中华人民共和国行政许可法》由中华人民共和国第十届全国人民代表大会常务委员会第四次会议于2003年8月27日通过,自2004年7月1日起施行。全文8章83条.

（1）行政许可的设定权。按照行政许可法的规定，法律可以设定行政许可事项；在行政许可法规定的法律可以设定行政许可的范围内如故尚未制定法律的，行政法规可以设定行政许可。

行政许可法授权国务院在必要时可以采用发布决定的方式设定行政许可。但实施后，除临时性行政许可事项外，国务院应当及时提请全国人民代表大会及其常务委员会制定法律，或者自行制定行政法规①。

行政许可法还授权有立法权的地方人大和地方政府，在行政许可法规定可以设定，但法律行政法规尚未设定行政许可的范围内设定行政许可②。

（2）行政许可的设定范围。行政许可法第12条对行政许可的设定范围作出了具体的规定，具体有：①直接涉及国家安全、公共安全、经济宏观调控、生态环境保护以及直接关系人身健康、生命财产安全等特定活动，需要按照法定条件予以批准的事项；②有限自然资源开发利用、公共资源配置以及直接关系公共利益的特定行业的市场准入等，需要赋予特定权利的事项；③提供公众服务并且直接关系公共利益的职业、行业，需要确定具备特殊信誉、特殊条件或者特殊技能等资格、资质的事项；④直接关系公共安全、人身健康、生命财产安全的重要设备、设施、产品、物品，需要按照技术标准、技术规范，通过检验、检测、检疫等方式进行审定的事项；⑤企业或者其他组织的设立等，需要确定主体资格的事项；⑥法律、行政法规规定可以设定行政许可的其他事项。

但《行政许可法》第13条还规定，在上述事项如通过下列方式能够规范的，可以不设行政许可：①公民、法人或者其他组织能够自主决定的；②市场竞争机制能够有效调节的；③行业组织或者中介机构能够自律管理的；④行政机关采用事后监督等其他行政管理方式能够解决的。

----

① 行政许可法第614条规定，本法第12条所列事项，法律可以设定行政许可。尚未制定法律的，行政法规可以设定行政许可。必要时，国务院可以采用发布决定的方式设定行政许可。实施后，除临时性行政许可事项外，国务院应当及时提请全国人民代表大会及其常务委员会制定法律，或者自行制定行政法规.

② 行政许可法第15条规定，本法第12条所列事项，尚未制定法律、行政法规的，地方性法规可以设定行政许可；尚未制定法律、行政法规和地方性法规的，因行政管理的需要，确需立即实施行政许可的，省、自治区、直辖市人民政府规章可以设定临时性的行政许可。临时性的行政许可实施满一年需要继续实施的，应当提请本级人民代表大会及其常务委员会制定地方性法规。地方性法规和省、自治区、直辖市人民政府规章，不得设定应当由国家统一确定的公民、法人或者其他组织的资格、资质的行政许可；不得设定企业或者其他组织的设立登记及其前置性行政许可。其设定的行政许可，不得限制其他地区的个人或者企业到本地区从事生产经营和提供服务，不得限制其他地区的商品进入本地区市场.

（3）经国务院批准设定的行政许可。在《行政许可法》实施之后，国务院依照《行政许可法》和行政审批制度改革的有关规定，对所属各部门的行政审批项目进行了全面清理。由法律、行政法规设定的行政许可项目，依法继续实施；对法律、行政法规以外的规范性文件设定，但确需保留且符合《行政许可法》第12条规定的，根据《行政许可法》第14条第2款的规定，决定予以保留并设定行政许可①，这些项目共有五百项。

（4）工业产品生产许可证制度。我国《工业产品生产许可证管理条例》②规定，为了保证直接关系公共安全、人体健康、生命财产安全的重要工业产品的质量安全，国家对生产下列重要工业产品的企业实行生产许可证制度：①乳制品、肉制品、饮料、米、面、食用油、酒类等直接关系人体健康的加工食品；②电热毯、压力锅、燃气热水器等可能危及人身、财产安全的产品；③税控收款机、防伪验钞仪、卫星电视广播地面接收设备、无线广播电视发射设备等关系金融安全和通信质量安全的产品；④安全网、安全帽、建筑扣件等保障劳动安全的产品；⑤电力铁塔、桥梁支座、铁路工业产品、水工金属结构、危险化学品及其包装物、容器等影响生产安全、公共安全的产品；⑥法律、行政法规要求依照本条例的规定实行生产许可证管理的其他产品。

5. 行政缔约权

所谓行政缔约权是指商事行政管理机关可以与相对人就某项具体事务订立行政合同。行政合同是行政机关管理社会事务的一种新型的方法，一般用于对国家所有的资源和财产的管理、利用等方面。行政合同是与劳动合同、民事合同不同的另外一种合同，行政合同是行政机关以合同的形式处理行政管理事务的一种方式。具体讲有以下几个特点：

其一，合同的一方当事人必是行政主体。

其二，合同的内容是法律允许运用行政合同方式管理的行政事务，凡法律没有明确规定可以运用行政合同的范围都不能用行政合同。

其三，在行政合同的订立、变更与解除上行政主体有行政优益权。

所以，意思自治、契约自由的民法原则在这里受到很大限制，不能完全实现。我国目前典型的行政合同有国有使用权土地出让合同、中小型国有企业承包经营合同和大型公共设施特许建设合同等。以国有土地使用权出让合同为例，在国有

---

① 《国务院对确需保留的行政审批项目设定行政许可的决定》2004年6月29日第412号国务院令.

② 《中华人民共和国工业产品生产许可证管理条例》于2005年6月29日国务院第97次常务会议通过，现予公布，自2005年9月1日起施行.

土地使用权出让合同中,作为出让方的行政机关把出让合同的很多内容如土地使用权的基本价格、土地用途、建筑物的建造面积、合同履行期限、相对人一方不履行合同的违约责任等合同的主要内容都事先固定了。这些内容虽然关系到合同相对人的利益,但由于这些事项还是行政机关代表国家在行使对国有土地的管理职能,所以是不能协商的,相对人只有签还是不签这份合同的权利,没有要求协商改变这些合同主要内容的权利。这些就是行政合同的特点,这些特点是劳动合同与民事合同没有的。

6. 环境与资源管理权

(1) 环境保护管理权。环境是指影响人类生存和发展的各种天然的和经过人工改造的自然因素的总体,包括大气、水、海洋、土地、矿藏、森林、野生生物、自然遗址、人文遗址、自然保护区、风景名胜区、城市和乡村。环境问题是指人类活动引起的,对人类的健康、寿命有不利影响的,人类生存环境质量恶化、生态系统失衡的问题。世界主要工业国家都经过了一个先污染后治理的过程,我国也不例外。据有关报道,我国目前的污染十分严重也已经到了非治理不可的程度了。环境污染的主要原因:

其一,不合理开发、利用自然资源所造成的环境破坏。不合理开发是对大自然的无限索取,破坏生态平衡。如:围湖造田、开垦荒山、拦河筑坝、滥抽地下水,滥伐森林、过度放牧、滥捕滥杀。

其二,不当的城市化和工业化发展造成的环境破坏。主要表现为无限排放废水、废气、废渣、废物(含重金属、化学的废弃物)、噪声等。使得大气质量、水质量、泥土质量等生物生存环境大大恶化。

其三,社会规划失衡所带来的不当的城市规模发展,使得城市交通状况等环境恶化。城乡差别扩大和严重不足的废弃物、污染物处理能力使得城市的污染物向农村转移,一方面污染了农村,另一方面造成包围城市的污染带。

其四,不合理使用与浪费资源的行为。大量使用一次性物资是浪费资源的一大原因,大量使用一次性塑料制品是污染环境的一大原因。不计代价的面子工程,如我国越来越多的城市夜间灯光工程是典型的浪费工程和污染工程①。以到处建设开发区为代表的浪费土地是我国工业化过程中的土地浪费。以大草坪、高尔夫球场为代表的是最没有道理的土地浪费。所以,环境形势在我国非常严峻,环境保护在我国是一项越来越重要的任务。

行政管理部门进行环境管理主要的依据是我国的《环境保护法》、《节约能源法》、《海洋环境保护法》、《土地资源保护法》、《水资源保护和水土保持法》、《森林资

---

① 我国电能主要通过燃煤发电产生,燃煤产生大量废气、废渣.

源保护法》、《草原资源保护法》、《渔业资源保护法》、《矿产资源保护法》、《大气污染保护法》、《固体废物污染环境防治法》、《噪声污染防治法》、《放射性污染防治法》等。

(2) 资源利用管理权。自然资源是一个国家主权地域内的一切自然物。自然资源是这个国家、这个民族赖以生存的基础,也是这个国家、这个民族赖以发展的重要基础。随着人类的生产能力越来越大,人们对自然资源的需求也越来越大;随着人们的创造能力越来越强,人们对自然资源的直接消耗量也越来越大。这就是现代人类对自然资源的依赖越来越大且不可逆转的趋势。由于自然资源的稀缺性[1]和人类对它不可或缺,人类对自然资源的需求从总体上讲是一点弹性都没有的。因此,如何有效地管理自然资源和如何有效地利用自然资源,是人类面临的一道极其重要又无法回避的、必须解的题。解得好,人类的生存与生活就是可持续的,是向上发展的。解得不好,人们就会像历史上灾年的灾民一样,完全可能发生类似易子相食的情况,人类的生存都可能发生问题。

一个国家、一个民族如果没有必要的自然资源,根本就无法生存,更不用说发展。如果不能很好地利用资源,这个国家、这个民族也是没有前途的。所以,代表本国人民拥有自然资源是国家的天然的权利。代表全体人民管理自然资源是一国政府的当然的权力。在现代社会资源管理权当然属于政府,我国政府也设置了专管自然资源的行政部门——中华人民共和国国土资源部。我国政府对自然资源的管理权大致分为:土地资源管理权、水资源管理权、矿产资源管理权等。

• **土地资源管理权** 我国是土地资源匮乏的国家,尤其是可耕地更加匮乏,而土地是自然资源中最基础最重要的人类生存条件,所以我国对土地资源实行严格的管理。从法律上看我国土地分为两种类型[2],即集体所有土地[3]和国家所有土地;相应的管理方式也分为两个层面,集体所有土地管理和国家所有土地管理。集体所有的土地属农村村民集体所有,集体所有土地不能进入流通领域,因为它在经济上不但是农民的生产资料更重要的是农民的生存保障。国家所有的土地可以进

---

① 大部分自然资源是一次性资源,不能再生,如矿产资源;就算是能够再生的生物资源也在人们的不合理开发使用下面临数量减少和质量恶化的困境.

② 《中华人民共和国宪法》第 10 条规定 城市的土地属于国家所有.农村和城市郊区的土地,除由法律规定属于国家所有的以外,属于集体所有;宅基地和自留地、自留山,也属于集体所有.《中华人民共和国土地管理法》第 2 条 中华人民共和国实行土地的社会主义公有制,即全民所有制和劳动群众集体所有制.全民所有,即国家所有土地的所有权由国务院代表国家行使.

③ 《中华人民共和国土地管理法》第 10 条、第 11 条等条文对集体土地的法律性质有明确的规定.

入流通领域。集体所有的土地进入流通领域必须经过一个征地程序,由国家向集体征地,对失地农村村民给予补偿并进行妥善安置后被征土地才能变更权属性质为国有土地,然后再进入流通领域。国家土地使用方式分为划拨土地使用权[1]和出让土地使用权[2]两种方式。出让土地使用权可以在市场上自由流通,而划拨土地使用权的流通是受到某些法律限制的,因为出让土地使用权的土地是有偿取得的,而划拨土地使用权的土地都是无偿取得的。

行政管理部门管理土地资源的法律依据有,我国《宪法》、《土地管理法》、《城市房地产管理法》、《城镇国有土地使用权出让和转让暂行条例》等。行政管理部门对土地上的建设项目管理的法律依据有,《城乡规划法》、《城市房地产开发经营管理条例》、《建设项目环境保护管理条例》、《建设工程质量管理条例》等。集体土地的非农业使用和国有土地上的用途改变与建设项目,无论是划拨土地还是出让土地上的任何形式的建设项目和使用土地都要符合法律、法规的规定,并经过政府批准,取得政府的批文和许可证,否则不能进行项目建设。

- **水资源管理权**　水资源是重要的自然资源,水资源包括地表水和地下水。水资源的数量与质量与国民经济与人民生活有紧密联系。我国是缺水国家。据媒体报道中国的水资源居世界第六,人均占有量相当于世界平均水平的1/5,被列为世界13个贫水国之一。20世纪90年代受旱面积4亿亩,比50年代增加1.5倍,600多个城市有300个缺水;废水量20世纪的70年代3 000万吨,90年代中期超亿吨,80%以上未经任何处理直接排入江河湖泊,90%以上的城市水环境恶化;地下水严重超采,100多个城市地下水位下降,50多个城市地面下降;水资源浪费,农业灌溉水利用率只有30%。更加严重的是:100年以来,从西北到华北,一系列湖泊干涸,黄河淮河从泛滥变为断流[3]。我国第一大淡水湖鄱阳湖,丰水年份水域面积最大可达4 000平方公里以上,但在2007年,鄱阳湖的水域面积减少到只有50平方公里[4]。所以,水资源对我国来讲是既极其宝贵,又十分容易被浪费的资源。

我国水法明确规定水资源属于国家所有,水资源的所有权由国务院代表国家行使。农村集体经济组织的水塘和由农村集体经济组织修建管理的水库中的水,

---

[1] 《中华人民共和国土地管理法》第23条　土地使用权划拨,是指县级以上人民政府依法批准,在土地使用者缴纳补偿、安置等费用后将该幅土地交付其使用,或者将土地使用权无偿交付给土地使用者使用的行为.

[2] 《中华人民共和国土地管理法》第8条　土地使用权出让,是指国家将国有土地使用权(以下简称土地使用权)在一定年限内出让给土地使用者,由土地使用者向国家支付土地使用权出让金的行为.

[3] http://www.ucecf.org/bbs/viewthread.php? tid=24334　2008年1月12日摘录.

[4] 见 http://finance.QQ.com　2007年12月18日15:57　人民网.

归各该农村集体经济组织使用①。政府对水资源的管理任务极其繁重、责任极其沉重。政府对水资源实行行政管理的法律依据大致有《水法》、《取水许可和水资源费征收管理条例》②、《水量分配暂行办法》③、《水污染防治法》、《水行政许可听证规定》④、《水工程建设规划同意书制度管理办法(试行)》⑤。国家对水资源依法实行取水许可制度和有偿使用制度。但是,农村集体经济组织及其成员使用本集体经济组织的水塘、水库中的水的除外。国务院水行政主管部门负责全国取水许可制度和水资源有偿使用制度的组织实施⑥。除家庭生活和零星散养、圈养畜禽饮用等少量取水以外,工业用水、灌溉用水、跨流域调水等直接从江河、湖泊或者地下取用水资源的单位和个人,应当按照国家取水许可制度和水资源有偿使用制度的规定,向水行政主管部门或者流域管理机构申请领取取水许可证,并缴纳水资源费,取得取水权。各种水利工程也要经国家水行政主管部门批准。

• **矿产资源管理权** 矿产资源是国民经济的重要基础,自人类进入工业社会后矿产资源成为社会经济的粮食,石油更有经济的血脉之称。我国由于人口众多,铁、石油、煤等主要矿产无论按已经探明的储量还是按年产量,除煤之外按人均计都不能算资源丰富的国家。我国法律规定矿产资源属于国家,矿产资源法第3条规定:"矿产资源属于国家所有,由国务院行使国家对矿产资源的所有权。地表或者地下的矿产资源的国家所有权,不因其所依附的土地的所有权或者使用权的不同而改变。勘查、开采矿产资源,必须依法分别申请、经批准取得探矿权、采矿权,并办理登记;但是,已经依法申请取得采矿权的矿山企业在划定的矿区范围内为本企业的生产而进行的勘查除外。"行政管理部门管理矿产资源的法律法规有《矿产资源法》、《矿产资源勘查区块登记管理办法》⑦、《矿产资源开采登记管理办法》⑧、

---

① 《中华人民共和国水法》第3条.

② 《取水许可和水资源费征收管理条例》于2006年1月24日国务院第123次常务会议通过,国务院令第460号公布,自2006年4月15日起施行.

③ 《水量分配暂行办法》水利部令第32号2008年2月1日起施行.

④ 《水行政许可听证规定》水利部令第27号2006年5月24日起施行.

⑤ 《水工程建设规划同意书制度管理办法(试行)》水利部令第31号 2007年11月29日起施行.

⑥ 《中华人民共和国水法》第7条.

⑦ 《矿产资源勘查区块登记管理办法》中华人民共和国国务院令第240号 1998年2月12日发布并施行.

⑧ 《矿产资源开采登记管理办法》中华人民共和国国务院令第241号 1998年2月12日发布并施行.

《探矿权采矿权转让管理办法》①、《矿产资源法实施细则》②。国家对勘探、开采自然资源实行有偿、许可制度。任何单位和个人勘探、开采自然资源必须取得政府主管部门颁发的许可证并缴纳资源费。

7. 行政处罚权

行政处罚权是我国法律设定的商事行政主体在从事行政管理时的一种行政权力,它是国家强制性的主要体现。公民、法人或者其他组织违反行政管理秩序的行为行政管理机关可以按照法律法规的规定对违法者做出行政处罚。行政处罚的法律依据是我国《行政处罚法》③。按照我国行政处罚法的规定,我国法律可以设定各种行政处罚,限制人身自由的行政处罚,只能由法律设定;行政法规可以设定除限制人身自由以外的行政处罚;地方性法规可以设定除限制人身自由、吊销企业营业执照以外的行政处罚;国务院部、委员会制定的规章可以在法律、行政法规规定的给予行政处罚的行为、种类和幅度的范围内作出具体规定;省、自治区、直辖市人民政府和省、自治区人民政府所在地的市人民政府以及经国务院批准的较大的市人民政府制定的规章可以在法律、法规规定的给予行政处罚的行为、种类和幅度的范围内作出具体规定。此外,不得设定行政处罚④。

按照我国行政处罚法的规定,如果公民、法人和社会组织违反了法律法规关于要受到行政处罚的强制性规定的就要受到行政处罚。行政处罚法设定了六种处罚类型,他们是:①警告;②罚款;③没收违法所得、没收非法财物;④责令停产停业;⑤暂扣或者吊销许可证、暂扣或者吊销执照;⑥行政拘留。但行政处罚法还规定了法律、行政法规可以规定其他处罚类型⑤。

三、商事行政管理权行使的基本原则

关于行使商事行政管理权必须遵循的原则,学界也有不同观点。本书只介绍法律、法规制度规定的行政管理的基本原则,不涉及学理层面的行政法的基本原则⑥。

---

① 《探矿权采矿权转让管理办法》中华人民共和国国务院令第 242 号　1998 年 2 月 12 日发布并施行.
② 《中华人民共和国矿产资源法实施细则》国务院令 第 152 号　1994 年 3 月 26 日发布并施行.
③ 《中华人民共和国行政处罚法》于 1996 年 3 月 17 日第八届全国人民代表大会第四次会议通过,1996 年 3 月 17 日中华人民共和国主席令第 63 号公布,1996 年 10 月 1 日起施行.
④ 《中华人民共和国行政处罚法》第 9 条～第 14 条.
⑤ 《中华人民共和国行政处罚法》第 8 条.
⑥ 学界普遍将信赖保护原则作为行政法的基本原则,但该说只是学理层面上的,还没有从立法层面上将其作为法律原则的.

（一）合法行使行政管理权原则

合法行使管理权是行政管理权行使的根本原则。合法性原则中的"法"是指法律、法规。合法性原则主要包括行政管理主体、管理事项、管理的具体内容和管理程序都要合法。合法行使行政管理权可以分成四个层面理解：

第一，行政管理者要具有合法的身份。这是指行政管理主体必须具有法律、法规特别规定和特别授予的管理权力。如果没有法律、法规特别规定和特别授予的管理权力，就不是一个合法的行政管理者，就不能进行任何行政管理。比如，税务局有行政管理权，而税务师事务所就没有行政管理权。

第二，行政管理者只能在法律规定的职权范围内从事行政管理。凡是法律没有规定或没有授权给该行政管理者的，该行政主体就不能从事这方面的管理事务。从国家权力的构架分析，行政权力有纵向和横向的分工，任何一个行政管理部门都不具有无所不能、无所不包的行政权力。所以，任何单个行政管理部门的管理范围都是有限的。行政管理者要审视自己的行政权力的范围，只有在自己的行政职权范围内作出的行政管理行为才是合法的，有效的。如税务事项只能由税务局管理而不能由国土资源局管理。

第三，行政管理行为的具体内容要合法。商事行政管理行为是对商事行政管理相对人（商事活动主体）产生影响的行为，同时还会影响相关第三人的利益。这种影响可能有利于商事行政管理相对人和第三人，也可能不利于商事行政管理相对人和第三人。即商事行政管理会涉及到不少人的利益，会引起商事活动主体之间实际利益的冲突。如果行政管理者在从事行政管理时突破法律法规的制约任意管理，那必然会破坏社会秩序，引起不必要的社会冲突。所以，为了维持社会公正、维护社会稳定，行政管理者只能按照法律法规的规定作出合法的具体行政管理行为。如对不符合条件的申请人拒绝颁发许可证，对符合条件的申请人颁发许可证。

第四，行政管理的程序要合法。法治社会对商事行政管理行为不但要求实体上合法，而且要求程序合法，否则这个行政管理行为无效。所谓程序合法，就是行政管理部门在作出行政管理行为时，在方式、步骤等行为种类和行为的先后次序等形式上符合法律的规定。比如行政管理部门在对某一行为作出行政处罚时，一定要遵循先调查后处理的程序规定，否则该处罚撤销①。

---

① 根据我国行政诉讼法第 54 条第 1 款第 2 项第 3 点的规定，对违反法定程序的具体行政行为应当作出撤销或部分撤销，并可以判令被告重新作出具体行政行为的判决.

（二）合理行使行政管理权原则

合理性原则是指行政主体在作出行政行为时不仅要考虑合法与否,还要考虑行政行为是否善意、正当、适度、合乎情理。从行政执法上讲,合理行使行政管理权原则是在合法行使行政管理权基础上的合理,是在法律规定的自由裁量权范围内的合理。它要求行政管理主体作出的任何一项行政管理行为,不但要有直接的法律依据,但还要考虑这项行政管理行为的出发点必须是善意的、理由是正当的、处理是适度的、合乎情理的。《行政复议法》关于"具体行政行为明显不当"应当撤销、变更或确认其违法的规定,就是合理行使行政管理权原则的法律化[1]。《行政诉讼法》也有合法性原则法律化的规定[2]。要求行政管理行为必须合法、必须合理,这是人类社会的一个进步。合理性原则主要包括善意、理由正当、适度与合乎情理等四个方面的内容。

第一,善意。是指行政管理部门在作出行政管理行为时一定要本着友善的精神。行政管理与打击犯罪是性质完全不同的两种社会管理事务,所以处理原则与方法也应该是完全不同的。管理者在处理方式与处理心态上必须要有质的区别,即应当把善待相对人的理念融入行政立法、行政执法的各个层面,不能把相对人简单地作为对立势力、消极势力,更不能作为敌对势力,不能搞隐蔽侦查、突然袭击、无情打击。不能不顾相对人的实际情况,不顾民生只顾实现管理目标。

第二,理由正当。是指行政管理部门作出行政管理行为,是为了完成其管理社会的职责,但完成管理职责的操作过程一定要按常人的认识与理解考虑相关的各种因素,要排除可能掺杂在正常理由内的不正常因素。如行政机关针对对自己有意见的相对人特地作出规划,将与自己有意见的个人的住宅所在地区,规划为要立即进行的商业开发地区,并迫使其拆迁至边远郊区。

第三,适度。是指行政管理部门作出的行政管理行为是必需的,其处理结果是合适的。所谓必需,就不是可有可无的,也不是另外的方式可以替代的。一般讲行使管理权力的目的是确定的,但具体手段与处理程度通常是可以选择的,行政管理部门应该在各种手段与处理程度的选择中选择一种对相对人造成合适影响的方式。如当事人执行处罚决定有困难,应当允许延期或暂缓执行[3]。

第四,合乎情理。是指行政管理行为要与公众的情理观一致。也就是说行政

---

① 《行政复议法》第 28 条第 1 款第 3 项第 5 目的规定.

② 《行政诉讼法》第 54 条第 1 款第 4 项:"行政处罚显失公正的,可以判决变更."

③ 如《中华人民共和国行政处罚法》第 52 条规定:"当事人确有困难,需要延期或者分期缴纳罚款的,经当事人申请和行政管理部门批准,可以暂缓或者分期缴纳."

管理部门要善待相对人。因为这涉及到行政管理部门的群众基础。因此与公众的情理一致,是合理行使行政行为时必须考虑的重要因素。

四、商事管理权人的责任

行政管理部门存在的全部意义是完成某一方面的社会管理事务,为国民的安居乐业所需要的稳定而和谐的社会平台提供行政支持。因此行政管理机关应该依法作出相应的行政管理行为,同时其作出的行政行为必须合法,违法的行政行为将被撤销,其行为人也将被依法追究相应的法律责任。

(一) 责任存在的原因

行政管理权力是以国家强制力为特征的国家权力的一部分,是行政管理部门完成社会管理事务的必要条件。在当今不具有行政管理权力的社会组织是根本无法完成社会管理事务的,只有有了行政管理权力才可能完成社会管理事务。行政管理权力在具体行政管理部门体现为部门"职能"。所谓"职能"①是指行政管理部门既承担法律法规明确规定的社会管理事务,又具有法律法规授予的完成这项社会管理事务的行政权力时的一种行政管理部门的内在状态。在这种状态下的行政管理部门具备从事某项行政管理的能力,并处于随时可以处理行政管理事务的状态。

所谓"职责",是指具有一定职能的行政管理部门,必须要作出一定的行政管理行为,并达到一定的管理效果的法律规定性。"职责"也可以表达为在这个岗位上的工作人员的工作范围和应该达到的工作目的。对于行政管理部门而言,对行政管理行为必须有一个基本各自范围界定和基本工作效果的要求。为社会有序而设置的行政管理权力,必须要有一个对行政管理行为具体效果的管理目标。这个目标是行政管理工作状况的评价依据,这个评价依据的内在表现为对行政管理部门管理行为的量的多少与质的高低的指标规定。在外表现为经行政管理部门管理后的社会事务的社会功能与社会作用的优劣状态。行政管理部门的具体工作应该围绕这个目标展开。这个目标在具体的部门是可以有具体表达的,但抽象的表达就是"职责"这一概念。

---

① 笔者认为:职能在行政管理部门也可以称之为职权. 职能是行政行为主体行为能力的静态表现,行政管理部门的这种行为能力是源于国家的授权,所以是国家强制力的一部分,与非权力性社会主体的能力有显著的区别,所以也可以把行政管理部门的职能称为职权. 但笔者认为"职能"是比"职权"更加贴切的行为行政主体行为能力与责任的表达,因为笔者认为"职能"侧重于表达"应当做什么","职权"则侧重于表达"可以做什么".

行政管理部门为达到一定的管理效果运用行政权力、做出一定的行政管理行为，就是在履行职责。如果说"职能"是行动力的动力源，那么"职责"是行动力行动的轨道和目标。

"责任"是与"职责"对应的一个概念，抽象地讲，因为存在"必须要作出一定的行政管理行为，并要达到一定的管理效果"的法律授权和法律要求，所以应当存在"如果不作出一定的管理行为或达不到一定的管理效果应该承担相应不利后果"的授权的对应，即法律制衡。一方面赋予权力，另一方面制约权力，这不但是社会对公权力的设置与制约的现代政治学的理念，也是我国宪政制度的内容。只有授权没有制约，权力或者会被滥用①或者会被闲置②。这既不是设置某项行政管理权的初衷，也不是对设置后的行政管理权的现实要求。

如果对行政管理部门只赋予行政管理权力，只要求它履行行政管理职责，而在它不能达到事先设定的行政管理目标时，主权者对它也无可奈何，那么这就不是合理的、不正当的，也不会是必要的社会权力设置。所以，对应"必须要作出一定的行政管理行为，并要达到一定的管理效果"的职责，应当有一个"如果不作出一定的管理行为或达不到一定的管理效果应该承担不利后果"的责任；只有这样，行政权力才会健康、积极和有意义。

综上，"职能"是指行政机关的法定任务和执行任务的法定资格；"职责"是指行政机关运用行政权力执行行政任务的工作范围和应达到的法定目标；"责任"是指行政机关及其工作人员履行职责不能达到法定目标时应该承担的法定的对自己的不利后果。在法制社会中职能与职责共存，职责与责任共生。责任是职能、职责的对应，是对权力的内部制衡，是权力健康、积极的必要条件。

（二）责任的形成和种类

一定的社会管理事务是行政管理部门存在的前提，没有具体的社会管理事务，这个行政管理部门就没有存在的必要。行政管理部门应当为履行其行政管理职责而作出相应的行政行为。责任形成的基础是行政管理部门已经完成了某项行政管理行为，且该行政管理行为具有内在的违法性；责任形成的条件是上级行政机关或

---

①　权力滥用是指具有行政权力的人，无限扩大自己的权力边界，任意损害公众的合法权益.

②　权力闲置是指具有行政权力的人，不作为，放弃自己的权力，使得公众正常的活动得不到行政支持而无法开展或者因得不到行政保护而遭到邪恶势力的侵害，而使得公众的合法权益受到损害.

司法机关对该行政管理行为的否定①。

关于行政管理人员的责任规定散见于各类法律法规，如《城市房地产管理法》第71条规定："房产管理部门、土地管理部门工作人员玩忽职守、滥用职权，构成犯罪的，依法追究刑事责任；不构成犯罪的，给予行政处分。"又如"公司法"第209条规定："公司登记机关对不符合本法规定条件的登记申请予以登记，或者对符合本法规定条件的登记申请不予登记的，对直接负责的主管人员和其他直接责任人员，依法给予行政处分。"该法第210条规定："公司登记机关的上级部门强令公司登记机关对不符合本法规定条件的登记申请予以登记，或者对符合本法规定条件的登记申请不予登记的，或者对违法登记进行包庇的，对直接负责的主管人员和其他直接责任人员依法给予行政处分。"再如"城乡规划法"第58条规定："对依法应当编制城乡规划而未组织编制，或者未按法定程序编制、审批、修改城乡规划的，由上级人民政府责令改正，通报批评；对有关人民政府负责人和其他直接责任人员依法给予处分。"该法第59条规定："城乡规划组织编制机关委托不具有相应资质等级的单位编制城乡规划的，由上级人民政府责令改正，通报批评；对有关人民政府负责人和其他直接责任人员依法给予处分。"

违法行政的责任的种类，对于行政管理部门而言，有撤销已经作出的行政行为、或者重新作出行政行为，对相对人造成损害的要作出行政赔偿②；对作出违法行政管理行为的工作人员而言，有警告、记过、记大过、降级、撤职、开除③等行政责任形式等。此外，作出违法行政管理行为的工作人员还可能承担部分或全部赔偿费用，构成犯罪的还要被追究刑事责任④。

第二节 商事活动主体法律制度

商事活动主体既是一个相对商事行政管理主体而言的概念，也是一个相对于一般民事主体的概念，一般可称为商事主体。它在市场经济的条件下社会地位是专门为社会提供产品和服务的营利性组织。其法律地位是依法享有相应的民事权利、承担相应的民事义务的具有独立人格的社会组织。从我国商事主体法律体系

---

① 这里的否定是指违法的行政行为，通过作出具体行政行为的行政管理部门自己内部决定撤销，或经相对人提出行政复议后被复议机关决定撤销，或经相对人提出行政诉讼后被法院判决撤销.

② 《中华人民共和国国家赔偿法》第2章.

③ 《中华人民共和国公务员法》第55条和《行政机关公务员处分条例》.

④ 《中华人民共和国国家赔偿法》第14条.

24

看,我国商事主体形式齐全,从个人商事主体到股份有限公司等一应俱全,主要有五种商事主体形式,公司是典型的商事活动主体。

本节着重介绍我国商事实践中最常见的五类商事主体法律制度,即公司法律制度①、外商投资企业法律制度②、合伙企业法律制度③、合作企业法律制度④和个人独资企业法律制度⑤。

一、公司法律制度

公司是最基本的、最重要的商事组织,也是当前我国最重要的商事组织。我国社会的主要的商事活动是由公司承担的。公司制度也是我国重要的商事法律制度。目前规范公司制度的主要法律法规有:"公司法"、"公司登记管理条例"等。

(一) 公司制度的一般规定

1. 公司概念

公司是基本的经济组织,当代社会虽然有其他形式的企业形式,如个人独资企业、合伙企业等,但当代社会的主要的经济活动都是由公司完成的,社会的绝大多数工业品都是由公司生产的,服务行业的绝大多数企业也都是公司。所以,公司不但是一种重要的社会组织,还是一种重要的社会存在的方式。

我国公司法对公司的定义是指依照公司法规定在中国境内设立的,有自己独立的财产,享有自己财产权,以营利为目的,具有法人资格的企业。我国公司的组织形式为有限责任公司和股份有限公司。在有限责任公司中还包括一人有限公司和国有独资公司两种特殊形式;在股份有限公司中还可分为非上市公司和上市公

---

① 《中华人民共和国公司法》于 1993 年 12 月 29 日第八届全国人民代表大会常委会第五次会议通过,1999 年 12 月 25 日第九届全国人民代表大会常委会第十三次会议第一次修订,2004 年 8 月 28 日第十届全国人民代表大会常委会第十一次会议第二次修订,2005 年 10 月 27 日第十届全国人民代表大会常委会第十八次会议第三次修订。全文 13 章 219 条.

② 规范外商投资企业的法律主要有《中华人民共和国中外合资经营企业》、《中华人民共和国中外合作经营企业法》、《中华人民共和国外资企业法》.

③ 《中华人民共和国合伙企业法》已由第十届全国人民代表大会常务委员会第二十三次会议于 2006 年 8 月 27 日修订通过,自 2007 年 6 月 1 日起施行。全文 6 章 109 条.

④ 合作企业的新的法律形式股份合作制目前处于地方与部门立法阶段,法律、行政法规尚无具体规定,如《重庆市乡镇企业股份合作制条例》、国家体改委《关于发展城市股份合作制企业的指导意见》.

⑤ 《中华人民共和国个人独资企业法》于 1999 年 8 月 30 日由第九届全国人民代表大会常委会第十一次会议通过,自 2000 年 1 月 1 日起施行。全文 6 章 48 条.

司两种类型。

2. 公司的特点

(1) 合法性。合法性是指社会主体的存在与行为要合法。合法性是任何社会组织正常存在的社会本质,公司是普遍的社会组织,所以合法性也是公司的社会本质。鉴于公司是一种基本的、存在广泛的经济组织,公司只有与外界发生交流才有存在的价值。要保持社会的正常秩序,社会公众与社会管理者就一定会要求对外发生交流的社会主体承担相应的社会责任,否则,社会就会发生混乱。在世界经济一体化程度很高、规模巨大的公司很多的当今社会,一家公司的不规范行为能极大地影响整个国家乃至世界经济生活与社会秩序的情况已经不是神话了。所以法律就必须对公司及其活动进行有效规范。因此,合法性的要求是社会对公司的基本要求,也是公司必须具备的特点。公司与股东的存在与活动必须守法,否则就应该受到法律的惩戒。

我国法律对公司的设立、股东的权利义务、公司的机构、公司机构的运行规则、公司的经营活动、公司的解散清算以及公司责任、发起人、股东责任等都有明确而具体的规定。

(2) 集合性。公司一般都是由多个股东投资设立的,而不应该由一个股东投资设立。集合性直接表现为公司资本的集合,资本的集合可以集闲散资本为生产经营资本,可以集中小资本为大资本。所以,没有资本的集合就不会有现代公司;集合性还必然表现为股东的集合,资本的集合必然带来股东的集合,而股东的集合有利于形成公司治理结构的合理,有利于形成股东会、董事会、监事会等公司内部机构。可以使公司运行比较科学。

(3) 独立性。独立性是指社会主体在法律上具有独立人格,能够在法律框架内最大限度地独立行事,必须也能够独立地承担相应的责任。就我国法律规定的公司的独立性而言,主要体现在,完全独立的法律人格,不仅独立于设立它的股东,还独立于其他社会组织;完全独立的财产,公司的注册资本和实有资产均归公司单独所有;完全独立的责任,公司对自己的债务承担全部清偿责任[①],公司还要承担相应的行政责任和刑事责任。

公司一经设立登记取得营业执照就独立于自己的股东,只要是公司事务就必须以公司的名义行事,无论是股东还是其他组织与个人都不能代替公司处理公司事务。政府机关与具有行政管理职能的组织也只能要求公司承担法定义务而不能要求公司承担法外义务。公司已经设立登记取得营业执照公司就拥有股东投入的注册资本,注册资本是公司原始资本,是公司的财产。这些资本虽然是股东投入

---

① 《中华人民共和国公司法》第 3 条.

的,但此时已经不属于股东本人的,股东所有的只是股权而不是这些财产,此时股东个人已经不能处分这些财产了,不但不能处分,而且连占有、使用与收益的权利都没有了。此时股东持有的只是股权,但无论股权在谁手里,这跟公司财产都没有关系。公司财产只有公司才能占有、使用、收益和处分。公司已经成立,要自己单独承担因法律规定、因合同约定而产生的责任。我国刑法有法人犯罪的规定,企业法人要承担的责任不但有行政的、民事的,还有刑事的,所有这些责任都要公司独立承担。

(4)营利性。营利性是指社会主体的主要行为目的是为了获得利润。根据现代社会组织的分工,政府是为保证正常的社会秩序而存在、事业单位是为满足社会的特别需要(如国民义务教育和基本医疗等)而存在,不能以营利为目的。营利性是公司区别机关法人和事业单位的根本标志。企业(公司)是为获得利润,向社会提供税金而存在的。它应该通过合法的手段向社会提供合格的产品与服务取得利润,获利是企业的自然本质。公司是企业的主要形式,营利也是公司的自然本质。公司之所以会大量存在,成为当代人类社会的基本存在方式,是因为人们可以通过公司实现自己的获利驱动,公司的盈利可能和公众对公司营利性的认同,是公司大量存在的原因。公司在盈利目标的驱动下会寻找获利机会,主要的获利机会是创造与生产。人类生活所需要的物质资料基本上是在人们谋生与盈利的驱动下生产出来的。但设立与经营公司已经不单是谋生所能解释的了,只有营利才能解释。公司在其控制者的操作下通过生产经营,在满足他人对产品与服务需要的同时也满足了自己对利润的追求。公司的营利性不但是公司员工收入的基础,是股东红利的保障,也是国家对公司税收的基础。没有公司的营利性,员工的工资、股东的红利、国家的税收就没有来源。公司的营利性虽然是公司的存在目标,但对社会也有积极有益的一面,国家对这种营利性应该鼓励与保障。任何一种要求公司放弃营利性,不讲营利性或者将公司营利性与公司社会责任性对立起来的观点是错误的。

3. 公司设立的一般规定

(1)公司名称。企业名称的功能主要是方便企业向社会公众公示自己和社会公众识别企业。只有拥有自己名称的企业才可能可以开展各种社会活动。否则企业是无法开展任何活动的。所以,企业应该有一个属于自己的企业名称。拥有一个识别性强的企业名称是企业存在的基本条件,规范企业名称也是市场经济社会的必然要求。目前我国规范企业名称的行政法规主要是《企业名称登记管理规定》[①]。拥有而且只能由一个名称[②],这个名称必须经工商行政管理部门核准登记

---

① 《企业名称登记管理规定》1991年5月6日国务院批准,1991年7月22日国家工商行政管理局令7号发布.

② 《中华人民共和国公司登记管理条例》第11条.

企业才能开始企业自己的活动,包括设立自己的活动。所以,设立公司的第一步是企业名称预先核准。

《企业名称登记管理规定》明确要求,企业名称应当由以下部分依次组成:字号(商号)、行业或者经营特点、组织形式。企业名称应当冠以企业所在地省(包括自治区、直辖市)或者市(包括州)或者县(包括市辖区)行政区域名称。经国家工商行政管理局核准,企业名称可以不冠以企业所在地行政区划名称①。

"字号(商号)"是指企业自己专属的称呼。这是企业名称中用以区别本企业与其他企业的最显著的特征,是用以识别企业的,如"张小泉刀剪有限公司"的"张小泉"、"培罗蒙西服有限公司"的"培罗蒙"、"奇瑞汽车有限公司"的"奇瑞"。企业之间名称不能重名,就是指字号不能重,字号重了,企业名称就重了。在企业名称的组成部分中,只有字号是企业开办人自己可以选定的,但必须满足以下要求:字号必须是两个字及以上组成,并与同一登记主管部门辖区内的本行业其他企业不重名,字号用字不能违反相关规定②。"行业或经营特点"是指企业从事的主营业务是什么和以什么方式从事主营业务。"行业"是产业分类,如汽车行业、药品行业、服装行业等。"经营特点"是经营方式的分类,如产品制造、商品批发、贸易代理、百货零售等。这是企业名称中表明企业行业类别的部分,主要是用以识别企业从事的行业的。"组织形式"是指企业存在的方式,具体是指有限责任公司形式还是股份有限公司形式;是合伙企业形式还是合作企业形式等。但组织形式必须是法定的组织形式,不能是任意的组织形式。法律规定企业组织形式的社会意义在于:对企业内部而言,主要是规范企业内部的组织机构及其运行规则;对企业外部而言,主要是有助于识别企业责任形式与规模大小。"企业所在地行政区域名称"主要是用于识别企业的政府行政主管部门的,如企业名称中冠之于"上海"的企业,由上海的政府主管部门主管;冠之于"浙江"的企业,由浙江的政府主管部门主管。

(2)设立登记。登记制度是政府对公司管理的重要制度。公司设立、公司重要事项变更、公司注销都要进行登记。我国规范企业登记行为的法律法规有公司法等,专门规定主要有《公司登记管理条例》③。设立公司,开办人应当依法向公司

---

① 《企业名称登记管理规定》第7条第2款.

② 《企业名称登记管理规定》第9条规定的不能用于企业名称的内容和文字有:①有损于国家、社会公共利益的;②可能对公众造成欺骗或者误解的;③外国国家(地区)名称、国际组织名称;④政党名称、党政军机关名称、群众组织名称、社会团体名称及部队番号;⑤汉语拼音字母(外文名称中使用的除外)、数字;⑥其他法律、行政法规规定禁止的.

③ 《中华人民共和国公司登记管理条例》于1994年6月24日中华人民共和国国务院令第156号发布.根据2005年12月18日《国务院关于修改〈中华人民共和国公司登记管理条例〉的决定》修订.

登记机关申请设立登记。符合法律规定的设立条件的,由公司登记机关分别登记为有限责任公司或者股份有限公司,并由公司登记机关发给公司营业执照,公司正式成立。不符合法律规定的设立条件的,不得登记为有限责任公司或者股份有限公司。公司营业执照应当载明公司的名称、住所、注册资本、实收资本、经营范围、法定代表人姓名等事项。

（3）经营范围。经营范围是指公司从事的业务范围,经营范围是企业的基本权利,属于民事权利的范围法律不予干预,只要在登记机关登记备案。经营范围一经确定,公司应当在登记备案的经营范围内从事经营活动。如果公司希望从事登记备案外的业务,就应该及时修改章程中的经营范围,并及时进行变更登记。但涉及到资源利用、环境污染、基本民生、国家安全、社会稳定等的经营项目,政府要进行许可管理。凡政府进行许可管理的经营范围一定要有法律和行政法规的依据[①]。

（4）公司章程。章程是公司存在与运行的根本性的法律文件,具有法定性、公开性和自治性的特点,它既有公司存在形式的实体性规定,如关于股东权利义务的规定,也有公司运行的程序性规定,如董事会的议事规则。正是因为章程的重要,所以法律把章程规定为是公司设立的条件。我国公司法对章程的内容范围有明确的规定[②]。章程对公司、股东、董事、监事和公司的其他高级管理人员有约束力。

（5）法定代表人。公司设定法定代表人职位,法定代表人代表公司。法定代表人由公司章程规定,可以由董事长、执行董事或者经理担任。公司法定代表人属于登记事项,公司法定代表人变更,应当办理变更登记[③]。

（6）董事、监事、经理的任职资格。董事、监事和经理室公司的高级管理人员,他们的行为关系到公司和股东的利益。为了确保公司能够很好地履行公司责任,董事、监事和经理应该有较高的素质,法律要求董事、监事、高级管理人员应当遵守法律、行政法规和公司章程,对公司承担忠实义务和勤勉义务。可是设立公司,从事经济活动又是公民的基本权利。所以我国公司法并没有给公司董事、监事和经理设立高门槛,只设立消极任职资格。我国公司法规定有下列情形之一的,不得担任公司的董事、监事、高级管理人员:①无民事行为能力或者限制民事行为能力;②因贪污、贿赂、侵占财产、挪用财产或者破坏社会主义市场经济秩序,被判处刑罚,

---

① 《中华人民共和国公司法》第12条第1款规定,公司的经营范围由公司章程规定,并依法登记。该条第2款规定,公司的经营范围中属于法律、行政法规规定须经批准的项目,应当依法经过批准.

② 《中华人民共和国公司法》第25条.

③ 《中华人民共和国公司法》第13条.

执行期满未逾 5 年,或者因犯罪被剥夺政治权利,执行期满未逾 5 年;③担任破产清算的公司、企业的董事或者厂长、经理,对该公司、企业的破产负有个人责任的,自该公司、企业破产清算完结之日起未逾 3 年;④担任因违法被吊销营业执照、责令关闭的公司、企业的法定代表人,并负有个人责任的,自该公司、企业被吊销营业执照之日起未逾 3 年;⑤个人所负数额较大的债务到期未清偿①。

(7) 公司中的党群组织。公司职工依照《中华人民共和国工会法》组织工会,开展工会活动,维护职工合法权益。公司应当为本公司工会提供必要的活动条件。公司工会代表职工就职工的劳动报酬、工作时间、福利、保险和劳动安全卫生等事项依法与公司签订集体合同②。公司依照宪法和有关法律的规定,通过职工代表大会或者其他形式,实行民主管理。公司研究决定改制以及经营方面的重大问题、制定重要的规章制度时,应当听取公司工会的意见,并通过职工代表大会或者其他形式听取职工的意见和建议③。

在公司中,根据中国共产党章程的规定,设立中国共产党的组织,开展党的活动。公司应当为党组织的活动提供必要条件④。

4. 公司基本的资本制度

(1) 出资与验资。公司财产是公司运行的基本条件,公司财产来源于股东的投资。股东的出资不但构成公司财产,还是股东取得公司股权享有对公司的权利的基础。股东出资也是股东对公司承担债务的基础。所以,出资是法定义务,公司股东必须履行出资义务⑤。所谓出资,就是股东以成立公司(公司设立以后的出资则是以取得公司股权)为目的,将属于自己的财产交付给公司的行为。经过这样一

---

① 《中华人民共和国公司法》第 147 条.
② 《中华人民共和国公司法》第 18 条.
③ 《中华人民共和国公司法》第 18 条.
④ 《中华人民共和国公司法》第 19 条.
⑤ 《中华人民共和国公司法》第 28 条 股东应当按期足额缴纳公司章程中规定的各自所认缴的出资额。股东以货币出资的,应当将货币出资足额存入有限责任公司在银行开设的账户;以非货币财产出资的,应当依法办理其财产权的转移手续.

股东不按照前款规定缴纳出资的,除应当向公司足额缴纳外,还应当向已按期足额缴纳出资的股东承担违约责任.

《中华人民共和国公司法》第 84 条 以发起设立方式设立股份有限公司的,发起人应当书面认足公司章程规定其认购的股份;一次缴纳的,应即缴纳全部出资;分期缴纳的,应即缴纳首期出资。以非货币财产出资的,应当依法办理其财产权的转移手续.

《中华人民共和国公司法》第 85 条 以募集设立方式设立股份有限公司的,发起人认购的股份不得少于公司股份总数的 35%;但是,法律、行政法规另有规定的,从其规定.

个出资行为,股东的出资就成为公司的资产,公司就有了属于自己的财产,而股东则取得了公司的股权。这里的所谓交付是将自己财产的所有权转移给公司[①],以国家规定必须进行所有权登记的财产出资的(如,土地、房屋、车辆、船舶等),交付这些财产时一定要将财产过户到公司名下。否则,就不能算出资。

出资还必须经过一个法定的验资程序。验资就是由专门的验资单位对股东已经交付给公司的实际财产的价值进行查验、核实,在认定股东出资的实际价值后出具确认出资文件的行为[②]。对于用非货币财产出资的,还要由专业的评估机构对出资的非货币财产进行价值评估后出具评估报告。经验资单位出具的专门书面报告确认股东出资足额并实际到位的,登记机关将根据验资单位出具的验资报告与公司设立人的申请进行注册资本登记。

(2)关于最低注册资本。注册资本是公司制企业章程规定的全体股东或发起人认缴的出资额或认购的股本总额,并在公司登记机关依法登记。最低注册资本是法定的设立公司股东或发起人必须缴纳的最低注册资本额。公司法规定,有限责任公司注册资本的最低限额为人民币3万元[③];股份有限公司注册资本的最低限额为人民币500万元[④];一人有限公司的最低注册资本为人民币10万元。

(3)出资期限。公司法规定,开办公司的股东可以分期缴纳出资额。设立有限责任公司的,股东首次出资额不低于法定注册资本最低限额,也不得低于公司注册资本的20%。其余部分可由股东自公司成立之日起2年内缴足;投资公司可以在5年内缴足。以发起方式设立股份有限公司的,全体发起人首次出资额不得低于注册资本的20%;其余部分在公司成立之日起两年内缴足,其中投资公司可以在5年内缴足[⑤];一人有限责任公司的注册资本必须一次性缴足。

(4)出资资本的形式。公司法规定股东可以用货币出资,也可以用实物、知识产权、土地使用权等可以用货币估价并可以依法转让的非货币财产作价出资;但是,法律、行政法规规定不得作为出资的财产除外。无形资产出资没有专门的比例限制,但规定货币出资金额的最低比例为不低于有限责任公司注册资本的30%[⑥],注册资本中的货币资本不少于30%,实物资本与无形资产的总和不大

---

① 在我国,土地所有权属于国家或集体,法律规定不能流通;可以流通的仅是经法定出让程序出让后的国有土地使用权;这种土地使用权也具有占有、使用、收益与处分的权能.

② 《中华人民共和国公司法》第29条.

③ 《中华人民共和国公司法》第26条第2款.

④ 《中华人民共和国公司法》第81条第3款.

⑤ 《中华人民共和国公司法》第26条、第81条.

⑥ 《中华人民共和国公司法》第27条.

于 70%。

（5）股权的转让。有限责任公司股权的转让相对股份有限公司而言要困难得多。有限责任公司股东可以转让股权,但必须征得过半数的股东同意,如果其他股东不同意转让股权,那不同意转让的股东应该收购股权,否则就视为同意。股东转让股权的,在同等条件下其他股东有优先受让权。

人民法院强制执行股权的,其他股东也有优先受让权①。

5. 公司的合并、分立和形式的变更

（1）公司合并与分立。公司合并是指两家或两家以上的公司通过法律法规允许的方式合并成为一家的行为。公司分立是指一家公司分拆为两家或两家以上公司的行为。公司合并与分立的决策必须由公司股东会作出决议②。公司股东会对公司合并作出决议时,必须经代表 2/3 以上表决权的股东同意通过③;国有独资公司不设股东会,公司合并须由国家授权投资的机构或者国家授权的部门决定④。有限责任公司之间的合并无须报行政机关审批,但是有限责任公司与股份有限公司的合并必须由国务院授权的部门或者省级人民政府批准。

公司合并会影响债权人的利益,因此公司合并的信息应及时通知或公告债权人,并要清偿债务或为债务提供担保。公司应在合并决议形成日后 10 日内通知债权人,并于 30 日内在报纸上公告;接到通知的债权人自接到通知书之日起 30 日内,未接到通知书的自第一次公告之日起 45 日内,有权要求公司清偿债务或者提供相应的担保⑤。

公司分立时应分割公司财产。分割财产前应当编制资产负债表及财产清单。为了确保公司债权人的利益,公司应当自作出分立决议之日起 10 日内通知债权人,并于 30 日内在报纸上公告⑥。公司分立前的债务由分立后的公司承担连带责任。但是,公司在分立前与债权人就债务清偿达成的书面协议另有约定的除外。

（2）公司形式的变更。公司形式的变更主要是指从有限责任公司形式变更为股份有限公司,或由股份有限公司变更为有限责任公司。有限责任公司变更为股份有限公司的,应符合公司法关于股份有限公司的条件;从股份有限公司变更为有

---

① 《中华人民共和国公司法》第 72 条、第 73 条. ·

② 《中华人民共和国公司法》第 38 条第 1 款第 9 项,第 100 条.

③ 《中华人民共和国公司法》第 44 条第 2 款,第 104 条第 2 款.

④ 《中华人民共和国公司法》第 67 条.

⑤ 《中华人民共和国公司法》第 174 条.

⑥ 《中华人民共和国公司法》第 176 条,第 177 条.

限责任公司的,要符合公司法关于有限责任公司的条件。变更前后的公司的存在是连续的,权利与利益是连续的,债务与责任也是连续的①。

6. 解散和清算

(1) 公司解散。公司与世界上的一切事物一样必定有始有终。如果说设立是公司的开始,那么解散就是公司的结束。公司可以因股东的意志而终止,也可能因政府的责令而终止;可以因人们的活动而终止,也可能因客观的原因而终止。法律对公司的解散事由规定为:①被行政机关责令关闭或吊销营业执照后解散;②章程规定的解散事由发生;③股东会决议解散;④法院依股东的解散公司的请求而裁定解散;⑤法律规定的解散事由发生②。

(2) 清算。公司解散一定要通过法定清算程序,不依法完成法定清算的,公司不得注销,股东(清算责任人)对公司债务仍然承担清偿责任。清算工作由清算组具体负责,清算组应完成公司法等相关法律法规规定的职责③。

清算组在清理公司财产、编制资产负债表和财产清单后,发现公司财产不足清偿债务的,应当向人民法院申请宣告公司破产,而不能自己清算。人民法院经审查作出宣告破产裁定的,清算组应当将清算事务移交给人民法院,公司进入破产程序④。

(二) 有限责任公司制度

有限责任公司,是指由股东依法共同出资设立的,股东以其认缴的出资额为限对公司承担责任,公司以其全部资产对公司债务承担责任的企业形式。

1. 有限责任公司的设立条件

(1) 股东符合法定人数。我国公司法规定的有限责任公司的股东人数为50人以下。我国有限责任公司包括1人有限责任公司和⑤国有独资公司⑥两种特殊形式,这两种公司的股东只有1位,所以它们不是普通的有限责任公司。普通的有限责任公司的股东人数应当在2人以上,50人以下。

(2) 股东出资达到法定资本最低限额。有限责任公司的法定最低注册资本额

---

① 《中华人民共和国公司法》第9条.
② 《中华人民共和国公司法》第181条.
③ 清算组的法定责任 参见《中华人民共和国公司法》从第185条到第190条的规定.
④ 公司破产工作按照《中华人民共和国破产法》操作.
⑤ 一人有限责任公司的股东可以是一个自然人,也可以是一个法人.
⑥ 国有独资公司的股东也只有一个,它与一个法人投资设立的一人有限责任公司的区别在于,一人有限责任公司的投资者是企业法人,而国有独资公司,是指国家单独出资、由国务院或者地方人民政府授权本级人民政府国有资产监督管理机构履行出资人职责的有限责任公司.

为人民币 3 万元。法律法规规定特定行业的有限责任公司的注册资本最低限额高于上述限额的,由法律法规另行规定。

(3) 股东共同制定公司章程。章程是公司的宪章在公司内部具有最高的效力,也是继投资合同后规定股东权利与义务的重要法律文件。章程既是公司运行的依据,又与股东利益有极大的利害关系。所以,章程虽然可以由专业人士草拟,但必须由全体股东反复协商、仔细斟酌、共同确认、分别签署。

(4) 有符合法定要求的公司组织机构及高级管理人员。除一个自然人组成的一人有限责任公司外,其他形式的有限责任公司都应该建立完备的内部组织机构。公司法规定的公司组织机构有董事会、监事会、总经理以及部门负责人。这些机构的人员一般不兼职,尤其是公司的董事和监事不能互相兼职。这样公司就需要有一定数量高级管理人员。机构不全,经营不会正常,人员不足不可能有健全的机构。没有健全的公司机构,公司的决策、执行就会混淆,就会发生问题。所以,公司必须有一定数量的核心层人员,以确保各职能部门的正常运行。

(5) 有固定的生产经营场所和必要的生产经营条件。公司存在要有空间,如办公场所等;公司经营也要有经营空间,如生产车间、原料与产品库房、销售商场等。生产经营也需要必要的生产经营条件,如生产机械、运输车辆等。没有经营场所就无法进行生产,现在虽然可以在网络上完成一定的经营程序,但无法在网络中完成生产经营的全部过程。同时生产经营应该是稳定的,为了生产经营的稳定,因此生产经营场所应该是固定的。所以,固定的生产经营场所和必要的生产经营条件是公司生存与发展的必要条件,也是公司经济实力的一个标志。凡有属于自己的良好的生产经营场所和条件的公司都是由一定经济实力的公司,也是可以信赖的公司;凡只有一只皮包的公司是绝对不能信赖的公司。为了确保公司能完成基本的职能,也为了公众对公司有一个很好的认识标志,法律作了公司一定要有固定的生产经营场所和必要的生产经营条件的规定。

2. 有限责任公司股东的义务

(1) 股东的出资义务。有限责任公司股东必须按照其认缴的出资额或者认购的股份出资,股东的出资应当是真实的,即应当按照设立公司的合同约定的资本形式、资本额度和出资方式出资;股东的出资应当是及时的,即按照约定的出资时间出资。如果在有限责任公司成立后发现有股东出资的非货币财产的实际价额显著低于应当认缴的数额的,该股东应补足其差额,如果该股东无力缴付这笔出资,公司设立时的其他股东承担连带责任。如在股份有限公司成立后发现有发起人未按照规定缴足出资的,该发起人应当补缴,其他发起人承担连带责任;如果发现发起人出资的非货币财产的实际价额显著低于应当出资额的,该发起人应当补足其差额,其他发起人承担连带责任。在公司成立以后,有限责任公司的股东和股份有公司的发起人均不得抽逃出资。

(2) 不滥用股东权利的义务①。公司设立后,公司股东应当遵守法律、行政法规和公司章程,依法行使股东权利,不得滥用股东权利损害公司或者其他股东的利益;不得滥用公司法人独立地位和股东有限责任损害公司债权人的利益。如公司股东滥用股东权利给公司或者其他股东造成损失的,应当承担赔偿责任。

公司股东滥用公司法人独立地位和股东有限责任,逃避债务,严重损害公司债权人利益的,应当对公司债务承担连带责任;在这种情况下股东承担的就不是有限责任,而是无限责任了。

3. 有限责任公司股东的权利

公司成立后,股东虽然不持有公司财产,但因投资而形成的股权表现为股东对公司享有一定的权利。这种股东拥有权利性质,可以把股东权利分为两类:一类是参与公司事务的权利。大致表现为参加股东会的权利;选举与被选举为董事、监事的权利;决定公司重大事务的表决权和查阅有关公司资料的知情权②;股东大会的召集请求权和自行召集权③等。另一类是取得投资回报等经济权利,大致表现为分取红利的权利、优先认购新股的权利、请求收购股权的权利④、请求分配公司剩余财产的权利⑤等。

4. 有限责任公司的组织机构和议事规则

(1) 有限责任公司股东会、股东会职权及议事规则。股东会是公司最重要的组织机构,由公司全体股东组成,是公司的权力机构。股东会是公司重要事务的决

---

① 《中华人民共和国公司法》第 20 条.

② 《中华人民共和国公司法》第 34 条 股东有权查阅、复制公司章程、股东会会议记录、董事会会议决议、监事会会议决议和财务会计报告.

③ 《中华人民共和国公司法》第 40 条、第 41 条规定:代表 1/10 以上表决权的股东提议召开临时股东会的,如果董事会、监事会都不履行召集会议的义务的,代表 1/10 以上表决权的股东可以自行召集和主持股东会.

④ 《中华人民共和国公司法》第 75 条 有下列情形之一的,对股东会该项决议投反对票的股东可以请求公司按照合理的价格收购其股权:(一)公司连续 5 年不向股东分配利润,而公司该 5 年连续盈利,并且符合本法规定的分配利润条件的;(二)公司合并、分立、转让主要财产的;(三)公司章程规定的营业期限届满或者章程规定的其他解散事由出现,股东会会议通过决议修改章程使公司存续的。自股东会会议决议通过之日起 60 日内,股东与公司不能达成股权收购协议的,股东可以自股东会会议决议通过之日起 90 日内向人民法院提起诉讼.

⑤ 《中华人民共和国公司法》第 187 条第 2 款 公司财产在分别支付清算费用、职工的工资、社会保险费用和法定补偿金,缴纳所欠税款,清偿公司债务后的剩余财产,有限责任公司按照股东的出资比例分配,股份有限公司按照股东持有的股份比例分配.

策机构,凡公司的重要事务由股东会决定①。股东会发挥作用的方式是通过股东会会议作出决议和责成董事会执行股东会决议。股东会会议也是股东行使股东权利的唯一场所。股东会会议分为定期会议和临时会议。定期会议按照公司章程的规定按时召开;代表 1/10 以上表决权的股东,1/3 以上的董事,监事会或者不设监事会的公司的监事提议召开临时会议的,应当召开临时会议。股东会会议由董事会(执行董事)召集,董事长(执行董事)主持;董事长不能履行职务或者不履行职务的,由副董事长主持;副董事长不能履行职务或者不履行职务的,由半数以上董事共同推举一名董事主持。董事会或者执行董事不能履行或者不履行召集股东会会议职责的,由监事会或者不设监事会的公司的监事召集和主持;监事会或者监事不召集和主持的,代表 1/10 以上表决权的股东可以自行召集和主持。

有限责任公司股东会的职权有:决定公司的经营方针和投资计划;选举和更换非由职工代表担任的董事、监事,决定有关董事、监事的报酬事项;审议批准董事会的报告;审议批准监事会或者监事的报告;审议批准公司的年度财务预算方案、决算方案;审议批准公司的利润分配方案和弥补亏损方案;对公司增加或者减少注册资本作出决议;对发行公司债券作出决议;对公司合并、分立、解散、清算或者变更公司形式作出决议;修改公司章程;公司章程规定的其他职权②。

有限责任公司股东会会议的召开:召开股东会会议,应当于会议召开 15 日前通知全体股东;但法律允许公司章程可以另作规定、全体股东另有约定。股东会会议的表决。股东会由股东按照出资比例行使表决权;但是,公司章程可以另作规定。股东会会议的一般决议只要有半数以上表决权的股东通过就有效;修改公司章程、增加或者减少注册资本,以及公司合并、分立、解散或者变更公司形式的决议,必须经代表 2/3 以上表决权的股东通过才有效。股东会应当对所议事项的决定作成会议记录,出席会议的股东应当在会议记录上签名。股东会的议事方式和表决程序,除公司法有规定的以外,公司章程可以规定。

(2)有限责任公司董事会、董事会的职权及其议事规则。有限责任公司董事会是公司的执行机构,对外代表公司,对内主持公司事务。董事会对股东会负责,可以在法律规定和股东会决议的范围内,执行股东会决议、处理公司事务。董事会成员由股东会选举产生,董事会成员为 3~13 人,国有投资主体投资的公司董事会应有职工代表,职工代表由公司职工民主选举产生。董事会设董事长 1 人,副董事长 1~2 人。股东人数较少和规模较小的有限责任公司可以不设董事会,设立执行

---

① 《中华人民共和国公司法》第 38 条对股东会的职权有具体的规定.
② 《中华人民共和国公司法》第 38 条.

董事。董事任期一般 3 年一届,可以连选连任①。

有限责任公司董事会对股东会负责,其职权有:召集股东会会议,并向股东会报告工作;执行股东会的决议;决定公司的经营计划和投资方案;制订公司的年度财务预算方案、决算方案;制订公司的利润分配方案和弥补亏损方案;制订公司增加或者减少注册资本以及发行公司债券的方案;制订公司合并、分立、解散或者变更公司形式的方案;决定公司内部管理机构的设置;决定聘任或者解聘公司经理及其报酬事项,并根据经理的提名决定聘任或者解聘公司副经理、财务负责人及其报酬事项;制定公司的基本管理制度;公司章程规定的其他职权②。

有限责任公司董事会的议事方式和表决程序③。董事会会议由董事长召集和主持;董事长不能履行职务或者不履行职务的,由副董事长召集和主持;副董事长不能履行职务或者不履行职务的,由半数以上董事共同推举一名董事召集和主持。董事会会议的表决,实行董事一人一票。董事会应当对所议事项的决定作成会议记录,出席会议的董事应当在会议记录上签名。董事会的议事方式和表决程序,除法律有规定的外,公司章程还可作出规定。

(3) 有限责任公司监事会及其议事规则。监事会是公司的监督机构。有限责任公司都应该设立监事会,监事成员不得少于 3 人。股东人数较少和规模较小的有限责任公司可以设 1 至 2 名监事。监事会由股东代表和适当比例的职工代表组成,具体比例由公司章程规定。董事、经理及财务负责人不得兼任监事。监事会每届任期 3 年,任期届满可以连选连任。监事可以列席董事会会议,并对董事会决议事项提出质询或者建议。监事会、不设监事会的公司的监事发现公司经营情况异常,可以进行调查;必要时,可以聘请会计师事务所等协助其工作,费用由公司承担。监事会每年度至少召开一次会议,监事可以提议召开临时监事会会议。监事会、不设监事会的公司的监事行使职权所必需的费用,由公司承担。监事会决议应当经半数以上监事通过。监事会应当对所议事项的决定作成会议记录,出席会议的监事应当在会议记录上签名。

(三) 股份有限公司

股份有限公司是一个相对有限责任公司的概念,也是公司形式的企业,股东责任也是有限的。股份有限公司只是在公司资产的表达方式上与有限责任公司不同,有限责任公司只表达注册资本量,是直接、单一的表达,一般表达为公司的注册

---

① 《中华人民共和国公司法》第 45 条、第 46 条.
② 《中华人民共和国公司法》第 47 条.
③ 《中华人民共和国公司法》第 48 条、第 49 条.

资本为多少货币单位。股份有限公司对公司资产的表达既有直接的注册资本量的表达,即多少货币单位;也有公司资本数额的间接表达,即将公司资产分为等额股份。每股代表的资产净值是相等的。这种以等值股份作为公司资产表达方式的优点在于,可以马上计算出公司经营活动后的实时资本数量(每股价格×股本数量)。如果公司是上市公司的话,就当然存在一个公认的每股价格,这样既便于计算出公司的资产总量,又便于计算出股份单价。这是由这样的优点,对股东而言有进出股份公司便利,对股份公司而言有筹资方便。在这种股份公司制度下,大型公司、超大型公司的出现就有了可能。

1. 股份有限公司的设立条件与设立方式

(1) 股份有限公司的基本设立条件。股份公司的设立条件公司法有明确的规定。①应当有 2 人以上 200 人以下的发起人,其中半数以上的发起人必须在中国境内有住所。发起人是设立股份有限公司的推动者,没有他们公司是无法成立的,发起人之间通过设立公司的协议作为纽带。发起人的主要职责是操办设立事务和出资,发起人首次出资不少于 20%[①]或不少于股份总数 35%的股份[②];②发起人认购和募集的股本达到法定资本最低限额,我国公司法规定的股份有限公司的注册资本的最低限额为人民币 500 万元,但如果法律法规有特别规定的从其规定;③股份发行等筹办事项应符合法律规定;④募集式设立的公司,其章程要在公司创立大会上通过;⑤有公司名称,建立符合法律要求的组织机构;⑥公司有自己的住所。

(2) 股份有限公司的设立方式。法律规定股份有限公司可以通过发起设立与募集设立两种方式设立。发起人可以通过其中任何一种方式设立公司[③]。

2. 股份有限公司股东的权利

股份有限公司股东的权利与有限责任公司股东权利相比基本是相同的,其特殊点有[④]:股东单独或者合计持有公司 3%以上股份的,可以向股东大会提交议案;公司在作出转让、受让公司法与章程规定的重大资产或者对外提供担保等重大事项时,必须经股东大会表决;股东大会选举董事、监事,可以依照公司章程的规定或

[①] 《中华人民共和国公司法》第 81 条规定　发起方式设立股份有限公司的,发起人首次出资额不低于注册资本的 20%.

[②] 《中华人民共和国公司法》第 85 条规定　募集方式设立股份有限公司的,发起人认购的股份不得少于公司股份总额的 35%.

[③] 发起设立,是指由发起人认购公司应发行的全部股份而设立公司。募集设立,是指由发起人认购公司应发行股份的一部分,其余股份向社会公开募集或者向特定对象募集而设立公司.

[④] 《中华人民共和国公司法》第 103 条、第 105 条~第 107 条等.

者股东大会的决议,实行累积投票制①;股东可以委托代理人出席股东大会会议,代理人应当向公司提交股东授权委托书,并在授权范围内行使表决权。

3．股份有限公司股份转让的特别规定

(1) 股份转让的限制。发起人持有的本公司股份,自公司成立之日起1年内不得转让。公司公开发行股份前已发行的股份,自公司股票在证券交易所上市交易之日起1年内不得转让。公司董事、监事、高级管理人员应当向公司申报所持有的本公司的股份及其变动情况,在任职期间每年转让的股份不得超过其所持有本公司股份总数的25％;所持本公司股份自公司股票上市交易之日起1年内不得转让。上述人员离职后半年内,不得转让其所持有的本公司股份②。

(2) 对公司收购本公司股份的限制。为保证公司不减少公司的实有资本,公司法规定公司不得收购本公司股份。但有下列情形之一的除外:①减少公司注册资本;②与持有本公司股份的其他公司合并;③将股份奖励给本公司职工;④股东因对股东大会作出的公司合并、分立决议持异议,要求公司收购其股份的③。

4．股份有限公司的组织机构及议事规则

(1) 股份有限公司的股东会及其议事规则。股份有限公司股东会的职权与有限责任公司股东会的职权相同④。其议事规则与有限责任公司的基本相同,其主要特殊点有:①股东大会作出决议,以出席会议的股东所持表决权为表决基数,一般决议只要过出席股东会议股东所持表决权的半数决议即为通过;特殊决议必须经出席会议的股东所持表决权的2/3以上通过⑤。②股东大会选举董事、监事,在公司章程有规定或者股东大会有决议实行累积投票制的情况下可以实行累积投票制。③股东可以委托代理人出席股东大会会议,代理人应当向公司提交股东授权委托书,并在授权范围内行使表决权⑥。

(2) 股份有限公司的董事会及其议事规则。股份有限公司董事会的职权与有限责任公司董事会的职权相同⑦,其议事规则与有限责任公司的基本相同,其主要

---

①　累积投票制。以选举董事为例,是指股东大会选举若干位董事时,每一股份拥有的表决权与应选董事人数相同,且股东可以将自己持有的全部选票集中投向某一候选人。这种选举制度的实施首先要有公司章程或股东大会决议的依据。相对分散投票制,它的特点是使小股东的选举权有实际意义.

②　《中华人民共和国公司法》第142条.

③　《中华人民共和国公司法》第143条.

④　《中华人民共和国公司法》第100条.

⑤　《中华人民共和国公司法》第104条.

⑥　《中华人民共和国公司法》第107条.

⑦　《中华人民共和国公司法》第109条第4款.

特殊点有:①董事会会议,应由董事本人出席;董事因故不能出席,可以书面委托其他董事代为出席,委托书中应载明授权范围。②董事应当对董事会的决议承担责任。董事会的决议违反法律、行政法规或者公司章程、股东大会决议,致使公司遭受严重损失的,参与决议的董事对公司负赔偿责任。但经证明在表决时曾表明异议并记载于会议记录的,该董事可以免除责任①。

(3) 股份有限公司的监事会及其议事规则。股份有限公司监事会及其议事规则与有限责任公司的基本相同,其主要特殊点有:①股份有限公司的监事会应当包括股东代表和适当比例的公司职工代表,其中职工代表的比例不得低于1/3,具体比例由公司章程规定。监事会中的职工代表由公司职工通过职工代表大会、职工大会或者其他形式民主选举产生;②监事会设主席1人,可以设副主席。监事会主席和副主席由全体监事过半数选举产生。监事会主席召集和主持监事会会议;监事会主席不能履行职务或者不履行职务的,由监事会副主席召集和主持监事会会议;监事会副主席不能履行职务或者不履行职务的,由半数以上监事共同推举一名监事召集和主持监事会会议②。

(四) 公司其他形式的特别规定

1. 国有独资公司的特别规定

国有独资公司是指,国家单独出资,由国务院或者地方人民政府授权本级人民政府国有资产监督管理机构履行出资人职责的有限责任公司③。国有独资公司设立的全资子公司不属于国有独资公司,属于一人有限责任公司。由多个国有资产监管机构共同投资设立的"国有公司"不是国有独资公司,而是一般的有限责任公司。

公司法对国有独资公司作了专门的规定,大致有:①国有独资公司不设股东会,由国有资产监督管理机构行使股东会职权④;②重要的国有独资公司合并、分立、解散、申请破产的,由国有资产监督管理机构审核后,报主管的人民政府批准;③国有独资公司必须设置职工董事和职工监事⑤。凡特别规定中没有的涉及到的,适用公司法的一般规定。

2. 一人有限公司的特别规定

一人公司,即只有一个自然人股东或者一个法人股东设立的有限责任公司。

---

① 《中华人民共和国公司法》第 113 条.
② 《中华人民共和国公司法》第 118 条.
③ 《中华人民共和国公司法》第 65 条.
④ 《中华人民共和国公司法》第 67 条.
⑤ 《中华人民共和国公司法》第 68 条、第 71 条.

它是一种特殊的有限责任公司,法律对一人有限责任公司有相对严格的设立与管理要求,这些要求大致有:①注册资金不少于 10 万元人民币;②一个自然人只能成立一家一人公司,不能设立多家一人公司;③一人公司必须在营业执照中载明;④公司由股东经营,但公司的经营方针和投资计划应以书面方式作出,并由股东签名后置备于公司;⑤由会计师事务所审计年度会计报告;⑥一人有限责任公司的股东不能证明公司财产独立于股东自己的财产的,应当对公司债务承担连带责任①。凡特别规定中没有的涉及的适用公司法的一般规定。

(五) 禁止性规定和法律责任

公司及其发起人、股东等的法律责任有民事责任、行政责任和刑事责任。对此,公司法从第 199 条到第 216 条对公司及其相关人士的法律责任作了专门规定。

1. 对公司开办人的禁止性规定和法律责任

公司开办人虚报注册资本、提交虚假材料或者采取其他欺诈手段隐瞒重要事实取得公司登记的,由公司登记机关责令改正,对虚报注册资本的公司,处以虚报注册资本金额 5% 以上 15% 以下的罚款;对提交虚假材料或者采取其他欺诈手段隐瞒重要事实的公司,处以 5 万元以上 50 万元以下的罚款;情节严重的,撤销公司登记或者吊销营业执照。

公司的发起人、股东虚假出资,未交付或者未按期交付作为出资的货币或者非货币财产的,由公司登记机关责令改正,处以虚假出资金额 5% 以上 15% 以下的罚款。

公司的发起人、股东在公司成立后,抽逃其出资的,由公司登记机关责令改正,处以所抽逃出资金额 5% 以上 15% 以下的罚款。

2. 对公司的禁止性规定和法律责任

公司违反本法规定,在法定的会计账簿以外另立会计账簿的,由县级以上人民政府财政部门责令改正,处以 5 万元以上 50 万元以下的罚款。

公司在依法向有关主管部门提供的财务会计报告等材料上作虚假记载或者隐瞒重要事实的,由有关主管部门对直接负责的主管人员和其他直接责任人员处以 3 万元以上 30 万元以下的罚款。

公司不依照本法规定提取法定公积金的,由县级以上人民政府财政部门责令如数补足应当提取的金额,可以对公司处以 20 万元以下的罚款。

公司在合并、分立、减少注册资本或者进行清算时,不依照本法规定通知或者公告债权人的,由公司登记机关责令改正,对公司处以 1 万元以上 10 万元以下的

---

① 《中华人民共和国公司法》第 58 条至第 64 条有一人有限责任公司的规定.

罚款。

未依法登记为有限责任公司或者股份有限公司,而冒用有限责任公司或者股份有限公司名义的,或者未依法登记为有限责任公司或者股份有限公司的分公司,而冒用有限责任公司或者股份有限公司的分公司名义的,由公司登记机关责令改正或者予以取缔,可以并处 10 万元以下的罚款。

公司成立后无正当理由超过 6 个月未开业的,或者开业后自行停业连续 6 个月以上的,可以由公司登记机关吊销营业执照。

公司登记事项发生变更时,未依照本法规定办理有关变更登记的,由公司登记机关责令限期登记;逾期不登记的,处以 1 万元以上 10 万元以下的罚款。

外国公司违反本法规定,擅自在中国境内设立分支机构的,由公司登记机关责令改正或者关闭,可以并处 5 万元以上 20 万元以下的罚款。

利用公司名义从事危害国家安全、社会公共利益的严重违法行为的,吊销营业执照;构成犯罪的,依法追究刑事责任。

3. 对董事、高级管理人员的禁止性规定和法律责任

董事、高级管理人员不得有下列行为①:

(1) 挪用公司资金。

(2) 将公司资金以其个人名义或者以其他个人名义开立账户存储。

(3) 违反公司章程的规定,未经股东会、股东大会或者董事会同意,将公司资金借贷给他人或者以公司财产为他人提供担保。

(4) 违反公司章程的规定或者未经股东会、股东大会同意,与本公司订立合同或者进行交易。

(5) 未经股东会或者股东大会同意,利用职务便利为自己或者他人谋取属于公司的商业机会,自营或者为他人经营与所任职公司同类的业务。

(6) 接受他人与公司交易的佣金归为己有。

(7) 擅自披露公司秘密。

(8) 违反对公司忠实义务的其他行为。

董事、监事、高级管理人员执行公司职务时违反法律、行政法规或者公司章程的规定,给公司造成损失的,应当承担赔偿责任。

4. 对清算组的禁止性规定和法律责任

公司在进行清算时,隐匿财产,对资产负债表或者财产清单作虚假记载或者在未清偿债务前分配公司财产的,由公司登记机关责令改正,对公司处以隐匿财产或者未清偿债务前分配公司财产金额 5% 以上 10% 以下的罚款;对直接负责的主管

---

① 《中华人民共和国公司法》第 149 条、第 150 条.

人员和其他直接责任人员处以 1 万元以上 10 万元以下的罚款。

公司在清算期间开展与清算无关的经营活动的,由公司登记机关予以警告,没收违法所得。

清算组不依照本法规定向公司登记机关报送清算报告,或者报送清算报告隐瞒重要事实或者有重大遗漏的,由公司登记机关责令改正。

清算组成员利用职权徇私舞弊、谋取非法收入或者侵占公司财产的,由公司登记机关责令退还公司财产,没收违法所得,并可以处以违法所得 1 倍以上 5 倍以下的罚款。

5. 对中介机构的禁止性规定和法律责任

承担资产评估、验资或者验证的机构提供虚假材料的,由公司登记机关没收违法所得,处以违法所得 1 倍以上 5 倍以下的罚款,并可以由有关主管部门依法责令该机构停业、吊销直接责任人员的资格证书,吊销营业执照。

承担资产评估、验资或者验证的机构因过失提供有重大遗漏报告的,由公司登记机关责令改正,情节较重的,处以所得收入 1 倍以上 5 倍以下的罚款,并可以由有关主管部门依法责令该机构停业、吊销直接责任人员的资格证书,吊销营业执照。

承担资产评估、验资或者验证的机构因其出具的评估结果、验资或者验证证明不实,给公司债权人造成损失的,除能够证明自己没有过错的外,在其评估或者证明不实的金额范围内承担赔偿责任。

6. 对公司登记机关的禁止性规定和法律责任

公司登记机关对不符合本法规定条件的登记申请予以登记,或者对符合本法规定条件的登记申请不予登记的,对直接负责的主管人员和其他直接责任人员,依法给予行政处分。

公司登记机关的上级部门强令公司登记机关对不符合本法规定条件的登记申请予以登记,或者对符合本法规定条件的登记申请不予登记的,或者对违法登记进行包庇的,对直接负责的主管人员和其他直接责任人员依法给予行政处分。

二、外商投资企业法律制度

(一) 外商投资企业的概念

外商投资企业是指经中国政府批准,在中国境内按照中国法律由外国资本单独或与中国企业共同投资设立的中国企业。有中外合资企业、中外合作企业和外商投资企业三种形式:

1. 中外合资经营企业

中外合资企业是指由中国境内投资者和境外投资者,按照中外合资经营企业法等中国法律在中国境内设立,由中外各方共同投资、共同经营、共担风险、共负盈亏的企业形式①。

中外合资经营企业的特征:①投资主体必须是外国投资者与中国投资者。中外合资企业的投资者既包括外国投资者,也包括中国投资者。外国投资者可以是外国公司、企业、其他经济组织与外国自然人;中国投资者只能是中国的公司、企业和其他经济组织;②双方共同投资。中外合资企业是由外方投资者与中国投资者共同投资兴办的,所以必须是双方共同出资,任何一方不实际出资都是违反法律的。我国费法律要求外国投资者的投资不得少于合营企业注册资本的25%,没有上限②;③双方共同经营管理。中外合资企业由双方人员组成股东会、董事会,委派总经理与副总经理等③;④双方共担风险、共负盈亏④。

2. 中外合作经营企业

中外合作经营企业,是指外国的企业和其他经济组织或个人同中国的企业或其他经济组织,依照中外合作经营企业法等中国法律在中国境内共同投资举办的、以合作合同规定合作各方权利和义务关系的一种企业形式⑤。

与中外合资企业相比较,中外合作经营企业有以下特点:①中外合作企业是契约式合营企业,合营各方的权利与义务依契约确定,而不是按股权确定;②中外合作经营企业可以是企业法人形式,也可以是产品合作而不采取企业法人形式;③可以采取不同的管理方式:一方管理;另一方管理;共同委托他方管理;④可以约定分配收益和回收投资、承担风险和亏损⑥。

3. 外资企业

外资企业是指依照中国外资企业法等法律规范在中国境内设立的,由一个或多个外国投资者设立的,全部资本由外国投资者投资的企业⑦。

外资企业的基本特征:①外资企业是依中国法律在中国境内设立的,具有中国国籍;②外资企业的全部资本归外国投资者所有。

---

① 《中华人民共和国中外合资经营企业法》第1条.
② 《中华人民共和国中外合资经营企业法》第4条.
③ 《中华人民共和国中外合资经营企业法》第6条.
④ 《中华人民共和国中外合资经营企业法》第4条.
⑤ 《中华人民共和国中外合作经营企业法》第1条.
⑥ 《中华人民共和国中外合资经营企业法》第2条.
⑦ 《中华人民共和国外资企业法》第2条.

(二) 外商投资企业的组织形式

按照中国法律,除中外合作经营企业中的非法人型合作企业外,其他的外商投资企业都是公司形式①。一般的外商投资企业为有限责任公司形式,经批准的可以设立股份有限公司②。

(三) 外商投资企业设立的特殊规定

1. 设立要经过中国政府的特别批准

外国投资者只有先申请并取得中国政府的批准证书后才可以设立外商投资企业③。

2、经营范围受到限制

外商投资企业的投资领域是受到限制的,我国将全部产业领域区分为鼓励类、允许类、限制类和禁止类④。投资到鼓励类产业的外国资本相对投入到其他类别的外商投资企业能得到特殊的优惠;投资到允许类产业的外商不能得到特殊的优惠;设立限制性企业,则在规模、股权比例等方面受到限制;在禁止性领域,外商不得进入。

3. 股权比例的特别规定

中外合资企业和中外合作法人型企业注册资本中的外商投资部分不少于25%⑤。

(四) 外商投资企业适用的其他法律规范

外商投资企业根据自身的法律性质分别适用《中外合资企业法》、《中外合作经

---

① 《中华人民共和国中外合资经营企业法》第4条、《中华人民共和国中外合作经营企业法》第2条、《中华人民共和国外资企业法》第8条.

② 1995年1月,原外经贸部根据有关法律、法规发布了《关于设立外商投资股份有限公司若干问题的暂行规定》,按此规定,外商投资企业经批准可以采取股份有限公司形式.

③ 《中华人民共和国中外合资经营企业法》第3条、《中华人民共和国中外合作经营企业法》第5条、《中华人民共和国外资企业法》第6条.

④ 我国自允许外商来华投资以来,对外商投资领域一直是有控制的。但从1995年起制定并执行专门的《外商投资产业指导目录》以调控外商投资行为,使得外商的投资方向与我国的经济发展需要保持一致。十多年来,随着客观情况的变化,该目录几经修订。2007年10月31日,国家发展和改革委员会、商务部发布命令(第57号),颁布《外商投资产业指导目录(2007年修订)》,该目录经国务院批准,自2007年12月1日起施行.

⑤ 《中华人民共和国中外合作经营企业法实施细则》第18条第3款.

营企业法》和《外资企业法》,凡这些法律没有规定的,均适用《公司法》等中国法律法规。

三、合伙企业法律制度

合伙是一种民事行为,规范它的法律有《民法通则》①,合伙可以分为民事合伙与商事合伙,本书介绍的是合伙企业,是一种商事组织形式。合伙企业是指自然人、法人和其他组织②依照《合伙企业法》的规定,在中国境内设立的普通合伙企业和有限合伙企业。普通合伙企业由普通合伙人组成,合伙人对合伙企业债务承担无限连带责任。法律对普通合伙人承担责任的形式有特别规定的,从其规定。有限合伙企业由普通合伙人和有限合伙人组成,普通合伙人对合伙企业债务承担无限连带责任,有限合伙人以其认缴的出资额为限对合伙企业债务承担责任③。合伙企业有五个方面的法律特点:

(1) 合伙人的宽泛性。按照我国合伙企业法规定,个人、企业与社会团体都可以成为合伙人,但法律有规定的除外,如国有独资公司、国有企业、上市公司以及公益性的事业单位、社会团体不得成为普通合伙人④(所谓普通合伙人就是对合伙企业债务承担无限连带责任的合伙人),但并没有禁止这些社会组织成为有限合伙人。

(2) 合伙企业合伙人的非单一性⑤。合伙企业不能由一人设立,所谓合伙的"合"必须有两人或者两人以上才称得上"合",一人无所谓"合";但合伙人也不宜太多,太多了不太容易形成决策意见,经营活动容易发生困难。合伙企业法规定有限合伙企业的合伙人最多不能超过 50 人,但对普通合伙企业的合伙人没有人数上限的限制。

(3) 合伙企业的人合性。合伙企业制度强调合伙人之间协议是合伙企业存在的依据,并强调合伙人之间的权利平等,议事采用合伙人一人一票的规则⑥。这些制度与公司制度强调章程与股权的安排不同。

(4) 合伙企业的契约性。合伙人之间的合同关系对合伙企业的设立和解决合

---

① 《中华人民共和国民法通则》第二章第五节对民事合伙有专门的规定.
② 《中华人民共和国合伙企业法》第 3 条规定国有独资公司、国有企业、上市公司以及公益性的事业单位、社会团体不得成为普通合伙人.
③ 《中华人民共和国合伙企业法》第 2 条.
④ 《中华人民共和国合伙企业法》第 3 条.
⑤ 《中华人民共和国合伙企业法》第 61 条.
⑥ 《中华人民共和国合伙企业法》第 26 条.

伙企业内部的事情是至关重要的,合伙企业在经营活动中可以通过合伙人合同约定,委托一个或者数个合伙人对外代表合伙企业,执行合伙事务。

(5)合伙人责任形式的多样性。《合伙企业法》对合伙人的责任形式作出了多种规定。①无限连带责任。普通合伙企业的合伙人(包含有限合伙企业的普通合伙人)对合伙企业的债务承担无限连带责任[①];②无限连带责任和有限责任并存。特殊的普通合伙企业的一个或几个合伙人如果因故意或者重大过失的原因造成合伙企业债务的,应当承担无限责任或者无限连带责任,其他合伙人以其在合伙企业中的财产份额为限承担责任;如果合伙人在执业活动中是因为非因故意或者重大过失造成的合伙企业债务以及合伙企业的其他债务,由全体合伙人承担无限连带责任[②];③有限责任。有限合伙企业的有限合伙人以其认缴的出资额为限对合伙企业债务承担责任[③]。

(一)合伙企业的类型

根据合伙人承担的责任形式的不同,将合伙企业分为两类三种,两类是指普通合伙企业和有限合伙企业,三种是指在普通合伙企业中区分出的普通合伙企业、特殊的普通合伙企业和有限合伙企业。

1. 普通合伙企业

普通合伙企业是由普通合伙人组成,合伙人对合伙企业债务承担无限连带责任的企业[④]。普通合伙企业是合伙企业的一般形式。

2. 特殊的普通合伙企业

特殊的普通合伙企业是一种合伙人的责任形式介于普通合伙企业与有限合伙企业之间的合伙企业。只有以专业知识和专门技能为客户提供有偿服务的专业服务机构,可以设立为特殊的普通合伙企业。这里的专业知识和专门技能应该是指法律、会计、医疗、教育等国家对从业人员有严格的准入要求的专业。

特殊的普通合伙企业与普通合伙企业的区别主要在于合伙人的责任形式不同[⑤]。特殊的普通合伙企业合伙人的责任形式比较特殊。其特殊性有:

(1)一个合伙人或数个合伙人在执业活动中因故意或者重大过失造成合伙企业债务的,应承担无限责任或无限连带责任;其他合伙人以其在合伙企业中的财产

---

① 《中华人民共和国合伙企业法》第 2 条.
② 《中华人民共和国合伙企业法》第 57 条.
③ 《中华人民共和国合伙企业法》第 2 条第 3 款.
④ 《中华人民共和国合伙企业法》第二章.
⑤ 本章合伙企业的法律特征.

份额为限承担责任。

(2) 合伙人在执业活动中非因故意或者重大过失造成的合伙企业债务以及合伙企业的其他债务,由全体合伙人承担无限连带责任[①]。

合伙人在执业活动中因故意或者重大过失造成合伙企业债务的,以合伙企业财产对外承担责任后,该合伙人对合伙企业和其他合伙人是否应该承担赔偿责任由合伙协议约定。

3. 有限合伙企业

有限合伙企业由至少一名有限合伙人和至少一名普通合伙人组成,普通合伙人对合伙企业债务承担无限连带责任,有限合伙人以其认缴的出资额为限对合伙企业债务承担责任[②]。

(二) 合伙企业的设立条件

1. 两个及以上的合伙人

根据《合伙企业法》,普通合伙企业的合伙人最低人数为 2 人,没有人数的上限。有限合伙企业的合伙人数至少 2 人,最高限额为 50 人。合伙人可以是自然人、法人和其他组织。自然人为合伙人的,应当具有完全民事行为能力;国有独资公司、国有企业、上市公司以及公益性的事业单位、社会团体不得成为普通合伙人。法律、行政法规禁止从事营利性活动的人,不得成为合伙人。

2. 合伙人签订书面的合伙协议[③]

合伙协议是合伙企业成立和存续的基础。合伙协议不但关系到合伙企业设立,还极大地影响合伙企业的运作和合伙人的权利和义务,它是重要的法律文件。所以,合伙合同应当采用书面形式,并且必须经全体合伙人签名盖章后方可生效[④]。合伙协议应载明:①合伙企业的名称和主要经营场所的地点;②合伙目的和合伙经营范围;③合伙人的姓名或者名称、住所;④合伙人的出资方式、数额和缴付期限;⑤利润分配、亏损分担方式;⑥合伙事务的执行;⑦入伙与退伙;⑧争议解决办法;⑨合伙企业的解散与清算;⑩违约责任。

有限合伙企业的合伙协议除具备上述内容外,还应当载明的事项有:①普通合伙人和有限合伙人的姓名或者名称、住所;②执行事务合伙人应具备的条件和选择程序;③执行事务合伙人权限与违约处理办法;④执行事务合伙人的除名条件和更

---

① 《中华人民共和国合伙企业法》第57条.
② 《中华人民共和国合伙企业法》第三章.
③ 《中华人民共和国合伙企业法》第4条、第18条、第19条、第63条等规定.
④ 《中华人民共和国合伙企业法》第19条、第60条等规定.

换程序；⑤有限合伙人入伙、退伙的条件、程序以及相关责任；⑥有限合伙人和普通合伙人相互转变程序。

3. 合伙人出资

依据《合伙企业法》的规定，合伙人可以用货币、实物、土地使用权、知识产权或其他财产权出资；经全体合伙人协商确定并在合伙协议载明劳务出资评估方法的，合伙人也可以用劳务出资，但有限合伙人不得以劳务出资。对货币以外的出资需要评估作价的，可以由全体合伙人协商确定，也可以由全体合伙人委托法定评估机构评估。

4. 选定合伙企业名称

合伙企业必须要有企业名称，普通合伙企业名称中应当标明"普通合伙"字样，特殊的普通合伙企业名称中应当标明"特殊普通合伙"，有限合伙企业名称中应当标明"有限合伙"字样[①]。

5. 有生产经营场所和从事合伙经营的必要条件

生产经营场所既是企业经营的必要条件，也是企业接受政府管理和各界监督的必要条件。同时也是自己承受债务能力的一种体现，因此企业一定要有自己的经营场所。没有自己经营场所或者居无定所的企业都不可能是经营状况良好的企业。企业根据自己的营业范围要具备相应的条件，如运输单位要有车辆，施工单位要有施工机械等，就是咨询服务单位也要有自己的办公条件。这些都是企业必不可少的条件，也是商业伙伴必定要考察的事项。

（三）合伙企业的财产和债务

1. 合伙企业的财产

《合伙企业法》第20条规定，合伙人的出资、以合伙企业名义取得的收益和依法取得的其他财产，均为合伙企业的财产[②]。除非退伙，合伙人不得请求分割合伙财产。在合伙清算前，如果合伙人私自转移或者处分合伙财产，合伙企业不得以此对抗不知情的善意第三人。合伙人向合伙人以外的人转让其在合伙企业中的全部或部分财产份额时，须经其他合伙人一致同意，在同等条件下，其他合伙人有优先受让权。经全体合伙人同意，合伙人以外的人依法受让合伙企业财产份额并载入合伙协议的，即成为合伙企业的合伙人，依照合伙协议享有权利并承担义务。在合伙人内部之间转让在合伙企业中的全部或部分财产份额时，应当通知其他合伙人[③]。

① 《中华人民共和国合伙企业法》第15条、第56条、第62条等.
② 《中华人民共和国合伙企业法》第20条.
③ 《中华人民共和国合伙企业法》第20条～第25条.

2. 合伙企业的债务

合伙企业债务是指在合伙关系存续期间,合伙企业以自己名义从事活动而承担的债务,合伙企业债务视合伙企业的形式不同由各合伙人依法承担清偿责任。合伙企业债务的清偿规则为:先以合伙企业财产清偿,合伙财产不足的,由普通合伙人对债权人承担无限连带责任;合伙人之间按照出资比例或者约定比例承担责任①。

(四) 合伙企业的经营管理

1. 合伙企业的决策制度

决策就是形成有效决议。合伙企业形成有效决议的程序设计得比较简单,法律没有设定类似于公司有效决议的诸多程序性要求,也没有合伙人会议之类的组织。合伙企业的形成有效决议的基本要求是"根据全体合伙人的真实意思"。据此,合伙企业法对合伙企业形成有效决议制定了简单明确的决策要求。这些要求归纳起来有三种形式:即"合伙人一人一票","全体合伙人一致同意"以及"全体合伙人过半数通过"。

"合伙人一人一票"是合伙企业形成有效决议案的表决方式,也是合伙人的权利方式。这里强调的是合伙人的个人权利而不是投资人的资本权利。这与"一股一票"的公司股东会决策机制是完全不同的。它体现了合伙企业的基础是"人合"而不是"资合"。强调了合伙人平等,这有利于在小资本经营状态下的合伙人主人翁精神的建立,但不利于较大资本进入合伙企业,也不利于拥有的财产差异大的人一起设立合伙企业。所以,合伙企业一般是小本经营者的俱乐部。

"全体合伙人一致同意"是合伙企业重大事务形成有效决议案的表决制度。它要求所议事项必须经全体合伙人一致同意才能形成决议案,一般凡与合伙企业与合伙人有重大利益关系的事项都必须经"全体合伙人一致同意",否则作出的决议案无效。这虽有利于保护每一位合伙人的利益,但会大大增加形成决议的难度。因此,这种表决制度只适用法律与合伙协议有明确规定的事项。凡法律与合伙协议没有明确规定的事项,合伙人在表决时不能要求按"经全体合伙人一致同意"的表决方式形成决议案。合伙企业法对须经全体合伙人"一致同意"才能形成有效决议的事项作出了具体的规定,有 11 项:①通过及修改合伙协议;②合伙人向非合伙转让其对合伙企业的出资和份额;③合伙人以其在合伙企业的财产出质;④合伙人同本企业的交易;⑤新合伙人入伙;⑥法定和约定退伙事由以外的退伙;⑦丧失行为能力的普通合伙人转为有限合伙任的;⑧对合伙人的除名;⑨合伙人的继承人取

① 《中华人民共和国合伙企业法》第38条、第39条、第40条、第57条、第58条.

得合伙人资格;⑩普通合伙人转变为有限合伙人或者有限合伙人转变为普通合伙人;⑪《合伙企业法》第31条①的规定事项②。

"全体合伙人过半数通过"是指,在法律与合伙协议规定的,应经"全体合伙人一致同意"才能形成有效决议的范围外的事项(包括合伙协议约定不明确的事项)进行表决时,只要有过半数的合伙人同意,就可以形成有效决议案的一种表决制度③。这是"全体合伙人一致同意"表决方式的补充。这种决议方式容易形成决议案,但也容易违背少数合伙人的意志。

2. 委托执行条件下的监督

合伙企业是合伙人协商一致成立的商事组织,各合伙人对合伙事务拥有平等的执行权,普通合伙更是如此。但平等执行在实务中可操作性较差,不容易形成高效的执行效果。作为平等执行权的补充,法律允许经全体合伙人一致同意达成执行权委托协议。即将合伙企业的经营事务委托给一名或者数名合伙人执行。受托的合伙人(合伙人为企业的,则是它委派的代表)在委托授权范围内执行合伙事务④。

执行权委托后其他合伙人不能直接参与合伙事务的执行,只能对合伙事务进行监督。这可能会使部分不直接执行企业事务的合伙人受到伤害。所以合伙企业法规定,如果合伙事务执行人履行职务不当,或不按照委托协议或全体合伙人一致同意的决议执行,其他合伙人可以决定撤销委托。

合伙企业在实施委托执行权时应遵循的规则:

(1) 合伙执行人有义务向非执行合伙人报告事务执行情况,非执行合伙人有权监督合伙执行人的执行。非执行合伙人可以行使以下权利:①检查执行合伙事务的人执行事务的情况;②听取执行合伙事务的人报告事务执行情况以及合伙企业的经营状况和财务状况;③查阅账簿;④对其他合伙人执行的事务提出异议;⑤共同决定撤销执行权委托;⑥限制或者禁止合伙执行人与本合伙进行交易⑤。

(2) 合伙执行人执行合伙事务所产生的收益,归全体合伙人;所产生的费用或

---

① 《合伙企业法》第31条的规定事项:①改变合伙企业的名称;②改变合伙企业的经营范围、主要经营场所的地点;③处分合伙企业的不动产;④转让或者处分合伙企业的知识产权和其他财产权利;⑤以合伙企业名义为他人提供担保;⑥聘任合伙人以外的人担任合伙企业的经营管理人员.

② 《中华人民共和国合伙企业法》第19条、第22条、第25条、第31条、第33条、第43条、第45条、第48条、第49条、第50条、第82条.

③ 《中华人民共和国合伙企业法》第30条.

④ 《中华人民共和国合伙企业法》第26条.

⑤ 《中华人民共和国合伙企业法》第28条、第29条等.

亏损,由全体合伙人承担。合伙执行人的执行行为本质上是一种代理行为,按照代理人在授权范围内代本人作出行为的后果由本人承担的民法原理,作为受托人的合伙执行人的执行后果由委托人的全体合伙人承担。

3. 利润分配与亏损分担

合伙企业的利润分配与亏损承担是合伙企业的一件大事,也是关系到合伙人实际利益的问题。合伙企业法对合伙企业的利润分配、亏损分担做出了明确的规定。①合伙人应按照合伙协议的约定分配利润、承担亏损;②如果合伙协议未约定或者约定不明确的,由合伙人协商决定;③如果合伙人之间协商不成的,由合伙人按照实缴出资比例分配、分担;④无法确定出资比例的,由合伙人平均分配、分担。但合伙协议不得约定将全部利润分配给部分合伙人或者由部分合伙人承担全部亏损[①]。

(五) 合伙企业的入伙和退伙

1. 入伙

入伙是指在合伙企业存续期间,非合伙人申请加入合伙企业,向合伙企业投入一定的财产,并取得合伙人身份的行为,而不是简单地加入合伙企业成为合伙企业的员工的行为。由于合伙企业是典型的人合企业,新合伙人的加入会影响合伙企业的经营活动,进而影响原合伙人的利益。所以新合伙人入伙,应当经合伙企业全体合伙人同意,并依法订立书面入伙协议。入伙的新合伙人与原合伙人享有同等权利,承担同等责任,但入伙协议可以在不违反法律强制性规定的情况下另作约定。同时,新入伙的普通合伙人对入伙前合伙企业的债务要承担无限连带责任[②],新入伙的有限合伙人对入伙前有限合伙企业的债务,以其认缴的出资额为限承担责任。

2. 退伙

退伙是指合伙企业的合伙人与其他合伙人解除合伙关系,带走属于自己的财产份额,丧失合伙人身份的行为。退伙对合伙企业的不利影响比股东出让股权大得多,会引起合伙企业的不稳定。但为了维护合伙人的利益,法律在最大限度地稳定企业的情况下还允许退伙。合伙企业的稳定机制不像公司那样不允许退股,而是严格退伙条件。基于合伙人之间的合伙关系是合伙协议,所以严格退伙条件就是尽可能维护合伙协议。我国合伙企业法设定的退伙有三种:可以退伙、当然退伙、强制退伙。

---

① 《中华人民共和国合伙企业法》第33条.

② 《中华人民共和国合伙企业法》第44条、第77条.

可以退伙是指基于某种法定事由,合伙人自己可以决定退出合伙的情形。合伙企业法将可以退伙的条件规定为两种情况:

(1) 有合伙期限约定的合伙企业合伙人可以退伙的原因。出现合伙协议约定的退伙事由,发生合伙人难以继续参加合伙的情况,或其他合伙人严重违反合伙协议约定义务等情况的,合伙人可以单方面决定退伙。此外,如果全体合伙人一致同意某个合伙人可以退伙,那么这个合伙人就可以退伙。

(2) 没有合伙期限约定的合伙企业合伙人可以退伙原因。只要希望退伙的合伙人不给合伙企业事务执行造成不利影响,就可以单方面退伙,但应当提前 30 日通知其他合伙人①。

当然退伙是指基于某种法定事由,合伙人在客观上不具备合伙能力而应当退出合伙的情形。当然退伙的情形有:

(1) 合伙人的合伙主体资格丧失,包括自然人的合伙人死亡,个人丧失偿债能力,作为合伙人的法人或者其他组织依法被吊销营业执照、责令关闭、撤销,或者被宣告破产,法律规定或者合伙协议约定合伙人必须具有相关资格而丧失该资格。

(2) 合伙人在合伙企业中的全部财产份额被人民法院强制执行。

(3) 普通合伙人被依法认定为无民事行为能力人或者限制民事行为能力人的,又没有能够转为有限合伙人的。凡发生以上情形之一的,合伙人应当退出合伙企业②。

强制退伙是指尽管被决定退伙的合伙人不愿意,但基于某种法定事由,其他合伙人可以逼迫其退出合伙企业的情形。强迫退伙以除名的形式作出。强迫退伙不但要征得其他合伙人的一致同意,还要符合以下条件之一:未履行出资义务、因故意或者重大过失给合伙企业造成损失、执行合伙事务时有不正当行为、发生合伙协议约定的退伙事由。对合伙人的除名决议应当以书面形式通知被除名人。被除名人接到书面除名通知之日除名生效,被除名人退伙③。

合伙人退伙的合伙企业应当按照法律规定,对合伙企业财产、债权债务进行清理,并依法与退伙人进行清算④。

---

① 《中华人民共和国合伙企业法》第 45 条、第 46 条.

② 《中华人民共和国合伙企业法》第 48 条.

③ 《中华人民共和国合伙企业法》第 49 条.

④ 《中华人民共和国合伙企业法》第 51 条~第 54 条.

(六) 合伙企业的解散和清算

1. 解散

合伙企业解散是指合伙关系归于消灭。合伙企业有下列情形之一的,应当解散:①合伙期限届满,合伙人决定不再经营;②合伙协议约定的解散事由出现;③全体合伙人决定解散;④合伙人已不具备法定人数满 30 天;⑤合伙协议约定的合伙目的已经实现或者无法实现;⑥依法被吊销营业执照、责令关闭或者被撤销;⑦法律、行政法规规定的其他原因。《合伙企业法》第 75 条规定,有限合伙企业仅剩有限合伙人的,应当解散。

2. 清算

合伙企业清算是指了结合伙人之间、合伙与第三人之间的债权债务关系。合伙企业解散时应当进行清算。清算人由全体合伙人担任;经全体合伙人过半数同意,可以自合伙企业解散事由出现后 15 日内指定一个或者数个合伙人,或者委托第三人,担任清算人。自合伙企业解散事由出现之日起 15 日内未确定清算人的,合伙人或者其他利害关系人可以申请人民法院指定清算人①。

合伙企业清算人的主要工作有:①清理合伙企业财产,分别编制资产负债表和财产清单;②处理与清算有关的合伙企业未了结事务;③清缴所欠税款;④清理债权、债务;⑤处理合伙企业清偿债务后的剩余财产;⑥代表合伙企业参加诉讼或者仲裁活动②。

合伙财产在支付清算费用后,按下列顺序清偿:①职工工资、社会保险费用、法定补偿金;②所欠税款;③合伙的债务;④返还合伙人出资。合伙财产按上述顺序清偿后仍有剩余的,按照合伙协议的约定或者法律规定的比例分配。清算时,合伙财产不足清偿合伙债务时,由各个合伙人承担无限连带责任。清算结束后,应由清算人编制清算报告,经全体合伙人签名、盖章后,交送企业登记机关,办理合伙注销登记。合伙企业注销后,原普通合伙人对合伙企业存续期间的债务仍应承担无限连带责任③。

(七) 禁止性规定和法律责任

1. 对合伙人的禁止性规定和法律责任

开办人提交虚假文件或者采取其他欺骗手段,取得合伙企业登记的,由企业登

---

① 《中华人民共和国合伙企业法》第 86 条.
② 《中华人民共和国合伙企业法》第 87 条.
③ 《中华人民共和国合伙企业法》第 89 条~第 91 条.

记机关责令改正,处以 5 000 元以上 5 万元以下的罚款;情节严重的,撤销企业登记,并处以 5 万元以上 20 万元以下的罚款。

合伙人执行合伙事务,或者合伙企业从业人员利用职务上的便利,将应当归合伙企业的利益据为己有的,或者采取其他手段侵占合伙企业财产的,应当将该利益和财产退还合伙企业;给合伙企业或者其他合伙人造成损失的,依法承担赔偿责任。

合伙人对法律规定或者合伙协议约定必须经全体合伙人一致同意始得执行的事务擅自处理,给合伙企业或者其他合伙人造成损失的,依法承担赔偿责任。

不具有事务执行权的合伙人擅自执行合伙事务,给合伙企业或者其他合伙人造成损失的,依法承担赔偿责任。

合伙人违反本法规定或者合伙协议的约定,从事与本合伙企业相竞争的业务或者与本合伙企业进行交易的,该收益归合伙企业所有;给合伙企业或者其他合伙人造成损失的,依法承担赔偿责任。

2. 对合伙企业的禁止性规定和法律责任

合伙企业未在其名称中标明"普通合伙"、"特殊普通合伙"或者"有限合伙"字样的,由企业登记机关责令限期改正,处以 2 000 元以上 10 000 元以下的罚款。

未领取营业执照,而以合伙企业或者合伙企业分支机构名义从事合伙业务的,由企业登记机关责令停止,处以 5 000 元以上 50 000 元以下的罚款。

合伙企业登记事项发生变更时,未依法办理变更登记的,由企业登记机关责令限期登记;逾期不登记的,处以 2 000 元以上 20 000 元以下的罚款。

合伙企业登记事项发生变更,执行合伙事务的合伙人未按期申请办理变更登记的,应当赔偿由此给合伙企业、其他合伙人或者善意第三人造成的损失。

3. 对清算人的禁止性规定和法律责任

清算人未依照本法规定向企业登记机关报送清算报告,或者报送清算报告隐瞒重要事实,或者有重大遗漏的,由企业登记机关责令改正。由此产生的费用和损失,由清算人承担和赔偿。

清算人执行清算事务,牟取非法收入或者侵占合伙企业财产的,应当将该收入和侵占的财产退还合伙企业;给合伙企业或者其他合伙人造成损失的,依法承担赔偿责任。

清算人违反本法规定,隐匿、转移合伙企业财产,对资产负债表或者财产清单作虚假记载,或者在未清偿债务前分配财产,损害债权人利益的,依法承担赔偿责任。

4. 对相关行政机关的禁止性规定和法律责任

有关行政管理机关的工作人员违反法律规定,滥用职权、徇私舞弊、收受贿赂、侵害合伙企业合法权益的,依法给予行政处分;构成犯罪的,依法追究刑事责任。

四、股份合作制企业法律制度

股份合作制企业是我国的一种企业形式,作为一种适合于城乡集体经济和小规模企业的存在形式,股份合作制企业在我国已经广泛存在。股份合作制企业在法律上是独立的企业法人,其特点是劳动者与股权在法律制度上的结合,是一种劳动者拥有多数股的新型的公有制企业形式①。

股份合作制企业是指以企业职工出资为主,或全部由企业职工出资构成企业法人财产;实行合作劳动,民主管理,按劳分配,按股分红②相结合的独立的企业法人③。股份合作制企业的特点是相对公司等典型的现代企业而言的,具体有:

(1) 资本与劳动互相渗透、混合。一般讲,任何企业都必须实行资本与劳动的结合才可能完成企业的生产与经营活动。在以公司为代表的典型的现代企业中,资本与劳动在权利上是分属不同的权利人的,即所谓的资方与劳方。但股份合作

---

① 在我国目前还没有全国性的股份合作制企业法律法规,但股份合作制企业作为一种适合城乡集体经济和小规模企业的企业制度在我国已经广泛存在. 全国人大、中央政府部委及各地人大和政府对此有不少相关规定. 2001 年 3 月 15 日第九届全国人大第四次会议批准的《中华人民共和国国民经济和社会发展第十个五年计划纲要》第 16 章第 1 节中明确提出"进一步放开搞活国有中小企业,对国有小企业继续采取改组、联合、兼并、租赁、承包经营和股份合作制、出售等多种形式,进行产权制度和经营机制改革."1997 年 8 月 7 日国家体改委发布了《关于发展城市股份合作制企业的指导意见》.1990 年 2 月 12 日农业部发布了《农民股份合作企业暂行规定》,1997 年 12 月 25 日农业部修改了此规定.据北大法律信息网资料,经笔者统计,截止至 2008年 2 月 18 日,有贵州、河北、江西、陕西、重庆、广东、海南、北京的省级人大和成都、深圳、西安等市人大制定了股份合作制企业的地方性法规,有安徽、天津、青海、上海、湖南、四川、江西、辽宁的省级人民政府和厦门、长春等市人民政府制定了关于股份合作制企业的地方政府规章. 这些地方性法规和地方政府规章现行有效. 云南、浙江、江苏、黑龙江、吉林、宁夏、青岛等地的人民政府以其他规范性文件的方式规范股份合作制企业形式.

② 国家体改委《关于发展城市股份合作制企业的指导意见》二,指出,"股份合作制企业中,劳动合作和资本合作有机结合. 劳动合作是基础,职工共同劳动,共同占有和使用生产资料,利益共享,风险共担,实行民主管理,企业决策体现多数职工的意愿;资本合作采取了股份的形式,是职工共同为劳动合作提供的条件,职工既是劳动者,又是企业出资人. 劳动合作与资本合作相结合有利于共同劳动条件的改善、企业竞争能力的提高和劳动者长远利益的增加. 股份合作制是能够促进生产力发展的公有制实现形式,是现阶段劳动者创造就业机会、走向共同富裕的一条重要途径."

③ 国家体改委《关于发展城市股份合作制企业的指导意见》四,支持"股份合作制企业是独立法人,以企业全部资产承担民事责任,主要由本企业职工个人出资,出资人以出资额为限对企业的债务承担责任."

制企业制度,规定了绝大部分的资本属于该企业的劳动者所有①。这就是所谓的资本和劳动的互相渗透、混合。

(2) 实行民主管理。一般企业也都不拒绝或不否认民主管理的说法。但在公司等典型的现代企业中,对企业的影响取决于你持有股权的多少,民主管理是股东会与董事会层面的事务,并不是公司员工层面的事务。在股份合作制企业由于大部分职工是股东,所以在企业的管理模式上法律也作了特别规定。如股东会的表决模式,《上海市股份合作制企业暂行办法》第30条就规定了股东一人一票的决议方式;这样从制度上确保"广泛的民众"对企业发挥有效的影响②。

(3) 按劳分配和按股分红相结合。企业对劳动者必须支付工资,企业也应该满足股东的获利要求,否则就不成为企业。但在公司等一般企业对大部分劳动者而言是与红利无缘的。但股份合作制企业由于绝大多数的职工是公司股东,所以绝大多数劳动者既能够得到工资又可以分得红利。所以,在股份合作制企业中,劳动者能实实在在地享受到自己的劳动成果,而非仅仅取得自己劳动力价值的工资③。

(4) 股份合作企业是企业法人。股份合作制企业以企业法人的形式存在,这有助于企业独立地开展生产经营活动④。

(一) 股份合作制企业的设立

设立股份合作制企业⑤应当有一定人数的股东⑥;有最低限额的注册资本;有股东共同制定的企业章程;有企业的名称和规范的组织机构;有固定的生产经营场所和必要的生产经营条件。股份合作制企业的职工不得少于8人,股东职工不少于企业在职职工总数的90%。

股份合作制企业可以通过发起设立,也可以通过改制设立方式⑦。发起设立,是指由两名以上作为发起人设立股份合作制企业。改制设立,是指对现有企业依

① 《上海市股份合作制企业暂行办法》第9条　股东职工应该占企业职工总额的90%以上。第21条职工持股不低于企业注册资金总额的51%.
② 《上海市股份合作制企业暂行办法》第30条.
③ 国家体改委《关于发展城市股份合作制企业的指导意见》九、《上海市股份合作制企业暂行办法》第43条.
④ 国家体改委《关于发展城市股份合作制企业的指导意见》四、《上海市股份合作制企业暂行办法》第3条.
⑤ 由于股份合作制企业的规范分散,本书关于股份合作制企业设立的内容是根据《上海市股份合作制企业暂行办法》撰写的。具体见该暂行办法第二章.
⑥ 《上海市股份合作制企业暂行办法》规定,股份合作制企业职工不少于8人.
⑦ 《上海市股份合作制企业暂行办法》第10条.

照国家有关规定进行清产核资、明晰产权和资产评估确认后,按国家有关规定改制为股份合作制企业。

股份合作制企业的章程①应当载明的事项有:企业名称和住所;股份合作的企业类型;经营范围;注册资本;股东的出资方式和出资限额;股东的姓名或者名称;股东和非股东在职职工的权利和义务;股权取得、转让的条件和程序;企业的组织机构及其产生的办法、职权、议事规则;企业法定代表人的产生程序、任职期限及职权;财务管理制度和利润分配办法;企业的解散事由和清算办法;企业章程修订程序;股东认为需要规定的其他事项。

股份合作制企业的注册资本②一般规定为"应当与经营范围相适应,注册资本的最低限额依照企业法人登记的有关规定办理。"股东可以用货币出资,也可以用实物、工业产权、非专利技术、土地使用权作价出资,对作为出资的实物、工业产权、非专利技术或者土地使用权,必须进行评估作价,核实财产,不得高估或者低估作价。土地使用权的评估作价,依照法律、法规的规定办理。用工业产权、非专利技术作价出资的金额不得超过企业注册资金的20%,国家对采用高新技术成果有特别规定的除外。

股份合作制企业使用公司名称的,必定要标明"合作公司"的字样③。

(二)股份合作制企业的股权设置及组织形式④

1. 股份合作制企业的股权设置

股份合作制企业的股权可分为个人股与法人股两种。个人股是指本企业的职工个人或企业以外的个人投资入股而形成的股权,该股权归投资者个人所有。法人股是指本企业以外的企业与其他经济组织投资入股所形成的股权,该股权归投资的法人所有。但由于股份合作制企业的法律特点,其股权分配应有如下特点:

(1)由于股份合作制企业是股权与劳动相渗透、混合的企业,所以股份合作制企业职工中的大多数应该持股。上海市规定在股份合作制企业,非股东在职职工不超过企业职工总数的10%,即职工股东不少于职工总数的90%,且职工股东不得少于8人⑤。

---

① 《上海市股份合作制企业暂行办法》第11条.
② 《上海市股份合作制企业暂行办法》第12条和第13条.
③ 《上海市股份合作制企业暂行办法》第6条.
④ 由于股份合作制企业的规范分散,本书关于股份合作制企业的股权设置和组织形式的内容是根据《上海市股份合作制企业暂行办法》撰写的.
⑤ 《上海市股份合作制企业暂行办法》第9条.

（2）股份合作制企业应是劳动者控股的企业，所以股份合作制企业职工应该持大股。上海市规定在股份合作制企业，职工持股总额不少于企业股份总数的51%①。

（3）股份合作制企业的法人股不得是多数股，上海市规定在股份合作制企业法人股不超过股份总额的39%②。

（4）为了使法定代表人与企业的利益一致，上海市规定股份合作制企业的法定代表人持股不低于该企业职工个人股东的平均持股额，并且在任期内与离职当年的会计年度内不得出让其股份③。

2. 股份合作制企业的组织机构

（1）股东大会。股东大会是股份合作制企业的权力机构。股东大会行使以下职权④：决定经营方针、投资计划；选举、更换企业法定代表人或董事，并决定其报酬；选举、更换监事，并决定其报酬；审议、批准董事会或法定代表人的报告；审议、批准监事会的报告；审议、批准企业的年度财务预算方案，决算方案；审议、批准企业的利润分配方案和弥补亏损方案；对企业增加、减少注册资金以及合并、分立、破产、解散和清算等事项作出决议；修改企业章程；企业章程规定的其他重要事项。

股东大会由企业法定代表人召集，在会议日前15天或企业章程规定的时间内，将大会要审议的事项通知全体股东，股东大会分为定期与临时两种，定期会议按章程规定召开。临时会议在以下情况之一时召开：有10%以上股份的股东请求时；有10%以上人数的职工股东请求时；企业的法定代表人认为有必要时或监事会提议时⑤。

股东大会的表决方式：股东大会表决采用一人一票和一股一票相结合的方式。对修改企业章程的决议，要以一人一票的方式经2/3以上股东通过方有效；对选举、更换董事和利润分配方案和弥补亏损方案的决议，要以一股一票的方式经持有2/3以上股权的股东通过方有效；其余的议案决议，以一人一票的方式过半数股东通过即有效⑥。

（2）董事会、监事会。规模较大的股份合作制企业可以设董事会与监事会；董事长为企业的法定代表人。股份合作制企业监事会成员中的职工股东代表不少于

---

① 国家体改委《关于发展城市股份合作制企业的指导意见》六，和《上海市股份合作制企业暂行办法》第21条.

② 《上海市股份合作制企业暂行办法》第22条.

③ 《上海市股份合作制企业暂行办法》第23条、第26条.

④ 《上海市股份合作制企业暂行办法》第28条.

⑤ 《上海市股份合作制企业暂行办法》第29条.

⑥ 《上海市股份合作制企业暂行办法》第30条.

1/2。规模较小的股份合作制企业可以不设董事会，只设执行董事，执行董事为企业的法定代表人①。

(三) 股份合作制企业的退股和股权转让②

股份合作制企业设立后，股东所持股份不得退股。但遇职工股东调出、辞职、除名、退休、死亡等情况，可由企业按企业章程规定或者股东大会决议处理。

股份合作制企业的股东可以转让其股份，企业股东（包括非职工股东）在同等条件下有优先受让权。但股份转让比例、数额受股份合作制企业的性质限制，应当保证绝大多数企业职工持股、企业职工持多数股和企业法定代表人所持股份符合职工代表大会决议规定的数额，且不低于职工持股的平均数。股份合作制企业法定代表人在任职期间和离开本企业后的会计年度内，其所持股份不得转让。

(四) 股份合作制企业的合并、破产、解散和清算③

股份合作制企业合并或者分立，应当由股东大会作决议，并通知债权人。原企业的债权、债务由合并或者分立后的企业承担。股份合作制企业因不能清偿到期债务被依法宣告破产的，由人民法院依照有关法律的规定，组织股东、有关机关及有关专业人员成立清算组，对企业进行破产清算。

股份合作制企业有以下情形之一的，应当解散：①企业章程规定的营业期限届满或者企业章程规定的其他解散事由出现时；②股东大会决议解散；③因企业违法而被撤销。

股份合作制企业解散的，应当按国家有关规定成立清算组，做好清产和清偿各种债务的工作。股份合作制企业清算结束后，清算组应当提出清算报告，经批准登记注册的会计师事务所、审计事务所或者资产评估机构验证后，报原企业登记机关申请注销企业登记，并予以公告。

---

① 《上海市股份合作制企业暂行办法》第 31 条.

② 由于股份合作制企业的规范分散，本书关于股份合作制企业的退股和股权转让的内容是根据《上海市股份合作制企业暂行办法》撰写的。具体见《上海市股份合作制企业暂行办法》第 25 条和第 26 条.

③ 由于股份合作制企业的规范分散，本书关于股份合作制企业合并、破产、解散和清算的内容是根据《上海市股份合作制企业暂行办法》撰写的。具体见《上海市股份合作制企业暂行办法》第 44 条～第 48 条.

五、个人独资企业法律制度

个人独资企业是我国的一种企业形式,目前规范它的法律有我国《个人独资企业法》。个人独资企业是由一个自然人单独投资设立,由一人拥有、控制并承担无限责任的企业。个人独资企业虽然是个人设立的,但它是企业不是个人[1]。

个人独资企业的法律特征是:

(1)投资人仅为一个自然人。这区别于拥有两名及以上投资者的合伙企业、公司,也区别于由一个法人投资的公司。

(2)投资人自己控制企业。他对企业的事务拥有完全的控制支配权,自主经营管理,不受他人制约。经营成果也完全由投资人占有,不与他人分享。

(3)责任形式。个人独资企业的投资人对企业的债务承担无限责任,投资人在申请企业设立登记时,明确以其家庭共有财产作为个人出资的,应当以家庭共有财产对企业债务承担无限责任。所以,个人独资企业不具有民法上法人有自己独立的财产的基本特征。这就有别于公司及其他拥有法人资格的独资企业,如外商独资企业,国有独资公司和全民所有制企业。

(一) 个人独资企业的设立条件

1. 投资人为一个自然人

个人独资企业的投资人必须是具有完全民事行为能力且从事商业活动不受法律限制的自然人。公民的民事行为能力按我国《民法通则》等法律法规的规定认定。一般讲法律行政法规禁止从事商业活动的国家机关工作人员等不能作为独资企业的投资人。对企业破产负有个人责任的企业法定代表人或对企业因违法经营被吊销营业执照负有个人责任的法定代表人在一定期限内,和个人所负债务较多且到期未偿还者等,是不适宜担任独资企业的投资人的。

2. 有合法的企业名称

企业名称是企业的识别符号,也是企业之间相互区别的基本标志。独资企业的名称,除须符合《企业名称登记管理规定》外,还应当与其责任形式及从事的营业相符合。独资企业的业主依法须对企业债务承担无限责任,故个人独资企业的名称中不得使用"有限"、"有限责任"或者"公司"字样[2]。

---

[1] 此前我国个人的生产经营活动是不能以企业的名义进行的,只能以个体工商户的名义进行,规范其活动的法规有《城乡个体工商户管理暂行条例》等.

[2] 《个人独资企业登记管理办法》第6条第2款.

3. 投资人申报的出资

法律对独资企业没有法定最低资金限额的要求,只规定投资人应申报自己的财产,其财产多寡不受限制,其实际出资也无须验资。

4. 有固定的生产经营场所和必要的生产经营条件

生产经营场所与生产经营条件是生产经营活动必不可少的物质条件,所以是设立企业不能缺少的条件。

5. 有必要的从业人员

从业人员是企业的有机部分,从业人员是设立企业的必要条件。从事临时经营、季节性经营、流动经营和没有固定门面的摆摊经营,不得登记为个人独资企业[①]。

(二) 个人独资企业的基本权利和义务

1. 个人独资企业的基本权利

(1) 企业财产权[②]。个人独资企业投资人对本企业的财产依法享有所有权,其有关权利可以依法进行转让或继承。

(2) 企业管理权[③]。个人独资企业投资人可以自行管理企业事务,也可以委托或者聘用其他具有民事行为能力的人负责企业的事务管理。投资人委托或者聘用他人管理个人独资企业事务,应当与受托人或者被聘用的人签订书面合同,明确委托的具体内容和授予的权利范围。受托人或者被聘用的人员应当履行诚信、勤勉义务,按照与投资人签订的合同负责个人独资企业的事务管理。投资人对受托人或者被聘用的人员职权的限制,不得对抗善意第三人。

投资人委托或者聘用的管理个人独资企业事务的人员不得有下列行为:①利用职务上的便利,索取或者收受贿赂;②利用职务或者工作上的便利侵占企业财产;③挪用企业的资金归个人使用或者借贷给他人;④擅自将企业资金以个人名义或者以他人名义开立账户储存;⑤擅自以企业财产提供担保;⑥未经投资人同意,从事与本企业相竞争的业务;⑦未经投资人同意,同本企业订立合同或者进行交易;⑧未经投资人同意,擅自将企业商标或者其他知识产权转让给他人使用;⑨泄露本企业的商业秘密;⑩法律、行政法规禁止的其他行为。

---

① 《国家工商行政管理局关于贯彻实施〈个人独资企业登记管理办法〉有关问题的通知》第2条.

② 《中华人民共和国个人独资企业法》第17条.

③ 《中华人民共和国个人独资企业法》第19条.

2. 个人独资企业的基本义务①

个人独资企业应当依法设置会计账簿,进行会计核算;个人独资企业招用职工的,应当依法与职工签订劳动合同,保障职工的劳动安全,按时、足额发放职工工资;个人独资企业应当按照国家规定参加社会保险,为职工缴纳社会保险费。个人独资企业不得从事法律禁止经营的业务。

(三) 个人独资企业的解散和清算

我国《个人独资企业法》规定,个人独资企业有下列情形之一的,应当解散:①投资人决定解散;②投资人死亡或者被宣告死亡,无继承人或者继承人决定放弃继承;③被依法吊销营业执照;④法律、行政法规规定的其他情形。只要具备解散事由之一,投资人即可自行清算,或由债权人申请法院指定清算人进行清算。投资人自行清算的,应在清算前 15 日内书面通知债权人,无法通知的,应予以公告。债权人应在接到通知之日起 30 日内,未接到通知的应当在公告之日起 60 日内,向投资人申报其债权②。

个人独资企业在清算期间不得开展与清算目的无关的经营活动。其财产按照如下顺序进行清偿:①所欠职工工资和社会保险费用;②所欠税款;③其他债务。一旦清算完毕,投资人或法院指定的清算人即应编制清算报告,并于 15 日内到登记机关办理注销登记。

(四) 投资人责任的消灭

个人独资企业的投资人对企业债务应当承当无限责任。个人独资企业解散后,企业的投资人对企业存续期间的债务,仍然应当承担偿还的责任。但该责任并非永久存续,债权人在企业解散后未在 5 年内向原投资人提出偿债请求的,该责任归于消灭③。

(五) 禁止性规定和法律责任④

(1) 开办人提交虚假文件或采取其他欺骗手段,取得企业登记的,责令改正,处以 5 000 元以下的罚款;情节严重的,并处吊销营业执照。个人独资企业使用的名称与其在登记机关登记的名称不相符合的,责令限期改正,处以 2 000 元以下的

---

① 《中华人民共和国个人独资企业法》第 21 条～第 23 条.
② 《中华人民共和国个人独资企业法》第 26 条.
③ 《中华人民共和国个人独资企业法》第 28 条.
④ 《中华人民共和国个人独资企业法》第五章.

罚款。涂改、出租、转让营业执照的,责令改正,没收违法所得,处以3000元以下的罚款;情节严重的,吊销营业执照。

伪造营业执照的,责令停业,没收违法所得,处以5000元以下的罚款。构成犯罪的,依法追究刑事责任。个人独资企业成立后无正当理由超过6个月未开业的,或者开业后自行停业连续6个月以上的,吊销营业执照。违反规定,未领取营业执照,以个人独资企业名义从事经营活动的,责令停止经营活动,处以3000元以下的罚款。

个人独资企业登记事项发生变更时,未按本法规定办理有关变更登记的,责令限期办理变更登记;逾期不办理的,处以2000元以下的罚款。投资人委托或者聘用的人员管理个人独资企业事务时违反双方订立的合同,给投资人造成损害的,承担民事赔偿责任。

个人独资企业违反本法规定,侵犯职工合法权益,未保障职工劳动安全,不缴纳社会保险费用的,按照有关法律、行政法规予以处罚,并追究有关责任人员的责任。投资人委托或者聘用的人员违反本法第20条规定,侵犯个人独资企业财产权益的,责令退还侵占的财产;给企业造成损失的,依法承担赔偿责任;有违法所得的,没收违法所得;构成犯罪的,依法追究刑事责任。

个人独资企业及其投资人在清算前或清算期间隐匿或转移财产,逃避债务的,依法追回其财产,并按照有关规定予以处罚;构成犯罪的,依法追究刑事责任。

(2)对行政机关及其工作人员的禁止性规定和法律责任。行政机关及其工作人员违反法律、行政法规的规定强制个人独资企业提供财力、物力、人力的,按照有关法律、行政法规予以处罚,并追究有关责任人员的责任。

登记机关对不符合本法规定条件的个人独资企业予以登记,或者对符合本法规定条件的企业不予登记的,对直接责任人员依法给予行政处分;构成犯罪的,依法追究刑事责任。

登记机关的上级部门的有关主管人员强令登记机关对不符合本法规定条件的企业予以登记,或者对符合本法规定条件的企业不予登记的,或者对登记机关的违法登记行为进行包庇的,对直接责任人员依法给予行政处分;构成犯罪的,依法追究刑事责任。

第二章　劳动用工基本法律制度

　　劳动用工制度虽然不是传统意义上的商事法律制度,但却是大学生进入社会之后第一个应该弄明白的问题,即我和我的工作单位是一种什么关系? 广义地讲,我和我的工作单位的关系有两种类型,第一是适用劳动法的劳动法律关系;第二是适用公务员法的国家公务员法律关系。由于公务员法律关系一直比较正常,少有纠纷,又由于劳动用工制度一端连接着劳动者的个人生活,另一端影响着企业的商事活动和整个社会生活,因此劳动用工法律制度既是与商事活动有着重要联系的法律制度,也是本书中具有重要地位的内容。所以本书不介绍公务员制度,而把劳动法律制度作为重要内容进行分析。

　　和谐的劳动关系是企业正常的商事活动与社会和谐的基础,没有和谐的劳动关系就不可能有正常的企业商事活动,也会危及社会的和谐。在我国,还存在侵犯劳动者利益的违法用工现象,如果把广大劳动者的生活状况长期置于不容乐观的境地,必然会阻碍我国经济的健康发展,因此有必要普及与严格实施劳动法律制度。这不单单是为了劳动者的利益,更是为了社会的和谐、民族的健康和国家的强大。

　　本章将劳动用工法律制度分为劳动用工基本制度、劳动合同制度以及禁止性规定和法律责任三个部分介绍我国的基本劳动法律制度。这些内容也可以作为进一步研究我国劳动用工与社会保险制度的入门。

第一节　劳动用工基本制度

　　劳动用工制度是国家最基本的法律制度,良好的劳动法律制度,能保证劳动者的基本生活条件而使国泰民安,不好的劳动法律制度因会损害劳动者的基本生活条件而导致民不聊生、国家动乱。所以劳动用工法律制度是与民众安居乐业、国家强大昌盛有密切关系的法律制度。自我国实行社会主义市场经济制度后,实施了以《劳动法》①为核心的劳动用工基本法律制度。本节介绍的劳动用工基本制度主要有工作时间与休息休假法律制度、工资法律制度、女职工和未成年工特殊保护法

---

　　① 《中华人民共和国劳动法》由中华人民共和国第八届全国人民代表大会常务委员会第八次会议于1994年7月5日通过,自1995年1月1日起施行。全文13章107条.

律制度、失业与养老保险制度等。劳动合同制度是我国劳动法律制度的重要部分，本章第二节作专门介绍和阐述。

一、劳动法律制度概述

（一）劳动法律制度的由来及劳动法的调整对象

1. 劳动法律制度的由来

劳动法律制度不是从来就有的，其产生有社会规律的必然性。劳动关系产生于生产资料与劳动者相脱离的时代，在土地与劳动者紧密结合的时代与计划经济时代是不会有真正意义上的劳动关系的。在人类进入到资本主义社会后，契约成为社会生活的纽带，所以在产生劳动关系之初，劳动关系是通过民事法律制度调整的，那时没有专门的劳动法律制度。在劳动关系领域中实施意思自治、契约自由的民法原则。于是，除了自己之外一无所有的劳动者在寻找工作时，相对拥有生产资料提供劳动岗位的一方处于一种相对弱势的地位。在意思自治、契约自由的条件下，劳动者虽然是自由的，但在自由竞争的社会条件下，从雇主的角度出发，劳动者完全成为一种单纯的生产要素，其价值会随着降低劳动成本的要求下降，其劳动强度和劳动时间会随着提高劳动生产率的要求不断加强。这使童工、超长时间的劳动、超强度的劳动、没有劳动保护的危险劳动以及低工资情况普遍存在。同时雇主需要的是完全可以控制的劳动者，因此劳动者的尊严普遍地不被承认。这使劳动者及其家人长期处于没有独立、没有尊严和生活条件极其恶劣的条件之下。一句话，劳动者的生存状况处于不断恶化的状况之中。同时，资本主义社会的市场竞争状态也不允许个别资本家普遍提高工人待遇，因为普遍提高工人的待遇就会提高生产成本，在自由竞争的条件下，提高成本就意味着在竞争中失败。因此个别资本家的善心也是不能解决劳动者贫困的问题的。所以，在意思自治、契约自由的法律原则和自由竞争的市场原则状态下劳动者状况的恶化不可避免，且这种恶化终于成为社会的噩梦。于是就有了19世纪初到20世纪上半叶的工人运动，工人们开始了为自己生存条件而斗争的运动。就是在这种情况下，社会有识之士认识到，劳动者不但是生产环节中重要的生产要素，更重要的他们是人，应该得到人的尊严和人的基本生活条件。为了保障劳动者人的尊严和人的生活条件，有别于民法的，劳动法逐渐形成并慢慢成熟。自从劳动法形成后，工人的状况有了显著的好转。

新中国成立后直到20世纪80年代，我国实行计划经济，政府将劳动制度和劳动者待遇纳入国家计划保障体系，对劳动者实行生老病死有依靠的福利制度，没有劳资矛盾，所以也没有严格意义上的劳动法。自20世纪80年代以来我国实行经济体制改革,劳动制度也由国家统包转为全员劳动合同制度。国家制定劳动法律制度,用人单位与劳动者通过劳动合同建立劳动关系,政府部门对具体劳动关系进行监管。劳动法律制度成为我国重要的法律制度,劳动法成为劳动关系的基本依据。此时,劳动合同关系就成为几乎与每个人都息息相关的重要的社会关系,劳动法律制度也就此形成。

劳动法律制度是指由劳动法律法规、与劳动权益相关的其他法律法规和其他规范性文件构成的,专门规范劳动用工行为,是保障劳动者基本劳动权益的国家法律制度。劳动法律制度中最关键的法律制度由《劳动法》与《劳动合同法》构成。劳动法律制度体系大体包括,劳动合同法律制度、集体合同法律制度、工作时间与休息休假法律制度、工资法律制度、劳动安全卫生法律制度、女职工和未成年工特殊保护法律制度、促进就业法律制度、劳动保险和福利法律制度、劳动争议处理法律制度和劳动监督法律制度等。

2. 劳动法的调整对象

劳动法是指调整劳动关系和与劳动关系有密切联系的社会关系[①]的法律规范的总称。从学理上讲,劳动法可以从狭义和广义两个层面来考察。狭义的劳动法是指国家最高立法机构制定的劳动法。具体是指《劳动法》和《劳动合同法》。广义的劳动法是指调整劳动关系以及与劳动关系有密切联系的其他社会关系的法律规范总称,包括相关的法律、法规、规章和其他规范性文件。劳动关系是劳动法调整的基本对象,而与劳动关系有密切联系的其他关系是劳动法调整的重要对象。

劳动关系是指在劳动者与生产资料分离的情况下,用人单位与劳动者在实现劳动过程中形成的,就劳动力出让、使用和保护等方面的问题形成的一种社会关系。劳动关系的主体一方是用人单位,另一方是劳动者个人,它是在现实劳动过程中所发生的关系,与劳动者有着直接的联系。劳动关系的双方当事人,一方是劳动者,另一方是提供生产资料的单位。作为劳动关系一方的劳动者,要成为另一方的成员,要遵守单位内部的劳动规则以及有关制度。

与劳动关系有密切联系的其他关系包括劳动行政监督管理关系、劳动服务关

---

①　与劳动关系有密切联系的社会关系是法学界的一个通常说法,通常是指劳动关系之外的与劳动者权益有密切联系的社会关系,如劳动行政监督管理关系、劳动服务关系、社会保障关系等。本书认为这些关系与劳动关系是有密切联系,但从这些关系的内容看,他们偏重的并不是整个劳动关系,而是劳动者的利益,如在劳动行政监督关系中偏重劳动者的权益不受侵害、在劳动服务关系中偏重为劳动者就业提供培训等服务、在社会保障关系中偏重于为劳动者提供各类保障等,所以这些社会关系的本质是与劳动者权益有密切联系的社会关系,而不仅是与劳动关系有密切联系的社会关系.

系、社会保障关系、劳动争议处理关系中所发生的用人单位、劳动者与政府机关、社会专门机构之间的社会关系等。

（二）劳动法的基本任务和基本原则

1. 劳动法的基本任务

劳动法是以实现公民劳动权、保护公民劳动权益为宗旨的法律。它的基本任务就是保护劳动者，而不是其他。有些学者认为，劳动法不但要保护劳动者利益还要保护投资方和企业的利益，不能让投资方和企业在亏本或面临经营危机的情况下满足劳动者的基本利益。我们认为，这个观点不科学。因为：

首先，没有资本的盈利就没有企业，也就没有工人的生存条件。但从社会经济生活的一般规律看，在整个社会和一个较长的时期内考察，资本的盈利是必然的；劳动创造的价值在一般情况下都会被社会所承认，并能够实现。所以，劳动者的基本权利的保障是有其客观基础的。毋庸讳言，由于竞争，经营的风险总是随时随地存在的，但只要处理得当，这种风险未必一定会成为现实；企业的亏本现象虽然也是社会的常见状态，但这种亏本从长期看基本上是可以克服的，社会的进步与发展史也证明了这一点。所以，保障劳动者基本利益不会在根本上影响资本的盈利。

第二，单个劳动者在劳动关系中处于弱者地位是不可能改变的，劳动者的权益容易受到侵害。劳动者没有办法通过自己的努力来维护自己的基本利益，他只能以劳动法作为自己的后盾，否则根本不可能保护自己的基本劳动权益。因此劳动法律制度是必需的，不可缺少的，无劳动法，工人的利益无以保障。

第三，从劳动立法实践看，劳动法规定的劳动者的权利，仅是劳动者生存的底线。企业向劳动者提供这些条件也是企业正常存在的基础。只有在这个基础上制定更加有利于劳动者的条件，企业才能够吸引高素质的劳动者，得到高质量的产品，从而收到较高的投资回报。可见，劳动法的具体规定是理智的，没有造成对资本利益的根本冲突，相反还有力地改善了资本的生存条件。

最后，企业也要看到，健康的、积极的和有技能的劳动者既是企业存在的必要条件，也是资本盈利的基础；没有健康的、积极的和有技能的劳动者，就没有企业的盈利。从社会实践看，健康的、积极的和有技能的劳动者绝不是学校能够培养出来的，这种技能基础成为实际技能以及理念的实现必然需要良好的企业环境，而满足劳动者及其家人必要的生存条件的企业环境，仅是良好企业环境的基础。

总之，国家是从社会经济生活健康发展的要求出发，从劳动者的生存权出发，从民法制度不足以保护劳动者出发，才来制定保护劳动者利益的劳动法律制度的。劳动法不会也没有要求将资本的全部利润乃至资本作为劳动者的收益，它只要求投资方和企业既然使用了劳动者,就应该使劳动者的最基本利益得到保障,劳动者不应承担企业的经营风险。因经营不善或其产品没有竞争力而导致资本撤离的,决不能用牺牲劳动者基本利益的方法来处理。劳动法没有直接保护投资方与企业利益的任务,企业利益的保护是通过其他法律法规实现的。如果说劳动法应该有保护投资方与企业的任务,那么,只要保护了劳动者的基本利益,对企业的保护也就在其中了。

2. 劳动法的基本原则

劳动法的基本原则,是指贯穿于劳动法的立法、执法、司法的全过程的总的指导思想和根本准则,是劳动法的核心和灵魂。包含在整个劳动法律体系之中,集中体现劳动法的本质和基本精神。劳动法的基本原则包括如下几项内容:

(1) 劳动是公民的基本权利原则。劳动权是生存权的延伸,因而劳动是公民的基本权利。我国每一个有劳动能力的公民都有从事劳动的权利。任何一个具有劳动能力的公民不论年龄、性别、户籍、学历、民族和财产状况等,都有权通过劳动获取生活来源;有权选择适合自己的职业和单位;国家和社会应该为公民实现这种权利提供各种条件,政府应当把劳动者就业问题作为一项重要任务。

(2) 基本劳动权益法定原则。劳动权益是指劳动者在劳动期间的工资、工时、工作条件等方面劳动者应当得到的待遇,基本劳动权益是指劳动者为满足自身及家庭的基本生存需要,在劳动中应得到的待遇。劳动合同可以约定劳动者的待遇,但由于各种原因造成的劳动者的弱势地位不可改变,因此仅靠劳动合同的约定,劳动者就不可能确保自己的基本劳动权益。所以体现在劳动关系中的劳动者的基本劳动权益都应该由国家通过法律、法规和其他规范性文件明确规定,而不是单纯通过劳动者和用人单位之间的劳动合同约定,也不能通过劳动合同排除。在订立劳动合同时,劳动者的这些基本劳动权益是不需要讨论的,是用人单位必须同意的。需要讨论的是,在法律规定的基本劳动权益的基础上,如何提高劳动者待遇的问题。

劳动者基本劳动权益法定是劳动法律制度的一个基本特征,劳动合同关系绝对不能适用意思自治、契约自由的民法原则。如果适用这两条民法原则,处于弱者地位的劳动者的生存环境势必恶化,这种恶化或者终结于劳动者基本权益法定的社会制度建立,或者终结于整个社会制度的被摧毁。所以,现代社会必须实行劳动基本权益法定原则。如果说民事法律规范不能代替当事人确定民事合同的基本内容,那么劳动法律规范除了不能确定劳动合同当事人之外,可以代替当事人确定劳动合同中劳动者的基本权利。

(3) 政府主动保护劳动者基本劳动权益原则。在有了劳动基本权益法律制度以后,还需要有制度的执行者与责任人。虽然政府、其他社会组织和劳动者个人都可以在保护劳动者基本劳动权益中有所作为,但政府应该是保护劳动者权益的第一责任人。劳动者是劳动关系中的弱者,单靠劳动者自己维权是不能有效保护合法权益的。因为处于强势地位的用人单位不会对个体劳动者的意见有足够的尊重,所以个人维权必然是成本高、效果差,还容易引起社会不安定。在我国能够有效维护劳动者基本劳动权益的社会组织尚不发达,因此政府责无旁贷地应成为保护劳动者权益的第一责任人。

政府通过行使行政立法权和行政执法权来保护劳动者的基本权益。在行政立法权方面,政府应当根据立法机关制定的劳动法律及时制定相应的行政法规和规范性文件,以保证劳动关系的各个方面都有法可依;在行政执法权方面,政府专门机关应主动严格执法,以杜绝用人单位侵害劳动者基本权益的事情发生。这样劳动者的基本利益才能得到保护。

(4)同工同酬原则。"同工同酬"①,是指对于在相同或相近岗位上,付出了基本相等的劳动,且劳动业绩也基本相当的劳动者,企业等用人单位应当对这些劳动者支付同等的劳动报酬。这里的"工"包括相同或相近的劳动岗位、劳动形式、劳动结果等,这里的"酬"包括劳动者的全部收入,如基本工资奖金、各类补贴以及企业为劳动者缴纳的社会保障金等。同工同酬原则不但是劳动法律制度的基本原则,也是社会公平正义的基本要求,没有同工同酬哪来社会的公平正义?而公平正义的社会正是我们所要追求的目标,因此我国从劳动立法上把同工同酬作为劳动法的重要原则,充分体现了我国劳动法律制度的公平性与正义性。

同工同酬原则要求在一个企业内部,消除男女劳动者的差别,做到男女同工同酬;要求消除种族、民族、身份的差别,做到不同种族、不同民族、不同身份的劳动者同工同酬。这一原则也要求不同地区、行业、部门间的同工同酬。但这不是劳动法的任务,而是其他法律制度的任务。因为,同一地区不同行业之间的同工不同酬,可能是由于垄断等因素造成的,这可以通过反垄断法、减少进入限制等法律制度解决。各地区之间的同工同酬只能通过地区经济的平衡才能解决。

劳动法律制度要解决的同工同酬问题只能是企业内的劳动者之间的同工同酬。目前要解决的是身份差别所带来的同工不同酬,如劳务工、农民工与其他劳动者之间的不正常的报酬差异等。

---

① 《中华人民共和国劳动法》第46条;《劳动合同法》第11条、第18条和第63条对同工同酬作出了具体的规定.

二、工时与休息休假制度

劳动者有休息的权利①,劳动法对劳动者休息权的保障分别设置了工作时间制度和休息休假制度。

(一) 工作时间制度

工作时间是劳动者为履行劳动合同义务,在法定时间限度内应当服从用人单位的安排,从事用人单位安排的工作的时间。这是劳动者履行劳动合同义务的一种表现方式。工作时间制度的着眼点是确保劳动者的身心健康,保证劳动者最基本的生存条件。工作时间过长就会损害劳动者的健康、大大降低劳动者的生活质量,不能期望通过一个劳动合同,劳动者就可以与用人单位约定一个合理的工作时间。所以,只能通过法律的规定才能确定一个合理的工作时间。工作时间制度就是对最长工作时间的控制制度。工作时间的最长限度是法定的,劳动合同当事人必须遵守,不能超过。如果超越了这个最长限度,就是违反了法律制度,就会发生对违法行为人的法律责任。法定的工作时间制度只限制最长工作时间,不限制最短工作时间,法律允许合同当事人通过合同约定减少工作时间。

1. 法定标准工时制度

我国实行劳动者每天工作 8 小时,每周工作 5 天,每周工作 40 小时的工作时间制度②,劳动者每周必须有一个连续 24 小时的休息③。每周 40 小时的最高工时标准是法定的强制性标准,又可称为法定工时。

在法定标准工时制度的基础上,企事业单位可以根据自己的情况在法定范围内增加或减少工时;经过批准还可以实行不定时工作日制度和综合计算工时制度等④。

2. 法定标准工时制度的例外

(1) 缩短工时制度。缩短工时制度是指劳动者每个工作日的工作时间少于 8 小时或每周工作天数少于 5 天的工作时间制度。这种工作时间制度适用于从事特别艰苦、繁重、有毒有害、过度紧张工作的劳动者以及在哺乳期的女工等⑤。

---

① 《中华人民共和国宪法》第 43 条.

② 《国务院关于职工工作时间的规定》1994 年 2 月 3 日国务院令第 146 号发布;1995 年 3 月 25 日修订.

③ 《中华人民共和国劳动法》第 38 条规定:用人单位应当保证劳动者每周至少休息一日.

④ 《国务院关于职工工作时间的规定》第 3 条、第 4 条、第 5 条、第 6 条的规定.

⑤ 劳动部关于《女职工劳动保护规定》问题解答.

（2）延长工时制度。有限延长工时是劳动者超出法定的正常工作时间，在应该休息的时间内进行工作，是工作时间在休息时间中的延伸。延长工时虽然也会给劳动者带来一定的收益，如加班工资，但延长工时是以缩短休息时间为前提的，无限制地延长工时必然会损害劳动者的合法权益；如果对延长工时的行为不加限制，也会使标准工时的法律制度形同虚设。为了确保劳动者的休息权，必须限制延长工时，我国劳动法对延长工时也有明确的限制，所以称其为有限延长工时制度。

有限延长工时必须满足以下条件：一是延长工作时间应经过工会同意并双方协商一致；二是延长的工时数一般每日不超过 1 小时，特殊情况下不超过每日 3 小时，每月不超过 36 小时①；三是延长工时必须给予相应报酬，工作日延长工时的报酬为日工资的 150％，工休日加班的报酬为日工资的 200％；在国定假日加班的报酬应另外支付劳动者本人小时或日工资标准 300％的工资②；四是未成年工、孕期 7 个月以上的女工、哺乳期女工不得被安排加班；五是延长工时需出于"生产经营需要"。但在发生以下情况时，延长工时不受限制：①自然灾害、事故等威胁劳动者健康与安全的需要紧急处理的；②生产设备，交通运输线路，公共设施发生故障，影响生产与公众利益，必须及时抢险的；③必须利用法定节日扣公休假日的停产时间进行设备检修保养的；④为完成国防紧急任务，或者完成上级在国家计划时安排的其他紧急生产任务的；⑤法律、法规规定的其他情况③。可见我国法律对延长工时有严格的规定。

3. 不定时工作制度

不定时工作制度是指因工作性质的限制，劳动者的工作时间不受日固定时数限制，参照标准工时制核定工作时间的工时制度。这种工时制度适用于：①企业中的高级管理人员、外勤人员、推销人员、部分值班人员和其他因工作无法按标准工作时间衡量的职工；②企业中的长途运输人员、出租汽车司机和铁路、港口、仓库的部分装卸人员以及因工作性质特殊，需机动作业的职工等。对实行不定时工作制的职工，企业应采用集中工作、集中休息、轮休调休、弹性工作时间等适当方式，确保职工的休息休假权利④。

实行不定时工作制度的企业，要按规定向劳动行政部门申请，经批准后才能实

---

① 《中华人民共和国劳动法》第 41 条.

② 《中华人民共和国劳动法》第 44 条和劳动部关于印发《对〈工资支付暂行规定〉有关问题的补充规定》的通知(劳动部发[1995]226 号).

③ 《中华人民共和国劳动法》42 条.

④ 《关于企业实行不定时工作制和综合计算工时工作制的审批办法》劳动部 1994 年 12 月 14 日发布，劳动部发[1994]503 号文第五条.

行,擅自实行的要纠正,情节严重的要处罚。

4. 综合计算工时工作制

综合计算工时工作制是指可以在一个固定的周期内计算劳动者的工作时间的工作制度。综合计算工时工作制,可以分别以周、月、季、年等为周期,综合计算工作时间,但其平均日工作时间和平均周工作时间应与法定标准工作时间基本相同。综合计算工时工作制适用于:①交通、铁路、邮电、水运、航空、渔业等行业中需连续作业的职工;②地质及资源勘探、建筑、制盐、制糖、旅游等受季节和自然条件限制的行业的部分职工;③其他适合实行综合计算工时工作制的职工。对实行综合计算工时工作制的职工,企业应采用集中工作、集中休息、轮休调休、弹性工作时间等适当方式,确保职工的休息休假权利。

实行综合计算工时制的企业,要按规定向劳动行政部门申请,经批准后才能实行,擅自实行的要纠正,情节严重的要处罚。

(二) 休息休假制度

休息休假是指在劳动合同存续期间,劳动者可以免于工作自行支配的时间。休息休假制度是将劳动者在劳动关系存续期间最低限度的休息、休假时间通过法律固定下来,以保证劳动者享有最低标准的休息休假时间的法律制度。此外,劳动合同关系当事人可以通过合同,约定更多的休息休假时间。

1. 休息制度

休息是指日常休息时间。是指相邻的两个工作日之间的休息时间、相邻两个工作周之间的休息时间;以及工作日内不计入工作时间和计入工作时间的间歇时间(如用膳时间、午休时间)。

2. 休假制度

休假是劳动者依法享受的各种国家规定的假日。休假制度主要包括:公休假日制度,法定节假日制度,年休假制度,探亲假制度。

(1) 公休假日制度。公休假日制度,又称为周休假制度,是法律规定的两个相邻的工作周之间的休息时间。我国实行每天工作 8 小时,每周工作 40 小时的工作制度,对大部分劳动者而言每周的周六、周日为公休假日。

(2) 法定节假日。法定节假日是指按照法律规定劳动者享有的可以休息的节日。我国目前的法定节假日包括三大类型,第一类是属于全体人民的,包括元旦 1 天、春节 3 天、清明节 1 天、劳动节 1 天、端午节 1 天、中秋节 1 天、国庆节 3 天[①];另

---

① 《全国年节及纪念日放假办法》1949 年 12 月 23 日政务院发布,1999 年 9 月 18 日第一次修订,2007 年 12 月 14 日第二次修订.

一类是属于部分人民的,如三八妇女节、五四青年节、八一建军节、香港回归日等;第三类是属于少数民族的假日,如古尔邦节等。

(3) 带薪年休假①。我国劳动法规定,国家实行带薪年休假制度。劳动者连续工作1年以上的,享受带薪年休假。国务院已经作出了规定,职工累计工作已满1年不满10年的,年休假5天;已满10年不满20年的,年休假10天;已满20年的,年休假15天。国家法定休假日、休息日不计入年休假的假期。年休假在一个年度内可以集中安排,也可以分段安排,一般不跨年度安排。单位因生产、工作特点确有必要跨年度安排职工年休假的,可以跨一个年度安排。单位确因工作需要不能安排职工休年休假的,经职工本人同意,可以不安排职工休年休假。对职工应休未休的年休假天数,单位应当按照该职工日工资的300%支付年休假工资报酬。

(4) 探亲假制度②。职工探亲,是指与父母与配偶分居两地的职工,每年在一定时期内,回家团聚的假期。《国务院关于职工探亲的规定》明确,享受职工探亲假的条件是,凡是在国家机关、人民团体和全民所有制企业、事业单位工作满1年的固定职工,与配偶不在一起,又不能在公休假日团聚的,可以享受探望配偶的待遇;与父亲、母亲都不在一起,又不能在公休假日团聚的,可以享受探望父母的待遇。主要规定如下:职工探望配偶的,每年给予一方探亲假一次,假期为30天;未婚职工探望父母,原则上每年给一次,假期为20天。如因工作需要,当年单位不能给予假期,或者职工自愿两年探亲一次的,可以两年给假一次,假期为45天;已婚职工探望父母,每4年给假一次,假期为20日;凡实行休假制度的职工(如学校教师)应该在休假期间探亲,如果休假期较短,可由本单位适当安排,补足其探亲假的天数。

随着非公经济的发展,我们认为在非公有制企事业单位中的劳动者凡能满足"工作满1年的固定职工,与配偶不在一起,又不能在公休假日团聚的,可以享受探望配偶的待遇;与父亲、母亲都不在一起,又不能在公休假日团聚的,可以享受探望父母的待遇"条件的,都应当与国家机关、人民团体和全民所有制企业、事业单位的职工同样享受探亲假制度。

三、工资制度

工资是劳动的报酬,是劳动者履行劳动合同付出劳动力后,根据国家有关法律的规定和劳动合同的约定取得的劳动报酬。获取劳动报酬是劳动者能持续地保持劳动力,维持劳动者自身和家庭生活必不可少的前提条件。取得工资是劳动者的

---

① 《职工带薪年休假条例》2007年12月7日国务院第198次常务会议通过,自2008年1月1日起施行.

② 《国务院关于职工探亲待遇的规定》第3条.

最基本最重要的权利,而及时足额地向劳动者支付工资也是用人单位的最基本的义务,任何拖欠工资的行为都是严重的违法行为。

根据劳动部《关于贯彻执行劳动法若干问题的意见》(劳部发[1995]309号)第53条,劳动法中"工资"是指用人单位依据国家有关规定或劳动合同的约定,以货币形式直接支付给本单位劳动者的劳动报酬,一般包括计时工资、计件工资、奖金、津贴和补贴、延长工作时间的工资报酬以及特殊情况下支付的工资等。劳动者的以下劳动收入不属于工资范围:①单位支付给劳动者个人的社会保险福利费用,如丧葬抚恤救济费、生活困难补助费、计划生育补贴等;②劳动保护方面的费用,如用人单位支付给劳动者的工作服、解毒剂、清凉饮料费用等;③按规定未列入工资总额的各种劳动报酬及其他劳动收入,如根据国家规定发放的创造发明奖、国家星火奖、自然科学奖、科学技术进步奖、合理化建议和技术改进奖、中华技能大奖等,以及稿费、讲课费、翻译费等。

工资具有如下特征:①工资是劳动者的一项法定权利,无论在任何情况下,劳动者的工资权不受剥夺;②工资是劳动者的合同权利,在合同规定的工资额度高于法定最低工资的时候,用人单位必须履行支付劳动合同规定的工资数额的义务;③工资必须以法定方式支付,即一般只能用法定货币支付,并且至少1个月支付一次[①]。

(一) 工资形式

1. 计时工资

计时工资是按劳动者被用人单位实际支配的时间确定工资的计算方式。计时工资是工资的计算基础,但计时工资的基本"时"单位是月,而不是"日"或"小时";计时工资的基本单位是"月工资"而不是"日工资"或"时工资";所以,劳动合同中确定的工资必须是月工资,政府制定最低工资标准也是月最低工资标准。日工资和时工资都是根据月工资推算出来的,日工资与时工资的作用在于加班加点时计算加班工资和请假时便于计算请假工资。在每年11天节假日、每周40个工作小时的制度情况下的日工资和时工资是:日工资=月工资÷21.75天;时工资=月工资÷(21.75×8小时)[②]

2. 计件工资

计件工资制是按照劳动者生产的合格产品的数量(或作业量)和预先规定的计

---

① 工资支付暂行规定(劳部发[1994]489号)第5条、第7条.

② 劳动和社会保障部关于职工全年月平均工作时间和工资折算问题的通知(劳社部发[2008]3号).

件单价计算报酬的一种工资形式。计件工资制是一种特殊类型的定时工作制,计件的劳动定额应该以标准工时制为基础合理计算。实行计件工资或提成工资等工资形式的用人单位,在科学合理的劳动定额基础上,其支付劳动者的工资不得低于相应的最低工资标准[①]。实行计件工资时,要通过平等协商合理确定劳动定额和计件单价,保证劳动者在法定工作时间内提供正常劳动的前提下,应得工资不低于当地的最低工资标准;劳动者在完成计件定额任务后,由用人单位安排在日法定工作时间以外、休息日和法定休假节日工作的,也应分别按照不低于其本人法定工作时间计件单价的 150％、200％、300％支付工资[②]。

(二) 最低工资制度

最低工资是指劳动者在法定工作时间内提供了正常劳动的前提下,其所在企业应支付的最低劳动报酬。它不包括加班加点工资,中班、夜班、高温、低温、井下、有毒有害等特殊工作环境、条件下的津贴,以及国家法律法规、政策规定的劳动者保险、福利待遇和企业通过贴补伙食、住房等支付给劳动者的非货币性收入等。

最低工资的社会意义在于:①确保劳动者及其家庭的基本生存条件,以确保社会安定;②稳定劳动者的劳动热情和工作积极性,以维护和谐的劳动关系;③强化劳动者的社会认同感,以增加社会凝聚力。

最低工资制度是指国家通过立法规定劳动者的工资下限以法律的形式固定下来确保劳动者最低收益(底线工资)的法律制度。最低工资制度是为确保劳动者基本生活需要而确立的制度。用人单位支付劳动者的工资不得低于当地最低工资标准。最低工资的确定一般考虑城镇居民生活费用支出、职工个人缴纳社会保险费、住房公积金、职工平均工资、失业率、经济发展水平等因素。当上述因素发生变化时,应当适时调整最低工资标准,每年最多调整一次。随着社会的进步,人民生活水平的逐步提高,最低工资标准应该及时调高。

最低工资制度是一项必须无条件执行的制度。企业必须无条件执行最低工资制度,无论你是什么企业、处在何地、无论企业的经营状况如何、无论是日进斗金还是入不敷出,只要企业还存在,就必须严格执行最低工资制度。

最低工资制度是一项普遍适用的法律制度。在我国境内任何地区、任何行业、任何企业的任何一个劳动者都享有在符合法定条件时获得国家规定的最低工资及以上的工资收入。这项制度惠及全体劳动者,没有一个劳动者可以被排除在外。

---

① 《最低工资规定》第 12 条(2003 年 12 月 30 日经劳动和社会保障部第 7 次部务会议通过,自 2004 年 3 月 1 日起施行).

② 劳动和社会保障部关于进一步健全最低工资制度的通知(劳社部发[2007]20 号).

　　劳动者取得最低工资的条件是，劳动者在法定单位时间内为用人单位提供了正常的劳动。这里的正常劳动是相对"特殊劳动"而言的。中班、夜班、高温、低温、井下、水上、露天、野外、有毒、有害等特殊工作环境条件下的津贴不能作为最低工资的组成部分。正常劳动，是指劳动者按依法签订的劳动合同约定，在法定工作时间或劳动合同约定的工作时间内从事的劳动。劳动者依法享受带薪年休假、探亲假、婚丧假、生育(产)假、节育手术假等国家规定的假期间，以及法定工作时间内依法参加社会活动期间，视为提供了正常劳动。劳动者由于自己的原因未提供劳动，或企业进入破产程序的不适用最低工资制度。

　　最低工资标准的确定和调整应考虑多方面的因素，但主要要考虑劳动者及其家庭的生存及逐步提高生活水平的需要，包括以下几个方面：

　　(1) 最低工资标准应能维持劳动者本人及其家庭的基本生活。劳动者本人及其家庭的基本需要主要是指是劳动力再生产所需要的投入。没有这样的投入，劳动者的生活将会难以为继，劳动力将大量匮乏。为了保证再生产的劳动力能够满足社会生产的需要，劳动者就要有必要的工资收入。

　　(2) 最低工资标准应能稳定劳动者的基本生活。一个均衡发展的社会必须考虑劳动者稳定的生活水平与国家经济发展的均衡，如果只有国家经济的发展而没有劳动者稳定的生活水平，那么劳动者的状况就不会满足社会发展的需要。只有在劳动者普遍认为自己的生活水平是能满足自己的基本需要的，劳动者才会认同社会的基本价值观，这个社会才可能基本上是和谐的。因此最低工资标准必须与发展了的经济同步提高。

　　(3) 最低工资标准应能提高劳动者劳动技能和劳动热情。劳动者的劳动技能和劳动热情是维持正常劳动关系的基本条件。不能认为高工资肯定有高素质的劳动者，但能肯定低工资状态肯定不会有高素质的劳动者。低工资状态下的劳动者因为生活压力大而一方面疲于奔命，另一方面会厌恶劳动。因为劳动是不得已的，所以不愿意提高劳动技能，也没有劳动热情。因此，为了形成一支高素质的劳动者队伍，必须要有合适的工资标准。

(三) 工资保障

　　工资支付保障制度，是指国家用法律形式通过检查和监督手段，保护劳动者的合法收入能够正常取得，不受企业等他人侵犯的制度。为了使工资能够正常地发放，所以只有工资数额规定的法律制度是不够的，还必须有使劳动者能正常得到工资的相关法律制度。

1. 工资支付的基本规定

　　工资的支付是关系到劳动者利益的关键环节，所以工资支付是劳动法规范的

重要制度,工资支付一般应遵循的规定:

(1)货币支付。工资应当以法定货币支付,不得以实物和有价证券替代货币支付①。工资应该用人民币支付,用产品取代人民币发放工资,这是法律所禁止的。

(2)本人领取。工资应当由劳动者本人领取②。获得工资是劳动者的基本权利,是专属于劳动者的,为确保劳动者的利益,工资只能支付给劳动者,不允许发放给劳动者本人以外的其他人。

(3)足额支付。用人单位应当将劳动者应得的工资全部支付给劳动者。禁止任何人非法扣除工资,在具备法定条件的情况下,每次扣除工资额也不得超出法定限度。我国法律规定用人单位可以从劳动者工资中代扣款仅限于:劳动者的个人所得税;应由劳动者负担的社会保险费用;法院生效的判决、裁定中明确代扣的抚养费、扶养费、赡养费以及法律规定的其他情况。还规定,劳动者违纪违章给用人单位造成经济损失应赔偿的,可以从劳动者工资中扣除,但每月的扣除部分不得超过劳动者当月工资的 20%,且扣除后的剩余工资部分不得低于当地月最低工资标准③。

(4)定期、定地支付。工资应定期支付④,至少每月支付一次;工资应在工作日和工作场所附近发放。

(5)优先支付。企业破产或依法清算时,劳动者的工资为法定优先受偿的债权⑤。

(6)紧急支付。当雇员遇到特殊困难时可提前支取工资。

此外,劳动者有权了解工资标准、计算方法、支付周期、支付地点时间、可能扣除的条件等。每次发放工资时,用人单位应向劳动者作工资状况说明。让劳动者明了该期间应得的工资总数,扣除数,扣除理由,净得工资额等。

2. 特殊情况下的工资支付

劳动者特殊情况下的工资保障主要是指劳动者在工作时间履行国家和社会义务、法定节假日、加班加点情况下的工资支付制度。在以下特殊情况下用人单位应该支付工资:

(1)履行国家和社会义务期间的工资保障。劳动者占用生产或工作时间履行下列义务时,用人单位应按劳动者合同规定的标准支付工资:①依法行使选举权或

---

① 《工资支付暂行规定》第 5 条.

② 《工资支付暂行规定》第 6 条.

③ 《工资支付暂行规定》第 15 条、第 16 条.

④ 《工资支付暂行规定》第 7 条.

⑤ 《工资支付暂行规定》第 14 条.

被选举权;②当选代表出席乡(镇)、区以上政府、党派、工会、青年团、妇女联合会等组织召开的会议;③出任人民法庭证人(或证明人);④不脱产工会基层委员会因工会活动占用的生产或工作时间;⑤其他依法参加的社会活动①。

(2)加班工资的保障②。劳动者加班加点的,用人单位应当按照法定标准支付于劳动者正常工作时间的工资报酬③。

(3)劳动者依法享受年休假、探亲假、婚假、丧假期间,用人单位应按劳动合同规定的标准支付劳动者工资④。

(4)企业依法破产时应按破产法规定的清偿顺序,首先支付欠付本单位劳动者的工资。

3. 欠薪支付保障制度

我国的欠薪支付保障制度主要是指在用人单位实际发生了欠薪的情况下,社会给予劳动者关于支付薪金的保障制度,具体包括两个方面的内容:

工资债权优先清偿。即除特殊情况外,如海上救助费用要优先支付外,欠付工资之债既优于欠缴税款之债,也优于欠付商务之债,在用人单位发生破产清算时,欠付工资之债优于其他破产债权。

欠薪支付基金⑤。通过法定程序向无法得到工资的员工适量发放工资。如《上海市小企业欠薪基金试行办法》就规定,由企业缴纳的欠薪保障费、欠薪基金的利息收入和按规定购买的国债等收益、欠薪基金不足使用时,通过有关渠道予以补充的资金共同构成欠薪保障基金,在企业发生因宣告破产、歇业等进入清算程序,因企业法定代表人隐匿等原因,由人民法院按照劳动争议仲裁委员会裁决,或人民法院判决予以强制执行,且暂时无法支付职工工资或者无法缴纳社会保险费时,由企业或企业职工向市劳动和社会保障部门申请垫付欠薪。

四、女职工与未成年工的特殊保护制度

(一) 女职工的特殊保护

女职工劳动保护是指保护女职工的劳动权利和女职工在生产劳动中的安全与

---

① 《工资支付暂行规定》第 10 条.

② 《工资支付暂行规定》第 13 条.

③ 加班工资的计算标准,可见本书第二章第一节、二、(一)2.(2)延长工时制度.

④ 《工资支付暂行规定》第 11 条.

⑤ 在我国实行欠薪保障制度的地方还不多,上海市人民政府在 1999 年 11 月颁布了《上海市小企业欠薪基金试行办法》,从 2000 年 1 月 1 日起在全市实行小企业欠薪保障制度.

健康。其基本任务是,防止职业有害因素对女职工的健康的不良影响,保护女职工健康。保护女职工劳动权益的主要法律法规主要有:《劳动法》、《女职工劳动保护规定》①、《妇女权益保障法》②、《女职工禁忌劳动范围的规定》③等。法律对女职工在劳动中的特殊保护有以下几方面规定:

(1) 禁忌劳动范围:①矿山井下作业;②森林业伐木、归楞及流放作业;③《体力劳动强度分级》标准中第四级体力劳动强度的作业;④建筑业脚手架的组装和拆除作业,以及电力、电信行业的高处架线作业;⑤连续负重(指每小时负重次数在6次以上)每次负重超过20公斤,间断负重每次负重超过25公斤的作业④。

(2) 经期保护:不得安排女职工在经期从事高处、低温、冷水作业和国家规定的第三级体力劳动强度的劳动⑤。

(3) 孕期保护:不得安排女职工在怀孕期间从事国家规定的第三级体力劳动强度的劳动及孕期禁忌从事的劳动。对怀孕7个月以上的女职工,不得安排延长工作时间和夜班劳动⑥。

(4) 产期保护:女职工生育享受不少于90天的产假,包括产前休假15天和产后75天,难产的增加产假15天。多胞胎生育每多生育一个婴儿增加产假15天。女职工怀孕流产的,其所在单位应当根据医务部门的证明,给予一定时间的产假。女职工产假期间工资照发⑦。

(5) 哺乳期保护:有不满一周岁婴儿的女职工,其所在单位应当在每班劳动时间内给予两次哺乳(含人工喂养)时间,每次30分钟。多胞胎生育的,每多哺乳一个婴儿,每次哺乳时间增加30分钟。女职工每班劳动时间内的两次哺乳时间,可以合并使用。哺乳时间和在本单位内哺乳往返途中的时间,算作劳动时间⑧。

另外,用人单位不得解除孕期、产期或者哺乳期内女工的劳动合同⑨,即使合

---

① 《女职工劳动保护规定》于1988年6月28日国务院第十一次常务会议通过,自1998年9月1日起施行.

② 《中华人民共和国妇女权益保障法》(1992年4月3日第七届全国人民代表大会第五次会议通过,根据2005年8月28日第十届全国人民代表大会常务委员会第十七次会议《关于修改〈中华人民共和国妇女权益保障法〉的决定》修正).

③ 《劳动部关于女职工禁忌劳动范围的规定》(1990年1月18日).

④ 《劳动部关于女职工禁忌劳动范围的规定》第4条.

⑤ 《女职工劳动保护规定》第6条.

⑥ 《女职工劳动保护规定》第7条.

⑦ 《女职工劳动保护规定》第8条.

⑧ 《女职工劳动保护规定》第10条.

⑨ 《女职工劳动保护规定》第4条.

同到期,也应当将合同期限延长至上述期间届满。

(二) 未成年工的特殊保护

未成年工是指年满 16 周岁,未满 18 周岁的劳动者[①]。我国劳动法为其规定了特殊保护制度,其主要内容包括:

(1) 就业年龄的限制。劳动法禁止用人单位招用未满 16 周岁的未成年人。文艺、体育和特种工艺单位招用未满 16 周岁的未成年人,必须依据国家有关规定,履行审批手续并保障其受义务教育的权利[②]。

(2) 禁止未成年工从事有害健康的工作。未成年工是身体发育还未成熟的青年人,不能适应特别繁重及危险的工作、他们对有毒有害作业的抵抗力也较弱。国家规定用人单位不得安排未成年工从事矿山井下、有毒有害、国家规定的第四级体力劳动强度的劳动和其他禁忌从事的劳动[③]。

(3) 对未成年工实行工作时间的保护。为了保障未成年工的正常发育和继续组织他们完成文化技术学习任务,一般对未成年工实行缩短工作日制度,并且不得安排未成年工从事加班加点和夜班工作。

(4) 对未成年工进行健康检查。用人单位应当对未成年工定期进行健康检查。如果发现疾病或身体异常情况,应及时进行治疗。对未成年工进行定期的健康检查是用人单位的一项法定义务,用人单位不得以任何借口加以取消。

对于非法侵害未成年工权益的单位,负责人及其直接责任人员,其所在单位的主管部门,应当根据情节轻重,给予行政处分,并责令该单位给予被侵害职工合理的经济补偿;构成犯罪,由司法机关依法追究刑事责任。

五、养老保险和失业保险基本制度

为保障因年老、体弱、疾病等原因无法继续参加正常劳动的劳动者的生活,我国建立了每个劳动者都要参加的强制性的养老保险和失业保险制度。养老保险与失业保险属于社会保障制度的范畴,具有以下几个主要特点:

第一,普遍性。它是为了劳动者在失去劳动能力或劳动机会后的基本生活而建立的。因此全体劳动者都有权利参加。在确定适用范围时,参保单位应不分部门和行业,不分所有制性质,其职工应不分用工形式,不分家居城镇、农村,只要本人符合条件,都有享受养老保险和失业保险待遇的权利。

---

① 《未成年人保护法》第 2 条.

② 《禁止使用童工规定》第 2 条.

③ 《中华人民共和国劳动法》第 64 条.

第二,强制性。它是为了保障劳动者在失去劳动能力或劳动机会后的基本生活而建立的。因此每个劳动者必须参加,不能以任何理由放弃。不履行缴纳养老保险金和失业保险金义务的单位和个人都应当承担相应的法律责任。

第三,互济性。养老保险基金与失业保险基金主要来源于社会筹集,由单位、个人和国家三方共同负担,缴费比例、缴费方式相对稳定,筹集的保险费,不分来源渠道,不分缴费单位的性质,全部并入失业保险基金,在统筹地区内统一调度使用以发挥互济功能。

(一) 养老保险制度

从1951年开始,我国政府机关、城镇企业和事业单位便实行了退休制度。根据有关政策和法律规定,职工达到退休年龄(男60岁,女50岁,女干部55岁)、工龄年限(连续工龄满10年)[①]和身体健康状况的条件,即可以申请退休。从批准退休的第二个月开始,停发工资,按照工龄及其他条件支付个人工资一定比例的退休金,直至退休人员去世。

1991年6月,国务院决定将企业职工退休制度过渡到社会养老保险制度,消除退休制度中的问题与弊端,使退休人员的老年生活得到保障,退休保险制度是指劳动者在劳动期间向社会保障机构缴纳一定数量的退休保险金,在达到了退休年龄以后就可以从社会保险机构每月领取养老金,直至其去世。参加养老保险缴纳养老金是劳动者与劳动者所在用人单位的一项法定义务。

1. 缴纳养老保险金的义务

劳动者在工作期间必须按照当地政府的规定向社会保障机构缴纳养老金,缴纳的养老金不得低于当地政府的规定。养老金的缴纳分为两部分,劳动者交纳部分和用人单位缴纳部分。

2. 领取养老金的条件

(1) 退休。退休是劳动者的一项基本权利。职工退休须达到一定年龄。我国规定的退休年龄包括:①一般退休年龄。男60岁,女50岁(工人)或55岁(职员);②提前退休年龄。国家公务员的提前退休年龄为,男55岁,女50岁;因从事有害身体健康工作(职业病)或工伤致残而完全丧失劳动能力的职工和连续工龄满30年的国家公务员,退休不受年龄限制。

享受退休待遇,除达到退休年龄外,一般还应同时达到一定的工龄。在我国,职工退休一般须连续工龄满10年;国家公务员提前退休一般须连续工龄满20年,

---

① 《关于制止和纠正违反国家规定办理企业职工提前退休有关问题的通知》劳社部发[1999]8号第1条.

连续工龄满 30 年者提前退休可不受年龄限制;但因工伤(职业病)致残而完全丧失劳动能力的职工,退休不以连续工龄为条件。在实行社会保险制度改革的过程中,凡个人缴纳保险费的职工,退休的连续工龄条件应为缴费年限条件所取代。对实行缴费制度以后才初次就业的劳动者,要求其缴纳养老保险费年限须累计满法定最低年限(10 年),才能享受退休待遇。

除年龄和工龄条件外,退休制度还有一些特殊规定。例如,提前和延迟退休,都应经有关部门或机构批准;从事有害身体健康工作的职工和因工伤(职业病)致残的职工提前退休,须是经依法证明完全丧失劳动能力者。

(2) 离休。我国现行法规中规定的离休条件,包括年龄条件和身份条件两种。离休年龄与国家公务员退休年龄相同,身份条件指离休者必须是建国前参加革命工作的老干部。国务院在有关法规中就"建国前参加革命工作"作了具体界定。其中主要包括:1949 年 9 月 30 日前,参加中国共产党领导的革命军队的干部,在解放区参加革命工作并脱产享受供给制待遇的干部,在敌占区从事地下革命工作的干部。1948 年以前,在解放区参加革命工作并享受薪金制待遇的干部。"政协"第一次全会召开前加入各民主党派,一直拥护中国共产党、坚持革命工作的干部。

3. 养老保险待遇

退休者从退休的第二个月起每月按规定标准发给退休金直至去世为止。退休金一般以在职时的工资收入为基础,再辅之以缴费年限或工龄计算。退休人员的医疗待遇与在职职工相同。离休实行"基本政治待遇不变,生活待遇略为从优"的原则,养老金标准高于退休待遇。养老金由社会保险经办机构从养老保险统筹基金和个人账户储存额中开支,一般按月发给,直至死亡;对于缴费年限少于 10 年者,在退休时一次性发给养老金。

(二) 失业保险制度

失业保险制度是指依法筹集失业社会保险基金,对因失业而暂时中断劳动、失去劳动报酬的劳动者给予帮助的社会保险制度。其目的是通过建立社会保险基金的办法,使员工在失业期间获得必要的经济帮助,保证其基本生活,并通过转业训练、职业介绍等手段,为他们重新实现就业创造条件。

失业保险是指劳动者在失业期间,由国家和社会给予一定物质帮助,以保障其基本生活并促进其再就业的社会保险制度。其特点有:①失业保险的保险事故仅限于职工的非自愿失业,而不包括职工的自愿失业和未曾就业者的失业;②失业保险中的物质帮助,不仅指支付失业保险金,还包括组织生产自救,转业训练等其他物质帮助形式的帮助;③失业保险具有双重功能,既保障失业者的基本生活,又促进失业者实现再就业。

1. 失业人员享受失业保险待遇的条件

按照规定参加失业保险,所在单位和本人已按规定履行缴费义务满一年;非因本人意愿中断就业;已办理失业登记,并有求职要求。

失业人员在享受失业保险待遇期间发生下列情形之一的,停止享受失业保险待遇:①重新就业;②应征服兵役;③移居境外;④享受基本养老保险待遇;⑤被判刑收监执行或者被劳动教养;⑥无正当理由,拒不接受当地政府指定的部门或机构介绍的工作;⑦法律、行政法规规定应当停止享受失业保险待遇的其他情形。

失业人员只能在法定期间内享受失业保险待遇,该期限因失业前用人单位和劳动者本人累计缴纳失业保险费的时间不同而有差别。累计缴费时间分别为满1年不足 5 年,满 5 年不足 10 年、10 年以上的,享受失业保险待遇的最长期限分别为12 个月、18 个月、24 个月。重新就业后再次失业的,缴费时间重新计算,享受失业保险待遇期限可以与前次失业应享受失业保险待遇的而未享受的期限合并计算,但最长不得超 24 个月。

2. 失业保险待遇的给付

失业保险待遇的内容:①失业保险金。即失业者在规定失业期间领取的生活费,其标准低于当地最低工资,高于城市居民最低生活保障标准的水平;②医疗补助金。即失业者在领取失业保险金期间因患病就医而领取的补助金;③参加由失业保险经办机构组织或扶持的转业训练和生产自救。

失业保险待遇的给付有货币和非货币给付之分。货币给付是由失业保险经办机构从失业保险基金中直接给付失业者作为失业保险待遇的一定数额货币。非货币给付,一般是由某种就业服务机构或职业培训机构向失业者提供特定的非货币的失业保险待遇(如培训),其费用则由失业保险经办机构从失业保险基金中开支。

六、禁止性规定和法律责任[①]

(一) 禁止性规定

1. 对用人单位的禁止性规定

(1) 禁止不订立书面劳动合同,禁止在满足条件的情况下不签无固定期限的劳动合同。

(2) 禁止实施差别薪酬。劳务派遣目前已经成为低工资、同工不同酬的代名词。不少企业为了既降低企业用工成本、又保住部分员工的高福利就用劳务工的名义搞内部身份制。这种行为破坏了社会主义社会最基本的公平原则,也破坏了

---

① 《中华人民共和国劳动法》第 12 章.

同工同酬的劳动关系基本原则。这种身份差别制度除了损害劳务派遣人员的权益,恶化劳动者之间的关系外没有任何积极意义。

(3) 禁止违法约定试用期。用人单位违反劳动合同法在劳动合同中违法约定试用期的情形包括[①]:①约定的试用期超过法律规定的最高时限;②同一用人单位与同一劳动者超过一次约定试用期;③以完成一定工作任务为期限的劳动合同或者劳动合同期限不满3个月的,也约定试用期;④劳动合同仅约定试用期或者劳动合同期限与试用期相同。用人单位违反劳动合同法规定与劳动者约定试用期的,由劳动行政部门责令改正,违法约定的试用期已经履行的,由用人单位以劳动者月工资为标准,按已经履行的试用期的期限向劳动者支付赔偿金。

(4) 禁止违法要求劳动者提供担保或扣押劳动者身份证件。劳动合同法第9条规定:"用人单位招用劳动者,不得要求劳动者提供担保或者以其他名义向劳动者收取财物,不得扣押劳动者的居民身份证或者其他证件。"但一些用人单位在订立劳动合同时,要求劳动者特别是非本地户口的劳动者,提供财物担保才能予以录用。这是严重侵犯劳动者合法权益的行为。用人单位要求劳动者提供担保的,劳动行政部门应当责令用人单位将违法收取的财物退还劳动者本人,并按每一名劳动者500元以上2000元以下的标准处以罚款;对劳动者造成损害的,用人单位应当承担赔偿责任。

用人单位扣押劳动者身份证等证件的,劳动行政部门应当责令限期退还劳动者本人;还可依照有关法律规定给予处罚。这里的"有关法律"主要是指的《居民身份证法》等[②]。

(5) 禁止拖欠工资、社保基金和补偿金。依照劳动合同的约定或者依照劳动合同法规定支付劳动者劳动报酬是用人单位的法定义务,如果没有依法或者依据合同的约定履行这一法定义务,就要依法承担相应的法律责任。用人单位未依照劳动合同的约定或者未依照劳动合同法规定支付劳动者劳动报酬,有以下情形:①用人单位未依照劳动合同的约定或者依照劳动合同法的规定按时、足额支付劳动报酬的;②用人单位支付在试用期间的劳动者工资低于劳动合同法关于劳动者在

---

① 《中华人民共和国劳动合同法》第19条.

② 《中华人民共和国身份证法》第16条规定:"有下列行为之一的,由公安机关给予警告,并处200元以下罚款,有违法所得的,没收违法所得:①使用虚假证明材料骗领居民身份证的;②出租、出借、转让居民身份证的;③非法扣押他人居民身份证的。"根据这一规定,用人单位违法扣押劳动者身份证的,除由劳动行政部门责令限期退还劳动者本人外,还要由公安机关对该用人单位给予警告、200元以下的罚款和没收违法所得的行政处罚。除了居民身份证外,劳动者的户口簿、护照等重要的个人证件,用人单位也不得非法扣押,我国《护照法》也有相关规定.

试用期的工资不得低于本单位同岗位最低档工资或者劳动合同约定工资的80%，并不得低于用人单位所在地的最低工资标准的规定或低于当地最低工资标准支付劳动者工资；③安排加班不支付加班费；④解除或者终止劳动合同，未依照劳动法规定向劳动者支付经济补偿[1]。对于上述四类违法行为，劳动法明确规定了相应的法律责任，即由劳动行政部门责令限期支付劳动报酬、加班费或者解除、终止劳动合同的经济补偿；劳动报酬低于当地最低工资标准的，应当支付其差额部分；逾期不支付的，责令用人单位按应付金额50%以上100%以下的标准向劳动者加付赔偿金。

用人单位拖欠或者未足额发放劳动报酬的，劳动者可以依法向当地劳动行政管理机关提出申请，由劳动行政管理机关依法责令用人单位支付工资[2]。用人单位拖欠工资程度严重的需予以处罚。

（6）禁止非法用工。无营业执照经营的单位不属于劳动合同法第2条规定的用人单位，根据劳动合同法第26条的规定，无营业执照经营的单位与劳动者订立的劳动合同因主体违反法律规定属于非法用工。但无营业执照经营的单位被依法处理的，该单位的劳动者已经付出劳动的，仍应获得相应的劳动报酬。无营业执照经营的单位被依法取缔，其出资人仍应支付劳动者的劳动报酬。

（7）禁止使用童工。国务院《禁止使用童工规定》第6条规定，凡用人单位使用童工的，由劳动保障行政部门按照每使用一名童工每月处5000元罚款的标准给予处罚；在使用有毒物品的作业场所使用童工的，从重处罚；用人单位在规定期限内仍不改正的，将按照每使用一名童工每月处1万元罚款的标准给予处罚，并吊销营业执照或撤销民办非企业单位登记。单位或个人为不满16周岁的未成年人介绍就业的，按照每介绍一人处5000元罚款的标准给予处罚。拐骗童工，强迫童工劳动，使用童工从事高空、井下、放射性、高毒、易燃易爆以及国家规定的第四级体力劳动强度的劳动，使用不满14周岁的童工，或造成童工死亡或严重伤残的，依法追究刑事责任[3]。

（8）禁止强迫劳动等侵害劳动者人身权益的行为。用人单位侵害劳动者人身权益的违法行为有以下情形：①用人单位以暴力、威胁或者非法限制人身自由的手段强迫劳动。一些用人单位为追求经济利益，可能会采取暴力、威胁或者非法限制人身自由的手段强迫劳动者劳动[4]；②用人单位违章指挥或者强令冒险作业危及

---

① 《中华人民共和国劳动法》第91条.
② 《中华人民共和国劳动合同法》第85条.
③ 《禁止使用童工规定》第7条、第11条.
④ 《中华人民共和国劳动法》第32条.

劳动者人身安全;③侮辱、体罚、殴打、非法搜查或者拘禁劳动者的;④用人单位提供的劳动条件恶劣、环境污染严重,对劳动者身心健康造成严重损害的。用人单位的上述违法行为承担的法律责任主要包括刑事责任、民事责任、行政责任。

（9）禁止制定违法的单位制度。劳动法要求用人单位制定规章制度必须要遵守有关法律、法规的规定,否则是违法的。这体现在实体和程序两个方面:在实体方面,用人单位制定的规章制度的内容要符合法律、法规的规定,包括劳动安全卫生、劳动纪律、职工培训、休息、休假以及劳动定额管理等方面的规章制度的内容,必须遵守劳动法、职业病防治法、劳动合同法和其他相关的行政法规、地方性法规的规定,不得与之相抵触。在程序方面,用人单位的规章制度凡直接涉及劳动者切身利益的,应当遵守以下三个程序:①应当经职工代表大会或者全体职工讨论,提出方案和意见,与工会或者职工代表平等协商确定;②在规章制度实施过程中,用人单位应当尊重工会和劳动者提出的意见,通过协商作出修改完善;③直接涉及劳动者切身利益的规章制度应当公示或者告知劳动者。上述程序确定了用人单位制定的涉及劳动者切身利益的规章制度的法定程序,体现了职工参与企业民主管理的原则。如果用人单位制定的规章制度违反了这三个法定程序,如拒绝让职工代表大会讨论,拒绝与工会或者职工代表平等协商,不进行公示或者不告知劳动者等,则所制定的规章制度是违法和无效的。这样的规章制度不对劳动者产生约束力。劳动行政部门可以对用人单位制定违法规定的行为予以责令改正,并给予警告的行政处罚。此外,如果违法的规章制度对劳动者造成损害的,用人单位应当承担赔偿责任。

（10）禁止违法解除劳动合同。劳动合同法对解除合同的实体条件和法律程序都作了明确具体的规定,用人单位不得违反这些规定解除劳动合同。

（11）禁止用人单位不出具解除、终止劳动合同的证明。劳动合同解除、终止后用人单位负有出具解除、终止劳动合同的证明的义务。劳动合同法第50条第1款规定:"用人单位应当在解除或者终止劳动合同时出具解除或者终止劳动合同的证明,并在30日内为劳动者办理档案和社会保险转移手续。"不出具解除、终止劳动合同证明会导致劳动者无法实现失业保险待遇和再就业的权利。如果这种违法行为造成了劳动者的损失,用人单位应当给予赔偿。用人单位出具的解除、终止劳动合同的证明,应当写明劳动合同期限、解除或者终止劳动合同的日期、工作岗位、在本单位的工作年限[1]。

2．对劳动者的禁止性规定

禁止劳动者违反保密或竞业限制的约定,劳动合同法第23条规定:"用人单

---

[1]《中华人民共和国劳动合同法实施条例》第24条.

位与劳动者可以在劳动合同中约定保守用人单位商业秘密的有关事项。"对能接触到用人单位商业秘密的劳动者和高级管理人员,用人单位可以在劳动合同或保密协议中与他们约定保密义务和竞业限制义务。劳动者应当遵守。

在解除或终止劳动合同后,用人单位按照约定竞业限制期限内按月给予承担保密与竞业限制的劳动者经济补偿,而该劳动者不得到与本单位生产或者经营同类产品、业务的有竞争关系的其他用人单位,或者自己开业生产或者经营与本单位有竞争关系的同类产品、业务。竞业限制的期限一般为 2 年,劳动者违反竞业限制约定的,应当按照约定向用人单位支付违约金。劳动者违反劳动合同中约定的保密义务或者竞业限制,对用人单位造成损失的,还应当对用人单位的实际损失承担赔偿责任。

(二) 法律责任

1. 用人单位的法律责任

有下列情形的,应当负法律责任:

制定的劳动规章制度违反法律、法规规定的,由劳动行政部门给予警告,责令改正;对劳动者造成损害的,应当承担赔偿责任①。

违法延长劳动者工作时间的,由劳动行政部门给予警告,责令改正,并可以处以罚款。

有下列侵害劳动者合法权益情形之一的,由劳动行政部门责令支付劳动者的工资报酬、经济补偿,并可以责令支付赔偿金:①克扣或者无故拖欠劳动者工资的;②拒不支付劳动者延长工作时间工资报酬的;③低于当地最低工资标准支付劳动者工资的;④解除劳动合同后,未依法规定给予劳动者经济补偿的。

劳动安全设施和劳动卫生条件不符合国家规定或者未向劳动者提供必要的劳动防护用品和劳动保护设施的,由劳动行政部门或者有关部门责令改正,可以处以罚款;情节严重的,提请县级以上人民政府决定责令停产整顿;对事故隐患不采取措施,致使发生重大事故,造成劳动者生命和财产损失的,对责任人员比照刑法第187 条的规定追究刑事责任。

强令劳动者违章冒险作业,发生重大伤亡事故,造成严重后果的,对责任人员依法追究刑事责任。

非法招用未满 16 周岁的未成年人的,由劳动行政部门责令改正,处以罚款;情节严重的,由工商行政管理部门吊销营业执照。

违反本法对女职工和未成年工的保护规定,侵害其合法权益的,由劳动行政部

---

① 《违反〈劳动法〉有关劳动合同规定的赔偿办法》由劳动部 1995 年 5 月 10 日公布施行.

门责令改正,处以罚款;对女职工或者未成年工造成损害的,应当承担赔偿责任。

有下列行为之一的,由公安机关对责任人员处以 15 日以下拘留、罚款或者警告;构成犯罪的,对责任人员依法追究刑事责任:①以暴力、威胁或者非法限制人身自由的手段强迫劳动的;②侮辱、体罚、殴打、非法搜查和拘禁劳动者的。

由于用人单位的原因订立的无效合同,对劳动者造成损害的,应当承担赔偿责任。

违法解除劳动合同或者故意拖延,不订立劳动合同的,由劳动行政部门责令改正;对劳动者造成损害的,应当承担赔偿责任。

招用尚未解除劳动合同的劳动者,对原用人单位造成经济损失的,该用人单位应当依法承担连带赔偿责任。

无理阻挠劳动行政部门、有关部门及其工作人员行使监督检查权,打击报复举报人员的,由劳动行政部门或者有关部门处以罚款;构成犯罪的,对责任人员依法追究刑事责任。

2. 劳动者的法律责任

劳动者违反法律规定的条件解除劳动合同或者违反劳动合同中约定的保密事项,对用人单位造成经济损失的,应当依法承担赔偿责任。

3. 劳动行政部门或有关部门的工作人员的法律责任

劳动行政部门或者有关部门的工作人员滥用职权、玩忽职守、徇私舞弊,构成犯罪的,依法追究刑事责任;不构成犯罪的,给予行政处分。

国家工作人员和社会保险基金经办机构的工作人员挪用社会保险基金,构成犯罪的,依法追究刑事责任。

七、劳动争议的解决

劳动争议是指劳动关系当事人就劳动关系所涉及的权利义务的履行状况,各持己见无法达成一致意见的状况。劳动争议的存在影响当事人的利益和劳动合同的履行,因此应当按照《中华人民共和国劳动争议调解仲裁法》[1]等法律法规及时解决。劳动争议的种类具体有:①因确认劳动关系发生的争议;②因订立、履行、变更、解除和终止劳动合同发生的争议;③因除名、辞退和辞职、离职发生的争议;④因工作时间、休息休假、社会保险、福利、培训以及劳动保护发生的争议;⑤因劳动报酬、工伤医疗费、经济补偿或者赔偿金等发生的争议;⑥法律、法规规定的其他劳动争议[2]。

---

[1] 《中华人民共和国劳动争议调解仲裁法》由中华人民共和国第十届全国人民代表大会常务委员会第三十一次会议于 2007 年 12 月 29 日通过,自 2008 年 5 月 1 日起施行.

[2] 《中华人民共和国劳动争议调解仲裁法》第 2 条.

劳动争议的解决应由争议当事人自己提出相关请求,发生劳动争议的劳动者一方在 10 人以上,并有共同请求的,可以推举代表参加调解、仲裁或者诉讼活动①。在有关调解、仲裁和诉讼活动中,有关举证责任由提出主张的当事人承担,但如果与争议事项有关的证据属于用人单位掌握管理的,用人单位应当提供;用人单位不提供的,应当承担不利后果②。如果用人单位违反国家规定,拖欠或者未足额支付劳动报酬,或者拖欠工伤医疗费、经济补偿或者赔偿金的,劳动者还可以向劳动行政部门投诉③。

用人单位与劳动者发生劳动争议,可以通过下列四种途径解决:和解、调解、仲裁和诉讼。

(一) 和解

争议双方和解是解决劳动争议的方式之一。发生劳动争议后,劳动者可以自己与用人单位协商,也可以请工会或者第三方共同与用人单位协商,达成和解协议④。

(二) 调解

调解是解决劳动争议的主要方式。劳动争议发生后,当事人不愿协商、协商不成或者达成和解协议后不履行的,可以向调解组织申请调解⑤。

1. 调解组织

发生劳动争议,当事人可以到下列调解组织申请调解:①企业劳动争议调解委员会;②依法设立的基层人民调解组织;③在乡镇、街道设立的具有劳动争议调解职能的组织⑥。

2. 调解程序

当事人申请劳动争议调解可以书面申请,也可以口头申请。调解组织在充分听取双方当事人对事实和理由的陈述基础上,耐心疏导,帮助其达成协议,并制作调解协议书,由双方当事人签名或者盖章,经调解员签名并加盖调解组织印章后生效,对双方当事人具有约束力,当事人应当履行⑦。

---

① 《中华人民共和国劳动争议调解仲裁法》第 7 条.
② 《中华人民共和国劳动争议调解仲裁法》第 6 条.
③ 《中华人民共和国劳动争议调解仲裁法》第 9 条.
④ 《中华人民共和国劳动争议调解仲裁法》第 4 条.
⑤ 《中华人民共和国劳动争议调解仲裁法》第 5 条.
⑥ 《中华人民共和国劳动争议调解仲裁法》第 10 条.
⑦ 《中华人民共和国劳动争议调解仲裁法》第 12 条～第 14 条.

因支付拖欠劳动报酬、工伤医疗费、经济补偿或者赔偿金事项达成调解协议，用人单位在协议约定期限内不履行的,劳动者可以持调解协议书依法向人民法院申请支付令[①]。

（三）劳动争议仲裁

劳动争议仲裁是解决劳动争议的重要方式,当事人不愿调解、调解不成或者达成调解协议后不履行的,可以向劳动争议仲裁委员会申请仲裁。劳动争议仲裁与商事仲裁是性质不同的两种仲裁制度。劳动争议仲裁也是劳动争议诉讼的法定前置程序,劳动争议未经仲裁程序,不得进入诉讼程序[②]。

1. 仲裁申请条件

当事人自劳动争议调解组织收到调解申请之日起 15 日内未达成调解协议的;或达成调解协议后,对方当事人在协议约定期限内不履行调解协议的,可以依法向劳动合同履行地或者用人单位所在地的劳动争议仲裁委员会申请仲裁。劳动争议仲裁不收费。

劳动争议申请仲裁的时效期间为 1 年。劳动关系存续期间因拖欠劳动报酬发生争议的,劳动者申请仲裁不受仲裁时效期间的限制;但是劳动关系终止的,应当自劳动关系终止之日起 1 年内提出[③]。

2. 仲裁当事人

发生劳动争议的劳动者和用人单位为劳动争议仲裁案件的双方当事人。劳务派遣单位或者用工单位与劳动者发生劳动争议的,劳务派遣单位和用工单位为共同当事人。

丧失或者部分丧失民事行为能力的劳动者,由其法定代理人代为参加仲裁活动;无法指定代理人的,由劳动争议仲裁委员会为其指定代理人。劳动者死亡的,由其近亲属或者代理人参加仲裁活动。

3. 申请和受理

申请人申请仲裁应当提交书面仲裁申请,并按照被申请人人数提交副本。仲裁申请书应当载明下列事项:①劳动者的姓名、性别、年龄、职业、工作单位和住所,用人单位的名称、住所和法定代表人或者主要负责人的姓名、职务;②仲裁请求和所根据的事实、理由;③证据和证据来源、证人姓名和住所[④]。

---

① 《中华人民共和国劳动争议调解仲裁法》第 16 条.
② 《中华人民共和国劳动争议调解仲裁法》第 5 条.
③ 《中华人民共和国劳动争议调解仲裁法》第 27 条第 4 款.
④ 《中华人民共和国劳动争议调解仲裁法》第 28 条.

劳动争议仲裁委员会收到仲裁申请之日起 5 日内,应对是否受理作出决定并通知申请人。对劳动争议仲裁委员会不予受理或者逾期未作出决定的,申请人可以向人民法院提起诉讼。

被申请人收到仲裁申请书副本后,应当在 10 日内向劳动争议仲裁委员会提交答辩书。被申请人未提交答辩书的,不影响仲裁程序的进行①。

4. 开庭和裁决

劳动争议仲裁委员会裁决劳动争议案件实行仲裁庭制。仲裁庭由 3 名仲裁员组成,设首席仲裁员。简单劳动争议案件可以由一名仲裁员独任仲裁②。仲裁员有下列情形之一,当事人有权以口头或者书面方式提出回避申请:①是本案当事人或者当事人、代理人的近亲属的;②与本案有利害关系的;③与本案当事人、代理人有其他关系,可能影响公正裁决的;④私自会见当事人、代理人,或者接受当事人、代理人的请客送礼的③。

劳动争议仲裁公开进行,但当事人协议不公开进行或者涉及国家秘密、商业秘密和个人隐私的除外。仲裁庭应当在开庭 5 日前,将开庭日期、地点书面通知双方当事人。当事人有正当理由的,可以在开庭 3 日前请求延期开庭。是否延期,由劳动争议仲裁委员会决定。仲裁庭在作出裁决前,应当先行调解,达成协议的,仲裁庭制作调解书,经双方当事人签收后,发生法律效力。当事人申请劳动争议仲裁后,可以自行和解。达成和解协议的,可以撤回仲裁申请。

仲裁庭裁决劳动争议案件,应当自劳动争议仲裁委员会受理仲裁申请之日起 45 日内结束。案情复杂需要延期的,延长期限不得超过 15 日。逾期未作出仲裁裁决的,当事人可以就该劳动争议事项向人民法院提起诉讼。

仲裁庭对追索劳动报酬、工伤医疗费、经济补偿或者赔偿金的案件,如当事人之间权利义务关系明确、不先予执行将严重影响申请人生活的,可以根据当事人的申请,裁决先予执行④。

下列劳动争议,除法律另有规定的外,仲裁裁决为终局裁决,裁决书自作出之日起发生法律效力:①追索劳动报酬、工伤医疗费、经济补偿或者赔偿金,不超过当地月最低工资标准 12 个月金额的争议;②因执行国家的劳动标准在工作时间、休息休假、社会保险等方面发生的争议⑤。用人单位有证据证明实行一裁终局的仲

---

① 《中华人民共和国劳动争议调解仲裁法》第 30 条.
② 《中华人民共和国劳动争议调解仲裁法》第 31 条.
③ 《中华人民共和国劳动争议调解仲裁法》第 33 条.
④ 《中华人民共和国劳动争议调解仲裁法》第 44 条.
⑤ 《中华人民共和国劳动争议调解仲裁法》第 47 条.

裁裁决有下列情形之一,可以自收到仲裁裁决书之日起 30 日内向劳动争议仲裁委员会所在地的中级人民法院申请撤销裁决:①适用法律、法规确有错误的;②劳动争议仲裁委员会无管辖权的;③违反法定程序的;④裁决所根据的证据是伪造的;⑤对方当事人隐瞒了足以影响公正裁决的证据的;⑥仲裁员在仲裁该案时有索贿受贿、徇私舞弊、枉法裁决行为的①。

当事人对发生法律效力的调解书、裁决书,逾期不履行的,另一方当事人可以依照民事诉讼法的有关规定向人民法院申请执行。

(四) 劳动争议诉讼

当事人对仲裁裁决不服的,可以自收到仲裁裁决书之日起 15 日内向人民法院提起诉讼,在 15 日内不起诉的,仲裁裁决生效②。

劳动争议诉讼按照应我国民事诉讼法的规定进行。

第二节　劳动合同制度

劳动合同制度是我国劳动法律制度中的基础性制度,也是最为核心和重要的部分之一。为有效调整劳动合同关系,在《劳动法》的基础上,我国专门制定了《劳动合同法》③以调整相关劳动合同关系(包括一般劳动关系、集体合同关系、劳务工合同关系以及非全日制劳动用工关系)。《劳动合同法》是一部规范劳动关系的重要法律规范,它在明确劳动合同双方当事人的权利和义务的前提下,重在提供对劳动者合法权益的保护制度,为构建与发展和谐稳定的劳动关系提供法律保障。

建立劳动关系,订立劳动合同除了应该注意劳动法的各项规定和遵循劳动法的原则之外,还应该注意以下问题:

第一,劳动合同要自愿签订。劳动关系双方当事人虽然在很多方面的条件可能是及其悬殊的,但双方当事人在签约时的法律地位是平等的,任何一方不能强迫另一方签约。签约只能自愿,只有自愿的签约才是可能是有效的。

第二,劳动合同的内容要公平合理。公平是指劳动合同的具体内容应当公平、合理。劳动合同双方要公正、合理地确立双方的权利和义务。如用人单位提供少量的培训费用培训劳动者,却要求劳动者订立较长的服务期,而且在服务期内不提

---

① 《中华人民共和国劳动争议调解仲裁法》第 49 条.

② 《中华人民共和国劳动争议调解仲裁法》第 50 条.

③ 《中华人民共和国劳动合同法》由中华人民共和国第十届全国人民代表大会常务委员会第 28 次会议于 2007 年 6 月 29 日通过,自 2008 年 1 月 1 日起施行。全文 8 章 98 条.

高劳动者的工资或者不按照正常工资调整机制提高工资;在劳动力供大于求的情况下,压低工资、零工资就业等都是不合理,不公平的。

第三,劳动合同要符合法律的具体规定。劳动法的许多条款都是强制性条款,劳动合同必须符合这些规定。具体讲,合法就是劳动合同的形式和内容必须符合法律、法规的规定。所谓劳动合同的形式要合法是指除非全日制用工外,其他劳动合同都需要以书面形式订立①。如果是口头合同,当双方发生争议,用人单位要承担不订书面合同的法律后果②。所谓劳动合同的内容要合法是指劳动合同不能违反劳动法和劳动合同法的大量的强制性规定。当事人必须在法律规定的限度内拟订劳动合同的内容。如劳动合同的期限应符合法律关于应当订立无固定期限劳动合同的规定,工作时间不得违法国家关于工作时间的规定;关于劳动报酬,不得低于当地最低工资标准的规定,劳动保护不得低于国家规定的劳动保护标准等等。如果劳动合同的内容违法,劳动合同不仅不受法律保护,当事人还要承担相应的法律责任。此外,劳动合同双方还要讲究诚实。在订立劳动合同时要诚实,双方都不得有欺诈行为。用人单位招用劳动者时,应当如实告知劳动者工作内容、工作条件、工作地点、职业危害、安全生产状况、劳动报酬,以及劳动者要求了解的其他情况;用人单位有权了解劳动者与劳动合同直接相关的基本情况,劳动者应当如实说明。双方都不得隐瞒真实情况。现实中,有的用人单位不告诉劳动者职业危害,或者提供的工作条件与约定的不一样等等;也有劳动者提供假文凭的情况,这些行为都是不诚实的。

一、劳动合同

(一)适用劳动合同法的社会主体③

1. 用人单位

用人单位又可以称为雇主,是指需要劳动者参加到其中从事特定的有偿劳动的具体社会组织。在我国又可简称为"单位",根据劳动合同法,用人单位大致有以下几类。

(1)企业、个体经济组织、民办非企业单位等组织。企业是以营利为目的经济性组织,包括法人企业和非法人企业,是用人单位的主要组成部分,是本法的主要调整对象。个体经济组织是指雇工7个人以下的个体工商户。民办非企业单位是

---

① 《中华人民共和国劳动合同法》第 10 条、第 69 条.
② 《中华人民共和国劳动合同法》第 82 条.
③ 《中华人民共和国劳动合同法》第 2 条.

指社会各界利用非国有资产开办的,从事非营利性社会服务活动的组织。如民办学校、民办医院、民办图书馆、民办博物馆、民办科技馆等。

劳动合同法第2条第1款采取列举加概括的方式明确了用人单位的范围。除列举的三类用人单位外还有"等组织"的规定,即除列举的企业、个体经济组织、民办非企业单位三类组织外,其他组织与劳动者建立劳动关系也适用劳动合同法。这三类组织以外的组织如依法成立的会计师事务所、律师事务所①等,它们的组织形式比较复杂,有的采取合伙制,有的采取合作制,不属于该条列举的任何一种组织形式,但他们招用助手、工勤人员等,也要签订劳动合同。因此,也要适用劳动合同法。

(2)国家机关、事业单位和社会团体。根据劳动合同法第2条的规定,国家机关、事业单位、社会团体和与其建立劳动合同关系的劳动者,订立、履行、变更、解除或者终止劳动合同,依照劳动合同法执行。

国家机关。这里的国家机关包括国家权力机关、国家行政机关、国家司法机关、国家军事机关、政协等,其录用公务员和聘任制公务员,适用公务员法,不适用劳动合同法;国家机关招用工勤人员,需要签订劳动合同的就适用劳动合同法。

事业单位。事业单位适用劳动合同法可以分为三种情况:一是具有管理公共事务职能的组织,如证券监督管理委员会、保险监督管理委员会、银行业监督管理委员会等,其录用工作人员是参照公务员法进行管理,不适用劳动合同法。二是实行企业化管理的事业单位,这类事业单位与职工签订的是劳动合同,适用本条的规定。三是医院、学校、科研机构等,其中有的劳动者与单位签订的是劳动合同,签订劳动合同的,就要按照劳动合同法第2条的规定执行,有的劳动者与单位签订的是聘用合同,签订聘用合同的,就要按照劳动合同法第96条的规定,即法律、行政法规和国务院规定另有规定的,就按照法律、行政法规和国务院的规定执行;法律、行政法规和国务院没有特别规定的,也要按照劳动合同法执行。

社会团体。按照《社会团体登记管理条例》的规定,社会团体是指中国公民自愿组成,为实现会员共同意愿,按照其章程开展活动的非营利性社会组织。社会团体的情况也比较复杂,有的社会团体如党派团体,除工勤人员外其工作人员是公务员,按照公务员法管理;有的社会团体如工会、共青团、妇联、工商联等人民团体和群众团体,文学艺术联合会、足球协会等文化艺术体育团体,法学会、医学会等学术团体,各种行业协会等,社会团体。这些社会团体虽然公务员法中没有明确规定参照,但实践中对列入国家编制序列的社会团体,除比照公务员法进行管理的人员以外的人员适用劳动合同法。此外的多数社会团体,如依法成立的有关基金会②如

---

① 《中华人民共和国劳动合同法实施条例》第3条.
② 《中华人民共和国劳动合同法实施条例》第3条.

果作为用人单位与劳动者订立的是劳动合同,就按照劳动合同法进行调整。

(3) 非全日制用工单位和劳务派遣工用工单位。除规范正常的劳动合同用工外,劳动合同法还对劳务派遣、非全日制用工做了规定,尽可能地扩大本法的调整范围。考虑到劳动合同法是规范用人单位与劳动者之间订立劳动合同的法律规范,对少量的、非常见的用工形式如兼职人员、返聘的离退休人员等未作规定。

2. 劳动者

劳动合同法适用的对象除了用人单位外,还包括劳动者。劳动法与劳动合同法意义上的劳动者是指年满 16 周岁以上,未满国家规定的退休年龄的,具有劳动能力,未列入公务员、军人行列,也不是正在从事农牧业生产的农牧民;且正在某个单位工作,或愿意进入某个用人单位、从事某项工作的公民。劳动者可以按照我国劳动法和劳动合同法的规定寻找工作,按照劳动法和劳动合同法的规定主张劳动权利。个体户等劳动者不是劳动法和劳动合同法意义上的劳动者。

(二) 劳动合同的主要内容①

1. 用人单位的名称、住所和法定代表人或者主要负责人

只有具备相应的签约能力和使用劳动者的能力的单位才有资格签署劳动合同。就企事业单位而言,应当是独立的企事业法人,就国家机关而言也应当是具有独立的资格的机关法人;非法人单位只有具有合法独立身份的单位才有独立的用工权,可以与劳动者签订劳动合同。企事业单位的分支机构依法取得营业执照或者登记证书的,可以作为用人单位与劳动者订立劳动合同;未依法取得营业执照或者登记证书的,受用人单位委托可以与劳动者订立劳动合同②,否则即不属于劳动合同法规定的合格的用人单位。

2. 劳动者的姓名、住址和有效身份证件

劳动者在订立劳动合同时还应当提供真实的学历、资历证明,不能用假证明欺骗用人单位。此外,就劳动者方面而言还要注意,有劳动合同关系的劳动者、国家机关和事业单位的工作人员、现役军人以及其他有正式工作单位的工作的人,在解除与原单位的劳动关系或工作关系以前没有签署劳动合同的权利。其次,我国禁止童工。未满 16 周岁的未成年人不能成为劳动关系的当事人。

3. 劳动合同期限

劳动合同的期限可分为,有固定期限与无固定期限两种形式;有固定期限可以是一个具体的日期,也可以是一项具体的能预计完成期的工作。合同期限关系到

---

① 《中华人民共和国劳动合同法》第 17 条.
② 《中华人民共和国劳动合同法实施条例》第 4 条.

劳动者的利益,凡能够签订无固定期限劳动合同的劳动者,应签订无固定期限的劳动合同。签订无固定期限劳动合同的规定是强制性规定,不能通过合同排除的。用人单位自用工之日起满1年未与劳动者订立书面劳动合同的,自用工之日起满1年的当日就视为已经与劳动者订立无固定期限劳动合同①;连续订立两次固定期限劳动合同后续订劳动合同,就应当订立无固定期限劳动合同;明确规定在某些特殊情形下(如在该单位连续工作满10年又续订劳动合同的),用人单位应当与劳动者订立无固定期限劳动合同。

4.工作内容和工作地点

工作内容是指劳动者应当完成的具体工作,比如钳工、软件工程师等;工作地点是指劳动者完成工作的具体地方,它应当是一个具体的较小的行政区域,不应是一个城市或一个地区。如果有野外作业,那么也应该在合同中说明。

5.工作时间和休息休假

工作时间除了要明确是每天8小时,一周40小时工作制,如果是不定时工作制或综合工时工作制的,应该在合同中载明。同时还应当明确这份工作有没有中班和夜班,有没有固定的周日、周六、休息日等,国定假期是否需要加班等。

6.劳动报酬

劳动报酬主要要明确工资构成、工资金额,各类补贴的数量以及调整方法,还有明确工资补贴的发放时间、发放方法以及影响劳动者得到正常工资的各种因素等。劳动报酬是劳动者最基本的劳动权益,劳动合同对此一定要明确规定。

7.社会保险

社会保险主要要明确用人单位为劳动者缴纳的各种社会保障基金,大致有医疗保险金、失业保险金、养老保险金、住房公积金等。社会保险金与劳动报酬一样也是劳动者的基本劳动权益,劳动报酬关系到劳动者的当前利益,社会保险金关系到劳动者的远期利益,所以尤其值得重视。

8.劳动保护、劳动条件和职业危害防护

劳动保护和劳动条件是法律强制规定的当事人不能通过合同排除,这是确保劳动安全事故减少的必要条件,虽然劳动合同一般不太可能讲述得十分细致,但一定要有这方面的内容。如果劳动者从事的工作有职业危害,在订立合同时,用人单位应当向劳动者讲明,不能隐瞒。

9.法律、法规规定应当纳入劳动合同的其他事项

劳动合同除前款规定的必备条款外,用人单位与劳动者可以约定试用期、培训、保守秘密、补充保险和福利待遇等其他事项。

---

① 《中华人民共和国劳动合同法实施条例》第7条.

（三）劳动合同当事人的基本义务

1. 用人单位的主要合同义务

（1）订立书面劳动合同与签订无固定期限劳动合同的义务。订立劳动合同应当采用书面形式，不能用采用口头形式。用人单位与劳动者建立劳动关系时，应用书面文字形式记载经当事人协商一致的合同内容。书面形式的劳动合同准确可靠、有据可查，一旦发生争议易于查清事实，也方便主管部门和劳动行政部门监督检查。书面劳动合同还能够加强合同当事人的责任感，促使合同所规定的各项义务能够全面履行。

对于已经建立劳动关系，但没有书面劳动合同的，劳动合同法要求用人单位与劳动者应当自用工之日起1个月内订立书面劳动合同。用人单位自用工之日起满1年不与劳动者订立书面劳动合同的，视为用人单位与劳动者已订立无固定期限劳动合同。用人单位自用工之日起超过1个月但不满1年未与劳动者订立书面劳动合同的，应当按照同工同酬原则向劳动者支付两倍的月工资。

无固定期限劳动合同是指用人单位与劳动者约定无确定终止时间的劳动合同。这里所说的无确定终止时间，是指劳动合同没有一个确切的终止时间，劳动合同的期限长短不能确定，但并不是不能终止。只要没有出现法律规定的条件或者双方约定的条件，双方当事人就要继续履行劳动合同规定的义务。一旦出现了法律规定和合同约定的情形，无固定期限劳动合同也同样能够解除。

无固定期限劳动合同的签订有两种情况，一种是用人单位与劳动者协商一致，可以订立无固定期限劳动合同；另一种是在发生下列情形之一，劳动者提出或者同意续订、订立劳动合同的，除劳动者提出订立固定期限劳动合同外，应当订立无固定期限劳动合同：①劳动者在该用人单位连续工作满10年的（该10年的期限应当自用人单位用工之日起计算，包括劳动合同法施行前的工作年限。劳动者非因本人原因从原用人单位被安排到新用人单位工作的，劳动者在原用人单位的工作年限合并计算为新用人单位的工作年限。原用人单位已经向劳动者支付经济补偿的，新用人单位在依法解除、终止劳动合同计算支付经济补偿的工作年限时，不再计算劳动者在原用人单位的工作年限）[①]；②用人单位初次实行劳动合同制度或者国有企业改制重新订立劳动合同时，劳动者在该用人单位连续工作满10年且距法定退休年龄不足10年的；③连续订立两次固定期限劳动合同，不存在除外情形的应当续订劳动合同的[②]。当然，地方各级人民政府及县

---

① 《中华人民共和国劳动合同法实施条例》第9条、第10条.
② 《中华人民共和国劳动合同法》第14条.

级以上地方人民政府有关部门为安置就业困难人员提供的给予岗位补贴和社会保险补贴的公益性岗位,其劳动合同不适用劳动合同法有关无固定期限劳动合同的规定[①]。

用人单位自用工之日起满1年不与劳动者订立书面劳动合同的,视为用人单位与劳动者已订立无固定期限劳动合同。

(2) 合法合理使用劳动者的义务。劳动者首先是人,在当代文明社会,人的基本权利是平等的。在劳动关系中劳动者与用人单位之间虽然有隶属关系,劳动者应当服从用人单位的安排从事劳动,但用人单位应当在劳动法与劳动合同的基础上合理使用劳动者。要在法律规定的范围内进行劳动者的调配与使用,杜绝对劳动者的掠夺性使用,保证整个社会发展的可持续性和科学性,同时应当根据不同劳动者的特点和优势进行劳动力资源的合理配置,最大限度发挥劳动者的特长,以提高劳动者在劳动中的快乐感。

(3) 依照法律和劳动合同支付工资、提供劳动条件和福利待遇的义务。支付工资既是用人单位的法定义务,也是用人单位的劳动合同义务。用人单位必须按时、足额并采取有效方式向劳动者支付工资。用人单位应提供必要的劳动条件,这是保护劳动者健康的需要。用人单位应不断改善劳动条件,为劳动者创造安全、卫生、舒适的劳动环境;合理组织劳动和休息;积极预防工伤事故和职业病的发生;严格执行女职工和未成年工的特殊保护制度。用人单位要为劳动者提供必要的福利待遇,解决劳动者的后顾之忧,改善劳动者的生活质量。

(4) 支付终止劳动合同经济补偿金和竞业禁止补偿金的义务。经济补偿是企业的一种责任方式。经济补偿可以有效缓减失业者的焦虑情绪和生活实际困难。劳动部在《违反和解除劳动合同的经济补偿办法》中对补偿金的范围和标准作了以下具体规定[②]:①用人单位克扣或者无故拖欠劳动者工资的,以及拒不支付劳动者延长工作时间工资报酬的,除在规定的时间内全额支付劳动者工资报酬外,还需加发相当于工资报酬25%的经济补偿金;②用人单位支付劳动者的工资报酬低于当地最低工资标准的,要在补足低于标准部分的同时,另外支付相当于低于部分的25%的经济补偿金;劳动合同履行地与用人单位注册地不一致的,有关劳动者的最低工资标准和本地区上年度职工月平均工资标准等事项,按照劳动合同履行地的有关规定执行;用人单位注册地的有关标准高于劳动合同履行地的有关标准,且用人单位与劳动者约定按照用人单位注册地的有关规定

① 《中华人民共和国劳动合同法实施条例》第12条.
② 《违反和解除劳动合同的经济补偿办法》第3条～第10条.

执行的,从其约定①;③经劳动合同当事人协商一致,由用人单位解除劳动合同的,用人单位应根据劳动者在本单位的工作年限,每满 1 年发给相当于 1 个月工资的经济补偿金,最多不超过 12 个月。工作时间不满 1 年的按 1 年的标准发给经济补偿金;④劳动者患病或者非因工负伤,经劳动鉴定委员会确认不能从事原工作,也不能从事用人单位另行安排的工作而解除劳动合同的,用人单位应按其在本单位的工作年限,每满 1 年发给相当于 1 个月工资的经济补偿金,同时还应发给不低于 6 个月工资的医疗补助费。患重病和绝症的还应增加医疗补助费,患重病的增加部分不低于医疗补助费的 50%。患绝症的增加部分不低于医疗补助费的 100%;⑤劳动者不能胜任工作,经过培训或者调整工作岗位仍不能胜任工作,由用人单位解除劳动合同的,用人单位应按其在本单位工作的年限,工作时间每满 1 年,发给相当于 1 个月工资的经济补偿金,最多不超过 12 个月;⑥劳动合同订立时所依据的客观情况发生重大变化,致使原劳动合同无法履行,经当事人协商不能就变更劳动合同达成协议,由用人单位解除劳动合同的,用人单位按劳动者在本单位工作的年限,工作时间每满 1 年,发给相当于 1 个月工资的经济补偿金;⑦用人单位濒临破产进行法定整顿期间或者生产经营状况发生严重困难,必须裁减人员,用人单位按被裁减人员在本单位工作的年限支付经济补偿金,在本单位工作的时间每满 1 年,发给相当于 1 个月工资的经济补偿金;⑧用人单位解除劳动合同后,未按规定给予劳动者经济补偿的,除全额发给经济补偿金外,还须按该经济补偿金数额的 50% 支付额外经济补偿金②;⑨劳动合同终止后,用人单位对符合规定的劳动者应支付经济补偿金。不能因劳动者领取了失业救济金而拒付或克扣经济补偿金,失业保险机构也不得以劳动者领取了经济补偿金为由,停发或减发失业救济金;⑩请长病假的职工在医疗期满后,能从事原工作的,可以继续履行劳动合同;医疗期满后仍不能从事原工作也不能从事由单位另行安排的工作的,由劳动鉴定机构鉴定为一至四级的,应当退出劳动岗位,解除劳动关系,办理因病或非因工负伤退休退职手续,享受相应的退休退职待遇;被鉴定为五至十级的,用人单位可以解除劳动合同,并按规定支付经济补偿金和医疗补助费。

劳动合同约定竞业禁止条款的,应由用人单位对劳动者履行竞业限制义务的承担作出补偿③。竞业限制经济补偿金不能包含在工资中,只能在劳动关系结束后,在竞业限制期限内按月给予劳动者经济补偿。补偿金的数额由双方约定。

---

① 《中华人民共和国劳动合同法实施条例》第 14 条.
② 经济补偿金的工资计算标准见《违反和解除劳动合同的经济补偿办法》.
③ 《中华人民共和国劳动合同法》第 23 条.

用人单位未按照约定在劳动合同终止或者解除时向劳动者支付竞业限制经济补偿的,竞业限制条款失效。这是竞业限制生效的条件和劳动者遵守竞业限制义务的前提。

(5)不作为义务。在劳动合同中虽然用人单位处于强势地位,但它必须承担以下几项不作为义务。

第一,禁止收取劳动押金及扣押证件。在实践中,有的用人单位为防止劳动者在工作中给用人单位造成损失,利用自己的强势地位,在招用劳动者时要求劳动者提供担保或者向劳动者收取风险抵押金,是不合法的行为。用人单位违法向劳动者收取财物的情况有两种:一种是建立劳动关系时收取风险抵押金等费用,对不交者不与其建立劳动关系,对交者在建立劳动关系后又与其解除劳动关系时不退还风险抵押金等费用;另一种是建立劳动关系后全员收取风险抵押金等费用,对不交者予以开除、辞退或者下岗。劳动合同法明确规定制止这种行为,该法第 84 条规定,用人单位招用劳动者,不得要求劳动者提供担保或者以其他名义向劳动者收取财物,不得扣押劳动者的居民身份证或者其他证件。所以,无论是在建立劳动关系之前,还是在建立劳动关系之后,用人单位不得要求劳动者提供担保,或以其他名义向劳动者收取财物。

第二,禁止滥用试用期与违约金。试用期与违约金制度是劳动合同法中的重要制度,其本意是为了合理订立劳动合同和促进履行劳动合同,但实践中这两项制度往往被错误利用。因此在试用期与违约金问题上要注意以下四个方面:①禁止约定过长的试用期。对此,劳动合同法 19 条规定:劳动合同期限在 3 个月以上的,可以约定试用期;劳动合同期限 1 年以上 3 年以下的,试用期不得超过 2 个月;3 年以上固定期限和无固定期限的劳动合同试用期不得超过 6 个月;同一用人单位与同一劳动者只能约定一次试用期;劳动合同仅约定试用期或者劳动合同期限与试用期相同的,试用期不成立,该期限为劳动合同期限。同时为遏制用人单位短期用工现象,不能所有劳动合同都可约定试用期。以完成一定工作任务为期限的劳动合同或者劳动合同期限不满 3 个月的,不得约定试用期;②禁止在试用期实行低薪金待遇。对试用期间劳动者待遇过低或得不到保障等突出的问题,劳动合同法作出了有针对性的规定,劳动者在试用期的工资不得低于本单位同岗位最低档工资或者劳动合同约定工资的 80%,并不得低于用人单位所在地的最低工资标准。劳动者在试用期的工资,实际上有两个最低标准:①不得低于本单位同岗位最低档工资和劳动合同约定工资的 80%,两者相比取其高;②禁止用人单位在试用期随意解除劳动合同。有些单位利用试用期解除劳动合同相对容易的情况,任意解除,走马观花式地更换劳动者。为遏制这些恶意使用试用期的现象,劳动合同法作出了针对性规定,在试用期中,除有证据证明劳动者不符合录用条件外,用人单位不得解除劳动合同。用人单位在试用期解除劳动合同的,应当向劳动者说明理由。这意味着用人单位在试用期中,要解除与劳动者的劳动合同,必须要有理由,要证明劳动者不符合录用条件。如果用人单位恶意使用劳动者,在劳动者诉诸法律时,用人单位要承担败诉的后果。而劳动者在试用期内,可以以通知方式与用人单位解除劳动合同;③禁止用人单位违法规定违约金。用人单位违法约定劳动期限违约金的情况较多。劳动合同法有禁止性规定劳动合同约定的劳动者违反合同期限的违约责任无效。

2. 劳动者的主要合同义务

(1)信守劳动合同、遵守劳动纪律,努力完成生产任务。劳动合同依法订立即具有法律约束力,用人单位与劳动者应当信守劳动合同、遵守劳动纪律,履行劳动合同规定的义务,努力完成生产任务。劳动合同一经依法订立即具有法律效力,劳动合同双方当事人的合同权利都受法律保护,双方当事人应当做到切实履行劳动合同,就劳动者一方而言还应当努力工作实现劳动合同双方当事人订立劳动合同时的预期目的。

(2)保密和竞业禁止。商业秘密,是指不为公众所知悉、能为权利人带来经济利益,具有实用性并经权利人采取保密措施的技术信息和经营信息①。商业秘密包括两部分:非专利技术和经营信息。如管理方法、产销策略、客户名单、货源情报等经营信息;生产配方、工艺流程、技术诀窍、设计图纸等技术信息。商业秘密关乎企业的竞争力,对企业的发展至关重要,有的甚至直接影响到企业的生存。

对负有保守用人单位商业秘密义务的劳动者,用人单位可以在劳动合同或者保密协议中与劳动者约定竞业限制条款。在劳动合同终止或者解除后的一定期限内,劳动者不得到生产与本单位同类产品或者经营同类业务的有竞争关系的其他用人单位任职,也不得自己开业生产或者经营与用人单位有竞争关系的同类产品或者业务。劳动者违反竞业限制约定的,应当按照约定向用人单位支付违约金,给用人单位造成损失的,还要依法支付损害赔偿金②。

(3)维护用人单位的合法权益。劳动关系具有特定的人身属性,劳动者将对自身劳动的支配权让渡给用人单位,由此对用人单位负有忠诚义务,应努力维护用人单位的合法权益,这也与劳动者自身的利益紧密相关。一般而言,用人单位会在其规章制度中对劳动者维护用人单位合法权益这一义务的内容予以细化,但劳动者的这一义务并不仅限于用人单位的规章制度,当相关规定未作明确

---

① 《中华人民共和国反不正当竞争法》第10条第3款.
② 《中华人民共和国劳动合同法》第23条.

时，应以诚实信用和忠诚原则作为衡量标准。

（四）劳动合同的解除与终止的具体规定

劳动合同的解除和终止是与劳动合同关系的双方当事人的利益有重要影响的法律制度，因此劳动合同法对劳动合同解除与终止作了明确的规定。

1. 劳动合同的解除

解除劳动合同是指劳动合同尚未履行完毕，合同当事人采取法律所允许的方式致合同终止效力，不再履行合同的情形。用人单位与劳动者在协商一致的情况下，可以解除劳动合同。在双方没有或不能达成一致意见的情况下，任何一方可以在符合法律规定的条件下，采取措施解除劳动合同。

（1）劳动者可以解除劳动合同的情形。有下列情形之一的，依照劳动合同法规定的条件、程序，劳动者可以与用人单位解除固定期限劳动合同、无固定期限劳动合同或者以完成一定工作任务为期限的劳动合同：①劳动者与用人单位协商一致的；②劳动者提前 30 日以书面形式通知用人单位的；③劳动者在试用期内提前 3 日通知用人单位的；④用人单位未按照劳动合同约定提供劳动保护或者劳动条件的；⑤用人单位未及时足额支付劳动报酬的；⑥用人单位未依法为劳动者缴纳社会保险费的；⑦用人单位的规章制度违反法律、法规的规定，损害劳动者权益的；⑧用人单位以欺诈、胁迫的手段或者乘人之危，使劳动者在违背真实意思的情况下订立或者变更劳动合同的；⑨用人单位在劳动合同中免除自己的法定责任、排除劳动者权利的；⑩用人单位违反法律、行政法规强制性规定的；⑪用人单位以暴力、威胁或者非法限制人身自由的手段强迫劳动者劳动的；⑫用人单位违章指挥、强令冒险作业危及劳动者人身安全的；⑬法律、行政法规规定劳动者可以解除劳动合同的其他情形①。

其中，用人单位以暴力、威胁或者非法限制人身自由的手段强迫劳动者劳动的，或者用人单位违章指挥、强令冒险作业危及劳动者人身安全的，劳动者可以立即解除劳动合同，不需事先告知用人单位。另外，除了上述①至③项情形外，劳动者单方解除劳动合同，即使违反了与用人单位有关服务期的约定，用人单位也不得要求劳动者支付违约金②。

（2）用人单位可以解除劳动合同的情形。有下列情形之一的，依照劳动合同法规定的条件、程序，用人单位可以与劳动者解除固定期限劳动合同、无固定期限劳动合同或者以完成一定工作任务为期限的劳动合同：①用人单位与劳动

---

① 《中华人民共和国劳动合同法实施条例》第 18 条.

② 《中华人民共和国劳动合同法实施条例》第 26 条.

者协商一致的;②劳动者在试用期间被证明不符合录用条件的;③劳动者严重违反用人单位的规章制度的;④劳动者严重失职,徇私舞弊,给用人单位造成重大损害的;⑤劳动者同时与其他用人单位建立劳动关系,对完成本单位的工作任务造成严重影响,或者经用人单位提出,拒不改正的;⑥劳动者以欺诈、胁迫的手段或者乘人之危,使用人单位在违背真实意思的情况下订立或者变更劳动合同的;⑦劳动者被依法追究刑事责任的;⑧劳动者患病或者非因工负伤,在规定的医疗期满后不能从事原工作,也不能从事由用人单位另行安排的工作的;⑨劳动者不能胜任工作,经过培训或者调整工作岗位,仍不能胜任工作的;⑩劳动合同订立时所依据的客观情况发生重大变化,致使劳动合同无法履行,经用人单位与劳动者协商,未能就变更劳动合同内容达成协议的;⑪用人单位依照企业破产法规定进行重整的;⑫用人单位生产经营发生严重困难的;⑬企业转产、重大技术革新或者经营方式调整,经变更劳动合同后,仍需裁减人员的;⑭其他因劳动合同订立时所依据的客观经济情况发生重大变化,致使劳动合同无法履行的①。

其中,第②至⑦项情形是劳动者存在过失情况下用人单位的劳动合同解除权,在该类情形下,用人单位可以直接解除和劳动者的劳动关系;第⑧至⑩项情形是劳动者无过失情形下用人单位的合同解除权,该情形下,用人单位行使合同解除权需要提前 30 日以书面形式通知劳动者本人或者额外支付劳动者 1 个月工资,且该额外支付的工资应当按照该劳动者上 1 个月的工资标准确定②。第⑪至⑭项情形是用人单位发生经济性裁员时(即需要裁减人员 20 人以上或者裁减不足 20 人但占企业职工总数 10％以上的)的合同解除权,该情形下用人单位行使合同解除权需要提前 30 日向工会或者全体职工说明情况,听取工会或者职工的意见后,将裁减人员方案向劳动行政部门报告③。

(3)不得解除劳动合同的情形。虽然劳动合同法规定用人单位拥有劳动合同解除权,但在下列情况下用人单位不得解除劳动合同:①从事接触职业病危害作业的劳动者未进行离岗前职业健康检查,或者疑似职业病病人在诊断或者医学观察期间的;②在本单位患职业病或者因工负伤并被确认丧失或者部分丧失劳动能力的;③患病或者非因工负伤,在规定的医疗期内的;④女职工在孕期、产期、哺乳期的;⑤在本单位连续工作满 15 年,且距法定退休年龄不足 5 年的;⑥法律、行政法规规定的其他情形。

(4)违法解除劳动合同的法律责任。在用人单位和劳动者约定服务期的情

---

① 《中华人民共和国劳动合同法实施条例》第 19 条.
② 《中华人民共和国劳动合同法实施条例》第 20 条.
③ 《中华人民共和国劳动合同法》第 41 条.

形下,如果劳动者存在下列情形,劳动合同被解除的,劳动者应当按照劳动合同的约定向用人单位支付违约金:①劳动者严重违反用人单位的规章制度的;②劳动者严重失职,徇私舞弊,给用人单位造成重大损害的;③劳动者同时与其他用人单位建立劳动关系,对完成本单位的工作任务造成严重影响,或者经用人单位提出,拒不改正的;④劳动者以欺诈、胁迫的手段或者乘人之危,使用人单位在违背真实意思的情况下订立或者变更劳动合同的;⑤劳动者被依法追究刑事责任的①。

　　用人单位违反劳动合同法规定解除劳动合同的,劳动者享有选择权。劳动者要求继续履行劳动合同的,用人单位应当继续履行;劳动者不要求继续履行劳动合同或者劳动合同已经不能继续履行的,用人单位应当依照劳动合同法的规定支付赔偿金。赔偿金的计算标准为经济补偿金标准的两倍②。这里要提请注意的是,补偿金和赔偿金的适用条件有所不同,补偿金适用于用人单位依法解除、终止劳动合同时,赔偿金适用于用人单位违法解除或者终止劳动合同时,两者不能同时适用。

　　2. 劳动合同的终止

　　有下列情形之一的,劳动合同终止:①劳动合同期满的(除非存在上述不得解除劳动合同的情形);②劳动者开始依法享受基本养老保险待遇的(包括劳动者达到法定退休年龄的③);③劳动者死亡,或者被人民法院宣告死亡或者宣告失踪的;④用人单位被依法宣告破产的;⑤用人单位被吊销营业执照、责令关闭、撤销或者用人单位决定提前解散的;⑥法律、行政法规规定的其他情形。除上述情形外,用人单位不得与劳动者通过合同约定其他劳动合同终止的条件④。

(五) 劳动合同的效力

　　劳动合同的效力就是劳动合同对当事人的法律约束力。劳动合同依法成立就会发生法律效力,当事人应当履行劳动法律法规和劳动合同规定的各项义务。任何一方不得违反法律法规的规定和合同约定,否则就要承担法律责任。

---

① 《中华人民共和国劳动合同法实施条例》第 26 条.
② 《中华人民共和国劳动合同法》第 87 条.
③ 《中华人民共和国劳动合同法实施条例》第 21 条.
④ 《中华人民共和国劳动合同法实施条例》第 13 条.

二、集体合同的特别规定

（一）集体合同制度的概述

集体合同是由工会代表劳动者签订的适用于签约主体范围内全体劳动者的，关于劳动关系的合同。集体合同不能取代劳动合同，但其内容可以覆盖全体劳动者。集体合同可以是单位的集体合同，也可以是行业的集体合同或地区的集体合同。

导致集体劳动关系产生的根源在于劳动者与劳动力使用者双方在经济地位上的不平等。劳动者个人力量单薄，不足以与劳动力使用者抗衡，劳动者必须组织起来，组成工会，由工会代表劳动者与劳动力使用者交涉。

集体合同与劳动合同作为重要的劳动法律制度，两者之间既有着相辅相成、互为补充的密切联系，也有明显区别：

（1）合同主体不同。集体合同的一方是企业，另一方是该企业代表职工的工会；劳动合同的主体一方是用人单位，另一方则是劳动者个人。

（2）合同内容不同。集体合同和劳动合同都涉及工资和劳动条件，但是集体合同规范的是全体劳动者的工资水平和劳动条件，而劳动合同规范的是劳动者个人的工资和劳动条件。

（3）约束对象不同。集体合同约束的对象是集体合同双方的全体成员，而劳动合同约束的对象是用人单位和劳动者个人。

（4）签订程序不同。集体合同的签订必须经平等协商并经职代会或全体职工讨论通过，以书面的形式订立，签订后必须报劳动行政部门审查备案；而劳动合同的签订则灵活简便。

（5）法律效力不同。集体合同的法律效力高于劳动合同，它是企业订立劳动合同的重要依据，劳动合同的条款标准不得低于集体合同的规定。

集体合同制度之所以盛行各国，并成为与劳动合同制度并重的一种制度，主要是由于在保护劳动者利益和协调劳动关系方面，它具有非常重要的作用：它是确保职工劳动条件和劳动待遇的必要手段，是协调劳动关系，促进社会稳定与公平的有效措施，是职工参加企业民主管理的重要途径，同时也是现代企业管理制度的重要组成部分，可以保证企业自主权的实现。

（二）集体合同的内容

集体合同的具体内容涉及到劳动关系的各个方面。企业职工一方与用人单位可以就劳动报酬、工作时间、休息休假、劳动安全卫生、保险福利等事项中的一项或者数项订立集体合同。以上事项与劳动合同必备条款的理解基本相同。

一般来说，集体合同的内容比相关法律规定更具体更专业，但是比单个劳动合同更原则更具有一般性。单个劳动者在签订劳动合同时可以依据法律法规和参照集体合同的相规定，来约定更有利于自己的条款。例如集体合同关于保险福利的规定，主要包括关职工养老、待业、工伤、医疗、死亡的待遇和职工住房、生活供应、保健、文化、教育、娱乐设施等项内容的约定。

另外，除了上述休息休假、劳动安全卫生、保险福利等事项以外，依据由劳动部颁发的《集体合同规定》第 8 条规定："集体协商双方可以就下列多项或某项内容进行集体协商，签订集体合同或专项集体合同：①劳动报酬；②工作时间；③休息休假；④劳动安全与卫生；⑤补充保险和福利；⑥女职工和未成年工特殊保护；⑦职业技能培训；⑧劳动合同管理；⑨奖惩；⑩裁员；⑪集体合同期限；⑫变更、解除集体合同的程序；⑬履行集体合同发生争议时的协商处理办法；⑭违反集体合同的责任；⑮双方认为应当协商的其他内容。"

（三）集体合同的其他规定

1. 集体合同的订立

集体合同的订立应遵循以下程序[①]：

（1）制定集体合同草案。集体合同应由工会代表职工与企业签订，没有建立工会的企业，由职工推举的代表与企业签订。一般情况下，各个企业应当成立集体合同起草委员会或者起草小组，主持起草集体合同。起草委员会或者起草小组由企业行政和工会各派代表若干人，推举工会和企业行政代表各一人为主席或组长和副主席或副组长。起草委员会或者起草小组应当深入进行调查研究，广泛征求各方面的意见和要求，提出集体合同的初步草案。

（2）组织全体职工认真讨论集体合同草案。集体合同草案制定后，应组织企业行政和全体职工在职工代表大会上对集体合同草案进行讨论、修改和补充，使集体合同充分反映企业行政和广大职工的意见和要求。

（3）修改并正式通过集体合同。集体合同起草委员会或者起草小组根据全体职工的意见，对集体合同草案进行修改，并提交职工代表大会或者全体职工通过。

（4）签字、备案。集体合同正式通过后，应由厂长或经理和工会主席签字，并报送劳动行政部门备案。劳动行政部门有审查集体合同内容是否合法的责任，如果发现集体合同中的项目与条款有违法、失实等情况，可不予登记或暂缓登记，发回企业对集体合同进行修正。如果劳动行政部门在收到集体合同文本之日起 15

---

① 《中华人民共和国劳动合同法》第 51、54 条.

日内,没有提出意见,集体合同即发生法律效力,企业行政、工会组织和职工个人均应切实履行。

2. 集体合同的效力

依法订立的集体合同对用人单位和劳动者都具有约束力。行业性、区域性集体合同对当地本行业、本区域的用人单位和劳动者具有约束力。劳动者个人的劳动合同规定的待遇低于集体合同的,按照集体合同的规定履行,劳动者个人的劳动合同规定的待遇高于集体合同规定的仍然按照劳动合同履行。

集体合同中劳动报酬和劳动条件等标准不得低于当地人民政府规定的最低标准;用人单位与劳动者订立的劳动合同中劳动报酬和劳动条件等标准不得低于集体合同规定的标准[①]。

用人单位违反集体合同,侵犯职工劳动权益的,工会可以依法要求用人单位承担责任;因履行集体合同发生争议,经协商解决不成的,工会可以依法申请仲裁、提起诉讼[②]。

三、劳务派遣合同的特别规定

劳务派遣是指用人单位(劳务派遣单位)把自己单位的员工输出到其他用工单位工作的劳动用工形式。劳务派遣是由三个法律关系构成:

第一,劳动者与用人单位之间的劳动合同关系。这里的劳动者就是被派遣劳动者,用人单位就是劳务派遣单位。这个关系受劳动法和劳动合同法调整。

第二,劳务派遣单位与用工单位之间的劳务派遣关系。这里的用工单位只是劳务的需求者,而非劳动关系当事人。这个关系受民法意义上的合同法的调整。

第三,被派遣劳动者与用工单位之间的关系。在劳务派遣关系中劳动者虽然在用工单位工作,但两者之间既没有劳动关系,也没有民法意义上的合同关系,只是履行劳动合同和履行劳务合同的行为。劳动者被派到用工单位工作,用工单位为劳动者提供工作岗位,一方面是派遣单位与劳动者在履行劳动合同,另一方面是派遣单位和用工单位在履行劳务合同。如果要在这里确定劳动者和用工单位的关系,那么也只是在前面两个关系基础上的上岗关系。劳动者在这里工作是一个具体的上岗行为。

1. 劳务派遣的适用范围及劳务派遣单位的设立

劳务派遣用工的适用范围:劳务派遣一般在临时性、辅助性或者替代性的工作岗位上实施。

---

① 《中华人民共和国劳动合同法》第 54 条第 2 款.
② 《中华人民共和国劳动合同法》第 56 条.

　　劳务派遣单位的设立必须符合公司法设立公司的全部规定,注册资金不得少于 50 万,且资金应当一次全额到位①。

　　2. 劳务派遣单位和用工单位对劳动者的义务

　　《劳动合同法》明确了劳务派遣单位、用人单位与劳动者三方的权利义务关系。劳务派遣单位与劳动者之间存在劳动合同关系;劳务派遣单位与劳动用工单位之间存在劳务派遣合同;劳动者与劳动用工单位之间存在上岗合同关系。

　　劳务派遣单位只能派出自己的员工到劳务用工单位上岗,劳务派遣单位对派出人员要承担用人单位的全部权利和义务。如派遣单位承担依法招用劳动者、签订劳动合同以及解除劳动合同时支付经济补偿金、支付工资、参加社会保险并依法缴费等义务;用人单位应依法承担安排劳动者休息休假、提供劳动保护、允许劳动者参加或组织工会等义务,并对派遣单位承担的解除劳动合同时支付经济补偿金、支付工资、参加社会保险并依法缴费等义务承担连带责任②。

　　劳务派遣单位对劳动者的主要义务有:①与被派遣劳动者订立书面劳动合同,劳动合同除了要有一般劳动合同的必备条款外,还要明确约定被派往的用工单位以及派遣期限、工作岗位、派遣待遇等情况;②劳务派遣单位与被派遣劳动者至少要订立 2 年以上的固定期限的劳动合同,不管劳动者是否实际上岗,派遣单位都要按月支付劳动报酬;③劳动者在没有实际上岗期间,劳务派遣单位要支付不得低于劳动派遣单位所在地人民政府规定的最低工资标准的劳动报酬;④应当将劳务派遣协议的内容告知被派遣劳动者;⑤劳务派遣单位不得克扣用工单位按照劳务派遣协议支付的,应该给被派遣劳动者的劳动报酬;⑥支付社会保障金。

　　用工单位对劳动者的主要义务有:①执行国家劳动标准,提供相应的劳动条件和劳动保护;②告知被派遣劳动者的工作要求和劳动报酬;③支付加班费、绩效奖金,提供与工作岗位相关的福利待遇;④对在岗被派遣劳动者进行工作岗位所必需的培训;⑤连续用工的,实行正常的工资调整机制;⑥不得将被派遣劳动者再派遣到其他用人单位;⑦不得以非全日制用工形式招用被派遣劳动者;⑧不得由用人单位或者其所属单位出资或者合伙设立劳务派遣单位,向本单位或者所属单位派遣劳动者③。

　　被派遣的劳动者除享有劳动法规定的各项权利外,还享有与用工单位的劳动者同工同酬的权利(用工单位无同类岗位劳动者的,参照用工单位所在地相同或者相近岗位劳动者的劳动报酬确定),和在劳务派遣单位或者用工单位依法参加或者

---

①　《中华人民共和国劳动合同法》第 57 条.
②　《中华人民共和国劳动合同法》第 58 条.
③　《中华人民共和国劳动合同法实施条例》第 28 条、第 30 条.

组织工会,维护自身合法权益的权利。

四、非全日制用工的特别规定

非全日制用工,是指以小时计酬为主,劳动者在同一用人单位一般平均每日工作时间不超过 4 小时,每周工作时间累计不超过 24 小时的用工形式①。

非全日制用工双方当事人可以订立口头协议,从事非全日制用工的劳动者也可以与一个或者一个以上用人单位订立劳动合同,但是,后订立的劳动合同不得影响先订立的劳动合同的履行②;非全日制用工不得约定试用期③;非全日制用工双方当事人任何一方都可以随时通知对方终止用工;终止用工,用人单位不向劳动者支付经济补偿。

非全日制用工小时计酬标准不得低于用人单位所在地人民政府规定的最低小时工资标准;非全日制用工劳动报酬结算支付周期最长不得超过 15 日。

---

① 《中华人民共和国劳动合同法》第 68 条.
② 《中华人民共和国劳动合同法》第 69 条.
③ 《中华人民共和国劳动合同法》第 70 条.

第三章　财产基本法律制度

财产法律制度是我国重要的法律制度,财产不但关系到个人生活、社会组织生存与从事经济活动的重要基础,也是关系到社会稳定,公众生活安宁以及社会富裕的重要物质基础。在一个很长的历史时期,人们只注意到有物理形态即有形的财产,没有注意到无形财产。财产分为有形的财产和无形的财产,有形财产的法律制度和无形财产的法律制度构成完整的财产法律制度。目前我国已经制定了完备的财产法律制度。本章通过阐释我国的物权法律制度和知识产权法律制度来介绍我国的财产法律制度。

第一节　物权法律制度

一、物权与物权关系

(一) 物权和物权法①

物权是指权利人依法对特定的物享有直接支配和排他的权利,包括所有权、用益物权和担保物权②。顾名思义,物权是权利人对特定物的一种支配权,权利人可以对该物作出一定的使用或处分。人对物的一定程度上的支配是始终存在的,所以不存在人能不能支配物的问题,只存在人怎样支配物的问题,法律制度意义上的物权是人对物的支配的法定方式。

物权法是规范物的关系的法律规范,其任务是确定社会财产的基本秩序。财产是公民基本生活的基础,也是社会和国家生活的基础;无论从个人的角度,还是从社会的角度都希望具有稳定的财产秩序。没有法律化的财产秩序,就没有稳定的财产秩序;没有稳定的财产秩序,百姓不能安居乐业,社会不能长治久安。物权法调整物的归属和物的利用的关系,在物权法颁布之前,我国的物权法律制度主要

---

① 《中华人民共和国物权法》已由中华人民共和国第十届全国人民代表大会第五次会议于2007年3月16日通过,自2007年10月1日起施行,全书5编19章347条.
② 《中华人民共和国物权法》第2条.

是《中华人民共和国民法通则》[①]与相关的单行法律法规[②]。尽管有一些法律法规涉及物权，但由于没有一部单行的物权法，我国的财产法律制度毕竟是不完善的。物权法已经实施，我国的财产法律制度完整性、科学性大大地向前推进了一步。物权法的实施对我国的法制建设和经济发展将会有积极作用。

物权制度虽然揭示的是人对物的一种关系，但本质上处理的是人与人的关系。按照物权法的规定，凡一物的归属已经依法确定，权利人明确，那么他人就应该尊重和维护权利人的权利，不应该对该物的归属采取违法的手段进行侵犯。所以，物权法律制度将对我们每一个公民的财产提供非常有效的法律保护。比如，物权法将对我国目前的城市建设中的拆迁制度产生重大的影响，对我国公民自有的房产和长期租用公房的承租权提供有力的保护，在拆迁中受到损失的情况将越来越少。物权法律制度也对运用自己财产进行投资、创业等活动的公民和组织提供有效的法律支持。

（二）物权法的基本原则

物权法的基本原则是指贯穿于我国物权法律制度中，对物权关系有重要作用的，人们在处理物权问题时必须遵循的一些规则。

1. 物权法定原则

物权法定是指物权是由法律规定的，当事人不能自由创设物权，物权法规定"物权的种类和内容，由法律规定"[③]，凡法律没有确认为物权的权利种类就不能是物权，只能是其他权利；如果当事人之间将某种法律并没有规定为物权的权利设定为物权，这种设定是无效的。根据我国立法法关于民事基本制度由法律规定的立法原则，物权法所讲的"法"仅指由全国人大及其常委会通过的法律。行政法规不能设定物权。至于约定能否设立物权，物权法也并未完全排斥约定设立物权，但要注意，约定物权仅在物权法明文规定允许的条件下才可以设立，如物权法第20条关于房产买卖中的预告登记是可以约定的[④]。

---

① 《中华人民共和国民法通则》于1986年4月12日第六届全国人民代表大会第四次会议通过，于1986年4月12日公布，自1987年12月1日起施行.

② 如，我国于1986年6月25日，颁布了《中华人民共和国土地管理法》，1994年7月5日颁布了《中华人民共和国城市房地产管理法》，这些法律制度中都有与物权相关的规定.

③ 《中华人民共和国物权法》第5条.

④ 《中华人民共和国物权法》第20条，当事人签订买卖房屋或者其他不动产物权的协议，为保障将来实现物权，按照约定可以向登记机构申请预告登记。预告登记后，未经预告登记的权利人同意，处分该不动产的，不发生物权效力.

2. 物权公示原则

物权公示是指权利人应当将物权的状况、归属等权利内容,用一种法定的、简便而快捷的、比较方便的方式,向不特定的公众公开,以便希望知道这种信息的公众都能够知道这种物权信息。公示的法定形式主要有登记、交付和占有①。物权只有经过法定公示方式进行公示才能得到确立,否则不能确立物权。如按物权法第 6 条规定的不动产登记和交付,房产物权的确定以登记为必要前提,买房者一定要进行交易后的房产权利登记;否则,就算房款早已付清,且已入住,但买者还不是房屋权利人,存在着其他权利人。

3. 平等保护原则

平等保护原则是指法律对不同所有制的物权给予平等的保护。物权法第 4 条规定"国家、集体、私人的物权和其他权利人的物权受法律保护,任何单位和个人不得侵犯"。在我国存在不同的物权主体,有属于国家的物权、属于集体的物权和属于私人的物权等,这些权利主体的法律地位是平等的,物权法给这些主体的物权提供了完全平等的保护。

4. 一物一权原则

客观存在的物是物权存在的前提,没有物就无所谓物权,物权以物为存在的前提;但如果一个物上可以设置冲突的多种权利,那么权利间的冲突也必然使得物的利用发生困难,所以一物一权是物权法的重要原则。需要指出的是"物"有物理上的标准,法律上对物的区分也应该以物的物理性为基础。从法律上讲在一个"物"上可以设有两种权利,如在所有权的基础上可以设置用益物权,但要求是这两种权利之间不会发生冲突,如果在一个物上设置了两项所有权或两项用益物权,那么两项所有权或两项用益物权之间必然会发生冲突,这是法律所不允许的,因此,所谓的一物一权要求的是在一个物上不能设置两项会发生冲突的权利。

（三）物权主体和物权客体

物权是指权利人依法对特定的物享有直接支配和排他的权利②。物权也是基于不同的人之间相对于相关的物而形成的。因此物权必然与物权主体和物权客体相关。

1. 物权主体

物权主体是指物的权利人,从权利属性角度分,权利人可以分为所有权人、用益物权人和担保物权人。从公有还是私有的角度分,权利人可以分为国家、集体、

---

① 《中华人民共和国物权法》第 2 章第 3 节的规定.
② 《中华人民共和国物权法》第 2 条.

个人;国家是国家所有财产的权利人,集体是集体所有财产的权利人,公民个人是自己物的权利人。从企业性质角度分权利人可以分为企业法人、非企业法人、工商个体户、农业生产经营者等;企业是企业财产的权利人,非企业法人是自己财产的权利人,工商个体户和农业生产经营者等都是各自财产的权利人。

2. 物权客体

物权客体是指具体客观的物,是权利主体的利益需要,并能够为权利主体支配控制的物质实体,主要有不动产和动产两类。不动产是指空间上有固定位置,不能移动或移动之后会破坏其基本功能和基本价值的物;具体有土地、森林、山岭、草原、荒地、滩涂、定着物(建筑物、构筑物、林木)。动产是指可以在空间位置上移动,移动后不会改变物的形态和功能的物。包括可以自己移动的物,如牲口、车辆;也可以是因外力作用而移动的物,如家具、工具等。同时必须指出的是我国物权法为把某些权利视为"物"留下了立法空间①,允许把一些权利也确定为"物",在我国无论从实践上还是从理论上土地使用权是被视为"物"的。

作为法律概念上的"物"有以下特点:

第一,有体有形。物应该是客观存在的,具体的是以其可感受性展示在人们面前的。如果无体无形不能被人感受的就不能称之为物。

第二,可控。可以作为法律意义上的物一定是可控的。凡不可控的很难具有法律上的意义。当然这里的可控并非仅指个人对其可控,国家对其可控的物也具有法律上的物的意义。

第三,稀缺。如果一物遍地都是,任何人都可以随意支取,那也没有法律上的意义。如空气。

第四,独立。能作为法律上的物必须具有物理上的基本完整的功能,它可以不依赖它物而具有自己的功能,凡要依靠它物才具有功能的就不能称之为物,只能是物的部分。

第五,合法。法律规定不能成为物的就不能是"物",如人在当代就不能成为"物",而在奴隶社会作为奴隶的人是"物"。

把握法律制度上的物,不单要把握单一的动产与不动产,还要把握相关的一些法律规定。如主物和从物、原物和孳息、单一物和集合物、流通物、限制流通物、禁止流通物以及可分物、不可分物等概念在法律上的区别。所谓主物和从物是指两个在功能上一个物对另外一个物具有依赖关系的,但在物理上是单独存在的两个物。其中被依赖的物称为主物,一般讲主物具有独立的功能,若没有从物其功能的发挥会有限制;依赖主物的称为从物,从物没有主物不能独自发挥其功能。如车辆

---

① 《中华人民共和国物权法》第2条.

与随车工具就是主物与从物的关系。所谓原物和孳息是指两个在物理上单独存在且各自具有完整的功能,但一个是另一个孳生出来的两个独立物。如,果树与果子、母牛和小牛、本金和利息等。果树、母牛、本金是原物,果子、小牛、利息则是孳息。注意,从原物身上取下的部分不是孳息,如树与被砍下的树枝。孳息可以分为天然孳息和法定孳息;天然孳息是自然生成的孳息,如果树与果子;法定孳息是根据法律规定形成的孳息,如银行的存款利息。单一物和集合物。所谓单一物是指独立存在不可分割的最小单元物,如一头牛、一辆车;所谓集合物是指可以分割,单个分割物虽然可以独立存在,不过它们不具有集合物的功能。如游乐场,游乐场是许多娱乐设备集合起来具有单独的功能,是一个单独的集合物;如果把游乐场的设备分拆后在异地单独分散安装,则游乐场不再存在,但各地公园里会有一些单一物的娱乐设施。流通物、限制流通物以及禁止流通物。这是从法律是否允许物流通的角度的分类。流通物是指法律对该物没有流通限制,该物可以在市场内自由流通;限制流通物是指法律对该物设有流通范围的限制,该物只能在一定的市场内流通,如我国对文物的出境是有限制的;禁止流通物是指法律禁止流通的物品,如国有土地所有权、枪支弹药等。

二、物权的设立与变动

(一) 物权的设立

物权的设立是指某个具体的物权的初始形成,该物权本来不存在,通过"设立"使之存在;这也是常说的原始取得。对于已经存在的物权,因为某个法律行为使之先后为不同的主体所有,对获得物权的人(组织)来讲,这不是一种"设立",而是一种取得,即是继受取得。物权的"设立"是一个法律上的概念,是特指某一个特定物的物权形成并归属于某个人或(织)的法律现象。不动产物权的设立法律有特别的规定,因此不动产物权的设立必然伴随着登记法律行为。物的形成仅是一种事实,这些事实也可以形成物权[①],如房屋竣工建成。但物权的登记设立是一种设定权利的法律行为,除了房屋之外,其他的不动产就不会发生因物已经形成,自然就获得权利的效力。如林地,尽管甲已经合法地占有林地,但在完成法律规定的权属登记行为前,该林地的林木不属于甲。只有进行相关登记手续才表示林权设立完成,林木才属于甲。物权的设立分为不动产物权的设立和动产物权的设立以及特殊设立三种法律制度。

第一,关于不动产物权设立的规定。物权法规定,不动产物权的设立、变更、转

---

① 《中华人民共和国物权法》第 30 条.

让和消灭,经依法登记,发生效力;未经登记,不发生效力,但法律另有规定的除外[1]。这就是讲不动产物权的设立一定要通过登记,这里的"发生效力"是指物的所有人经过登记取得了物权,"不发生效力"是指没有取得物权。但对于属于国家的自然资源等的物权不需要登记[2]。

第二,关于动产物权设立的规定。我国物权法对动产物权的设立作了不同于不动产物权设立的规定,动产物权的设立和转让,自交付时发生效力,但法律另有规定的除外[3]。同时又规定,船舶、航空器和机动车等物权的设立、变更、转让和消灭,未经登记,不得对抗善意第三人[4]。所以,动产物权的设立是以动产交付为标志的,但船舶、航空器和机动车的物权只有经过登记了,才能对抗善意第三人的主张。

第三,关于物权设立的特殊规定。我国物权法对物权设立的特殊规定主要规定了三种情况,①因人民法院、仲裁委员会的法律文书或者人民政府的征收决定等,导致物权设立、变更、转让或者消灭的,自法律文书或者人民政府的征收决定等生效时发生效力[5];②因继承或者受遗赠取得物权的,自继承或者受遗赠开始时发生效力[6];③因合法建造、拆除房屋等事实行为设立或者消灭物权的,自事实行为成就时发生效力[7]。在这三种情况下的发生效力不仅仅指物权设立,也包括物权变更、转移和消灭。

(二) 物权的变动

物权的变动,是指已经存在物权的物本身内容发生变化,或物在不同的物权主体之间的转移的一种变动状态。物本身内容的变化是指物的物理状态发生变化的状况,如一幅地块经分割成为两幅地块,且这两幅地块都是可以独立设立建设用地使用权的;物在不同的主体之间转移是指原物权人物权的消灭和现物权人物权的取得的过程,如一幅地块的建设用地使用权原属甲公司,经交易现属于乙公司。要让物权的这种变动发生实际的法律效力,不动产物权必须经过物的变更登记,只有经过变更登记的,物权转移才得以完成。物的本身的变化后的变更登记是使变化

---

① 《中华人民共和国物权法》第 9 条.
② 《中华人民共和国物权法》第 9 条第 2 款.
③ 《中华人民共和国物权法》第 23 条.
④ 《中华人民共和国物权法》第 24 条.
⑤ 《中华人民共和国物权法》第 28 条.
⑥ 《中华人民共和国物权法》第 29 条.
⑦ 《中华人民共和国物权法》第 30 条.

后的物取得独立物的法律性质,其具有单独物权的效力;如甲地块经分割成为甲1和甲2两幅地块后,此时甲地块的建设用地使用权就不再存在,应变更为甲1地块的建设用地使用权和甲2地块的建设用地使用权,权利人可以分别行使相应的权利。物权在不同的主体之间的变动主要通过交易、赠予及继承等方式进行,这种情况下,就应该进行物权人变更登记。如经交易,现建设用地使用权属于乙公司而不再属于甲公司,那就应该将该地块的建设用地使用权从甲公司名下变更登记到乙公司名下。这种变更登记发生原物权人物权的消灭和现物权人取得物权的效力。动产物权的转移以交付为标志,完成了交付手续,物权转移就有法律效力形成,原物权人失去物权,现物权人取得物权。但根据物权法规定,船舶、航空器和机动车只有交付,接收一方还不能取得完整的物权,只有完成了物权人变更登记才具有完整物权①。

(三) 登记制度与交付制度

1. 登记制度

登记制度是国家的物权管理制度。登记的社会意义并不是登记机关对物及物权的管理,而是对物权归属起到一个公示的作用。经过公示无异议的,权利人的权利得到确认,相对的不特定公众必须尊重这种权利;经过公示有异议的,通过法定程序解决争议。登记可以分为不动产登记制度和动产登记制度。不动产登记制度是指申请人将相关不动产的物权权属状况向专门负责物权登记的政府登记机关提出登记申请,经政府登记机关依法审核后,将申请登记的物权状况在登记机关设置的物权登记簿上作专项权利记载,并向申请人颁发权利证书的法律制度。国家对不动产实行统一的登记制度②。不动产在不同的人之间先后,为使权利人的物权能够得到完整的法律保护,流动后应当进行物权人变更登记。动产登记只有法律规定需要登记的才登记,动产登记不产生物权变动的效力,只产生完善物权的效力,即只有经登记的动产产权其权利人才可以对抗善意第三人。

设立物权的登记称为初始登记,物权存在后发生变化后的登记称之为变更登记,登记事项发生错误以及对登记事项有异议的可以进行更正登记或异议登记③。物的买卖合同生效,但物不能交付而无法进行权利人变更登记的可以进行预告登记,预告登记后未经预告登记人的同意不得处分该财产,但预告登记在预告登记条

---

① 《中华人民共和国物权法》第24条.
② 《中华人民共和国物权法》第10条.
③ 《中华人民共和国物权法》第19条.

件消失后的一段时期后会自动失效[①]，所以在变更登记时预告登记人应及时进行变更登记。

不动产登记制度是确立物权的制度，动产登记制度却只是完善物权的制度。按照我国物权法，不动产只要交付就发生物权变更，但如果是船舶、航空器和机动车只有交付没有登记其物权是有瑕疵的，因此船舶、航空器和机动车不但要交付，而且要登记其权利人的权利才是完整的，不登记的不能对抗善意第三人。这里的对抗应该理解为不登记的不能对抗登记的，如甲把自己的汽车既卖给了乙、又卖给了丙，乙丙两人都支付了合适的对价；甲向乙交付了汽车，但与丙办理了车辆的过户登记手续。事后，丙要求乙向他交付车辆；此时，乙的实际占有不能对抗丙的已经登记的物权，车辆物权应该归丙所有。

2. 交付制度

交付制度是动产物权变更的重要法律制度。物权法把交付制度作为动产物权变动的标志。交付是一种动产物权的动态公示形式，占有则是动产物权的静态公示形式。物权法规定，动产物权的设立和转让，自交付时发生效力，但法律另有规定的除外[②]。

交付有多种形式，但在绝大多数状况下是现实的交付，如在甲是卖方、乙是买方的车辆买卖关系中，甲把车交付给乙。此外交付还有简易交付、指示交付、占有改定等形式。简易交付是指在交付前，应交付的标的物已经被受让方实际占有的，只要标的物的转让合同是生效的，在合同生效的同时就发生了交付。这里没有一种实际交付中的程序，但在法律上视为在合同生效时即发生交付[③]。指示交付是指在交付前，应交付的标的物被第三方实际占有的，此时负有交付义务的一方可以指示占有标的物的第三方向受让方交付[④]。占有改定是指动产物权转让时，双方又约定由出让人继续占有该动产的，自该约定生效时视为发生交付[⑤]。

（四）物权的消灭

物权消灭是指物权人失去了对物的直接的支配权、控制权。物权的消灭可以是因为物的灭失，也可以是因为物权的转移。物的灭失导致物不复存在，依赖它而

---

① 《中华人民共和国物权法》第 20 条.
② 《中华人民共和国物权法》第 23 条.
③ 《中华人民共和国物权法》第 25 条.
④ 《中华人民共和国物权法》第 26 条.
⑤ 《中华人民共和国物权法》第 27 条.

存在的物权当然也不可能继续存在,所以物权消灭,这是一种绝对的物权消灭①。物权转移之后物权归属于受让人,对原物权人而言,自然也失去了原来拥有的物权,但这是一种物权的相对消灭。物权的消灭也要进行登记,此种登记可以称为注销登记②。

三、物权的限制及保护

(一) 对物权的限制

在法制社会,任何权利都是有限制的,物权也不例外。物权的限制是要求权利人不要滥用物权③,同时要尊重国家公权力的行使④。权利人在行使权利时不能够损害他人的合法利益,同时在政府发生征收征用的情况下,物权人应该支持服从政府的征收与征用行为。当然物权人可以得到法律所规定的补偿。

(二) 对物权的保护

物权的保护是当物权人的权利受到侵犯后,权利人可以采取的保护措施以减少遭受的损失。按物权法的规定,当权利人的物权遭受侵害后,可以通过请求确认、请求返还、要求排除妨碍消除危险、更换、修理、重做或恢复原状以及请求赔偿等措施来维护自己的合法权益。

(1) 请求确认⑤。是指相关当事人请有权机关对争议物权的归属作出决断。具体可以有两种情况:①物权归属已定,但利害关系人认为物权归属确认错误,在这种情况下利害关系人可以向登记机关、法院或仲裁机构提出重新确认物权的请求。其目的在于撤销原来的确认,重新确认物权归属于提出请求确认的人。②是物权尚未确定归属,但有两个以上的人主张物权时,由其中的一人或数人向登记机关、法院或仲裁机构提出确认物权的请求。其目的在于确认物权属于提出请求确认的人。

(2) 请求返还⑥。这是指物被他人占有而不肯返还给物权人时,物权人向法院或仲裁机构提出请求,请求法院或仲裁机构作出占有人返还物件的裁判的要求。

---

① 《中华人民共和国物权法》第 30 条.
② 《中华人民共和国物权法》第 9 条、第 24 条.
③ 《中华人民共和国物权法》第 7 条、第 40 条.
④ 《中华人民共和国物权法》第 28 条.
⑤ 《中华人民共和国物权法》第 33 条.
⑥ 《中华人民共和国物权发》第 34 条.

在物被他人不当占有时,权利人当然可以直接向占有人请求返还,但在很多情况下这种要求将不起作用,所以法律设定了这样一种请求权。法院与仲裁机构根据请求依法作出裁判,这种裁判具有可强制执行的效力,权利人的权利容易实现。这一般发生在占有人占有物件没有充分理由的状况下,如租借人逾期不还租借物或其他无正当理由不归还的,如抢占他人房屋不还等。

(3)要求排除妨碍消除危险①。这是指作为物权载体的物被侵权人处于不能正常发挥其效能的情况下或处于危险状态下时,物权人可以以发挥物的效用或避免物遭受损失为由,要求侵权行为人排除妨碍消除危险。这种请求可以直接向侵权人提出,但可以向法院或仲裁机关提出。

(4)更换修理重做或恢复原状②。这是指在物被不同程度的损坏后,且物可以经过更换、修理、重做或恢复原状以维护权利人的权利的,权利人可以要求侵权人更换或修理、重做以及恢复原状来使得权利人不遭受或少遭受损失。权利人可以直接向侵权人提出这项要求,也可以请法院、仲裁机构作出相应的裁判,以强制侵权人作出这样的行为来维护权利人的合法权益。

(5)请求赔偿③。这是指在其他救济措施都无法实现的情况下,要求侵权人以货币的形式补偿权利人的损失。赔偿损失的请求可以直接向侵权人提出,也可以向法院或仲裁机构提出,以便在得到支持以后强制侵权人赔偿权利人。

四、所有权

(一)所有权的概述

1. 所有权概念

所有权是物权人对物的全面支配的权利,是物权的基本形式。所有权是物的所有人对所有的物享有的权利,通常认为所有权是物权中最完整、最充分的权利形态,是物权制度的基石与核心④。所有权是一种对世权也称为绝对权,对世权的权利主体是特定的人即物权人,而义务主体是权利人之外的不特定的人即物权人之外的一切人;所有权是一种自物权,权利人行使所有权无需他人的协助,权利人自己可以不经任何他人协助与支持即可行使完整的权利;所有权人可以在法律范围内实现对物的全面的权利。所有权的主体是所有权人,在我国自然人、法人、非法

---

① 《中华人民共和国物权法》第 35 条.
② 《中华人民共和国物权法》第 36 条.
③ 《中华人民共和国物权法》第 37 条.
④ 王利明. 物权法名家讲坛[M]. 北京:法律出版社,2007:89.

人社会组织和国家都可以成为所有权人。我国物权法按照不同的方法对所有权作了区分,具体有国家所有权、集体所有权、私人所有权、业主的建筑物区分所有权、相邻物权和共有物权。

2. 所有权的权能

所有权有四个方面的权能,即占有、使用、收益和处分的权能①。占有,是指对物的实际控制的情形,占有是对物的支配的基础,没有占有就没有支配;占有从法律上讲是一项独立的权能,它可以与所有人分开,可以是非所有人占有;非所有人占有可以分为合法占有与非法占有;非法占有又可以分为善意占有与恶意占有。使用,是指在不改变物的基本性质与功能的前提下,发挥物的效用,实际上就是利用物的使用价值来满足人们的需要。但要注意的是这种使用不能耗尽物本身,如使用车辆运货是这里讲的使用,因为使用没有耗尽汽车本身,但使用燃煤燃烧取暖就不是这里所讲的使用,因为,这种使用会使煤灭失,因此燃烧煤炭不属于使用的范畴,属于处分的范畴。收益,是指人们通过对物的使用取得收益的情形。通常情况下,使用物总会有收益的,而收益往往是人们占有和使用物的目的。收益可以有两种情况的收益,其一,是法定收益,如利息、利润等。其二,是天然收益,如动植物成长繁衍带来的物的增加。处分,是对物通过事实上或法律上的措施对其本身或权利进行处置的情形。所谓事实上的处置是指在不改变所有权关系情况下的通过物理的、化学的方式使物不再存在。所谓法律上的处置是指通过法律规定的程序改变的物的所有权人,如出售、赠予等。处分权是所有权的最根本的权能,一般情况下,处分权只能由所有权人行使,不能由非所有权人行使,除非法律有特别规定。

(二) 所有权的种类

这是根据所有制方式对物权进行的划分,国家所有权与集体所有权是公有制的存在方式,相对公有制的是私人所有权。

1. 国家所有权

国家所有权是公有制的重要形式,是我国国民经济的基础。国家所有权的物权主体是中华人民共和国,物权法把国家所有规定为全民所有,国家是代表人民行使所有权。但国家一定要有一个行使国家所有权的机构,这个机构就是国务院②,它代表国家可以对国家财产按照法律规定作出占有、使用、收益和处分。对于由国家出资举办的事业单位和企业由各级政府和事业单位本身行使权利和履行职责③。

---

① 《中华人民共和国物权法》第 39 条.

② 《中华人民共和国物权法》第 45 条.

③ 《中华人民共和国物权法》第 54 条、第 55 条.

物权法规定的国家所有权的客体很广泛,包括:矿藏、水流、海域;森林、山林、草原、荒地、滩涂等;城市的土地;无线电频谱资源;国防资产;国家机关及国家投资的企事业单位支配的财产;以及法律规定的其他资产①等。

2. 集体所有权

集体所有权是我国公有制的基本形式,主要分为城镇集体所有制的经济组织和农民集体所有制的经济组织。城镇集体所有制经济组织目前主要有股份合作制企业的形式,我国农村还广泛存在集体所有制的经济组织。农村的土地等生产资料都实行农民集体所有制,集体组织可以对集体财产按照法律规定和集体的决定实行占有、使用、收益和处分。鉴于村民集体组织的特殊性,物权法规定农民集体所有权的主体是"本集体成员",而不是一个与成员相独立的集体组织②,物权法给了这个集体的集体成员处理集体财产以一定的权利③且规定为,"集体经济组织或者村民委员会、村民小组应当依照法律、行政法规以及章程、村规民约向本集体成员公布集体财产的状况"④、"集体经济组织、村民委员会或者其负责人作出的决定侵害集体成员合法权益的,受侵害的集体成员可以请求人民法院予以撤销"⑤,这些权利可以在一定程度上避免发生领导等于集体组织的不正常状况,以确保农村集体经济组织不被异化。

物权法对城镇集体组织的财产归属的规定不同于农民集体组织,规定为"城镇集体所有的不动产和动产,依照法律、行政法规的规定由本集体享有占有、使用、收益和处分的权利"⑥。

物权法规定的集体所有权的客体主要有:法律规定属于集体的土地、森林、山岭、草原、荒地、滩涂等;还有集体所有的厂房、仓库、机器设备等动产或不动产;还有其他依法属于集体的动产与不动产。

对农民集体所有权的特别保护主要反映在对集体土地的征收方面。对此,物权法明确规定了征收的条件、征地补偿项目和补偿标准。规定为了公共利益的需要,依照法律规定的权限和程序可以征收集体所有的土地和单位、个人的房屋及其他不动产。非公共利益目的就不能征收集体各公民个人的土地和房屋。同时规定征收集体所有的土地,应当依法足额支付土地补偿费、安置补助费、地上附着物和

---

① 《中华人民共和国物权法》第 46 条～第 55 条.
② 《中华人民共和国物权法》第 59 条.
③ 《中华人民共和国物权法》第 62 条、第 63 条第 2 款.
④ 《中华人民共和国物权法》第 62 条.
⑤ 《中华人民共和国物权法》第 63 条.
⑥ 《中华人民共和国物权法》第 61 条.

青苗的补偿费等费用,安排被征地农民的社会保障费用,保障被征地农民的生活,维护被征地农民的合法权益。征收单位、个人的房屋及其他不动产,应当依法给予拆迁补偿,维护被征收人的合法权益;征收个人住宅的,还应当保障被征收人的居住条件①。

3. 私人所有权

私人所有权是公民个人从事生产活动和个人生活所必要的支持。在我国目前的条件下,没有私人财产的人是难以有体面地生存的条件的,因此国家应该鼓励个人拥有财产。个人财产的客体可以是与个人生活密切相关的生活资料,也可以是用于经营与投资的生产资料。经验和现实都告诉我们,如果绝大多数公民都能稳定地拥有较多的、属于个人的动产或不动产,那么这个社会就一定会稳定、健康地发展。物权法肯定和保护私人财产②的立法思想,对我国和谐社会的建设与发展将起到积极的作用。

4. 建筑物区分所有权

建筑物区分所有权是业主的建筑物区分所有权的简称。它是在一幢有多单元的建筑物中,各个独立的使用单元分属于不同的权利人所有,且各权利人在使用自己单元时要受到一定的权利限制以及不可避免地对建筑物内外的公共区域要求使用并对其状况有一定要求的情况下,众权利人(业主)基于其对自己建筑物单元的所有权,所拥有的一种包括对公用部位的所有权的复合的所有权。物权法把这种复合的所有权称之为"业主的建筑物区分所有权"。为什么称其为建筑物区分所有权呢? 顾名思义,这里的权利人不具有一座建筑物的完整的所有权,只具有一座建筑物中具有单独完整功能的单元的所有权;但在这样的建筑物中,如果权利人只拥有单元的所有权,对其他公用部分的建筑物及设施没有任何权利的话,必然会影响其专有部分的权利的行使。因此单元所有权人除了拥有单元部分建筑物的专有权外,还必须拥有一定的对于建筑物内外的公共部位及设施的权利。权利人对建筑物单元的所有权和对公用部分的权利一起构成了业主的建筑物区分所有权。物权法将这种权利具体规定为"业主对建筑物内的住宅、经营性用房等专有部分享有所有权,对专有部分以外的共有部分享有共有和共同管理的权利③"。要注意的是这种状况也给权利人带来了一定的权利限制。

建筑物的所有权可以分成三种:

第一,专有权。这是指权利人对其自己名下的建筑单元有专有权,权利人可以

---

① 《中华人民共和国物权法》第 42 条.

② 《中华人民共和国物权法》第 64 条~第 66 条.

③ 《中华人民共和国物权法》第 70 条.

对该物享有占有、使用、收益和处分的权利,这种权利是绝对的,不受任何人非法干涉。但行使权利时不得危害建筑物的安全和损害其他权利人的合法利益①。专有权是建筑物区分所有权的基本权利,没有专有权就无所谓其他权利。

第二,共有权。这是指对专有单元以外的建筑物的公用部分的一种所有权。这种权利是将全体业主联系起来的一种权利,业主对此有使用的权利,但也承担义务;更为特别的是,业主不能以放弃权利来达到不履行义务的目的。所以,建筑物区分所有权中的共有权人无论是否主张权利,都必须履行义务②,这就是权利限制。

第三,共同管理权。由于公共部位是业主共同拥有的,因此业主对此有共同的管理权,对于公共部位的状况,业主可以通过业主大会制定一些管理规则进行管理,业主也可以行使业主权利对妨害公共部位和他人利益的行为进行管理③。

5. 相邻物权

相邻物权又称相邻关系,是指两个或两个以上相邻的不动产所有人或使用人,在对各自所有的或使用的不动产行使所有权或使用权时相互间应当给予便利或接受限制而发生的权利义务关系。如不动产权人甲有相邻不动产权人乙,只有甲给予乙一定的便利时,乙才能顺利进出,否则乙行无法出行与进入,此时甲应当给予乙一定的便利,否则乙的物权无法顺利实现。此时,乙为具有相邻权利的人,甲为承担相邻义务的人。相邻物权是一种法定权利,规定了相邻权人处理相邻关系的基本原则。物权法还规定"不动产的相邻权利人应当按照有利生产、方便生活、团结互助、公平合理的原则④、遵守法律、按照当地历史习惯⑤。"的原则来处理相邻关系。

相邻关系,具体的有土地相邻关系、相邻用水排水关系、建筑物相邻关系、相邻环保关系、相邻防险关系、相邻地界关系等。

第一,土地相邻关系。这是指相邻土地上的权利人之间的在利用土地时应给予对方相互便利的权利义务关系。邻地通行关系是指相邻权利人之间一方应为另一方提供必要的通行方便的关系。现实中往往有这样的情况,甲方的土地处于乙方土地的包围之中,如果乙方不提供通行便利,那么甲方的土地就无法利用,此时乙方为甲方提供通行是甲方利用自己土地的必要条件,此时乙方应当为甲方提供

① 《中华人民共和国物权法》第 71 条.
② 《中华人民共和国物权法》第 72 条.
③ 《中华人民共和国物权法》第 75 条等.
④ 《中华人民共和国物权法》第 84 条.
⑤ 《中华人民共和国物权法》第 85 条.

通行便利①。邻地使用关系是指在相邻权利人在使用自己的土地时发现,如果不利用相邻土地,就无法利用自己的土地,此时相邻权利人应当给对方使用自己的土地。这种情况在工程施工时发生得比较多,如甲要建房,但施工土地面积狭小,若要满足搭脚手架、堆放建材等需要,必须借用邻居的空地,此时相邻一方应该提供借地的要求。但相邻权人不得因此而对对方造成损害,造成对方损失的要给予赔偿②。

第二,相邻用水排水关系。这是指因用水、排水等方面问题而给相邻人带来的权利义务关系。相邻关系人相互间应当在用水、排水过程中提供便利、不损害对方,对流水要尊重其自然流向,如果需要改变水的流向应当征得相邻人的同意。水是生活、生产的重要条件,因此在用水与排放水方面相邻方必须注意处理好相邻关系。如在河水排灌、屋檐滴水等方面处理不好都会造成相邻矛盾。为此物权法对水的利用与排放都作了具体规定,不动产权利人应当为相邻权利人用水、排水提供必要的便利。对自然流水的利用,应当在不动产的相邻权利人之间合理分配。对自然流水的排放,应当尊重自然流向③。

第三,建筑物相邻关系。这是指因建筑物之间的通风、采光、通行、共用墙体等方面的问题而给相邻人带来的权利义务关系④。采光、通风不但会影响到相邻一方当事人的生活质量,也会影响另一方建筑物的价值,因此在建造建筑物时要考虑新建的建筑物建成之后对相邻建筑物的影响。现有建筑物权利人有权在新建筑物尚未开工时提出反对的意见,以避免遭受损失。在事先没有提意见,一旦新建筑物建好之后,现有建筑物的权利人就不能以通风采光为由要求拆除新建建筑物,只能请求赔偿损失。关于通行问题,相邻关系权利人不能封闭原有的通道而造成相邻人的通行困难;在使用共用墙的时候也不能损害相邻权利人的合法利益和妨碍相邻人的正常的生活。

第四,相邻环保关系。这是指相邻关系人在居所环境安全方面形成的一种相邻人之间的权利义务关系。行为人应避免自己行为导致的环境问题给邻居带来的损害。如晚间的大声唱歌、喧哗;在公共地域堆放垃圾,企业排放生产污染物,向大水体排放污水等,这些都是会恶化相邻关系的行为,也是法律所禁止的行为。

第五,相邻防险关系。这是指相邻方在居所安全方面形成的一种权利义务关系,相邻人在做出一种行为时要考虑这种行为可能给邻居带来的不安全因素,并避

---

① 《中华人民共和国物权法》第 87 条.

② 《中华人民共和国物权法》第 88 条、第 91 条.

③ 《中华人民共和国物权法》第 86 条.

④ 《中华人民共和国物权法》第 89 条.

免这种因素的发生。这种不安全因素包括邻居的人身和财产的不安全。如在临近邻居房屋的地方开挖深沟,在邻居的窗下搭起高台,在邻居通行的路上设置路障,在大楼内破坏承重墙等等,这些都是在相邻关系中必须禁止的行为。相邻物权人可以要求邻居不做出上述危害相邻的行为。

第六,相邻地界关系。这是指因相邻人确保自己的悬空构筑物、林木、植物等不会稳定、常态地越过自己的地界延伸到邻居地界内而形成的权利义务关系。相邻关系人应当避免自己的动植物经常、稳定地进入、延伸进邻居境内。相邻物权人可以向邻居提出以上要求。

6. 共有物权

共有是指一项财产由几个权利人共同享有的状况,不是指一个物上有几个所有权,而是共有人共享一项所有权项下的动产或不动产。共有分为按份共有和共同共有两种情况。按份共有是指两个或两个以上的权利人对一项财产按照确定的份额分享权利、分担义务的共有形式。共同共有是指两个或两个以上的权利人对一项财产不分份额享有权利、承担义务的共有形式①。

(三) 所有权的取得

所有权的取得是指权利人对于某物从不具有任何支配权利到拥有占有、使用、收益和处分的完整物权的过程。所有权的取得往往伴随相应的行为,有些是法律行为,而有些则是事实行为。但无论是什么行为要产生所有权取得的法律后果必须符合法律关于所有权取得的条件。所有权的取得包括原始取得、继受取得和善意取得、拾得遗失物等情况。

原始取得,是指某物本来没有设定权利,通过行为人的某种法律行为给它设定了权利,如新建房产的初始登记。

继受取得,是指某物原本存在物权,只是它归属于他人,但权利人可以通过某种处分行为使其归属发生变化,这种变化的结果是原权利人失去权利,继受的人取得权利。如买卖行为的买方,通过卖方的出售行为和自己的购买行为取得了标的物的物权,这就是继受行为。继受取得主要形式有买卖、赠与、继承等。所有这些取得方式都可以归纳为以法律行为取得所有权。

善意取得是重要的所有权取得方式,所谓的善意取得是指财产的出让人对于属于他人的财产本来没有处分的权利,但他还是出让了属于他人的财产,但受让人不知也不可能知道受让的财产系出让人无权处分的财产,且又支付了合理的对价,而且也取得了财物。此时,按照物权法的规定,虽然此事属于无权处分

---

① 《中华人民共和国物权法》第 93 条~第 105 条.

人处分财产,但由于受让人的行为符合善意取得的原则,应该认定该项物权转让是有效的。我国物权法规定,无处分权人将不动产或者动产转让给受让人的,在法律没有特别规定的情况下,且符合下列情形的,受让人取得该不动产或者动产的所有权:①受让人受让该不动产或者动产时是善意的;②以合理的价格转让;③转让的不动产或者动产依照法律规定应当登记的已经登记,不需要登记的已经交付给受让人①。

善意取得中的善意是要准确解读的。①受让人的"善意",主要是指受让人在受让过程中不知道这次物的转移是出让人的无权处分。如果受让人知道出让人的处分是无权处分,那么受让人就不是"善意"的,而是合谋的,买卖无效。因此"不知情"构成了"善意"的主要要素。在物权处分中,不动产的不知情是比较难做到的,因为不动产的权利登记事务无权者是无法操办的,在转让操办到登记环节时,受让人一般会知道处分人对处分物的权利情况,所以不动产较难以构成善意取得;但动产比较容易发生不知情的情况,因为一般动产是无需登记的,只要交付即可;②"合理"的价格也是与善意相关的重大因素。"合理的价格"是指在处分物的转让过程中,受让方就受让物支付的对价基本上是市场价,而不是特别优惠、特别低廉的价格。如果受让方是以非常优惠、非常低廉的价格取得物品的,那可以认定价格是不合理的,这样难以发生善意取得的结果。

善意取得制度一方面可以保护交易的安全,另一方面可以保护善意第三人的合法利益。如果无权处分不具备以上条件的,权利人可以请求返还处分物。无权处分如果构成善意取得,那么权利人可以向无权处分人索赔。

拾得遗失物。拾得遗失物也会构成取得,但所有人只有是国家,对集体和个人而言不会对拾得的遗失拥有物权。我国物权法规定,遗失物自发布招领公告日起3个月没有人认领的,归国家所有②,对于拾得的漂流物、发现的埋藏物或者隐藏物在发布公告日后的3个月内无人认领的,均归国家所有③。需要指出的是,拾得人有妥善保管拾得物的义务,如果因为保管不善要承担赔偿民事责任④;作为这项义务的对应,物权法也规定拾得人可以向权利人主张拾得物的保管费用⑤。

遗失物通过转让被他人占有的,权利人有权向无处分权人请求损害赔偿,或者

---

① 《中华人民共和国物权法》第 106 条.
② 《中华人民共和国物权法》第 113 条.
③ 《中华人民共和国物权法》第 114 条.
④ 《中华人民共和国物权法》第 111 条.
⑤ 《中华人民共和国物权法》第 112 条.

自知道或者应当知道受让人之日起 2 年内向受让人请求返还原物,但受让人通过拍卖或者向具有经营资格的经营者购得该遗失物的,权利人请求返还原物时应当支付受让人所付的费用。权利人向受让人支付所付费用后,有权向无处分权人追偿①。

五、用益物权②

(一)用益物权的概述

用益物权是我国物权法律制度的重要内容。我国物权法对用益物权定义为"用益物权人对他人所有的不动产或者动产,依法享有占有、使用和收益的权利"。用益物权是在他人的物上设定一个新的物权,设定通常是用益物权人与所有权人达成一个合同,用益物权人在支付对价的情况下取得该物的占有、使用和收益的权利③。设置用益物权的目的在于物尽其用,当他人需要使用某物时,所有权人可以根据情况决定是否给他人利用,对那些自己不能利用或无需利用物品,可以给需要利用的人使用,这样物的价值就可以最大限度地发挥出来。所以这是有利于所有权人和用益物权人的良好制度,也是有益于社会的良好制度。用益物权一般通过民事行为设立、也可以通过行政行为设立,行政行为有行政合同、行政许可、行政划拨等。前者主要适用于在非国家直接控制的财产上设立用益物权,后者主要适用于国家直接控制的财产上设立用益物权。

(二)用益物权的种类

按照物权法的规定,用益物权的种类主要有:土地承包经营权、建设用地使用权、宅基地使用权和地役权。

1. 土地承包经营权④

这是特指基于土地集体所有权而形成的农民承包农田用于农业生产的用益物权制度。在我国,农村的土地属集体所有即全体集体成员所有,但由于成员之间的情况各不相同,所以成员对农业劳动的投入也是不一样的。在这种情况下,不改变所有制基础上的使用土地的最好方式就是设定用益物权,通过用益物权人对土地

---

① 《中华人民共和国物权法》第 107 条.
② 我国物权法规定的物权形式除了所有权之外还有用益物权和担保物权。本书第五章专门介绍担保法律制度,其中有担保物权的内容,所以就不在此重复介绍。这里只介绍用益物权.
③ 《中华人民共和国物权法》第 117 条.
④ 《中华人民共和国物权法》第 11 章.

的精心耕作可以使土地上的产出最大化。这样既可以使所有权人的利益最大化,又可以使用益物权人的利益最大化。因此,我国农村是推广用益物权制度的最好的场所,也可以通过用益物权制度来改善我国的农业经济状况。

土地承包经营权是通过土地承包经营合同设立的。土地承包经营合同的权利主体是承包人即承包的农户或农民,义务主体是发包人,即集体组织;县以上人民政府土地管理部门颁发土地承包经营权证①。物权法明确规定:"土地承包经营权自土地承包经营权合同生效时设立。县级以上地方人民政府应当向土地承包经营权人发放土地承包经营权证、林权证、草原使用权证,并登记造册,确认土地承包经营权。"土地承包经营的用益物权在承包合同生效,在土地部门颁发土地证时公示;土地承包经营权的期限,耕地的承包期为 30 年。草地的承包期为 30 年至 50 年。林地的承包期为 30 年至 70 年,特殊林木的林地承包期,经国务院林业行政主管部门批准可以延长。承包期届满,由土地承包经营权人按照国家有关规定继续承包②。在整个承包经营期内,承包人的经营权不被收回③,如果承包土地被征收的承包人可获得征地补偿④。

土地承包经营权的内容有占有权、使用权、收益权⑤、流转权⑥等。占有是用益物权的基础,只有在占有的基础上权利人才可以进一步利用土地并取得相应的收益。使用是用益物权的实质,没有使用便不会有利益产生,这里的使用还包括地上作物的耕作、地上设施的使用和地上项目的经营;此外,在土地上还包括进一步设置地役权等用益物权;根据目前法律承包经营权还包括承包经营权的流转,即可以把承包经营权全部或部分流转给他人。同时需要指出的是土地承包经营权还可以继承⑦。

2. 建设用地使用权⑧

这是建设用地人在国有土地上依法定程序设立的一种用益物权。物权法规定:"建设用地使用权人依法对国家所有的土地享有占有、使用和收益的权利,有权利用该土地建造建筑物、构筑物及其附属设施。"鉴于土地空间的立体特[ ].建设用

---

① 《中华人民共和国物权法》第 127 条.
② 《中华人民共和国物权法》第 126 条.
③ 《中华人民共和国物权法》第 131 条.
④ 《中华人民共和国物权法》第 132 条.
⑤ 《中华人民共和国物权法》第 125 条.
⑥ 《中华人民共和国物权法》第 128 条、第 129 条.
⑦ 《中华人民共和国农村土地承包法》第 31 条.
⑧ 《中华人民共和国物权法》第 12 章.

地使用权还可以分层设置,但新设置的建设用地使用权不得损害已有的用益物权①。

建设用地使用权是通过土地使用权出让合同或者土地使用权划拨的行政决定的方式设置的②。所谓土地使用权出让是指国家将一定年限的国有土地使用权有偿出让给需要使用土地的人,需要使用土地的人在取得土地使用权后,应按国家规划的时间、方式使用土地的用地方式。所谓土地使用权划拨是指国家将土地使用权无偿地交给土地使用人,由土地使用人按照国家的规划使用土地的一种用地制度。国家对划拨土地使用权的设置有严格的限制。所以绝大部分建设用地使用权都是通过出让方式形成的。出让方式设置建设用地使用权的具体内容要通过协议、招标投标和拍卖的程序,近年来主要通过招投标和拍卖来确定建设用地使用权合同的当事人,土地使用权的价格、使用年限、用途等都是通过合同确定的。建设用地使用权人的权利有:按照规划使用土地的权利、建造和保有土地使用权范围内的建筑物的权利、项目建设完成后使用(自用和出租)和转让建设设施和相关的土地使用权的权利、其他的相应权利。

3. 宅基地使用权③

这是指农村村民自己的住宅用地。按照我国法律④宅基地是严格控制在村民自有范围内的,凡非村民不能取得宅基地。宅基地按人口分配、无偿取得,不能买卖流转,如果农民卖掉了宅基地,那么就不能再次申请宅基地,只能从市场上去获得住宅。但因自然灾害失去宅基地的可以再次申请。鉴于国家对宅基地的严格管理,所以宅基地的用益物权的范围相对前面两者就要小得多。

4. 地役权⑤

它是重要的用益物权。地役权是为了自己土地更好被使用,而设立在他人的土地的权利。所以在地役权法律关系中必须存在相关的两项土地使用权。利用他人的土地而得到便利的土地称之为需役地,向他人土地提供便利的土地称之为供役地。

地役权的取得是基于地役权合同⑥,没有合同就不能设置地役权,合同还必须是书面形式的合同。地役权自地役权合同生效时设立,地役权未经登记的,不得对

---

① 《中华人民共和国物权法》第 136 条.

② 《中华人民共和国物权法》第 137 条.

③ 《中华人民共和国物权法》第 13 章.

④ 《中华人民共和国物权法》第 153 条.

⑤ 《中华人民共和国物权法》第 14 章.

⑥ 《中华人民共和国物权法》第 157 条.

抗善意第三人①。地役权人对供役地的使用年限、使用方式、使用土地应该支付的对价等都应该在地役权合同载明。地役权人的主要权利是使用供役地的权利,地役权当事人可以按照合同约定的利用目的和方式使用供役地,可以为便利自己的土地而在供役地上作出合同约定的用地行为,也可以禁止供役地权利人在供役地上作出合同禁止的某种行为。

六、占有

占有是人对物的实际控制,控制物的人称之为占有人,被控制的物称之为占有物。占有是一种事实状态,是占有人对占有物的事实控制,占有是一种客观状态,他人可以通过观察知晓;占有是对占有物的实际控制、具有排他性,任何他人欲对该占有物进行影响时必然遭到占有人的排斥;占有是对占有物的稳定的控制,这种客观的,具有排他性的控制必须在相对长的时间和相对大的空间内得到体现。占有不能稍纵即逝,占有不能无影无形。根据不同标准,占有可以进行不同的分类②。可以分为有权占有、无权占有,无权占有可以分为善意占有和恶意占有;自主占有、他主占有;直接占有、间接占有等。尽管有非法占有,但基于社会秩序的稳定,法律禁止公民用私力改变占有,因此占有具有保护功能。占有本身也是一种公示,它可以使善意取得发生效力。

占有的效力意义。占有的第一项效力是权利推定,可以推定占有人对占有物具有合法的权利。这对于稳定社会的财产关系,保障交易安全有很大的意义。占有的第二项权利是占有人对占有物的使用收益的权利。占有人对物具有使用收益的权利,占有的动产不动产被侵占时,占有人也具有返还请求权和赔偿请求权③;第三项权利是在无权占有人占有的情况下,权利人可以对无权占有人要求其返还占有物与孳息④,如果占有物有损害,则无权占有人还应当赔偿。

占有的保护。占有受法律保护,当占有被损害时,占有人可以自己在法律允许的范围内进行自我保护;其次可以请求司法机关保护。

第二节 知识产权法律制度

知识产权法律制度是现代法律制度的重要组成部分。现代社会,知识不但是

---

① 《中华人民共和国物权法》第 158 条.
② 王利明.物权法名家讲坛[M].北京:法律出版社,2007:452.
③ 《中华人民共和国物权法》第 245 条.
④ 《中华人民共和国物权法》第 242 条、第 243 条.

创造社会财富的重要的条件,而且知识本身已经是重要的财富了。如果把人类社会历史作一个粗略的划分,可以分成自然经济时代、工业经济时代和知识经济时代。在自然经济时代,社会财富向土地所有人集中,谁拥有土地谁就拥有财富,土地的广袤还与国家的强大成正比;这个时期的社会政治经济活动主要围绕土地的归属转。在工业经济时代,社会财富向资本集中,谁拥有资本谁就拥有财富,一国资本的雄厚也与国家的强大成正比;这个时期的社会政治经济活动主要围绕资本的归属转。在知识经济时代,社会财富向知识集中,谁拥有知识谁就拥有财富,知识强国必然是经济强国;这个时代社会的政治经济活动在很大程度上会围绕着知识的归属转。今天虽然土地、资源与资本仍然是国力强弱的标志,但以专利(尤其是发明专利)和版权为代表的知识,已经越来越明显地成为国力强弱的标志,当代国际社会的许多政治经济活动是围绕着知识产权展开的。

由于已经存在了几千年的传统的法律体系无论是物权法还是债权法以及相适应的刑法等,基本上是为保护土地、房产和资本等有形的财产形态设定的,它们当然不能有效地保护无形无态的知识。随着无形无态的知识在生产活动中的作用越来越大,知识的财产特性越来越突出,于是保护无形财产的法律体系——知识产权法也在世界范围内逐渐形成。

知识产权法的重要作用首先在于保护知识权属的专有性,维护知识所有者的经济利益。由于这样的保护制度符合人们的基本价值理念,当然地带来了人们对知识的创造热情。所以,从《保护工业产权巴黎公约》①生效起算,在知识产权保护制度基本形成的一百多年来,整个人类社会的技术发展所涉及的领域与发展速度都是前所未有的。可以相信,完善的知识产权保护制度今后还一定会推进技术以前所未有的发展态势继续造福于人类。

为了社会的和谐发展,国家和国际社会在注意保护知识产权的同时,知识产权研究者与立法机关应当注意这样一个问题,即应使一国的弱势群体和发展中国家不仅能享受知识终端产品的消费,也能适当分享知识所带来的利益的分配,以减少一国内与国际上的贫富差别,推进社会的和谐发展。

晚清以来,我国虽然有过断断续续、零零碎碎的知识产权保护立法②,但由于

---

① 《保护工业产权巴黎公约》于 1883 年 3 月 20 日在巴黎签订,1884 年 7 月 7 日生效。最初的成员国为比利时、法国等 11 国。1884 年 7 月 7 日公约生效。到 2004 年 12 月底,缔约方总数为 168 个国家。1985 年 3 月 19 日中国成为该公约成员国。自从 1883 年签署以来,《巴黎公约》多次被修订,目前的版本为 1967 年 7 月 14 日在斯德哥尔摩的修订本。

② 1910 年 1 月 1 日清政府颁布了《大清著作权律》,史称中国历史上第一部著作权法,但随着辛亥革命的爆发该法律并未施行。

战争与新中国成立后计划经济的原因,系统的知识产权保护制度的立法起步较晚①,但在 20 世纪 80 年代后的 20 年内,我国建立了完整的知识产权法律制度②。

一、著作权法律制度

著作权法律制度是知识产权制度的重要组成部分。《著作权法》③的颁布实施,标志着我国开始建立完整的著作权法律制度④。

著作权是因创作作品而形成的一种权利,它不是一种自然权利而,是一种特许权利,如果没有制度安排就不会有著作权。凡特许权利一般都要有行政机关的管理,著作权也要有著作权管理机构进行管理,我国设立了国家版权局,以专门从事著作权的管理事务。国务院于 2005 年颁布了《著作权集体管理条例》,对著作权集体管理组织的设立方式、权利义务、著作权许可使用费的收取和分配,以及对其监督和管理等做了规定。

---

① 1963 年 4 月 10 日国务院公布了《商标管理条例》,此条例在《中华人民共和国商标法》施行时废止.

② 我国《商标法》自 1983 年 3 月 1 日起施行;《专利法》自 1985 年 4 月 1 日起施行;《著作权法》自 1991 年 6 月 1 日起施行。1980 年 3 月 3 日,我国加入了《建立世界知识产权组织公约》。我国加入的知识产权保护国际条约除了《巴黎公约》外还有《专利合作条约》、《商标国际注册马德里协定》、《世界版权公约》、《保护文学艺术作品伯尔尼公约》、《保护录音制品制作者防止未经授权复制其制品公约》等.

③ 《中华人民共和国著作权法》第七届全国人大常委会第十五次会议于 1990 年 9 月 7 日正式通过.

④ 新中国成立后至 1990 年 8 月,由于全面实行计划经济制度,所以我国没有颁布过系统的著作权法律、法规。但在 1984 年 6 月,文化部颁布了内部执行的《图书、期刊版权保护试行条例》。1985 年 9 月,广播电影电视部颁布了《录音录像出版物版权保护暂行条例》。这些法律和规章的制定,标志着我国的著作权法律制定已经进入了初创阶段。著作权法颁布后,国务院又相继颁布了《著作权实施条例》和《计算机软件保护条例》、《实施国际著作权条约的规定》等法规。于 1992 年 7 月、11 月先后加入了《保护文学艺术作品伯尔尼公约》(简称《伯尔尼公约》)、《世界版权公约》、《录音制品公约》等国际条约。所有这些,标志着我国著作权法律制度已经全面确立。2001 年 11 月 10 日,我国加入世界贸易组织后,作为世界贸易组织的三大基本实体协定之一的《与贸易有关的知识产权协定》(即 TRIPs 协定)在我国全面贯彻实施。2001 年 10 月 27 日,第九届全国人民代表大会常务委员会第二十四次会议对著作权法进行了修正。新的《计算机软件保护条例》自 2002 年 1 月 1 日起施行,新的《中华人民共和国著作权法实施条例》自 2002 年 9 月 15 日起施行。这些都标志着我国已经具备了完整的著作权法律制度。

（一）著作权的取得与著作权主体

按照我国法律规定,作品完成的同时作者就取得了著作权①,作者就成为著作权人。著作权的取得不以作品发表为条件,也不以登记为条件,著作权虽然也不是自然权利,但相对专利权和商标权它没有一个复杂的权利授予程序。所以著作权的保护是知识产权制度中保护程度最高的。

著作权主体,即著作权人,是指依照著作权法享有著作权的人,包括作者和其他依法享有著作权的公民、法人或者其他组织②。

1. 作者

（1）自然人作者。我国著作权法规定,创作作品的公民是作者③。即只有创作作品的公民才是作者,只有能直接产生文学、艺术、科学作品的智力活动才是创作。没有参加作品的创作,只提供咨询意见、物质条件,或者进行其他辅助工作的,由于其行为不具有独创性而不能成为作者。外国人（包括无国籍人）,如果其所属国或经常居住地国与中国签订了著作权协议或共同加入某一国际著作权公约,或者其作品首先在我国境内发表的,也享有著作权。但是,当外国人不具备上述条件时,只要在中国参加的国际条约的成员国内首次出版,或在成员国和非成员国同时出版的,也受我国著作权法保护。

（2）法人作者和其他组织。随着社会发展,大型作品不断出现。例如影视作品、计算机软件等。大型作品仅依靠单个自然人一般是难以完成的,必须依靠集体或社团才能完成。而法人或其他组织因有人力、物力上的优势,能够主持完成这些创作。在这样的社会背景下,法人或其他组织的作者身份逐渐得到承认。因此,我国著作权法第11条规定,由法人或者其他组织主持,代表法人或者其他组织意志创作,并由法人或者其他组织承担责任的作品,法人或者其他组织视为作者。

（3）作者身份的确认。在作者身份证明方法上,著作权法采取了有利于作品署名者的规定,著作权法明确规定,在作品上署名的公民、法人或者其他组织为作者,除非有相反证明④。

2. 其他依法享有著作权的主体

所谓其他著作权人,是指作为作者的公民、法人或者其他组织之外,依照《著作

---

① 根据《中华人民共和国著作权法》第2条的规定,作品完成无论是否发表,作者均拥有著作权.

② 《中华人民共和国著作权法》第9条.

③ 《中华人民共和国著作权法》第11条.

④ 《中华人民共和国著作权法》第11条.

权法》享有著作权的公民、法人、其他组织、国家。这里主要是指继受的著作权人。

（1）因继承、遗赠、遗赠抚养协议等取得著作权。我国《继承法》规定，公民所享有的著作财产权可以作为遗产，在公民死亡后由继承人继承①。因继承而取得著作财产权的人，就可以成为著作权的主体。

遗赠是公民通过遗嘱，将个人财产赠送给国家、集体或者法定继承人以外的公民的法律行为。受遗赠人通过接受遗赠的方法可以成为著作权人②。公民或者集体所有制组织根据遗赠扶养协议而成为死者著作财产权的受赠人时，即取得了著作权人资格。

（2）因合同约定取得著作权。因合同约定取得著作权的有两种情况：①依委托合同而取得著作权。委托作品的著作权归属由委托人和受托人通过合同约定，如果合同约定著作权属于委托人，即使其并没有进行实际创作，仍然可以根据合同的约定成为著作权人；如果合同没有约定著作权的归属，著作权属于受托人③；②以著作权转让合同而取得著作权④。通过合同对著作权进行转让，使得被转让的作品财产权由原来的著作权人转移到受让人手中，受让人成为著作权人；③赠予也可以转移著作权，受赠人可以因为受赠而成为著作权人。

（3）国家可以取得著作权。国家成为著作权人，有两种情况：①购买著作权，国家由于某种需要，从著作权人处购买著作权，从而成为著作权人；②依照法律法规的规定。如著作权属于法人或者其他组织的，法人或者其他组织变更、终止后，在保护期内没有承受其权利义务的法人或者其他组织的，由国家享有著作权⑤。

3. 特殊作品著作权的归属

（1）演绎作品的著作权人。演绎作品是指对已有的作品进行改编、翻译、注释、整理等创作活动而产生的作品。演绎主要是指以原有作品为基础，进行形式上的转换，如将小说改编成剧本，中文著作翻译成英文版等。注意在演绎作品中演绎者必须要有作品表达形式上的独创性，否则就不是演绎作品，而可能构成侵权。

演绎作品的著作权归改编、翻译、注释、整理人享有，但行使著作权时不得侵犯原作品的著作权⑥。这就意味着只有在得到原有作品的著作权人的许可后，他人才能进行改编、翻译、注释、整理等创作活动。

① 《中华人民共和国继承法》第 3 条.
② 《中华人民共和国继承法》第 16 条.
③ 《中华人民共和国著作权法》第 17 条.
④ 《中华人民共和国著作权法》第 25 条.
⑤ 《中华人民共和国著作权法》第 19 条.
⑥ 《中华人民共和国著作权法》第 12 条.

（2）合作作品的著作权人。合作作品是指两人以上合作完成的作品，包括自然人之间的合作，法人或其他组织之间的合作，或自然人和法人或其他组织之间的合作。合作作品的完成要求两个以上的主体对创作某个作品，既要有共同的意图、共同的设想，也都要为作品的完成作出直接的实质性的贡献。合作者在客观上都参与了作品的构思、创作过程。为一方在创作期间仅仅提供整理、校对等帮助的，不成为合作作品的作者，其作品也不构成合作作品。

合作作品的著作权由合作作者共同享有。根据合作作品的各部分是否具有独立的价值可以将作品分为可以分割的作品和不可分割的作品。对于可分割作品，各作者可以就自己创作部分分别享有著作权。但在行使各自的著作权时，不得侵犯合作作品整体的著作权①。对于不可分割的作品，各个作者都平等地享有该作品的著作权，因而在行使著作权前应征得全体合作者的同意。如果合作作者之间无法达成一致意见的，任何一方在没有正当理由的情况下不得阻止他人行使除转让之外的其他权利，但所得收益应当合理分配给所有合作者②。

（3）汇编作品的著作权人。汇编作品是指将若干作品、作品的片段或者不构成作品的数据或者其他材料进行内容上的选择或编排，并体现独创性的作品，比较典型的如报刊、教材、词选集等。汇编作品的著作权归汇编人所有③。汇编作品的独创性往往在于其选择、组织或编排形式。对汇编的对象即各个作品、片段不享有著作权，除非对片段或数据进行了加工。当汇编对象是作品时，汇编人应当尊重该作品著作权人的权利，必须得到其许可，并支付报酬。当然，在符合合理使用和法定许可的条件下，可以不经原著作权人的许可，例如编写九年制义务教育的教材④。

（4）影视作品的著作权人。电影作品和以类似摄制电影的方法创作的作品其形成过程比较复杂，需要制片者、编剧、导演、摄影、词曲作者、演员等的共同劳动和通力合作才能完成。它是一种兼有合作作品及合成作品的特点的特殊作品⑤。因而其著作权的归属往往不是单一的。我国著作权法规定，该类作品的整体著作权归制片者所有，但编剧、导演、摄影、作词、作曲等作者享有署名权，并有权按照与制片者签订的合同获得报酬⑥。同时，其中的剧本、音乐等可以单独使用的作品的作者有权单独行使其著作权。例如，影视歌曲的作者可以将其作品交由他人表演，编

---

① 《中华人民共和国著作权法》第 13 条.

② 《中华人民共和国著作权法实施条例》第 9 条.

③ 《中华人民共和国著作权法》第 14 条.

④ 《中华人民共和国著作权法》第 23 条.

⑤ 郑成思. 版权法[M]. 北京：中国人民大学出版社，1997：299.

⑥ 《中华人民共和国著作权法》第 15 条.

剧也可以将剧本出版。

(5) 职务作品的著作权人。职务作品是指作为法人或其他组织员工的公民，为完成法人或者其他组织的工作任务所创作的作品。职务作品的著作权归属可分为两种模式。一种是著作权由作者享有，但法人或者其他组织有权在其业务范围内优先使用。作品自向单位交付之日起两年内，单位对该作品享有专有使用权。未经单位同意，作者不得许可第三人以与单位使用的相同方式使用该作品。如果两年内单位在业务范围内不使用，作者可要求单位同意其许可第三人使用，且使用方式不受限制。另一种是作者仅享有署名权，其他权利由法人或者其他组织享有，法人或者其他组织可以给予作者奖励。这类职务作品包括：①利用法人或者其他组织的物质技术条件创作，并由法人或者其他组织承担责任的工程设计图、产品设计图、地图、计算机软件等职务作品；②法律、行政法规规定或者合同约定著作权由法人或者其他组织享有的职务作品[1]。

(6) 委托作品的著作权人。委托作品是指受他人委托而完成的作品。委托作品的著作权归属取决于当事人之间有无对此作出约定。在合同未作明确约定或者没有订立合同的，著作权属于受托人[2]。委托人若要取得委托作品的著作权必须要在合同中明确约定。当未订立合同或合同中未作明确约定的情况下，著作权归受托人，但基于委托合同的性质，在委托特定目的范围内，委托人有权使用该作品。

(7) 美术作品的著作权人。因为美术作品价值在于它的原件（只有美术作品的原件才称得上是"美术作品"），但美术作品往往不在美术作品的作者而在其他人手中。可见美术作品的著作权情况比较特殊，当美术作品原件和作品著作权人相分离时，该作品原件的所有人当然享有作品原件的所有权，包括占有、使用、收益和处分权；但该作品的著作权人不因不享有美术作品的物权而丧失著作权，仍享有美术作品除展览权以外的全部著作权。著作权的归属和作品载体的转移无关，美术等作品原件所有权的转移，不视为作品著作权的转移。鉴于展览权是既是所有权中的使用权能，又是著作权的使用方式；但从客观上看，美术作品的展览权由美术作品原件所有人行使比较有利，因此法律规定著作权原件所有人享有该美术作品的展览权[3]。

(8) 作者身份不明作品的著作权人。对于作者身份不明的作品，由原件合法持有人行使除署名权以外的著作权。他可以依法使用、收益和处分。但是作者身

---

① 《中华人民共和国著作权法》第16条.

② 《中华人民共和国著作权法》第17条.

③ 《中华人民共和国著作权法》第18条.

份一旦确定,就由作者或其继承人行使著作权①。

(二) 著作权的客体

我国法律规定,著作权客体是文学、艺术和科学领域中的作品,作品必须是具有独创性并能以某种有形形式复制的智力成果。

1. 作品的概念

我国著作权法所称作品,是指在文学、艺术和科学领域内,具有独创性并能以某种有形形式复制的智力成果。包括文字作品、口述作品、音乐、戏剧、曲艺、舞蹈、杂技艺术、美术、建筑作品、摄影作品、电影作品和以类似摄制电影的方法创作的作品、工程设计图、产品设计图、地图、示意图等图形作品和模型作品、计算机软件等形式②。著作权法所保护的作品必须具备以下几个条件:

(1) 必须是智力成果。作品首先必须是人类的智力成果,是人类大脑通过思维,对现有知识进行符合逻辑的整理而得出的成果。因而,仅仅是体力性的劳动,例如收集并简单地罗列电话号码,就不能将之称为智力成果。当然,如果对这些电话号码进行有创作性的编排、设计,就其编排、设计的成果如果符合作品的条件可以作为作品。

(2) 必须具有独创性。独创性包含两层意思,一是作者必须独立完成③,通过作者的独立思考来进行智力活动;二是作者的创造性,即作者在作品中发挥了自己的作用,在作品结构形式上有新的突破,较之前有所不同。例如创作了一篇小说,或是将小说改编成影视剧,均体现了一定程度的创造性。

(3) 能够以某种形式复制。作品应当通过一定的媒介表现出来,可以是有形的,例如纸质、光盘等,也可以是无形的,例如声波、网络等。存在于人的大脑中的思想、想法,由于没有以一定形式表现出来,无法被他人所感知,外界也无法对此进行判断,因而也就不能够得到著作权法律制度的保护。作品只有当其以一定的形式表现出来时才能受到保护。

(4) 不为法律所禁止。我国《著作权法》第 4 条规定"依法禁止出版、传播的作品,不受本法保护。著作权人行使著作权,不得违反宪法和法律,不得损害公共利益。"因而,对于淫秽、宣扬暴力等被禁止出版、传播的作品,因其违禁而不属于著作权法意义上的作品,其作者也毫无著作权可言。

---

① 《中华人民共和国著作权法实施条例》第 13 条.
② 《中华人民共和国著作权法》第 3 条、《中华人民共和国著作权法实施条例》第 2 条.
③ 这里的独立包括合作作者的集体独立,而不仅指是单个自然人的独立.

2. 受著作权保护的作品种类①

(1) 文字作品。文字作品是指以文字或其他等同于文字的符号所表现的作品。以文字形式表现的,有小说、诗词、散文、论文等,以等同于文字的符号所表现的,有速记字符组成的作品。文字作品是最广泛、最基本的作品形式。

(2) 口述作品。口述作品是指即兴的演说、授课、法庭辩论等以口头语言形式表现的作品,它是通过声音表达的特定语言组合,可以通过记录或录音的方式来复制。虽然著作权法律制度保护的是作品的形式,但口述作品要有一个让人们认可的表达形式,就需要相对的完整性。由于人们往往是通过记住了口述作品的内容才认可其形式的,所以无任何意义的作品使得人们无法认知,也就失去了对它保护的价值。平常的人与人之间打招呼等不能被视为作品。另外,朗诵、宣读讲稿等也不构成口述作品,因为这只是对原有作品的再现。

(3) 音乐、戏剧、曲艺、舞蹈、杂技艺术作品。音乐作品是指能够演唱或演奏的作品,如歌曲、交响乐、乐曲等,包括带词的和不带词的。但歌唱者、演奏者的表演本身不是音乐作品,而是对音乐作品的再现、传播,他们享有的是表演者权。

戏剧作品是指将背景,演员的连续动作、独白或对白、唱词编在一起的包含音乐或不包含音乐的可供舞台演出的作品。它包括话剧、歌剧,以及我国地方戏,如京剧、昆曲、越剧等。同样,著作权法意义上的戏剧作品仅是指可供演出的剧本,而演员在舞台上的演出是对戏剧的立体再现,他们只享有表演者权。

曲艺作品又称说唱艺术,是我国特有的艺术形式,有资料显示,我国曲艺艺术种类有 400 多种,主要有相声、大鼓、快书、评书等表演形式。受保护的是供表演的曲艺的脚本。曲艺作品作为我国的传统文化的一部分,有些具有文字脚本,但有些尚未形成文字脚本,只是世代口耳相传,这两种形式的曲艺作品均受到著作权法的保护。

舞蹈作品是指通过连续的动作、姿势、表情等表现思想感情的作品。与曲艺作品相类似,对于舞蹈动作,部分舞蹈作品以舞谱的形式记载下来了,但有些并没有舞谱,但却是可以用舞谱记载的。我国著作权法并没有限定作品一定要有形的形式记载下来,故无论是否具有舞谱形式,都应当受到著作权法的保护。但没有舞谱的舞蹈作品应该有比较稳定而连续的肢体动作、姿态、表情等外在表现,否则很难讲是作品。

杂技艺术作品是指杂技、魔术、马戏等通过形体动作和技巧表现的作品,同样受保护的也是对该作品的设计,而不是表演。

(4) 美术、建筑作品。美术作品是指绘画、书法、雕塑等以线条、色彩或者其他

---

① 《中华人民共和国著作权法实施条例》第 4 条.

方式构成的有审美意义的平面或立体的造型艺术作品。因为美术作品与其载体密切相连,著作权法对其原件的保护作了特殊规定,即美术作品的原件所有者虽然不享有著作权,但享有展览权。

建筑作品是一种实用的社会产品,指以建筑物或构筑物形式表现的有审美意义的作品,但不包括工程设计图和建筑模型。

(5)摄影作品。摄影作品是指借助器械在感光材料或者其他介质上记录客观物体形象的作品,包括照片、影视剧的剧照等。摄影本质上是一项技术,是记录事物影像的手段。但是,单纯复制性的照片,如翻拍文件、地图等,因不具备独创性,就不属于著作权的保护范围。

(6)电影作品和以类似摄制电影的方法创作的作品。此类作品也被称之为视听作品,是指摄制在一定介质上,由一系列有伴音或无伴音的画面组成,并且借助适当装置放映或者以其他方式传播的作品。该类作品与戏剧作品等不同的是,它被保护的是一系列的画面,而剧本等可以独立构成文字作品,主题曲、插曲、背景音乐等也都可以成为独立的音乐作品。

(7)工程设计图、产品设计图、地图、示意图等图形作品和模型作品。图形作品是指为施工、生产绘制的工程设计图、产品设计图,以及反映地理现象、说明事物原理或者结构的地图、示意图等作品。模型作品是指为展示、试验或者观测等用途,根据物体的形状和结构,按照一定比例制成的立体作品,如建筑模型。

(8)计算机软件。计算机软件是指计算机程序及其有关的文档[①]。计算机程序,是指为了得到某种结果而可以由计算机等具有信息处理能力的装置执行的代码化指令序列,或者可以被自动转换成代码化指令序列的符号化指令序列或者符号化语句序列[②]。同一计算机程序的源程序和目标程序为同一作品。另外,受保护的软件必须是由开发者独立完成,并已固定在某种有形物体上;对软件著作权的保护不延及开发软件所用的思想、处理过程、操作方法或者数学概念。

计算机软件是随着科学技术的发展而出现的新产物,它虽是著作权的客体,但与其他作品相比其表现形式独特,其著作权的内容、归属及其保护也较为复杂,因而《著作权法》第58条规定,计算机软件的保护办法由国务院另行规定。据此国务院颁布了《计算机软件保护条例》。

(9)法律行政法规规定的其他作品。随着社会进步,科学技术发展,还会不断有新的作品类型产生,这是目前的著作权法所无法涵盖的。这时就需要由法律、行政法规来作出相应的规定,以为这些新的作品类型提供保护。

---

① 《计算机软件保护条例》第2条.

② 《计算机软件保护条例》第3条.

另外,还有一类比较特殊的作品,就是民间文学艺术作品,它是指特定民族在历史长河中所逐步形成的文化成果,反映了该民族的传统文化、社会底蕴,如民间传说、民间音乐、民间舞蹈、民间美术以及各种民间风俗礼仪等。作为一种重要的文化遗产,对于尤其像是我国这样有着悠久历史的国家意义重要,应当得到法律保护。著作权法第6条规定"民间文学艺术作品的著作权保护办法由国务院另行规定",但至今尚未出台有关保护民间文学艺术作品的具体条例。

3. 不属于著作权法律制度保护的作品

著作权法的保护范围很广,但是也有排除对象,作品内容违反宪法和法律,损害公共利益的作品,如淫秽、暴力等内容的作品得不到著作权保护。著作权法规定了三类无权作品[①]:

(1) 法律、法规,国家机关的决议、决定、命令和其他具有立法、行政、司法性质的文件,及其官方正式译文。虽然这些文件具备作品的构成要素,也合法有效,但是为了社会管理的透明、提高社会文明程度、明确政府管理职能,应当鼓励传播,不应当将其著作权授予某个主体而形成垄断。

(2) 时事新闻。是指通过报纸、期刊、广播电台、电视台等媒体报道的单纯事实消息,其全部由信息,包括时间、地点、人物、事件等客观现象或事实组成。这样的消息是一种客观记录,没有作者的议论,也没有对新闻事实细节的描述,不反映作者的创造性劳动,也不表达作者的思想和情感。可见时事新闻不具备作品所要求的独创性要件,不能称之为作品。而且,时事新闻本身也要求广泛而迅速地传播,如予以保护就会阻碍其传播。但是,通讯、消息、特写、新闻调查、新闻评论等往往具有评论性、描述性,凝结着作者的独特的构思和创意,与上述的新闻不同,应受到保护。

(3) 历法、通用数表、通用表格和公式。历法所揭示的日期、节气、节日等内容是不为著作权所调整的,但人们根据历法所绘制的挂历、台历、日历是受著作权保护的。通用数表、通用表格同样也不享有著作权,如《计量单位表》、《汉字偏旁名称表》和《元素周期表》。

(三) 著作权的内容

著作权的内容是指著作权人根据法律的规定对其作品有控制、利用、处分的具体形式,反映了作者与其创作的作品之间的具有人格利益和财产利益的联系方式,即著作权人的人身权利和财产权利。

---

① 《中华人民共和国著作权法》第5条.

1. 人身权利

人身权利又称精神权利,是指著作权人因其作品而享有的以精神利益为内容的权利。人身权利具有一定的专属性,具体包括发表权、署名权、修改权、保护作品完整权。人身权利有以下几类:

(1)发表权。是指著作权人决定作品是否公之于众,以及决定什么时候、什么地方将作品公之于众的权利。发表意味着作品进入社会,可被作者以外的不特定的人获得,同时接受公众的评价。该项权利是著作权人的人身权利和财产权利中最基础的权利。如果著作权人决定不发表其作品,也不委托他人发表,不许可他人使用,那么该著作权人的其他人身权利和财产权利也就无从产生。

发表权包括决定发表和决定不发表两方面的内容。如果著作权人决定不发表其作品,但他仍然有权将该作品许可他人全部或部分使用、发表并获取报酬。如果著作权人生前决定不发表自己的创作,也不允许其继承人、受赠人发表的,在著作法保护的 50 年期限届满后,任何人都可将其发表,但不得侵犯其署名权。如果生前未明确表示死后也不发表其著作,他的继承人、受赠人在著作权法保护的 50 年期限内,可以行使其发表权,著作权人没有继承人或者受赠人,可由其合法所有人行使发表权。

通常情况下,发表权属于"一次用尽"的权利。作品一经发表,著作权人对作品的发表权就行使完结,发表权就已用尽。但是著作权人也可以分次行使发表权,例如将其作品分成不同部分逐次发表,像连载小说。

(2)署名权。即表明作者身份,在作品上署名的权利。作者有权在自己创作的作品上注明自己的名字、名称的权利。著作权人在自己创作的作品上署名可以是真名,也可以是笔名、艺名,还可以是假名、化名,甚至可以放弃署名。不管著作权人采取什么方式署名,他都有权拒绝其他任何未参与该创作的人员要求署名的权利。职务作品的署名权仍归具体创作的作者享有①。

署名权是确认该作品的作者的具体身份的重要的法律依据,它除了向公众表明该作品的所有权归何人所有外,也向公众承诺该创作引起的民事责任的承担人。

署名权属著作权人的人身权利范畴,其权利不能转让、抵押、继承、赠予,一部作品创作的署名权,归创作人永远享有。

(3)修改权与保护作品完整权。修改权和保护作品完整权其实是一个问题的两个方面。修改权是指著作权人有权修改或者授权他人修改作品,同时也有权禁止他人未经许可而修改其作品,即有保护作品不受歪曲、篡改的权利,也就是保护作品完整权。

---

① 《中华人民共和国著作权法》第 16 条.

2. 财产权利

财产权利是财产所有人处分财产带来利益的权利。以一定形式存在的作品会给人们带来一定的经济利益,比如出版物的销售,所以著作权应当包含着财产权利。著作权人的财产权利是指为了经济利益而使用、处分其作品的权利。与人身权利的专属性不同,著作权中的财产权利可以许可他人行使甚至部分或全部转让给他人并取得报酬。具体到权利的种类则取决于对该作品的使用方式,大致可以分为复制权、传播权和演绎权。著作权的财产权大致有以下几种:

(1) 复制权。复制是通过各种技术手段重复制作作品的行为,它是作者实现其广泛的著作权各项权能的主要的前提条件,是作者最原始、最基本的权利,基本的复制手段有印刷、翻拍等。复制不受复制数量、复制方式和复制品使用范围的限制。复制可以是多次的,也可以是一次性的;可以是直接来源于原件的复制,也可以是对原件复制品的再复制;复制品的使用可以是永久性的,也可以是短暂性的,只要能够满足人们正常的使用即可。

(2) 发行权。即以出售或者赠予方式向公众提供作品复制件的权利。发行权与复制权密切相关,发行必须以复制为前提,但只复制不发行的话,复制权也就失去了其意义。

(3) 出租权。即有偿许可他人临时使用作品的权利。出租权的对象一般是电影作品和以类似摄制电影的方法创作的作品、计算机软件等。

(4) 展览权。即公开陈列美术作品、摄影作品的原件或者复制件的权利。展览不仅包括对作品原件的展览,还包括对复制作品的展览。

(5) 表演权。即公开表演作品,以及用各种手段公开播送作品的表演的权利。表演可以分为现场表演和机械表演两大类。现场表演是指自己或授权他人以声音、表情、动作等肢体语言来再现作品,如演奏乐曲、上演剧本、朗诵诗歌等;而机械表演是指借助录音机、录像机等技术设备再现已录制的表演,如 KTV、饭店、咖啡厅等播放录音录像制品。

(6) 放映权。即通过放映机、幻灯机等技术设备公开再现美术、摄影、电影和以类似摄制电影的方法创作的作品等的权利。放映权和表演权不同,表演权是公开表演作品或播送已录制的表演的权利,而放映电影等并非表演作品,也不是播送已录制的表演,因为电影等本身就是作品。

(7) 广播权。即以无线方式公开广播或者传播作品,以有线传播或者转播的方式向公众传播广播的作品,以及通过扩音器或者其他传送符号、声音、图像的类似工具向公众传播广播的作品的权利。

(8) 信息网络传播权。即以有线或者无线方式向公众提供作品,使公众可以在其个人选定的时间和地点获得作品的权利。信息网络传播权是随着网络技术的发展而出现的。由于该项权利涉及全新的技术环境,有关利益关系错综复杂,故《著作权法》第58条授权国务院另行规定信息网络传播权的保护办法。

(9)摄制权。即以摄制电影或者以类似摄制电影的方法将作品固定在载体上的权利。摄制行为能产生电影或以类似摄制电影的方法创作的作品,而只将表演或景物机械地录制下来的行为,因不具独创性而不构成作品,当然不属于摄制。

(10)改编权。即改变作品,创作出具有独创性的新作品的权利,它属于演绎权的范畴。改编是指在不改变原作基本内容的前提下,改变作品形式,以满足特定需求。常见的改编有将小说改编成剧本,将长篇小说进行缩写等。在取得原作著作权人的许可下进行改编时,需要注意的是,必须以原作为基础,不得改编原作的基本内容,不得对原作进行歪曲和篡改,否则就侵犯了原作的著作权。

(11)翻译权。即将作品从一种语言文字转换成另一种语言文字的权利,也属于演绎权的范畴。同样,翻译也是在原作的基础上进行再创作,也不得对原作进行歪曲和篡改,必须忠实于原作。

(12)汇编权。即将作品或者作品的片段通过选择或者编排,汇集成新作品的权利,也属于演绎权的范畴。汇编并不改变作品的表现形式,但在作品或作品的片段的选择或编排的过程中,汇编人进行了创造性的智力劳动,故汇编能够产生新的作品。

(13)应当由著作权人享有的其他权利。随着科学技术的发展,可能还会出现新的作品的使用方式。故《著作权法》中规定了该兜底性条款,以适应社会的发展。

3. 邻接权

邻接权是指作品传播者对在传播作品过程中产生的劳动成果依法享有的专有权利,又称为作品传播者权或与著作权有关的权益。

(1)出版者的权利和义务。出版者有权许可或者禁止他人使用其出版的图书、期刊的版式设计。其权利的保护期为10年,截止于使用该版式设计的图书、期刊首次出版后第10年的12月31日①。图书出版者对著作权人交付出版的作品,按照合同约定享有的专有出版权受法律保护,他人不得出版该作品。并且,著作权人应当按照合同约定期限交付作品。报纸、杂志社对著作权人的投稿作品在一定期限内享有先载权。但著作权人自稿件发出之日起15日内未收到报社通知决定刊登的,或者自稿件发出之日起在30日内未收到期刊社通知决定刊登的,可以将同一作品向其他报社、期刊社投稿。双方另有约定的除外②。

---

① 《中华人民共和国著作权法》第35条.
② 《中华人民共和国著作权法》第32条.

出版者的主要义务：①按合同约定或国家规定向著作权人支付报酬[①]；②按照合同约定的出版质量、期限出版图书[②]；③重版、再版作品的，应当通知著作权人，并支付报酬[③]；④出版改编、翻译、注释、整理已有作品而产生的作品，应当取得演绎作品的著作权人和原作品的著作权人许可，并支付报酬[④]；⑤对出版行为的授权、稿件来源的署名、所编辑出版物的内容等尽合理的注意义务，避免出版行为侵犯他人的著作权等民事权利。

（2）表演者的权利和义务。表演者，是指演员 演出单位或者其他表演文学艺术作品的人。表演者对其表演享有下列权利[⑤]：①表明表演者身份；②保护表演形象不受歪曲；③许可他人从现场直播和公开传送其现场表演，并获得报酬；④许可他人录音录像，并获得报酬；⑤许可他人复制、发行录有其表演的录音录像制品，并获得报酬；⑥许可他人通过信息网络向公众传播其表演，并获得报酬。表演者的表明表演者身份，保护表演形象不受歪曲的权利的保护期不受限制。以上其他权利的保护期为 50 年，截止于该表演发生后第 50 年的 12 月 31 日[⑥]。

表演者的义务：使用他人作品演出，表演者（演员、演出单位）应当取得著作权人许可，并支付报酬。演出组织者组织演出，由该组织者取得著作权人许可，并支付报酬。使用改编、翻译、注释、整理已有作品而产生的作品进行演出，应当取得改编、翻译、注释、整理作品的著作权人和原作品的著作权人许可，并支付报酬[⑦]。

（3）录制者的权利和义务。录制者包括录音制作者和录像制作者。录制者权利客体是录制品，包括录音制品和录像制品。录音制品是指任何声音的原始录制品；录像制品是指电影作品和以类似摄制电影的方法创作的作品以外的任何有伴音或无伴音的连续相关形象的原始录制品，包括表演的原始录制品和非表演的原始录制品。

录音录像制作者对其制作的录音录像制品，享有许可他人复制、发行、出租、通过信息网络向公众传播并获得报酬的权利；权利的保护期为 50 年，截止于该制品首次制作完成后第 50 年的 12 月 31 日[⑧]。

录音录像制作者使用他人作品制作录音录像制品，应当取得著作权人许可，

---

① 《中华人民共和国著作权法》第 29 条.
② 《中华人民共和国著作权法》第 31 条.
③ 《中华人民共和国著作权法》第 31 条.
④ 《中华人民共和国著作权法》第 34 条.
⑤ 《中华人民共和国著作权法》第 37 条.
⑥ 《中华人民共和国著作权法》第 38 条.
⑦ 《中华人民共和国著作权法》第 36 条.
⑧ 《中华人民共和国著作权法》第 41 条.

并支付报酬①。录音录像制作者使用改编、翻译、注释、整理已有作品而产生的作品,应当取得改编、翻译、注释、整理作品的著作权人和原作品著作权人许可,并支付报酬②。录音制作者使用他人已经合法录制为录音制品的音乐作品制作录音制品,可以不经著作权人许可,但应当按照规定支付报酬;著作权人声明不许使用的不得使用。录音录像制作者制作录音录像制品,应当同表演者订立合同,并支付报酬。

(4)播放者的权利和义务。播放者是指广播电视组织,包括广播电台和电视台。播放者权利客体是播放的广播或电视而非广播、电视节目。广播、电视是指广播电台、电视台通过载有声音、图像的信号播放的集成品、制品或其他材料在一起的合成品。

播放者有权禁止未经许可的下列行为:将其播放的广播、电视转播;将其播放的广播、电视录制在音像载体上以及复制音像载体③。其权利的保护期为50年,截止于该广播、电视首次播放后第50年的12月31日。

播放者应当履行下列义务:播放他人未发表的作品,应当取得著作权人的许可,并支付报酬;播放已发表的作品或已出版的录音录像制品,可以不经著作权人许可,但应按规定支付报酬④。

4.著作权的许可与转让

(1)著作权的许可使用。著作权人依法享有许可他人使用作品并获得报酬的权利。他人若使用著作权人的作品,应当同著作权人订立许可使用合同,但属于法定使用许可情形的除外。许可使用合同包括下列主要内容:许可使用的权利种类,如复制权、翻译权等;许可使用的权利是专有使用权或者非专有使用权;许可使用的地域范围、期间;付酬标准和方法;违约责任;双方认为需要约定的其他内容。使用许可合同未明确许可的权利,未经著作权人同意,另一当事人不得行使。

(2)著作权的转让。著作权人可以依法享有转让使用权中一项或多项权利并获得报酬。转让的标的不能是著作人身权,只能是著作财产权中的使用权⑤,可以转让使用权中的一项或多项或全部权利。转让作品使用权的,应当订立书面合同。合同的主要内容有:作品的名称;转让的权利种类、地域范围;转让价金;交付转让价金的日期和方式;违约责任;双方认为需要约定的其他内容。转让合同中未明确

---

①《中华人民共和国著作权法》第39条.

②《中华人民共和国著作权法》第39条.

③《中华人民共和国著作权法》第44条.

④《中华人民共和国著作权法》第42条.

⑤《中华人民共和国著作权法》第25条、第10条.

约定转让的权利,未经著作权人同意,另一方当事人不得行使。

（3）著作权许可使用和转让的报酬。著作权人因作品的许可使用和转让有获得报酬的权利。使用作品的付酬标准可以由当事人约定,也可以按照国务院著作权行政管理部门会同有关部门制定的付酬标准支付报酬①。当事人约定不明确的,按照国务院著作权行政管理部门会同有关部门制定的付酬标准支付报酬。出版者、表演者、录音录像制作者、广播电台、电视台等依照本法有关规定使用他人作品的,不得侵犯作者的署名权、修改权、保护作品完整权和获得报酬的权利②。

（四）著作权的期限和限制

1. 著作权的保护期

作者的署名权、修改权、保护作品完整权的保护期不受限制③。

公民的作品除了署名权、修改权、保护作品完整权,发表权和其他财产权权利的保护期为作者终生及其死后 50 年,截止于作者死亡后第 50 年的 12 月 31 日。如果是合作作品,截止于最后死亡的作者死亡后第 50 年的 12 月 31 日④。

法人或其他组织的作品,著作权（署名权除外）由法人或其他组织享有的职务作品,其发表权等财产性权利的保护期为 50 年,截止于作品首次发表后第 50 年的 12 月 31 日,但作品在创作完成后 50 年内未发表的,不再保护。

电影作品和以类似于摄制电影的方法创作的作品、摄影作品,其中财产性权利的保护期为 50 年,截止于作品首次发表后第 50 年的 12 月 31 日,但是作品自创作完成后 50 年内没有发表的,不再保护。

作者身份不明的作品的著作财产权的保护期截止于作品首次发表后第 50 年的 12 月 31 日⑤。

2. 著作权的限制

（1）合理使用。合理使用是指根据法律的明文规定,不必征得著作权人同意而无偿使用他人已发表作品的行为。合理使用必须符合以下条件:①作品已经发表,如要使用他人未发表的作品必须征得著作权人同意。已经发表的作品,是指著作权人自行或许可他人公之于众的作品;②法律允许。除我国著作权法第 22 条明确规定的情形外,其他使用行为均属不合理使用;③不必征得著作权人许可而无偿

---

① 《中华人民共和国著作权法》第 27 条.

② 《中华人民共和国著作权法》第 28 条.

③ 《中华人民共和国著作权法》第 20 条.

④ 《中华人民共和国著作权法》第 21 条.

⑤ 《中华人民共和国著作权法实施条例》第 18 条.

使用他人作品。是否支付报酬是合理使用与法定许可的重要区别;④不得影响该作品的正常使用,也不得不合理地损害著作权人的合法利益。

合理使用一般只限于为个人消费或公益性使用等目的少量使用他人作品的行为,应当指明作者姓名、作品名称,并不得侵犯著作权人依法享有的其他权利,如不得歪曲、篡改作品等。

根据《著作权法》第 22 条的规定,下列情况下使用作品,可以不经著作权人许可,不向其支付报酬,但应当指明作者姓名、作品名称,并且不得侵犯著作权人依照本法享有的其他权利:①为个人学习、研究或者欣赏,使用他人已经发表的作品;②为介绍、评论某一作品或者说明某一问题,在作品中适当引用他人已经发表的作品;③为报道时事新闻,在报纸、期刊、广播电台、电视台等媒体中不可避免地再现或者引用已经发表的作品;④报纸、期刊、广播电台、电视台等媒体刊登或者播放其他报纸、期刊、广播电台、电视台等媒体已经发表的关于政治、经济、宗教问题的时事性文章,但作者声明不许刊登、播放的除外;⑤报纸、期刊、广播电台、电视台等媒体刊登或者播放作者在公众集会上发表的讲话,但作者声明不许刊登、播放的除外;⑥为学校课堂教学或者科学研究,翻译或者少量复制已经发表的作品,供教学或者科研人员使用,但不得出版发行;⑦国家机关为执行公务在合理范围内使用已经发表的作品;⑧图书馆、档案馆、纪念馆、博物馆、美术馆等为陈列或者保存版本的需要,复制本馆收藏的作品;⑨免费表演已经发表的作品,该表演未向公众收取费用,也未向表演者支付报酬;⑩对设置或者陈列在室外公共场所的艺术作品进行临摹、绘画、摄影、录像;⑪将中国公民、法人或者其他组织已经发表的以汉语言文字创作的作品翻译成少数民族语言文字作品在国内出版发行;⑫将已经发表的作品改成盲文出版。

(2) 法定许可使用。法定许可使用是指根据法律的明文规定,使用人不经著作权人同意而有偿使用他人已经发表的作品的行为。根据《著作权法》有关规定,法定许可使用包括以下情形:①为实施九年制义务教育和国家教育规划而编写出版教科书,除作者事先声明不许使用外,可以不经著作权人许可,在教科书中汇编已经发表的作品片段或者短小的文字作品、音乐作品或者单幅的美术作品、摄影作品①;②作品被报社、期刊社刊登后,除著作权人声明不得转载、摘编的以外,其他报刊可以转载或者作为文摘、资料刊登②;③已在报刊上刊登或者网络上传播的作品,除著作权人声明或者上载该作品的网络服务提供者受著作权人的委托声明不

---

① 《中华人民共和国著作权法》第 23 条.
② 《中华人民共和国著作权法》第 32 条.

得转载、摘编的以外,网站可以转载、摘编[①];④录音制作者使用他人已经合法录制为录音制品的音乐作品制作录音制品,著作权人声明不许使用的除外[②];⑤广播电台、电视台播放他人已经发表的作品[③];⑥广播电台、电视台播放已经出版的录音制品[④]。

法定许可与合理使用的共同之处在于:都是基于法律的明文规定;都只能针对已经发表的作品;都不必征得著作权人的同意;都应当指明作者姓名、作品名称,并不得侵犯著作权人依法享有的其他权利。两者的区别在于:①著作权人事先声明不许使用的,一般不适用法定许可制度,但合理使用一般不受此限;②法定许可是有偿使用,使用人必须按规定支付报酬,而合理使用是无偿使用,使用人不必支付报酬。

(五) 著作权的保护及救济

1. 侵犯著作权的行为及法律责任

著作权侵权行为是指行为人未经著作权人同意,又无法律上的依据,使用他人作品或行使著作权人专有权从而侵犯了著作权人的著作权的行为。著作权法把所有著作权侵权行为区分为两大类:只承担民事责任的侵权行为和承担综合法律责任的侵权行为。

(1) 民事责任。根据《著作权法》规定,有下列侵权行为的,应当根据具体情况承担停止侵害、消除影响、赔礼道歉、赔偿损失等民事责任:①未经著作权人许可,发表其作品的;②未经合作作者许可,将与他人合作创作的作品当作自己单独创作的作品发表的;③没有参加创作,为谋取个人名利,在他人作品上署名的;④歪曲、篡改他人作品的;⑤剽窃他人作品的;⑥未经著作权人许可,以展览、摄制电影和以类似摄制电影的方法使用作品,或者以改编、翻译、注释等方式使用作品的,著作权法另有规定的除外;⑦使用他人作品,应当支付报酬而未支付的;⑧未经电影作品和以类似摄制电影的方法创作的作品、计算机软件、录音录像制品的著作权人或者与著作权有关的权利人许可,出版其作品或者录音录像制品的,著作权法另有规定的除外;⑨未经出版者许可,使用其出版的图书、期刊的版式设计的;⑩未经表演者许可,现场直播或者公开传送其现场表演,或者录制其表演的;⑪其他侵犯著作权

---

① 《最高人民法院关于审理涉及计算机网络著作权纠纷案件适用法律若干问题的解释》第3条.

② 《中华人民共和国著作权法》第39条.

③ 《中华人民共和国著作权法》第42条.

④ 《中华人民共和国著作权法》第43条.

以及邻接权的行为。

著作权的侵权赔偿。根据著作权法规定,侵犯著作权或者与著作权有关的权利的,侵权人应当按照权利人的实际损失给予赔偿;实际损失难以计算的,可以按照侵权人的违法所得给予赔偿。赔偿数额还应当包括权利人为制止侵权行为所支付的合理开支。权利人的实际损失或者侵权人的违法所得不能确定的,由人民法院根据侵权行为的情节,判决给予50万元以下的赔偿①。

(2)行政责任和刑事责任。根据《著作权法》规定,有下列侵权行为的,应当根据情况承担停止侵害、消除影响、赔礼道歉、赔偿损失等民事责任;同时损害公共利益的,可以由著作权行政管理部门责令停止侵权行为,没收违法所得,没收、销毁侵权复制品,并处以非法经营额3倍以下的罚款;非法经营额难以计算的,可以处10万元以下的罚款;情节严重的,著作权行政管理部门还可以没收主要用于制作侵权复制品的材料、工具、设备等;构成犯罪的,依法追究刑事责任:①未经著作权人许可,复制、发行、表演、放映、广播、汇编、通过信息网络向公众传播其表演的,著作权法另有规定的除外;②出版他人享有专有出版权的图书的;③未经表演者许可,复制、发行录有其表演的录音录像制品,或者通过信息网络向公众传播其表演,著作权法另有规定的除外;④未经录音录像制作者许可,复制、发行或者通过信息网络向公众传播其录音录像制品,著作权法另有规定的除外;⑤未经许可,播放或者复制广播、电视的,著作权法另有规定的除外;⑥未经著作权人或者邻接权人许可,故意避开或者破坏权利人为其作品、录音录像制品等采取的保护著作权或者邻接权的技术措施的,法律、行政法规另有规定的除外;⑦未经著作权人或者邻接权人许可,故意删除或者改变作品、录音录像制品的权利管理电子信息的,法律、行政法规另有规定的除外;⑧制作、出售假冒他人署名的作品的。

2.著作权权利救济途径

(1)著作权纠纷的调解。著作权纠纷可以调解,也可以根据当事人达成的书面仲裁协议或者著作权合同中的仲裁条款,向仲裁机构申请仲裁。当事人没有书面仲裁协议,也没有在著作权合同中订立仲裁条款的,可以直接向人民法院起诉②。

(2)著作权纠纷的诉讼。为了维护著作权人的著作权,发生著作权争议后,在调解无望的情况下,著作权人可向人民法院提起民事诉讼,以维护自己的合法权益。

---

① 《中华人民共和国著作权法》第48条.
② 《中华人民共和国著作权法》第54条.

二、专利法律制度

专利即专利权的简称,是指由政府专利行政部门根据申请人的申请,对经审查符合法定条件的发明创造,依法授予申请人对该项发明创造有独占的权利。同时,政府专利行政部门将该项发明创造记载在公开的专利文件中,这种文件以一种通俗易懂的方式表达该项发明创造的具体内容,便于人们了解、掌握这项发明创造。他人要想得到或使用该项发明创造必须得到专利权人的许可,否则就是侵权。我国专利法[①]将专利分为三种,发明、实用新型和外观设计[②]。

专利具有如下法律特征:①独占性,专利是法律确认并保护的一种垄断权;②公开性,专利的获得以公开发明创造,让同业中中等专业技术人员能掌握该项技术为前提;③时间性、地域性。专利权只在法律规定的时间内有效;一国依其本国专利法授予的专利权,仅在该国法律管辖的范围内有效。

专利法是调整由发明创造活动而产生的智力成果所引起的各种社会关系的法律规范的总称。目前,我国已形成以《专利法》、《专利法实施细则》等法律法规构成的专利法律体系,并已先后加入多个涉及保护专利权的国际公约,有《建立世界知识产权组织公约》[③]、《保护工业产权巴黎公约》[④]等。

发明创造的成果不像有形物那样容易控制,发明创造作为无形物不容易控制,更不容易保护,发明的新技术容易流失。所以,在没有专利制度的情况下,人们往往对自己的发明实行严格的保密,不能推广应用,以至失传。否则往往发明创造人还没有在新技术的使用中回收研发成本,其技术已经被他人广泛地使用,发明人无法在其产品上附加发明收益。因此,人们不愿自己投入人力物力进行新技术的研发。

---

① 《中华人民共和国专利法》1984 年 3 月 12 日经第六届全国人大常委会第四次会议审议通过,自 1985 年 4 月 1 日起施行。1992 年 9 月 4 日第七届全国人大常委会第二十七次会议第一次修正;2000 年 8 月 25 日第九届全国人大常委会第十七次会议第二次修正;2008 年 12 月 27 日第十一届全国人大常委会第六次会议第三次修正,修正后的《专利法》自 2009 年 10 月 1 日起施行.

② 《中华人民共和国专利法》第 2 条.

③ 1967 年 7 月 14 日,《建立世界知识产权组织公约》在斯德哥尔摩签订,1970 年 4 月 26 日生效,世界知识产权组织(缩写 WIPO)成立。1980 年 3 月 3 日,我国向世界知识产权组织递交了加入书,自同年 6 月 3 日起,我国正式成为世界知识产权组织的成员国.

④ 《保护工业产权巴黎公约》于 1883 年 3 月 20 日在巴黎签订,1884 年 7 月 7 日生效。1985 年 3 月 19 日中国成为该公约成员国,我国政府在加入书中声明:中华人民共和国不受公约第 28 条第 1 款的约束.

专利制度是由专利法、专利管理机关和根据专利法律、法规设定的专利管理运行机制组成的。专利制度通过公开专利技术和国家保护专利权人的合法利益这两项措施,以达到促进社会技术进步的目的。所以专利制度实施以来,世界范围内的技术进步速度比起以前大大加快。

与知识产权法的其他部分一样,专利法也不属于自然法的范畴,其权利不是随发明创造自然形成,而是要求申请人通过法律程序才能获得。我国设立国家知识产权局①作为国家主管专利行政事务的政府部门,负责管理全国的专利工作。各省、自治区、直辖市人民政府管理专利工作的部门负责本行政区域内的专利管理工作。

(一) 专利权主体

专利权主体即专利权人,是指有权提出专利申请并取得专利权的人。专利权主体根据标准不同可以进行以下分类:依其自然属性,可分为自然人和法人;依其国籍,可分为本国人和外国人;依其权利是否继受取得,可分为原始主体和继受主体。《专利法》规定,发明人、设计人有权获得非职务发明创造的专利权;职务发明创造的专利权属于发明人或者设计人所在单位;外国人可以在我国申请和拥有专利权。《专利法》还规定了合作发明、委托发明的专利权归属问题。

1. 发明人与设计人

发明人或者设计人,是指对发明创造的实质性特点作出创造性贡献的人。在完成发明创造过程中,只负责组织工作的人、为物质技术条件的利用提供方便的人或者从事其他辅助工作的人,不是发明人或者设计人②。发明人或设计人只能是自然人,不能是法人或其他组织。法人或其他组织,可以成为专利申请人,可以获得专利权,但是不能作为发明人或者设计人。

如果发明创造是由两人或两人以上共同完成的,那么这些人就是共同发明人或共同设计人。判断共同发明人或共同设计人的标准也是看其是否对发明创造的实质性特点作出了创造性的贡献。基于共同发明创造而获得的专利权,共同发明人与共同设计人应当依照共同共有的原则来处理他们之间的关系。在共同发明与委托发明中,对于两个以上单位或者个人合作完成的发明创造、一个单位或者个人接受其他单位或者个人委托所完成的发明创造,如对申请专利的权利和专利权的

---

① 国家知识产权局原名中华人民共和国专利局(简称:中国专利局),成立于1980年,主管全国的专利工作和统筹协调涉外知识产权事务,是国务院的直属机构. 1998年国务院机构改革,中国专利局更名为国家知识产权局.

② 《中华人民共和国专利法实施细则》第12条.

归属作出约定的,从其约定,没有协议的,申请专利的权利属于完成或者共同完成的单位或者个人①。

2. 专利申请人和专利权人

通常而言,发明人或设计人作为发明创造这一无形财产的直接创造者,理应有权申请专利并获得专利权。但是,随着科学研究的社会化,大量的发明创造举一人之力已无法完成,发明创造已成为一种社会化活动,集体与法人成为许多发明创造的开发者,也成为许多专利权的所有者。因此,发明人或者设计人作为申请人以及专利权人是有条件限制的,对于非职务发明,专利申请权人就是发明人或设计人。专利申请被批准后,发明人或设计人即专利权人。对于职务发明,专利申请权通常属于该发明人或设计人的所在单位。该专利申请被批准后,专利权属于专利申请人即属于该发明人或设计人的所在单位。

3. 外国人、外国企业或者外国其他组织

外国人在我国可以依法取得专利权,成为专利权的主体,外国人在我国获取专利权应符合以下规定:

(1) 在中国没有经常居所或者营业所的外国人、外国企业或者外国其他组织在中国申请专利的,依照其所属国同中国签订的协议或者共同参加的国际条约,或者依照互惠原则办理②。

(2) 在中国没有经常居所或者营业所的外国人、外国企业或者外国其他组织在中国申请专利和办理其他专利事务的,应当委托依法设立的专利代理机构办理③。

(二) 专利权的客体

专利权的客体即专利制度保护的对象,是指专利权主体赖以取得专利法律制度保护的发明创造。专利权主体赖以取得专利保护的发明创造,具体分为发明、实用新型和外观设计④3 种。

1. 发明

《专利法》所称的发明,是指对产品、方法或者对其改进所提出的新的技术方案⑤。首先,发明是一项技术方案。所谓技术方案是指发明人利用自然规律解决

① 《中华人民共和国专利法》第 6 条、第 8 条.
② 《中华人民共和国专利法》第 18 条.
③ 《中华人民共和国专利法》第 19 条.
④ 《中华人民共和国专利法》第 2 条.
⑤ 《中华人民共和国专利法实施细则》第 2 条.

某一技术问题而提出的完整可行的解决方案。其次,发明是一种新的技术方案。该技术方案在申请日以前没有公知公用。发明又可以分为产品发明和方法发明两大类。产品发明是指以前没有的物品被制造了出来,即该项发明使得人类社会多了一种原来没有的物品;方法发明是指以前没有的加工手段、工艺过程、操作方式等可以被现代工业采用的技术形式,即人类社会可以用一种以前没有的方法生产已有产品。

2. 实用新型

实用新型,是指对产品的形状、构造或者其结合所提出的适合于实用的新的技术方案[①]。实用新型专利只保护产品,任何方法都不属于实用新型的范围。实用新型一般表现在新技术产品比原有技术产品使用起来更加简便、合理。实用新型同样必须具有新颖性。

实用新型与发明的主要区别在于:实用新型相比发明在创造性程度和技术水平上要低一些。一般讲发明的技术方案是一种以前没有的新的技术方案,是一种全新的产品或全新的生产方法,其功能比起以前的同类产品有较大的突破,如喷气发动机相对活塞式发动机,在动力性上两者的差异是根本性的。有的发明会带来产品革命性的发展;而实用新型的技术方案一般是在现有产品的基础上的发明创造,相比以前的产品,没有产品功能上的突破,会有携带方便、使用方便或者结构合理等方面的变化,如在只有拧紧式笔帽圆珠笔的时代,新出现的弹簧式笔芯伸缩型圆珠笔就是一种实用新型发明。此时,圆珠笔的书写的基本功能与主要的技术指标没有变,但比其旋转式笔帽的圆珠笔使用更方便了。

3. 外观设计

外观设计,是指对产品的形状、图案或者其结合以及色彩与形状、图案的结合所作出的富有美感并适于工业应用的新设计[②]。外观设计必须应用于具体产品之上,一个单纯的美术设计,如果未依附于产品,它只能是一件艺术品,只可成为著作权的客体。外观设计必须是产品形状、图案或者色彩与形状、图案的设计。外观设计要具有实用性及美感。

外观设计和实用新型两者都涉及产品形状的新样式、新设计,但两者的侧重点不同:外观设计侧重于产品的外部审美价值,衡量的标准是能否具有美感;实用新型侧重于产品形状或构造设计所产生的技术效果,衡量标准是能否产生实用价值。与产品性能相关的外观不属于外观设计的保护范围,如一只安装在工具上的手柄,这只手柄及其安装位置是与产品功能有关的,不受外观设计专利制度的保护。而

---

① 《中华人民共和国专利法实施细则》第 2 条.
② 《中华人民共和国专利法实施细则》第 2 条.

这只手柄上的图案、花纹是受外观设计专利制度保护的。

(三) 授予专利权的条件

对于发明和实用新型而言,要获得专利授权,就应当具备新颖性、创造性和实用性,也就是通常所说的"三性"。

1. 新颖性

新颖性,是指该发明或者实用新型不属于现有技术;也没有任何单位或者个人就同样的发明或者实用新型在申请日以前向国务院专利行政部门提出过申请,并记载在申请日以后公布的专利申请文件或者公告的专利文件中[①]。所谓"现有技术"是指申请日以前在国内外为公众所知的技术。所谓公众所知应该包括公开发表和公开使用,公开发表是指以文字、图片、图纸资料等方式在国内外公开发行的刊物上刊载;所谓公开使用是指以实物的方式在非保密措施条件下使用。

外观设计的新颖性是指,授予专利权的外观设计,应当不属于现有设计;也没有任何单位或者个人就同样的外观设计在申请日以前向国务院专利行政部门提出过申请,并记载在申请日以后公告的专利文件中。授予专利权的外观设计与现有设计或者现有设计特征的组合相比,应当具有明显区别。授予专利权的外观设计不得与他人在申请日以前已经取得的合法权利相冲突。所谓现有设计,是指申请日以前在国内外为公众所知的设计[②]。

发明创造一旦公开,就被视为现有技术的一部分而失去新颖性。但由于某些迫不得已或自己不能控制的原因,会导致发明创造公开,在这种情况下如果不给予保护显然是不合适的,但无限期地给予时间上的宽延也是不妥当的。所以,法律对这种情况作了有限宽延的例外规定。我国《专利法》规定:"申请专利的发明创造在申请日以前 6 个月内,有下列情形之一的,不丧失新颖性:①在中国政府主办或者承认的国际展览会上首次展出的;②在规定的学术会议或者技术会议上首次发表的;③他人未经申请人同意而泄露其内容的。[③]"上述"学术会议或者技术会议"是指国务院有关主管部门或者全国性学术团体组织召开的学术会议或技术会议[④]。

2. 创造性

发明或者实用新型要获得专利权,还必须具备创造性的条件。创造性,是指与

---

①　《中华人民共和国专利法》第 22 条.
②　《中华人民共和国专利法》第 23 条.
③　《中华人民共和国专利法》第 24 条.
④　《中华人民共和国专利法实施细则》第 31 条.

现有技术相比,该发明具有突出的实质性特点和显著的进步,该实用新型具有实质性特点和进步①。

发明专利要求的创造性,是指同现有技术相比,该发明有"突出的实质性特点"和"显著的进步"两个特点。"突出的实质性特点"是指发明创造与现有技术相比具有明显的本质的区别。也就是说,该发明创造不是所属技术领域的普通技术人员能直接从现有技术中得出,并构成该发明创造的全部必要的技术特征的。相关技术人员必须突破了现有技术的技术特征,形成了一个与现有技术特征有显著差异的技术方案。"显著的进步"是指该发明创造与最接近的现有技术相比,具有社会公认的很大的进步。这种进步应该表现在该发明创造既保留了现有技术中的优点,又克服了现有技术中存在的缺点和不足;它不但能解决现有技术能解决的全部问题,达到现有技术的工业效率,还能在此基础上解决现有技术不能解决的某些关键问题或大大超过现有技术的工业效率。总之,该技术在工业上的价值相对现有技术而言是明显的、优异的。

实用新型要求的创造性,是指同申请日以前现有技术相比,该实用新型有"实质性特点"和"进步"。实质性特点要求的是,相关领域的技术人员只要在原有技术特征的基础上提出一些技术方案的改革,这个技术方案可以解决现有技术方案的某个不足或增加某项非基本性的功能就可以构成一项实用新型的发明。

"实质性的特点"相比较"突出的实质性特点","进步"相比较"显著的进步"结论是明显的,前者比后者的要求明显的要低。发明创造所要求的"突出的"和"显著的",就是判断发明专利和实用新型专利的区别所在。实用新型的创造性比对发明的创造性要求低一些,只要有一些新的技术效果和一点进步,就认为具有创造性。

3. 实用性

实用性是指该发明或者实用新型能够制造或者使用,并且能够产生积极效果②。所谓"能够制造或者使用",是指该项发明或实用新型具有特定功能,能满足人们的某种技术上的需要,可以被实施应用,能够被具备一定条件的任何人反复运用。所谓"能够产生积极效果",是指发明或者实用新型专利申请在提出申请之日,其产生的经济、技术和社会的效果是优于现有技术的。这种积极的效果不但是所属技术领域的技术人员可以预期的,而且还是能够实现的。

4. 不授予专利权的条件

除规定以上授予专利权的条件之外,《专利法》规定了不授予专利权的两项原

---

① 《中华人民共和国专利法》第 22 条.
② 《中华人民共和国专利法》第 22 条.

则①和六种情形②。不授予专利权的两项原则是：①对违反法律、社会公德或者妨害公共利益的发明创造,不授予专利权。②对违反法律、行政法规的规定获取或者利用遗传资源,并依赖该遗传资源完成的发明创造,不授予专利权。不授予专利权的六种情形：①科学发现③；②智力活动的规则和方法④；③疾病的诊断和治疗方法⑤；④动物和植物品种(对于动植物品种的生产方法可以授予专利权)⑥；⑤用原子核变换方法获得的物质⑦；⑥对平面印刷品的图案、色彩或者两者的结合作出的主要起标识作用的设计。

(四) 专利权的取得

专利权不是自然权利,一项发明创造并不能自动得到专利保护,专利主管机构也不能主动授予专利权。必须由专利申请人按照规定提交必要的申请文件,经法定程序审查后,符合条件的才能获得专利授权。专利的申请一般包括以下的原则和内容：

---

①　《中华人民共和国专利法》第 5 条.

②　《中华人民共和国专利法》第 25 条.

③　科学发现是指人们对自然界客观存在的未知物质及其特性的认知。这些物质是客观存在的,不管人们是否以前、现在乃至将来对它是否认知,发现是对以前没有认知的客观存在的物质的首次认知过程。这种认知可能会对今后的人类社会产生较大的影响,但它不是一种对不存在的物的创造,不是一种技术方案.

④　智力活动的规则和方法是指人们运用自己的思维活动通过定义、判断、推理以及对相关要素的排列组合等就可得到的一种逻辑方法,如体育运动的比赛规则,字典的编排方式。这种规则和方法的一个显著特点是纯智力的成果不是一种工业技术方案,也不能直接运用于工业.

⑤　疾病的诊断和治疗方案是指以人为对象的服务与手术,它不是工业生产领域的活动,虽然也有科学与技术的含量,但由于它不能用于生产过程因此不能作为专利法保护的对象,但诊断和治疗的仪器设备的研发与生产领域的技术是专利保护的范围.

⑥　动植物的品种本质上是自然物,而不是人造物。虽然人们可以运用科学技术改良生物性状,但本质上还是通过生物自己的自然特性达到改变的,与工业制造品有本质的区别。当然用于改良生物性状的方法是可以通过人们的探索发明的。所以,动植物品种的生产方法是属于专利保护的范围.

⑦　用原子核变换方法获得的物质之所以不列入专利范围是因为原子核技术如果广泛流传势必给人类带来灾难,所以原子核技术是国际防扩散的技术,世界主要核国家都在致力于核技术的保密与防扩散,就是反对核扩散政策的国家也不会将核技术向民间扩散。保密与不扩散的特性同专利制度的公开特性是相悖的,因此该技术因为需要保密而不列入专利保护的范畴已经成为世界共识.

1. 专利申请原则

（1）书面申请原则。《专利法》规定："申请发明或者实用新型专利的，应当提交请求书、说明书及其摘要和权利要求书等文件。"①其中，请求书应当写明发明或者实用新型的名称，发明人或者设计人的姓名，申请人姓名或者名称、地址，以及其他事项。说明书应当对发明或者实用新型作出清楚、完整的说明，以所属技术领域的中级技术人员能够看懂为准；必要的时候，应当有附图。摘要应当简要说明发明或者实用新型的技术要点。权利要求书应当以说明书为依据，清楚、简要地限定要求专利保护的范围。依赖遗传资源完成的发明创造，申请人应当在专利申请文件中说明该遗传资源的直接来源和原始来源；申请人无法说明原始来源的，应当陈述理由。

申请外观设计专利的，申请外观设计专利的，应当提交请求书、该外观设计的图片或者照片以及对该外观设计的简要说明等文件。申请人提交的有关图片或者照片应当清楚地显示要求专利保护的产品的外观设计。

（2）先申请原则。专利是一种独占权，当两个主体同时就一项发明创造提出专利申请时，该项发明创造只应授予一个专利权。在这种情况下，各国专利法一般存在两种归属原则。

其一是先发明原则，即两个以上的申请人分别就同样的发明申请专利时，不论谁先提出专利申请，专利权授予最先完成发明的申请人。

其二是先申请原则，即两个以上的申请人分别就同样的发明申请专利时，不论是谁最先完成的发明，专利权授予最先提出专利申请的申请人。因为后者易于识别先后，不易引起矛盾，就是有了争议也易于解决，所以我国采用后者，实行申请在先原则。我国《专利法》规定："两个以上的申请人分别就同样的发明创造申请专利的，专利权授予最先申请的人。"②

（3）单一性原则。所谓单一性原则是指一件发明或者实用新型专利申请应当限于一项发明或者实用新型。属于一个总的发明构思的两项以上的发明或者实用新型，可以作为一件申请提出。一件外观设计专利申请应当限于一项外观设计。同一产品两项以上的相似外观设计，或者用于同一类别并且成套出售或者使用的产品的两项以上外观设计，可以作为一件申请提出③。所谓同一类别，是指产品属于分类表中同一小类。

（4）优先权原则。根据《巴黎公约》的规定④，优先权原则是指已经在一个成员

① 《中华人民共和国专利法》第 26 条.
② 《中华人民共和国专利法》第 9 条.
③ 《中华人民共和国专利法》第 31 条、《中华人民共和国专利法实施细则》第 35 条.
④ 《保护工业产权巴黎公约》第四条有关于优先权的规定.

国正式提出了专利申请的申请人,在其他成员国提出同样的申请,在规定期限内应该享有的以其在成员国第一次提出申请的日期为申请日的权利。换句话说,在优先权期间内只要优先权人提出申请的,那么其他成员国对其他人的同样申请不能授予专利权,该专利权授予该优先权人。

专利法规定申请人自发明或者实用新型在外国第一次提出专利申请之日起12个月内,或者自外观设计在外国第一次提出专利申请之日起6个月内,又在中国就相同主题提出专利申请的,依照该外国同中国签订的协议或者共同参加的国际条约,或者依照相互承认优先权的原则,可以享有优先权。申请人自发明或者实用新型在中国第一次提出专利申请之日起12个月内,又向国务院专利行政部门就相同主题提出专利申请的,可以享有优先权①。另外,在申请日的确定方面,申请人要求优先权的,应当在申请的时候提出书面声明,并且在3个月内提交第一次提出的专利申请文件的副本;未提出书面声明或者逾期未提交专利申请文件副本的,视为未要求优先权②。

2. 专利申请文件

我国《专利法》明确规定了申请专利所需要的文件,这些文件包括请求书、说明书及其摘要和权利要求书③。

(1)请求书。请求书是申请专利的必需文件,是申请人向国家专利管理机关表达这样的一种意愿的书面文件,该意愿是申请人要求国家专利管理机关就自己持有的发明创造授予专利权。请求书有严格的形式要求,必须按照国家专利管理机关制订的统一文件格式制作。

(2)说明书及其摘要。说明书也是申请专利的必需文件。说明书是专利审查单位对专利进行审查决定是否授予专利权的依据。说明书还是将专利技术公开的文件,它应该使一个该领域内的技术人员阅读之后能够全面掌握该专利的技术特点,并能够实施该专利。必要的时候,说明书应该附图。为了使审查和查阅方便,说明书应当有一份说明该技术特点的摘要。

(3)权利要求书。权利要求书是申请专利的必要文件,权利要求书应当以说明书为依据,清楚、简要地限定要求专利保护的范围。在专利法律制度中,申请人是否能得到专利权取决于你的说明书的表达是否完整、准确;而专利是否能得到实际保护,则取决于权利要求书。专利制度保护的技术特点不以说明书为准,而是以权利要求书为准,凡权利要求书上没有清楚表明的技术特征不受法律保护。因此,

① 《中华人民共和国专利法》第29条.
② 《中华人民共和国专利法》第30条.
③ 《中华人民共和国专利法》第26条.

完全可能出现由于权利要求书表达不准确,需要保护的专利没有能够得到保护,专利证书成为一纸空文的情况。

专利申请被授予专利权之前,申请人可以随时撤回其专利申请。撤回专利申请时,申请人要向专利行政部门提交统一制定的"撤回专利申请声明",但当撤回专利申请声明提交时,专利行政部门对该项专利申请已做好了公布的印刷准备工作,那么声明中提及的该项专利申请将仍予以公布①。

在专利申请的修改上,申请人可以对其专利申请文件进行修改,但是,对发明和实用新型专利申请文件的修改不得超出原说明书和权利要求书记载的范围,对外观设计专利申请文件的修改不得超出原图片或者照片表示的范围。

3. 专利的审查、批准和复审

(1)专利的审查和批准。我国对专利的审查采用两种审查制度。对发明专利申请,规定采用早期公开延迟审查制;对实用新型和外观设计的专利申请,规定采用形式审查制。

国务院专利行政部门收到发明专利申请后,经初步审查认为符合专利法要求的,自申请日起满18个月,即行公布。国务院专利行政部门可以根据申请人的请求早日公布其申请②。

发明专利申请自申请日起3年内,国务院专利行政部门可以根据申请人随时提出的请求,对其申请进行实质审查;申请人无正当理由逾期不请求实质审查的,该申请即被视为撤回。国务院专利行政部门认为必要的时候,可以自行对发明专利申请进行实质审查③。

(2)审查和批准的程序。发明专利的申请人请求实质审查的时候,应当提交在申请日前与其发明有关的参考资料。发明专利已经在外国提出过申请的,国务院专利行政部门可以要求申请人在指定期限内提交该国为审查其申请进行检索的资料或者审查结果的资料;无正当理由逾期不提交的,该申请即被视为撤回④。

国务院专利行政部门对发明专利申请进行实质审查后,认为不符合《专利法》规定的,应当通知申请人,要求其在指定的期限内陈述意见,或者对其申请进行修改;无正当理由逾期不答复的,该申请即被视为撤回⑤。发明专利申请经申请人陈述意见或者修改后,国务院专利行政部门认为仍然不符合《专利法》规定的,应当予

---

① 《中华人民共和国专利法实施细则》第37条.
② 《中华人民共和国专利法》第34条.
③ 《中华人民共和国专利法》第35条.
④ 《中华人民共和国专利法》第36条.
⑤ 《中华人民共和国专利法》第37条.

以驳回①。

发明专利申请经实质审查没有发现驳回理由的,由国务院专利行政部门作出授予发明专利权的决定,发给发明专利证书,同时予以登记和公告。发明专利权自公告之日起生效②。

实用新型和外观设计专利申请经初步审查没有发现驳回理由的,由国务院专利行政部门作出授予实用新型专利权或者外观设计专利权的决定,发给相应的专利证书,同时予以登记和公告。实用新型专利权和外观设计专利权自公告之日起生效③。

(3)专利的复审。国务院专利行政部门设立专利复审委员会。专利申请人对国务院专利行政部门驳回申请的决定不服的,可以自收到通知之日起3个月内,向专利复审委员会请求复审。专利复审委员会复审后作出决定,并通知专利申请人。

专利申请人对专利复审委员会的复审决定不服的,可以自收到通知之日起3个月内向人民法院起诉④。

(五) 专利权的内容

专利权的内容是指一项技术被认定为专利后,专利权人所拥有的法定权利。按照专利法的规定,专利权的内容有以下几项:

1. 独占实施权

发明和实用新型专利权被授予后,除专利法另有规定的以外,任何单位或者个人未经专利权人许可,都不得实施其专利,即不得为生产经营目的制造、使用、许诺销售、销售、进口其专利产品,或者使用其专利方法以及使用、许诺销售、销售、进口依照该专利方法直接获得的产品。

外观设计专利权被授予后,任何单位或者个人未经专利权人许可,都不得实施其专利,即不得为生产经营目的制造、许诺销售、销售、进口其外观设计专利产品⑤。

2. 许可实施权

任何单位或者个人实施他人专利的,应当与专利权人订立书面实施许可合同,向专利权人支付专利使用费。被许可人无权允许合同规定以外的任何单位或者个

---

① 《中华人民共和国专利法》第38条.

② 《中华人民共和国专利法》第39条.

③ 《中华人民共和国专利法》第40条.

④ 《中华人民共和国专利法》第41条.

⑤ 《中华人民共和国专利法》第11条.

人实施该专利①。

3. 转让权

专利申请权和专利权都可以转让。中国单位或者个人向外国人转让专利申请权或者专利权的,必须经国务院有关主管部门批准。转让专利申请权或者专利权的,当事人应当订立书面合同,并向国务院专利行政部门登记,由国务院专利行政部门予以公告。专利申请权或者专利权的转让自登记之日起生效②。

4. 标记权

专利权人有权在其专利产品或者该产品的包装上标明专利标记和专利号③。

5. 获得奖励和报酬权

发明专利申请公布后,申请人可以要求实施其发明的单位或者个人支付适当的费用。对于计划许可的,由被允许指定的实施单位按照国家规定向专利权人支付使用费。中国集体所有制单位和个人的发明专利,对国家利益或者公共利益具有重大意义,需要推广应用的,亦参照办理。被授予专利权的单位应当对职务发明创造的发明人或者设计人给予奖励;发明创造专利实施后,根据其推广应用的范围和取得的经济效益,对发明人或者设计人给予合理的报酬④。

6. 署名权

发明人或者设计人有在专利文件中写明自己是发明人或者设计人的权利⑤。

7. 质押权

根据《物权法》专利权人还享有将其专利权中的财产权进行出质的权利。当事人应当订立书面合同,质权自有关主管部门办理出质登记时设立。出质后,出质人不得转让或者许可他人使用,但经出质人与质权人协商同意的除外。出质人转让或者许可他人使用出质的专利权中的财产权所得的价款,应当向质权人提前清偿债务或者提存⑥。

(六) 专利权的保护和限制

1. 专利权的保护

专利权的保护可分为专利的行政保护和专利的司法保护。专利的行政保护是

---

① 《中华人民共和国专利法》第 12 条.
② 《中华人民共和国专利法》第 10 条.
③ 《中华人民共和国专利法》第 17 条.
④ 《中华人民共和国专利法》第 13 条、第 14 条、第 16 条.
⑤ 《中华人民共和国专利法》第 17 条.
⑥ 《中华人民共和国物权法》第 223 条、第 227 条.

指,引起专利纠纷时,专利权人或者利害关系人可以向人民法院起诉,也可以请求管理专利工作的部门处理。管理专利工作的部门处理时,认定侵权行为成立的,可以责令侵权人立即停止侵权行为。专利的司法保护是指发生专利纠纷时,专利权人或者利害关系人可以向人民法院起诉。侵犯专利权的诉讼时效为 2 年,自专利权人或者利害关系人得知或者应当得知侵权行为之日起计算[①]。

(1) 专利权的保护范围。发明或者实用新型专利权的保护范围以其权利要求书的内容为准,说明书及附图可以用于解释权利要求的内容。外观设计专利权的保护范围以表示在图片或者照片中的该产品的外观设计为准,简要说明可以用于解释图片或者照片所表示的该产品的外观设计[②]。

(2) 专利侵权行为的构成要件。一般民事侵权责任的构成要件通常包含三个方面:违法行为、损害结果、违法行为和损害结果之间存在因果关系。除以上一般规定外,在专利侵权中,还存在一个前提,即侵害对象必须是有效的专利权。因此,专利侵权由以下四个要件构成:

第一,侵权对象应当是在我国享有专利权的有效专利。首先,鉴于专利权的地域性,有效专利一般应当是指获得国家专利行政主管部门授权的专利。其次,只有在保护期内的专利才有专利权,过了专利有效期的发明创造将进入共有领域,就不存在专利侵权问题了。再次,在规定保护期内的专利无任何失效情形,不存在未缴纳年费、无效宣告、放弃等失效原因。

第二,有专利侵权行为。专利侵权行为可分为三类:首先,非法实施他人专利的行为。即为生产经营目的制造、使用、许诺销售、销售、进口其专利产品,或者使用其专利方法以及使用、许诺销售、销售、进口依照该专利方法直接获得的产品。其次,假冒他人专利的行为。再则,以非专利产品冒充专利产品、以非专利方法冒充专利方法的行为。

第三,有损害结果。在专利侵权中,并不要求必须有实际损失为前提。但在计算赔偿额时损害损失就是一个非常重要的条件,权利人遭受的损失既包括直接的损失,也包括间接的损失。前者表现为受到的直接经济上损失和精神权利遭到损害,还包括权利人为制止侵权行为所出的直接费用。后者表现为权利人预期合理收入的减少,即通常所说的可得利益的损害。

第四,违法行为和损害结果之间存在因果关系。因果关系可以分为直接因果关系和间接因果关系。

(3) 专利侵权的证明责任。所谓证明责任是指当事人因法律的规定而应当承

---

① 《中华人民共和国专利法》第 68 条.

② 《中华人民共和国专利法》第 59 条.

担的对自己主张的事实承担举证证明的义务。如果不能正确地举证就要承担对自己不利的后果①。

首先,当专利侵权纠纷涉及新产品制造方法的发明专利的,制造同样产品的单位或者个人应当提供其产品制造方法不同于专利方法的证明。如果不能证明其产品的制造方法不是专利技术,那就要承担侵权责任。

其次,当专利侵权纠纷涉及实用新型专利或者外观设计专利的,专利权人或者利害关系人有义务出具由国务院专利行政部门对相关实用新型或者外观设计进行检索、分析和评价后作出的专利权评价报告,作为审理、处理专利侵权纠纷的证据。如不能提供就要承担败诉的后果。

第三,如果专利侵权纠纷中,被控侵权人有证据证明其实施的技术或者设计属于现有技术或者现有设计的,不构成侵犯专利权②。

(4)专利侵权的法律责任。专利侵权的法律责任包含民事责任、行政责任和刑事责任三种形式。

第一,侵权行为的民事责任。《专利法》对专利侵权主要是采用民事制裁,采取责令侵权人停止侵权行为和赔偿损失的制裁方式。停止侵权是最有效、最直接的防止继续侵权的方法。在专利侵权发生时,专利权人或者利害关系人可以请求停止侵权,还可以为索赔提出其他请求如,查封、扣押、冻结、责令提供担保等。

在专利侵权的损害赔偿方面,侵犯专利权的赔偿数额按照权利人因被侵权所受到的实际损失确定;实际损失难以确定的,可以按照侵权人因侵权所获得的利益确定。权利人的损失或者侵权人获得的利益难以确定的,参照该专利许可使用费的倍数合理确定。赔偿数额还应当包括权利人为制止侵权行为所支付的合理开支。权利人的损失、侵权人获得的利益和专利许可使用费均难以确定的,人民法院可以根据专利权的类型、侵权行为的性质和情节等因素,确定给予1万元以上100万元以下的赔偿③。

第二,侵权行为的行政责任。假冒专利的,除依法承担民事责任外,由管理专利工作的部门责令改正并予公告,没收违法所得,可以并处违法所得4倍以下的罚款;没有违法所得的,可以处20万元以下的罚款④。有证据证明是假冒专利的产品,管理专利工作的部门可以查封或者扣押。管理专利工作的部门依法行使前款规定的职权时,当事人应当予以协助、配合,不得拒绝、阻挠。

---

① 《中华人民共和国专利法》第61条.
② 《中华人民共和国专利法》第62条.
③ 《中华人民共和国专利法》第65条.
④ 《中华人民共和国专利法》第63条.

第三,侵权行为的刑事责任。专利法对专利侵权等行为规定了刑事制裁措施,如对假冒专利的,除依法承担民事责任外,行政责任外,构成犯罪的,依法追究刑事责任[①]。

2. 专利权的限制

任何权利的行使都必须符合社会福利并且不得侵犯他人的合法利益。为促进技术创新与推广应用,防止权利滥用,法律规定了专利权行使的限制。

(1)专利的强制许可。所谓专利权的强制许可,是指在法定情形之下,政府强制给予除专利权人之外的第三人实施某项专利的权利。《专利法》对实施强制许可的条件作了如下的具体规定[②]:

有下列情形之一的,国务院专利行政部门根据具备实施条件的单位或者个人的申请,可以给予实施发明专利或者实用新型专利的强制许可:①专利权人自专利权被授予之日起满3年,且自提出专利申请之日起满4年,无正当理由未实施或者未充分实施其专利的;②专利权人行使专利权的行为被依法认定为垄断行为,为消除或者减少该行为对竞争产生的不利影响的。

在国家出现紧急状态或者非常情况时,或者为了公共利益的目的,国务院专利行政部门可以给予实施发明专利或者实用新型专利的强制许可。

为了公共健康目的,对取得专利权的药品,国务院专利行政部门可以给予制造并将其出口到符合中华人民共和国参加的有关国际条约规定的国家或者地区的强制许可。

一项取得专利权的发明或者实用新型比前已经取得专利权的发明或者实用新型具有显著经济意义的重大技术进步,其实施又有赖于前一发明或者实用新型的实施的,国务院专利行政部门根据后一专利权人的申请,可以给予实施前一发明或者实用新型的强制许可。强制许可涉及的发明创造为半导体技术的,其实施限于公共利益的目的和专利权人有垄断行为时。

强制许可不是随意的、无偿的。申请实施强制许可的单位或者个人,应当提出与专利权人未能以合理条件签订实施许可合同的证明。国务院专利行政部门作出的给予实施强制许可的决定,应当及时通知专利权人,并予以登记和公告。

(2)专利的指定许可。我国《专利法》对国有企事业单位拥有的专利权规定国务院部委及其省级人民政府有指定许可权[③]。为了国家利益或者公共利益的需要,省级以上人民政府无需专利权人同意的情况,就可指定某些单位实施某项专利。

---

① 《中华人民共和国专利法》第63条.

② 《中华人民共和国专利法》第48条~第52条.

③ 《中华人民共和国专利法》第14条.

（3）不视作侵犯专利权的行为和不承担侵权责任的行为。以下行为不视为侵犯专利权的行为：①专利产品或者依照专利方法直接获得的产品，由专利权人或者经其许可的单位、个人售出后，使用、许诺销售、销售、进口该产品的；②在专利申请日前已经制造相同产品、使用相同方法或者已经作好制造、使用的必要准备，并且仅在原有范围内继续制造、使用的；③临时通过中国领陆、领水、领空的外国运输工具，依照其所属国同中国签订的协议或者共同参加的国际条约，或者依照互惠原则，为运输工具自身需要而在其装置和设备中使用有关专利的；④专为科学研究和实验而使用有关专利的；⑤为提供行政审批所需要的信息，制造、使用、进口专利药品或者专利医疗器械的，以及专门为其制造、进口专利药品或者专利医疗器械的。

为生产经营目的使用、许诺销售或者销售不知道是未经专利权人许可而制造并售出的专利侵权产品，能证明该产品合法来源的，不承担赔偿责任。

（七）专利权的终止和无效

1.专利权的终止

专利是一种有期限的权利。《专利法》规定发明专利权的期限为20年，实用新型专利权和外观设计专利权的期限为10年，均自申请日起计算①。自被授予专利权的当年开始，专利权人应当缴纳年费，授权当年的年费在办理登记手续时缴纳，以后各专利年度的年费，应当在上1年度的最后1个月内预缴。当出现没有按照规定缴纳年费或专利权人以书面声明放弃其专利权的情形时②，专利权在期限届满前终止。

2.专利权的无效

自授予专利权之日起，任何单位或者个人认为该专利权的授予不符合《专利法》有关规定的，可以请求专利复审委员会宣告该专利权无效。专利复审委员会负责对宣告专利权无效的请求进行审查并作出决定。宣告专利权无效的决定，由国务院专利行政部门登记和公告。宣告无效的专利权视为自始即不存在。

三、商标法律制度

商标是能够将一个企业的商品或者服务同其他企业的商品或者服务区别开来的标识。换言之，商标是一种用于商品上或者服务中的特定标记，消费者通过这种标记，识别或者确认该商品、服务的生产经营者和服务提供者。商标标识是："任何能够将自然人、法人或者其他组织的商品与他人的商品区别开来的可视性标志，包

---

① 《中华人民共和国专利法》第42条.
② 《中华人民共和国专利法》第44条.

括文字、图形、字母、数字、三维标志和颜色组合,以及上述要素的组合"。[①] 商标是一种可视的标志,用于商品上,具有区分不同商品的作用。

我国《商标法》[②]、《商标法实施条例》、《商标评审规则》、《驰名商标认定和保护规定》、《集体商标、证明商标注册和管理办法》等法律法规,形成了包括商标权的构成、确认、运用和保护等在内的商标管理制度。

(一) 商标权人与相关主体

1. 商标权人

商标权人是指依法享有商标权的自然人、法人或者其他组织。商标权人根据其权利是通过原始取得还是继受取得,可以分为商标权的原始主体和继受主体。商标权的原始主体是指商标注册人,继受主体是指依法通过注册商标的转让或者移转取得商标权的自然人、法人或者其他组织。

自然人、法人或者其他组织对其生产、制造、加工、拣选或者经销的商品,需要取得商标专用权的,应当向商标局申请商品商标注册。自然人、法人或者其他组织对其提供的服务项目,需要取得商标专用权的,应当向商标局申请服务商标注册。申请注册的商标被核准注册后,该商标注册申请人就成为了该注册商标的商标权人、商标权的原始主体[③]。

自然人、法人或者其他组织可以共同申请注册同一商标,商标注册申请人共同申请注册的同一商标被核准注册后,该商标注册申请人就成为了该注册商标的商标权人、商标权的共有原始主体[④]。

外国人或者外国企业在中国申请商标注册的,应当按照其所属国和我国签订的协议或者共同参加的国际条约办理,或者按照对等原则办理[⑤]。也就是说,作为商标权主体的外国人或者外国企业必须具备一定的条件,即外国人或者外国企业的所属国和我国签订的与商标有关的协议,或者共同参加的与商标有关的国际条约,或者按照对等原则办理中国人或者中国企业的商标注册事宜。如果外国人或者外国企业的所属国和我国没有签订与商标有关的协议,也没有共同参加与商标有关的国际条约,也不办理中国人或者中国企业的商标注册事宜,那么,该外国人

---

① 《中华人民共和国商标法》第 8 条.
② 《中华人民共和国商标法》于 1982 年 8 月 23 日颁布,1983 年 3 月 1 日实施。1993 年对该法进行了第一次修改,2001 年进行了第二次修订.
③ 《中华人民共和国商标法》第 4 条.
④ 《中华人民共和国商标法》第 5 条.
⑤ 《中华人民共和国商标法》第 17 条.

或者外国企业就不能成为我国商标权的主体。应当说明的是，这里的外国人或者外国企业是指在中国没有经常居所或者营业所的外国人或者外国企业。

商标代理机构是指经国家工商行政管理局指定或认可，从事商标代理业务的组织。商标权人可以委托代理机构代为办理商标事务，商标代理人是指接受商标注册申请人或者商标权人的委托，在委托权限范围内，代替其委托人办理商标注册申请、请求查处侵权案件或者办理其他有关商标事宜的人。

2. 商标行政管理机构

商标管理机构是国家主管商标工作的政府机构，包括统一在国家工商行政管理总局领导下的商标局、商标评审委员会和地方各级工商行政管理机关。国务院工商行政管理总局商标局主管全国商标注册和管理的工作。国务院工商行政管理总局设立商标评审委员会，负责处理商标争议事宜[①]。

（二）商标权的客体

商标权的客体是注册商标的标识。我国商标法律制度对注册商标标识有如下规定：

1. 商标权客体的条件

由于商标是对市场有影响力的标记，为了确保竞争的公平与正当，商标法对商标标识有具体规定。这些规定，也构成了注册商标标识的主要条件。

（1）申请注册的商标标识，应有显著特征，便于识别[②]。这是注册商标的基本条件，因为商标的基本功能在于区别性，只有商标具有显著特征，才能使人们借助于商标识别商品，在千种百种同类商品中一望而知该商品区别于其他商品。这就要求商标标识有显著的特征，决定了与他人相同的，或者与他人近似的容易混同的商标标识不能注册为商标。

（2）申请注册的商标标识，不得与他人在先的权利相冲突[③]。商标注册取得的商标专用权不得与他人在先取得的权利相冲突。比如他人已经依法在先取得了标识的外观设计权利，商标注册时就不得与此项权利相冲突。

就相同或者类似商品申请注册的商标是复制、摹仿或者翻译他人未在中国注册的驰名商标，容易导致混淆的，不予注册并禁止使用。就不相同或者不相类似商品申请注册的商标是复制、摹仿或者翻译他人已经在中国注册的驰名商标，误导公众，致使该驰名商标权人的利益可能受到损害的，不予注册并禁止使用。

---

① 《中华人民共和国商标法》第2条.
② 《中华人民共和国商标法》第9条.
③ 《中华人民共和国商标法》第9条.

（3）立体商标的注册条件。商标法规定，以三维标志申请注册商标的，仅由商品自身的性质产生的形状、为获得技术效果而需要的形状或者使商品具有实质性价值而必须具有的形状不得注册①。

（4）不能用作商标注册的文字和图形。法定不能用作商标标识的文字和图形。商标法明确规定的禁止作为商标使用的文字与图形有②，①同中华人民共和国的国家名称、国旗、国徽、军旗、勋章相同或者近似的，以及同中央国家机关所在地特定地点的名称或者标志性建筑物的名称、图形相同的；②同外国的国家名称、国旗、国徽、军旗相同或者近似的，但该国政府同意的除外；③同政府间国际组织的名称、旗帜、徽记相同或者近似的，但经该组织同意或者不易误导公众的除外；④与表明实施控制、予以保证的官方标志、检验印记相同或者近似的，但经授权的除外；⑤同"红十字"、"红新月"的名称、标志相同或者近似的；⑥带有民族歧视性的；⑦夸大宣传并带有欺骗性的；⑧有害于社会主义道德风尚或者有其他不良影响的。县级以上行政区划的地名或者公众知晓的外国地名，不得作为商标。但是，地名具有其他含义或者作为集体商标、证明商标组成部分的除外，已经注册的使用地名的商标继续有效。此外，商标法第 11 条规定仅有商品的通用名称、图形、型号的；或者仅仅直接表示商品的质量、主要原料、功能、用途、重量、数量等特点的；缺乏显著特征的文字与图形也不得作为商标注册。

2. 商标权客体的种类

（1）商品商标、服务商标。商品商标与服务商标是按照商标的使用对象不同所作的划分。商品商标是表明商品来源的标志，而服务商标则是标明服务提供者的标志。商标法规定，"自然人、法人或者其它组织对其生产、制造、加工、拣选或者经销的商品，需要取得商标专用权的，应当向商标局申请商品商标注册；自然人、法人或者其他组织对其提供的服务项目，需要取得商标专用权的，应当向商标局申请服务商标注册。"③

（2）集体商标、证明商标。集体商标和证明商标是按照商标的使用目的不同所作的划分。商标法对这两类商标是这样定义的："集体商标，是指以团体、协会或者其他组织名义注册，供该组织成员在商事活动中使用，以表明使用者在该组织中的成员资格的标志"；"证明商标，是指由对某种商品或者服务具有监督能力的组织所控制，而由该组织以外的单位或者个人使用于其商品或者服务，用以证明该商品

---

① 《中华人民共和国商标法》第 12 条.

② 《中华人民共和国商标法》第 10 条.

③ 《中华人民共和国商标法》第 4 条.

或者服务的原产地、原料、制造方法、质量或者其他特定品质的标志。"①

（3）平面商标、立体商标。平面商标和立体商标是按照商标的构成形式不同而作出的划分。平面商标即由文字、图形或者其组合构成，在物理上呈现二维状态的商标。立体商标也是由文字、图形或者其组合构成，其外形在物理上呈现三维状态的商标。商标法规定"任何能够将自然人、法人或者其他组织的商品与他人的商品区别开的可视性标志，包括文字、图形、字母、数字、三维标志和颜色组合，以及上述要素的组合，均可以作为商标申请注册"②。

（4）普通商标、驰名商标。普通商标和驰名商标是按照商标的知名度高低而作的划分，普通商标与驰名商标都是相对而言的。商标法对认定驰名商标的基本标准作出了规定，即认定驰名商标应当考虑下列因素：①相关公众对该商标的知晓程度；②该商标使用的持续时间；③该商标的任何宣传工作的持续时间、程度和地理范围；④该商标作为驰名商标受保护的记录；⑤该商标驰名的其他因素③。

（三）商标权的取得

我国商标法规定，任何持有商标的个人、单位要取得商标权必须到商标管理机关进行登记注册，否则就不能取得商标权。在我国商标法律制度中，采取商标自愿注册原则，未注册商标可以合法地存在，除他人已经使用并有一定影响的商标外没有在先的权利④，所以其持有人不能取得专用权。注册商标的持有人才有商标专用权，其商标专用权才受商标法保护。商标的登记注册是取得商标权的必经程序，因此注册商标要满足关于标识的法定条件外，还要经过法定登记程序。

1. 商标申请人

自然人、法人、其他组织（包括个体工商户、合伙企业等）均可申请商标注册。两个以上的申请人共同申请同一商标注册的，共同享有和行使商标专用权⑤。

外国人在中国申请商标注册的，应当委托国家认可的具有商标代理资格的组织代理，即实行强制代理制。未经授权，代理人或者代表人以自己的名义将被代理人或者被代表人的商标进行注册，被代理人或者被代表人提出异议的，不予注册并

---

① 《中华人民共和国商标法》第3条.
② 《中华人民共和国商标法》第8条.
③ 《中华人民共和国商标法》第14条.
④ 《中华人民共和国商标法》第31条 申请商标注册不得损害他人现有的在先权利，也不得以不正当手段抢先注册他人已经使用并有一定影响的商标.
⑤ 《中华人民共和国商标法》第5条.

禁止使用①。

2. 商标申请的要求

(1) 申请注册应按商品分类表填报。我国《商标法》规定,申请商标注册的应当按规定的商品分类表,填报使用商标的商品类别和商品名称②。商品分类就是根据商品的原料、用途、性能、制造方式或服务性质等因素,将所有的商品和服务分成若干类,然后制成分类表。申请商标注册就需要按照商品和服务的类别提出,即按规定的商品分类表填报。

(2) 同一商标使用于不同类别商品的应分类申请。同一个商标注册申请人需要将同一商标注册使用在不同类别的商品上时,应当按照商品分类表提出注册申请③。同一类的不同商品使用注册商标应另行提出申请。

(3) 改变商标标识应当重新提出注册申请。商标的本质特征就在于它的区别性,而人们就是根据这种标识的区别来认知商家、选择商品的,商标标识的改变就意味着商标的改变,也意味着原有商标专用权的放弃。所以,改变商标标识应当重新提出注册申请,重新注册一个新的商标。

(4) 应当真实、准确、完整,地注册登记。商标注册申请应当真实、准确、完整这是在商标注册申请的实践中提出的要求,也就是商标注册中,申请人应当遵守诚信的原则,如实填写商标申请书件,申报的事项和提供的材料应当真实、准确、完整,不得有虚假。

(5) 及时变更注册登记事项。登记事项的变更,需要进行申请,商标注册后,在其有效期内,如果该商标权人的名义、地址或者其他的注册事项发生变更的,应当及时办理变更手续,以保证商标权人合法地享有权利并获得法律保护④。比如一个企业的名称改变后,是不能自动地继续享有其原有的一些权利的。商标权人的名义如有变化,则应办理变更手续,即提出商标的变更申请。

3. 申请日和优先权

商标权申请日为商标权的获得日,因此申请日是一个重要的法律概念。商标注册的申请日期,以商标局收到申请文件的日期为准。申请手续齐备并按照规定填写申请文件的,商标局予以受理并书面通知申请人;申请手续不齐备或者未按照规定填写申请文件的,商标局不予受理,书面通知申请人并说明理由。申请手续基本齐备或者申请文件基本符合规定,但是需要补正的,商标局通知申请人予以补

---

① 《中华人民共和国商标法》第 15 条.
② 《中华人民共和国商标法》第 19 条.
③ 《中华人民共和国商标法》第 20 条.
④ 《中华人民共和国商标法实施条例》第 17 条、第 24 条.

正,限其自收到通知之日起 30 日内,按照指定内容补正并交回商标局。在规定期限内补正并交回商标局的,保留申请日期;期满未补正的,视为放弃申请,商标局应当书面通知申请人①。

申请人自其商标在外国第一次提出注册申请之日起,或在中国政府主办的、承认的国际展览会展出的商品上首次使用的,自该商品展出之日起,在 6 个月内在中国就相同商品以同一商标提出注册申请的,依该外国与中国签订的协议或共同参加的国际条约,享有优先权。要求优先权的,应在申请时书面声明,且在 3 个月内提交相关证据;未提出书面声明或逾期未提交证明文件的,视为未要求优先权②。

4. 商标注册的受理与初审

申请手续齐备、申请文件符合规定的且送交商标局的,商标局予以受理;商标局认为需补正文件或手续的,限其在收到通知之日起 30 日内补正并交回商标局,保留申请日期;逾期未补正的,视为放弃申请③。

申请注册的商标,凡符合《商标法》有关规定的,由商标局初步审定,予以公告。这里所指的初步审定,就是对受理的商标注册申请,由商标局予以审查,如果经过审查,认为申请的商标是符合商标法的有关规定的,就作出初步核准的决定。经初步审定的商标在商标局编辑出版的商标公告上予以公告。这种公告被称为初步审定公告,初步审定是对商标注册申请进行审查、核准的第一道环节。初步审定公告的商标,是取得商标权重要的一环,但此时申请人尚未取得商标专用权。初步审定不合格者或与他人的在先权利冲突者,驳回申请,不予公告。

两个以上申请人申请同一种商标时,按照以下原则解决④:①初步审定并公告申请在先者(申请在先原则);②同一天申请的,初步审定并公告使用在先者(使用在先原则);③前项情形下,各申请人应在收到商标局通知 30 日内提交在先使用的证据;④同日使用或均未使用的,在收到通知之日起 30 日内由当事人协商,并报书面协议给商标局;⑤协商不成的,以抽签方式确定一个申请人;已经通知但未参加抽签的,视为放弃申请,商标局应书面通知之。

5. 商标注册异议

初审后的商标,自公告之日起 3 个月内,为异议期,任何人均可异议;公告期满无异议的,予以核准注册,发给商标注册证,并予公告⑤;有异议的,商标局应当听

---

① 《中华人民共和国商标法实施条例》第 18 条.
② 《中华人民共和国商标法》第 24 条、第 25 条.
③ 《中华人民共和国商标法实施条例》第 18 条.
④ 《中华人民共和国商标法》第 29 条、《中华人民共和国商标法实施条例》第 19 条.
⑤ 《中华人民共和国商标法》第 30 条.

取异议人和被异议人陈述事实和理由,经调查核实后,作出裁定。在商标异议期内,对申请注册的商标不得核准注册·申请人不能取得该商标专用权。

凡对商标局作出的驳回申请,不予公告的决定不服者,以及对商标局就异议作出的裁定不服者,可以自收到通知之日起15日内向商标评审委员会申请复审,由商标评审委员会作出裁定,并书面通知异议人和被异议人。

当事人对商标评审委员会的裁定不服的,可以自收到通知之日起30日内向人民法院起诉。人民法院应当通知商标复审程序的对方当事人作为第三人参加诉讼。[①]

6. 核准公告

对于异议期满没有异议的,或有异议但异议未被生效的裁判认定的,商标局要予以核准注册,发给商标注册证[②]。

凡予以核准注册的,要予以核准注册公告。商标注册申请人取得商标专用权的日期是核准注册之日,但经裁定异议不成立而核准注册的,商标专用权的取得日期是初审公告3个月期满之日。

在我国注册的商标只在我国地域内有效,商标专用权若要在其他国家得到保护必须在其他国家申请注册。

(四) 商标权的内容

商标权的内容是商标法律制度的核心。商标权的内容包括专用权、许可权、转让权、续展权、标示权和禁止权。

1. 专用权

专用权是指商标权主体对其注册商标依法享有的自己在指定商品或服务项目上独占使用的权利。注册商标的专用权,以核准注册的商标和核定使用的商品为限。他人未经注册商标所有人的许可,不得在同一种商品或者类似商品上使用该注册商标或者与该注册商标相近似的商标。

2. 许可权

许可权是指商标权人可以通过签订商标使用许可合同许可他人使用其注册商标的权利。许可人应当监督被许可人使用其注册商标的商品质量。被许可人应当保证使用该注册商标的商品质量。经许可使用他人注册商标的,必须在使用该注册商标的商品上标明被许可人的名称和商品产地。商标使用许可合同应当报商标局备案[③]。商标使用许可合同未经备案的,不影响该许可合同的效力,但当事人另

---

① 《中华人民共和国商标法》第32条.

② 《中华人民共和国商标法》第30条、第34条.

③ 《中华人民共和国商标法》第40条.

有约定的除外。商标使用许可合同未在商标局备案的,不得对抗善意第三人。商标的使用许可的类型有独占使用许可、排他使用许可、普通使用许可等。

3. 转让权

商标转让权,是指商标权人依法享有的将其注册商标依法定程序和条件,转让给他人的权利。转让注册商标的,转让人和受让人应当签订转让协议,并共同向商标局提出申请。受让人应当保证使用该注册商标的商品质量。转让注册商标经核准后,予以公告。受让人自公告之日起享有商标专用权[①]。转让注册商标的,商标权人对其在同一种或者类似商品上注册的相同或者近似的商标,应当一并转让;未一并转让的,由商标局通知其限期改正;期满不改正的,视为放弃转让该注册商标的申请,商标局应当书面通知申请人。对可能产生误认、混淆或者其他不良影响的转让注册商标申请,商标局不予核准,书面通知申请人并说明理由[②]。商标权转让后原商标权人,即商标权人则丧失对于注册商标的一切权利,商标所有权转移给新的商标权人,注册商标本身没有发生变化;而注册商标的所有者发生了变化。

4. 续展权

续展权是指商标权人在其注册商标有效期届满时,依法享有申请续展注册,从而延长直至无限期注册商标保护期的权利。

5. 标示权

商标权人使用注册商标,有权标明"注册商标"字样或者注册标记。在商品上不便标明的,可以在商品包装或者说明书以及其他附着物上标明。

6. 禁止权

禁止权是商标权人依法享有的禁止他人不经过自己的许可而使用注册商标和与之相近似的商标的权利。商标权人不仅可以禁止他人在核定使用的商品上使用注册商标,还可以禁止他人将与注册商标近似的商标用于与核定商品相类似的商品上。

(五) 注册商标的续展、转让、使用许可

1. 注册商标的续展

商标权作为知识产权的一种具有时间性。商标权的时间性是指商标经商标注册机关核准后,在法定期间内受到法律保护。这一法定期间又称为注册商标的有效期。有效期届满后,商标权人如果希望继续使用注册商标并使之得到法律保护,则需按照法定程序,进行续展。

---

① 《中华人民共和国商标法》第 39 条.
② 《中华人民共和国商标法实施条例》第 25 条.

我国商标法规定注册商标的有效期为 10 年[1]，自核准注册之日起计算[2]。有效期濒临届满时，商标权人需要继续保留商标权的，应当及时提出续展申请。商标法规定[3]应当在期满前 6 个月内提出续展申请。续展程序简单，只要提出申请，交纳规定的费用，就可以获准续展注册。在此法定期间内未予申请，还有 6 个月的宽展期[4]。过了宽展期仍未提出续展申请的，该注册商标即予注销[5]。

申请商标续展注册的，应当按照有关规定，向商标局寄送《商标续展注册申请书》和商标图样[6]。经商标局核准后，发给注册人相应证明，并予以公告[7]。不符合商标法有关规定的，商标局不予核准，予以驳回。续展注册商标有效期自该商标上一届有效期满次日起计算，其有效期仍为 10 年。商标续展注册可以连续不断，直至无限。

2. 注册商标的转让

注册商标的转让，是指注册商标所有人将其注册商标转移给他人的行为。转让使注册商标的主体发生变更，转让后的商标所有人不再是原所有人，而是商标权继受人。注册商标的转让是将商标权权利的全部转让而不是商标权中的某一项权利的移转。

商标法规定，注册商标的转让形式为协议转让[8]。协议转让注册商标需由转让人与受让人签订注册商标转让协议，并共同向商标局提出申请，也就是说，注册商标转让不能仅由当事人自主决定。

按照《商标法》[9]及《商标法实施条例》[10]的规定，对于注册商标转让，首先，由转让人和受让人签订转让协议，受让人必须符合商标法有关主体资格的规定；其次，由签订转让协议的转让人与受让人共同向商标局提出注册商标转让申请；第三，由商标局对转让注册商标申请进行审查；第四，是转让注册商标经核准的，予以公告。

商标法规定，受让人应当保证该注册商标的商品质量[11]。商标权人有保证使

---

① 《中华人民共和国商标法》第 37 条.

② 商标国际注册马德里协定规定《商标国际注册》有效期为 20 年。《商标国际注册马德里协定》第 6 条.

③ 《中华人民共和国商标法》第 38 条.

④ 《中华人民共和国商标法》第 38 条.

⑤ 《中华人民共和国商标法》第 38 条.

⑥ 《中华人民共和国商标法实施条例》第 26 条.

⑦ 《中华人民共和国商标法实施条例》第 27 条.

⑧ 《中华人民共和国商标法》第 39 条.

⑨ 《中华人民共和国商标法》第 39 条.

⑩ 《中华人民共和国商标法实施条例》第 25 条.

⑪ 《中华人民共和国商标法》第 39 条.

用商标的商品品质的义务。商标的财产性也主要体现在商标的市场份额价值,所以商标权继受人应负产品质量责任。

3. 注册商标的使用许可

商标使用许可制度是世界各国商标法中通行的制度,也是商标权人充分行使其商标所有权的表现。商标权人依法行使许可权,有利于更好地发挥商标促进商品生产和流通的作用。而注册商标的使用许可,是指商标权人在保留所有权的情况下,许可他人使用该商标,当然这种使用是有一定条件的使用。这也就是说,注册商标的所有人不变,但在一定的条件下使他人享有该商标的使用权。使用许可权是指商标权人以收取使用费为代价,通过合同方式许可他人有偿使用其注册商标的权利。商标的使用许可不发生商标所有权的转移。

在商标使用许可关系中有两个当事人,一是许可人,另一个是被许可人。商标法规定,商标权人可以通过签订商标使用许可合同,许可他人使用其注册商标①。使用许可合同的方式一般包括独占使用许可、排他使用许可和一般使用许可②。在商标法中规定了两项程序,一项是由许可人与被许可人签订商标使用许可合同;另一项是商标使用许可合同应当报商标局备案。

为规范商标使用许可行为,国家工商局曾颁布《商标使用许可合同备案办法》③并在该办法中拟制了商标使用许可合同示范文本。该办法还规定,自注册商标许可使用合同签订之日起3个月内,将许可合同副本交送其所在地县级工商行政管理机关存查,由许可人报送商标局备案。商标局在《商标公告》上刊登商标使用许可合同备案公告。违反有关报备案规定的,由有关工商行政管理部门予以处理。

商标使用许可中的权利义务主要有三项:

---

① 《中华人民共和国商标法》第 40 条.

② 《最高人民法院关于审理商标民事纠纷案件适用法律若干问题的解释》:独占使用许可合同是许可人承诺在商标使用许可合同存续期间和地区内放弃自己依法享有的商标专用权,这种情况一般在比较密切的合作伙伴之间存在,在约定的期间、领域和区域,被许可人所享有的特定商标使用权与许可人所享有的商标专用权具有了同等的地位。排他使用许可形式是指在商标使用许可存续期间,除许可人自己依法使用被许可商标外,仅将被许可商标的使用权授予一家被许可人使用,不再将该商标许可给第二家。普通使用许可中,不仅许可人自己可以使用该注册商标,也可以将被许可商标许可给多家使用。许可使用合同也可以分为完全使用许可和部分使用许可。前者是指被许可人可以在所有注册的商品上使用该商标;后者是指被许可人只能在部分注册商品上使用该商标.

③ 该办法规定,此类合同至少应包括以下内容:许可使用的商标及其注册证号;许可使用的商品范围;许可使用的期限;许可使用商标标识提供方式;质量监督条款;在使用许可人注册商标的商品上标明被许可人的名称和商品产地的条款.

第一，许可人应当监督被许可人使用其注册商标的商品质量①。这是许可人的一项义务，即保证使用其注册商标商品质量的义务。法律确定许可人仍要承担其注册商标下的商品质量责任。

第二，被许可人应当保证使用该注册商标的商品质量②。这是商标使用者的法定义务，这是被许可人的质量义务，和对注册商标应承担的法律义务。

第三，经许可使用他人注册商标的，必须在使用该注册商标的商品上标明被许可人的名称和商品产地③。这可以防止消费者因不了解真实信息，而发生误解的情况。也可以防止商标被许可人，因可简单地利用商标权人的信誉，而降低被许可人的质量责任意识，和发生损害消费者权益的事情。

（六）商标权的保护

1. 商标侵权的确认

侵犯注册商标专用权行为又称商标侵权行为，是指一切损害他人注册商标权益的行为。判断一个行为是否构成侵犯注册商标专用权，主要看是否具备四个要件：一是损害事实的客观存在；二是行为的违法性；三是损害事实是违法行为造成的；四是行为的故意或过失。上述四个要件同时具备时，即构成商标侵权行为。商标法对商标侵权作出了具体规定④，有下列五种：

（1）未经商标权人的许可，在同一种商品或者类似商品上使用与其注册商标相同或者近似的商标的。未经商标权人的许可，是指未按照商标法之规定办理许可手续。在同一种商品或者类似商品上使用与其注册商标相同或者近似的商标的行为。关于"同一种商品或类似商品，相同商标或近似商标"的区别我国最高法院进行了解释⑤，具体是：①在同一种商品上使用与他人的注册商标相同的商标；②在同一种商品上使用与他人的注册商标近似的商标；③在类似商品上使用与他人的注册商标相同的商标；④在类似商品上使用与他人的注册商标近似的商标。

（2）销售侵犯注册商标专用权的商品。通常侵犯注册商标专用权的商品，除靠生产者自行销售外，往往还要通过其他人的销售活动才能到达消费者手中。像这样的销售者，与侵犯注册商标专用权的商品的生产者一样，都起到了混淆商品出

---

①　《中华人民共和国商标法》第 40 条.

②　《中华人民共和国商标法》第 40 条.

③　《中华人民共和国商标法》第 40 条.

④　《中华人民共和国商标法》第 52 条.

⑤　《最高人民法院关于审理商标民事纠纷案件适用法律若干问题的解释》第 9 条，第 10 条，第 11 条和第 12 条.

处、侵犯注册商标专用权、损害消费者利益的作用。因此对这种销售也应认定是一种侵犯注册商标专用权的行为,同样要按商标侵权行为处理。

(3)伪造、擅自制造他人注册商标标识或者销售伪造、擅自制造的注册商标标识的,为商标侵权行为。伪造与擅自制造有一个共同的特点,即都是未经商标权人许可而制造他人注册商标的行为。销售伪造、擅自制造的注册商标标识的行为,则是指以此种商标标识为标的的买卖,既包括批发也包括零售,既包括内部销售也包括在市场上销售。商标标识是体现商标专用权的一种载体,伪造、擅自制造他人注册商标标识或者销售这些商标标识的行为是商标侵权行为。

(4)未经商标权人同意,更换其注册商标并将该更换商标的商品又投入市场的,为商标侵权行为。这项侵权行为的特征是其他经营者取得了商标权人的商品之后,未经商标权人的同意而更换商标,其行为目的是要通过消除注册商标的社会影响来损害注册商标权人的利益。这也是对商标侵权行为。

(5)给他人的注册商标专用权造成其他损害的行为。这是一项兜底规定,概括了上述四项不能包含的其他商标侵权行为。

不属于侵权的情况。商标的通用化是指文字商标演化为某个商品的通用名称。通用名称通常是指国家标准、行业标准规定的或者本行业中约定俗成的商品与服务的名称,包括全称、简称、缩写、俗称等,通用名称是国家或某一行业所共用的,除此无法称呼该商品。所以,法律规定商品的通用名称不能作为商标。相应一旦某个文字商标演化成为某个商品的通用名称,那么商标权不能对抗公众使用通用名称的权利。将已经通用化的商标在已通用化的范围内使用的,应当认定不构成侵权。

2. 商标侵权的行政处理

工商行政管理部门是商标管理工作的行政主管部门,负有查处商标侵权的法律责任①。县级以上工商行政管理部门查处商标侵权时,可以行使以下职权:询问有关当事人,调查与侵犯他人注册商标专用权有关的情况;查阅、复制当事人与侵权活动有关的合同、发票、账簿以及其他有关资料;对当事人涉嫌从事侵犯他人注册商标专用权活动的场所实施现场检查;检查与侵权活动有关的物品,对有证据证明是侵犯他人注册商标专用权的物品,可以查封或者扣押②。认定侵权行为成立的,可以责令立即停止侵权行为,没收、销毁侵权商品和专门用于制造侵权商品、伪造注册商标标识的工具,还可处以罚款。

工商行政管理部门依法行使查处商标侵权行为的职权时,有关当事人应当予以协助、配合,接受询问调查,如实提供有关情况和资料,配合工商行政管理部门检

---

① 《中华人民共和国商标法》第 54 条.
② 《中华人民共和国商标法》第 55 条.

查有关场所和物品以及查阅、复制有关资料,不得以任何理由拒绝,甚至以暴力、威胁或者其他手段阻挠工商行政管理部门依法行使职权①。

3. 商标争议的民事处理途径

发生商标争议时,当事人也可以通过民事途径解决争议。

(1) 发生商标争议的当事人可以通过协商解决。进行侵权案件处理的工商行政管理部门根据当事人的请求,可以就侵犯商标专用权的赔偿数额进行调解。

(2) 当事人不愿协商或者协商不成的,商标权人或者利害关系人可以向人民法院起诉,也可以请求工商行政管理部门处理。

4. 商标犯罪的刑事责任

商标侵权构成犯罪的,应当依法追究刑事责任。这在商标法中作出了具体规定②,在我国刑法中也都有相应的规定。

5. 商标行政管理人员的责任

商标法对于从事商标注册、管理和复审工作的国家机关人员的违法行为的责任也有明确规定。这些工作人员违法办理商标事务,尚不构成犯罪的,应当依法给予行政处分。行政处分主要有警告、记过、记大过、降级、降职、撤职、留用察看和开除等八种。刑法规定,对于这些国家机关工作人员违法办理商标注册、管理和复审事项,收受当事人财物,牟取不正当利益的行为构成犯罪的追究刑事责任。具体罪名有滥用职权罪或者玩忽职守罪③以及受贿罪④等。

---

① 《中华人民共和国商标法》第 55 条.

② 《中华人民共和国商标法》第 59 条.

③ 根据刑法第 397 条的规定,从事商标注册、管理和复审工作的国家机关工作人员滥用职权或者玩忽职守,致使公共财产、国家和人民利益遭受重大损失的,构成滥用职权罪或者玩忽职守罪。对犯本罪的,处 3 年以下有期徒刑或者拘役,情节特别严重的,处 3 年以上 7 年以下有期徒刑。从事商标注册、管理和复审工作的国家机关工作人员徇私舞弊,犯上述罪行的,处 5 年以下有期徒刑或者拘役,情节特别严重的,处 5 年以上 10 年以下有期徒刑.

④ 根据刑法第 385 条的规定,从事商标注册、管理和复审工作的国家机关工作人员利用职务上的便利,非法收受他人财物,为他人谋取利益的,是受贿罪。对犯受贿罪的,根据情节轻重,分别依照下列规定处罚:(1)个人受贿数额在 10 万元以上的,处 10 年以上有期徒刑或者无期徒刑,可以并处没收财产;情节特别严重的,处死刑,并处没收财产。(2)个人受贿数额在 5 万元以上不满 10 万元的,处 5 年以上有期徒刑,可以并处没收财产;情节特别严重的,处无期徒刑,并处没收财产。(3)个人受贿数额在 5000 元以上不满 5 万元的,处 1 年以上 7 年以下有期徒刑;情节严重的,处 7 年以上 10 年以下有期徒刑。个人受贿数额在 5000 元以上不满 1 万元的,犯罪后有悔改表现、积极退赃的,可以减轻处罚或者免予刑事处罚。(4)个人受贿数额不满 5000 元,情节较重的,处 2 年以下有期徒刑或者拘役。(5)对多次受贿未经处理的,按照累计受贿数额处罚.

第四章 市场运行基本法律制度

一个有序的市场是一个有规则的市场,市场运行基本法律制度就是这样的市场规则。从另一个角度讲,市场运行规则也是市场的准入规则,凡进入市场的市场主体必须遵守市场规则。市场运行法律制度也是政府为维持一个正常健康的市场,对企业的市场行为进行监督管理的法律依据。

企业在市场活动中应当遵循的法律制度不单是本章所涉及的内容。限于篇幅,根据适用面最广的原则,仅选择六方面的制度作简要介绍。企业在市场活动中应当遵循的基本规则大致可以分为三类法律规范,一是涉及竞争关系的;二是涉及企业责任关系的;三是前两者兼而有之的。这三类法律规范是维持一个正常的、健康的市场秩序企业必须遵守的,所以把它称之为市场运行基本法律制度。

虽然可以通过企业之间的协议和企业的自律行为使这些基本规则不被破坏,但在现实生活中很难做到这一点。所以,为维持一个和谐而理性的市场,人们要付出的成本是通过设立专门的权威机构推行和监督实施这些规范。通过这些机构的努力,这些规则才可能不被破坏。所以,通常人们把维持一个理性的市场、规范企业的市场行为的责任赋予政府机关,当今世界各国无不如此。因此,在市场运行规则的后面还有一层重要的关系就是政府对市场运行基本规则的行政保护,这类行政保护构成了政府对市场的监管。

第一节 反垄断法律制度

反垄断法律制度是市场经济重要的法律制度。目前,绝大多数市场经济国家都有较为完善的反垄断法律制度。垄断是市场主体在经济活动中排除或者限制竞争者的状态或行为。垄断的危害主要有:阻碍社会技术进步,破坏市场公平竞争,损害消费者利益,破坏经济民主制度①。反垄断法是市场经济重要的基础性法律制度,素有"经济宪法"之称。目前,绝大多数市场经济国家都有较为完善的反垄断法律制度。

制定反垄断法是我国建立社会主义市场秩序的需要,是更好地参与国际经济竞争的需要,是更有效地维护消费者利益和社会公共利益的需要,也是进一步完善我国社会主义市场经济体制的需要②。我国在 2007 年 8 月 30 日颁布了《中华人民共和国反垄断法》③,本节只介绍《反垄断法》的基本制度。

一、反垄断法规制的垄断行为的种类

垄断行为是指企业通过利用自己的优势地位,对具有竞争关系的商事对手采取某种措施,使其无法进入相关的市场,而自己占有大部分乃至独占市场份额的行为。垄断行为对市场的最大破坏就是通过垄断,限制乃至消灭竞争,从而使社会公众在取得垄断领域的产品和服务时不得不付出不必要的高成本,并使社会由于没有竞争而放慢垄断领域内的技术进步,相反垄断者得到的高额利润。垄断者获取的高额利润是建立在社会与公众付出不必要代价的基础上的,这是不公平的。这也是现代社会反对垄断行为的原因。

---

① 垄断最早是一个经济学概念,它是指一个(或少数几个)生产者在市场上独占或具有控制地位的情形。经济学认为过度的垄断将有损竞争从而影响市场的资源配置效率。一个有效的市场竞争取决于三个衡量标准:市场结构、市场行为、市场绩效。为了达到理想的市场绩效,就必须控制市场结构和市场行为,而其中市场结构是最主要的。政府的公共政策与法律应该集中于市场结构和规范市场行为上。这种被称为结构主义的理论是反垄断法的基础,至今仍然是分析垄断危害、限制企业集中的重要理论依据。20 世纪后期的经济学研究认为,有效的竞争不仅依靠合理的市场结构来维持,还有一些内在的诱因促使企业不断地努力向前,人们对经济效率的追求是经济体制创新、发展和变迁的根本动力。正是这种对效率的不懈追求才导致了垄断地位的产生,经济垄断恰恰是高效率的体现。因此,高集中度未必一定导致垄断,而高集中率也未必一定影响市场效率。因为高集中率只表明企业用了实施垄断的优势力量,而真正构成垄断、对市场经济的发展产生影响的是企业滥用市场控制地位、构筑市场进入壁垒的行为.

② 1987 年我国起草过《反对垄断和不正当竞争暂行条例草案》,但当时改革开放还不到 10 年,市场化程度还非常低,对于反垄断的需求并不高。当时市场不正当竞争情况较为严重,所以 1993 年出台了《反不正当竞争法》。在该法所禁止的 11 种竞争行为中,不仅有不正当竞争行为,而且有限制竞争行为,还有行政性垄断行为。《反垄断法》在 1994 年纳入八届人大常委会立法规划。但立法进展缓慢,重要的原因来自人们对于反垄断立法的必要性和紧迫性的不同判断和认识,甚至还有一些对反垄断法的错误认识和担忧. 全文共分 8 章 57 条.

③ 《中华人民共和国反垄断法》由第十届全国人大常委会第二十九次会议通过,该法自 2008 年 8 月 1 日起施行。

反垄断法的主要内容是"禁止垄断协议"、"禁止滥用市场支配地位"和"控制经营者集中"三大制度。这三大制度通常被称为反垄断法的"三大支柱"或者"三块基石"。反垄断法对禁止行政机关和法律、法规授权的具有管理公共事务职能的组织滥用行政权力排除、限制竞争作了专章规定。

（一）经营者达成垄断协议的行为

1. 垄断协议的类型

垄断协议是指排除、限制竞争的协议、决定或者其他协同行为。垄断协议往往造成整个市场统一价格、划分市场以及阻碍、限制其他经营者进入市场等排除、限制竞争的后果，对正常的市场竞争危害很大，为各国反垄断法所禁止。垄断协议一般具有三个特征：①以排除、限制竞争为目的；②实施主体是两个或者两个以上的经营者；③共同或者联合实施排除、限制竞争的行为。垄断协议可分为横向垄断协议和纵向垄断协议两种形式，横向垄断协议是指具有竞争关系的经营者达成的垄断协议，以统一的垄断价格对社会提供商品与服务，并从这种统一价格中取得超额利润。纵向垄断协议指的是不具有竞争关系，但具有产品需求关系的商品生产者、服务提供者之间达成的具有垄断市场排除竞争的协议。这种协议的目的在于通过建立垄断组织成员间的特殊的合作关系，使得一个人人都可以参与的外部的市场变为只有垄断组织成员才能参与的内部市场，从客观上限制乃至禁止非垄断组织成员进入这个市场，最终达到占领大部分市场乃至全部市场，获得超额利润的目的。我国反垄断法对这两种形式的垄断协议均有禁止性规定。

在我国，经营者达成的下列垄断协议为法律所禁止：

（1）固定或者变更商品价格。这是指具有竞争关系的行为人通过协议、决议或者协同行为来确定、维持一个统一价格的行为。这实际上是形成了一个价格联盟。在相关市场中，如果没有可替代的产品，消费者或者用户就不得不面对这个价格联盟，面对一个交易条件，没有其他价格可供选择。而形成价格联盟的供应商，可以因价格联盟而获得高额利润。如果垄断的是一个没有消费弹性或者消费弹性很小的商品，从理论上讲无论怎样高的利润都可能获得，除非市场崩溃。因此其具有明显的破坏性，因而受到各国法律严格限制。2007年度我国发生的方便面生产企业串通涨价案就是典型的例证①。

（2）限制商品的生产数量或者销售数量。它是垄断团体通过人为制造稀缺，使市场供应始终处于供不应求的状态，以稳定高额利润。参加协议的企业不得随意提高产量，以此来维护垄断团体的整体利益。

（3）分割销售市场或者原材料采购市场。它是指竞争者之间分割市场、造成区域垄断或用户类型垄断的协议。区域垄断是指划分地理市场，指的是有竞争关系的企业各据一方互不渗透到他方的区域从事同类经营活动。如浙江市场和江苏市场之分、广东市场和广西市场之分；用户类型垄断是指划分用户，指的是有竞争关系的企业各对不同的客户群提供产品或服务，互不渗透到对方的客户群中去，如企业用户与个人用户之分、学校用户与企业用户之分等等；这些垄断都使得市场被分割，市场不再具有有效的竞争行为，使经营者成为区域或同类客户群体的唯一的经营者。这不仅会造成产品的单调和价格上的不合理，在质量、服务等方面损害消费者利益和客户的利益，而且垄断的一切消极面都会发生。

（4）限制购买新技术、新设备或者限制开发新技术、新产品。这是指同类具有竞争关系的企业为维持现有市场状况与较好的利润水平，共同拒绝降低成本、技术进步的积极行为，拒绝为社会提供更好的产品与服务。这也是垄断群体的一个针对社会需求群体的垄断措施，这种垄断的结果是不但维持了垄断企业的现有利润，而且极大地阻碍了技术进步，破坏了需求者得合理的消费预期。

（5）联合抵制交易。它是指垄断群体通过一致不与某个或几个企业进行交易，从而将这些企业排除出市场陷于困境的共同行动。这种行动的目的有时是针对被抵制企业本身；有时则是逼迫被抵制企业停止与垄断群体竞争对手的交易，而从竞争对手手中争得市场份额。联合抵制交易总是以损害特定的竞争对手为开端，一旦成功就会进一步扩大垄断程度，多占乃至独占市场为目的，会发生垄断行为的一般恶果，对社会具有危害性。

---

① 2006年底至2007年7月初，方便面中国分会先后三次召集有关企业参加会议，协商方便面涨价事宜。有关企业按照以上会议协调安排，从2007年6月起，相继调高了方便面价格。方便面中国分会和相关企业的行为，违反了《价格法》第7条"经营者定价，应当遵循公平、合法和诚实信用的原则"，第14条"经营者不得相互串通，操纵市场认定价格"，第17条"行业组织应当遵守价格法律、法规，加强价格自律"的规定，以及国家发展改革委《制止价格垄断行为暂行规定》第四条"经营者之间不得通过协议、决议或者协调等串通方式统一确定、维持或变更价格"的规定，已经构成相互串通、操纵市场价格的行为。国家发展改革委依法对方便面中国分会进行了处罚.

资料来源：http://news. xinhuanet. com/newscenter/2007—08/16/content_6545522. htm，最近浏览时间：2008年4月6日.

（6）国务院反垄断执法机构认定的其他垄断协议①。这是指在以上五方面都没有列举到，但具备垄断性质，具有相应的危害性的行为，是否应该纳入反垄断法的规制对象的范围，这由国务院反垄断机构认定。这是一种法律上的授权，也是一个兜底条款，是关系到我国反垄断法的规定是否完备的条款。

经营者与交易相对人达成的下列垄断协议也为法律所禁止：

（1）固定相对人向第三人转售商品的价格。这不但是经营者的一种价格垄断行为，还是对交易相对人的经营自主权的粗暴干预。常规的做法是，甲买断了乙的产品并支付完全部对价后，如果甲要将这产品再出售出去，那么这是甲权限内的事情，该产品出售多少价格是甲的事情，乙不得干预。但乙为了保持自己产品的市场价格就禁止甲在出售这些产品时自行定价，甲只能按照乙规定的价格出售。这种固定可以是固定一个价格绝对数，也可以是固定一个确定价格的方法。

（2）限定向第三人转售商品的最低价格。这是前一种情况的特定化，它不是全面地固定甲的转售价格，而是固定甲在转售中的最低价格。

（3）国务院反垄断执法机构认定的其他垄断协议②。这也是一项兜底条款，赋予国务院反垄断机关相应的权力。

2. 豁免

所谓豁免是指虽然有法律所规定的禁止性行为，但由于某种法定的原因，允许这些行为在一定条件下存在的法律制度。这是一种特殊规定，目的在于促进技术发展、鼓励中小投资、节约能源和环境保护、缓解经济困难和保护民族经济几个全局性的原因。反垄断法规定，为了维护或促进社会公共利益，经营者能够证明所达成的协议属于下列情形之一的，不适用上述垄断协议的规定：①为改进技术、研究开发新产品的；②为提高产品质量、降低成本、增进效率，统一产品规格、标准或者实行专业化分工的；③为提高中小经营者经营效率，增强中小经营者竞争力的；④为实现节约能源、保护环境、救灾救助等社会公共利益的；⑤因经济不景气，为缓解销售量严重下降或者生产明显过剩的；⑥为保障对外贸易和对外经济合作中的正当利益的；⑦法律和国务院规定的其他情形。前述第一项至第五项情形，享有豁免权的，经营者还应当证明所达成的协议不会严重限制相关市场的竞争，并且能够使消费者分享由此产生的利益③。

---

① 《中华人民共和国反垄断法》第 13 条.
② 《中华人民共和国反垄断法》第 14 条.
③ 《中华人民共和国反垄断法》第 15 条.

（二）经营者滥用市场支配地位的行为

1. 市场支配地位的认定

市场支配地位，是指经营者在相关市场内具有能够控制商品价格、数量或者其他交易条件，或能够阻碍、影响其他经营者进入相关市场能力的市场地位。如果说，垄断协议是指不具有垄断能力企业之间通过协议具备了垄断能力的社会现象，那么市场支配地位是指一家企业由于其规模庞大、实力雄厚而达到了垄断程度的社会现象。但在有效竞争的市场，任何人都不应该对价格等市场要素有垄断的权利，而当某个企业控制价格等交易条件时，市场竞争机制就会被损害，因此，确定企业是否具备市场支配地位是确定其是否滥用了市场支配地位的前提条件。要确定企业的市场支配地位，必须首先确定相关市场的范围，如是车辆市场与汽车市场、汽车市场与乘用车市场、乘用车市场与小乘用车市场、小乘用车市场与C级小乘用车市场等，同样的一个产品放在不同的市场中占有市场比例是不一样的，对是否其占市场支配地位的评价也是不一样的。所以，在认定相关市场时必须从产品对国民经济生活的影响程度等相关因素考虑。

认定经营者具有市场支配地位，应当依据下列因素：①该经营者在相关市场的市场份额，以及相关市场的竞争状况；②该经营者控制销售市场或者原材料采购市场的能力；③该经营者的财力和技术条件；④其他经营者对该经营者在交易上的依赖程度；⑤其他经营者进入相关市场的难易程度；⑥与认定该经营者市场支配地位有关的其他因素[1]。

根据反垄断法，有下列情形之一的可以推定经营者具有市场支配地位：①一个经营者在相关市场的市场份额达到1/2的；②两个经营者在相关市场的市场份额合计达到2/3的；③三个经营者在相关市场的市场份额合计达到3/4的。在第2项、第3项情形内有的经营者市场份额不足1/10的，不应当推定该经营者具有市场支配地位。被推定具有市场支配地位的经营者，有证据证明不具有市场支配地位的，不应当认定其具有市场支配地位[2]。

2. 滥用市场支配地位的认定

由于市场支配地位是法律并不禁止的，在社会经济生活中总有一些企业会成长到在市场上有一定的支配地位。但企业不能滥用市场支配地位，作出破坏竞争、损坏他人利益的行为。我国反垄断法规定经营者不得作出下列滥用市场支配地位的行为：

---

[1]　《中华人民共和国反垄断法》第18条.

[2]　《中华人民共和国反垄断法》第19条.

（1）以不公平的高价销售商品或者以不公平的低价购买商品。这是一种以自己在市场上的支配地位损害客户和客户利益，获取超额利润的行为，其本质是以破坏市场公平原则和正常的市场价格机制来满足自己获得超额利润的违法行为。

（2）没有正当理由，以低于成本的价格销售商品。这是一种挤垮竞争者希望达到垄断地位的行为。在一个市场内统一商品与服务的价格有趋同的趋势，原因是成本和利润率都会趋同，如果具有市场支配地位的企业借助其雄厚的实力以低于成本价的价格销售商品，那么其他企业的产品要么也同步降低，否则就会失去市场，但降到成本以下时大部分企业就会垮掉。所以这种行为会挤垮很多同类企业，达到垄断，因此应当禁止。

（3）没有正当理由，拒绝与交易相对人进行交易。这是剥夺交易相对人市场活动机会的行为，由于一方具有市场支配地位，所以交易相对人可能在该支配地位企业的影响范围内无法生存，只能退出。这是对交易相对人的严重损害，应当禁止。

（4）没有正当理由，限定交易相对人只能与其进行交易或者只能与其指定的经营者进行交易。这是一种由其市场支配地位剥夺交易相对人权利的霸道行为，应当制止。

（5）没有正当理由搭售商品，或者在交易时附加其他不合理的交易条件。这也是一种强卖的霸市行为。

（6）没有正当理由，对条件相同的交易相对人在交易价格等交易条件上实行差别待遇。这是对交易相对人的歧视行为。

（7）国务院反垄断执法机构认定的其他滥用市场支配地位的行为①。国务院反垄断执法机构有权认定列举的行为以外的滥用市场支配地位的行为。

（三）被禁止的经营者集中行为

反垄断法规定以下行为被法律所禁止的具有或可能具有排除、限制竞争效果的经营者集中的行为：

1. 经营者集中的认定

经营者集中会形成可观上的单一经营者，集中往往是为了消除竞争造成垄断，使得参与集中的企业比未参与集中的企业具有取得超额利润，扩大市场份额的优势。经营者集中是指下列情形：①经营者合并；②经营者通过取得股权或者资产的方式取得对其他经营者的控制权；③经营者通过合同等方式取得对其他经营者的

---

① 《中华人民共和国反垄断法》第 17 条.

控制权或者能够对其他经营者施加决定性影响[1]。经营者集中如果存在可能排除、限制竞争的后果,则其就在反垄断法规制的范围之内。

2. 经营者集中的审查[2]

经营者集中只要没有达到垄断的程度,这是经营者可以选择的经营之道,但如果经营者集中达到了一定的程度就会形成垄断的情况,而一旦经营者集中完成再要求其分拆会给经营者带来不必要的麻烦乃至损失。为了避免这种情况发生,反垄断法规定经营者集中达到国务院规定的申报标准的,经营者应当事先向国务院反垄断执法机构申报,未申报的不得实施集中。经审查经营者集中具有或者可能具有排除、限制竞争效果的,国务院反垄断执法机构应当作出禁止经营者集中的决定。但是,经营者能够证明该集中对竞争产生的有利影响明显大于不利影响,或者符合社会公共利益的,国务院反垄断执法机构可以作出对经营者集中不予禁止的决定。对不予禁止的经营者集中,国务院反垄断执法机构可以决定附加减少集中对竞争产生不利影响的限制性条件。

经营者集中有下列情形之一的,可以不向国务院反垄断执法机构申报:①参与集中的一个经营者拥有其他每个经营者50%以上有表决权的股份或者资产的;②参与集中的每个经营者50%以上有表决权的股份或者资产被同一个未参与集中的经营者拥有的。

审查经营者集中,应当考虑下列因素:①参与集中的经营者在相关市场的市场份额及其对市场的控制力;②相关市场的市场集中度;③经营者集中对市场进入、技术进步的影响;④经营者集中对消费者和其他有关经营者的影响;⑤经营者集中对国民经济发展的影响;⑥国务院反垄断执法机构认为应当考虑的影响市场竞争的其他因素。

3. 外资参与经营者集中的特别规定

外资对东道国经济的影响也是多方面的,在东道国经济总量不大的情况下,外资很容易对东道国经济施加不利影响,为了国家的经济安全,东道国必须对外资在其国内的经济活动加以控制。控制外资在东道国的集中尤其是控制外资并购境内企业的行为既是反垄断的需要,也是国家经济安全的需要。我国反垄断法对此作了明确的规定。此外对外资集中涉及国家安全的,除依照反垄断法的规定进行经营者集中审查外,还应当按照国家有关规定进行国家安全审查[3]。在最近几年,多起外资在华收购国内行业内重要企业,导致某些行业被外资控制的结

---

① 《中华人民共和国反垄断法》第20条.

② 《中华人民共和国反垄断法》第21条至第30条.

③ 《中华人民共和国反垄断法》第31条.

果。所以,反垄断法按照国际通行做法,作出了对外资收购的反垄断及国家安全审查的规定。

(四) 滥用行政权力排除、限制竞争的行为①

我国的行政权力与企业的经济行为走得非常接近,行政机关往往不但有繁多的监管权力,而且与企业还有着千丝万缕的经济利益上的联系。由于各个企业对当地经济的贡献也是有很大差别的,由此便发生了一种常见但不该发生的情况,即行政权力与其监管范围内的诸多企业有了亲疏远近之别。如对本地企业与外地企业、纳税大户和微利、亏损企业,行政权力往往偏重于、倾斜于本地企业与纳税大户很容易导致政策上的不公。在没有法律禁止性规定的情况下,以为本地企业、纳税大户保驾护航为名,滥用行政权力排除、限制竞争等不当干预企业经济活动的情况经常发生。反垄断法把这种滥用行政权力排除、限制竞争列入了被禁止的行为,这对完善我国的市场竞争秩序有重大意义。反垄断法明确规定,行政机关和法律、法规授权的具有管理公共事务职能的组织不得滥用行政权力,限定或者变相限定单位或者个人经营、购买、使用其指定的经营者提供的商品。

行政机关和法律、法规授权的具有管理公共事务职能的组织不得滥用行政权力实施下列行为,妨碍商品在地区之间的自由流通:①对外地商品设定歧视性收费项目、实行歧视性收费标准,或者规定歧视性价格;②对外地商品规定与本地同类商品不同的技术要求、检验标准,或者对外地商品采取重复检验、重复认证等歧视性技术措施,限制外地商品进入本地市场;③采取专门针对外地商品的行政许可,限制外地商品进入本地市场;④设置关卡或者采取其他手段,阻碍外地商品进入或者本地商品运出;⑤妨碍商品在地区之间自由流通的其他行为。

行政机关和法律、法规授权的具有管理公共事务职能的组织不得滥用行政权力,以设定歧视性资质要求、评审标准或者不依法发布信息等方式,排斥或者限制外地经营者参加本地的招标投标活动;采取与本地经营者不平等待遇等方式,排斥或者限制外地经营者在本地投资或者设立分支机构;强制经营者从事本法规定的垄断行为;制定含有排除、限制竞争内容的规定。

(五) 特别规定

经营者依照有关知识产权的法律、行政法规规定行使知识产权的行为,不适用反垄断法的规定;但是,经营者滥用知识产权,排除、限制竞争的行为,适用反垄断法②。

---

① 《中华人民共和国反垄断法》第 32 条至第 37 条.

② 《中华人民共和国反垄断法》第 55 条.

农业生产者及农村经济组织在农产品生产、加工、销售、运输、储存等经营活动中实施的联合或者协同行为,不适用反垄断法[1]。

二、对涉嫌垄断行为的行政监管

(一) 反垄断机关

反垄断是一项经常性工作,必须有专门机关主管,国务院设立反垄断委员会作为全国反垄断事务的主管机关。国务院反垄断委员会负责组织、协调、指导反垄断工作。国务院反垄断委员会具体履行下列职责:①研究拟订有关竞争政策;②组织调查、评估市场总体竞争状况,发布评估报告;③制定、发布反垄断指南;④协调反垄断行政执法工作;⑤国务院规定的其他职责。国务院反垄断委员会的组成和工作规则由国务院规定[2]。

按照我国反垄断法的规定,国务院应设立承担反垄断执法职责的机构(以下简称:国务院反垄断执法机构)具体负责全国的反垄断执法事务。根据目前国务院相关部委分工,反垄断执法职能由国家发改委、商务部、国家工商行政管理总局以及部委和地方的反垄断机构共同行使。国家发改委价格监督检查司负责价格检查,依法查处价格垄断行为;商务部内设反垄断局依法对经营者集中行为进行反垄断审查,指导我国企业在国外的反垄断应诉工作;国家工商行政管理总局则设反垄断与不正当竞争执法局,负责除价格垄断行为以外的垄断协议、滥用市场支配地位、滥用行政权力排除限制竞争的具体反垄断执法。国务院反垄断执法机构根据工作需要,可以授权省、自治区、直辖市人民政府相应的机构,依照反垄断法规定负责有关反垄断执法工作[3]。

(二) 反垄断调查

反垄断调查是反垄断工作的起点和基础,按照依法行政的原则,任何对垄断行为的处罚都应该有足够的垄断事实支持,所以调查是反垄断执法机构的基础性、经常性工作。

反垄断执法机构调查涉嫌垄断行为,可以采取下列措施:①进入被调查的经营者的营业场所或者其他有关场所进行检查;②询问被调查的经营者、利害关系人或者其他有关单位或者个人,要求其说明有关情况;③查阅、复制被调查的经营者、利

---

① 《中华人民共和国反垄断法》第56条.
② 《中华人民共和国反垄断法》第9条.
③ 《中华人民共和国反垄断法》第10条.

害关系人或者其他有关单位或者个人的有关单证、协议、会计账簿、业务函电、电子数据等文件、资料;④查封、扣押相关证据;⑤查询经营者的银行账户。采取上述措施,应当向反垄断执法机构主要负责人书面报告,并经批准。反垄断执法机构调查涉嫌垄断行为,执法人员不得少于 2 人,并应当出示执法证件。执法人员进行询问和调查,应当制作笔录,并由被询问人或者被调查人签字。反垄断执法机构及其工作人员对执法过程中知悉的商业秘密负有保密义务①。

被调查的经营者、利害关系人或者其他有关单位或者个人应当配合反垄断执法机构依法履行职责,不得拒绝、阻碍反垄断执法机构的调查。被调查的经营者、利害关系人有权陈述意见。反垄断执法机构应当对被调查的经营者、利害关系人提出的事实、理由和证据进行核实②。

反垄断执法机构对涉嫌垄断行为调查核实后,认为构成垄断行为的,应当依法作出处理决定,并可以向社会公布。对反垄断执法机构调查的涉嫌垄断行为,被调查的经营者承诺在反垄断执法机构认可的期限内采取具体措施消除该行为后果的,反垄断执法机构可以决定中止调查。中止调查的决定应当载明被调查的经营者承诺的具体内容。反垄断执法机构决定中止调查的,应当对经营者履行承诺的情况进行监督。经营者履行承诺的,反垄断执法机构可以决定终止调查。有下列情形之一的,反垄断执法机构应当恢复调查:①经营者未履行承诺的;②作出中止调查决定所依据的事实发生重大变化的;③中止调查的决定是基于经营者提供的不完整或者不真实的信息作出的③。

三、禁止性规定和法律责任

(一) 禁止性规定

《反垄断法》规定的禁止性行为有:经营者达成垄断协议;经营者滥用市场支配地位;排除竞争的合并与集中;滥用行政权力限制竞争等。相关内容前已述及,不再赘言。

(二) 法律责任

违反《反垄断法》要承担的法律责任主要有行政责任和民事责任。民事责任的规定主要表现在:经营者实施垄断行为,给他人造成损失的应依法承担赔偿损失等

---

① 《中华人民共和国反垄断法》第 39 条~第 41 条.

② 《中华人民共和国反垄断法》第 42 条、第 43 条.

③ 《中华人民共和国反垄断法》第 44 条、第 45 条.

民事责任①。本章主要讨论行政责任。行政责任主要有下列具体内容：

经营者违反《反垄断法》规定，达成并实施垄断协议的，由反垄断执法机构责令停止违法行为，没收违法所得，并处上一年度销售额1％以上10％以下的罚款；尚未实施所达成的垄断协议的，可以处50万元以下的罚款。经营者主动向反垄断执法机构报告达成垄断协议的有关情况并提供重要证据的，反垄断执法机构可以酌情减轻或者免除对该经营者的处罚。行业协会组织本行业的经营者达成垄断协议的，反垄断执法机构可以处50万元以下的罚款；情节严重的，社会团体登记管理机关可以依法撤销其登记②。

经营者违反反垄断法规定，滥用市场支配地位的，由反垄断执法机构责令停止违法行为，没收违法所得，并处上一年度销售额1％以上10％以下的罚款③。

经营者违反反垄断法规定实施集中的，由国务院反垄断执法机构责令停止实施集中、限期处分股份或者资产、限期转让营业以及采取其他必要措施恢复到集中前的状态，可以处50万元以下的罚款④。

行政机关和法律、法规授权的具有管理公共事务职能的组织滥用行政权力，实施排除、限制竞争行为的，由上级机关责令改正；对直接负责的主管人员和其他直接责任人员依法给予处分⑤。

对反垄断执法机构依法实施的审查和调查，拒绝提供有关材料、信息，或者提供虚假材料、信息，或者隐匿、销毁、转移证据，或者有其他拒绝、阻碍调查行为的，由反垄断执法机构责令改正，对个人可以处2万元以下的罚款，对单位可以处20万元以下的罚款；情节严重的，对个人处2万元以上10万元以下的罚款，对单位处20万元以上100万元以下的罚款⑥。

第二节　反不正当竞争法律制度

反不正当竞争法律制度是重要的市场经济法律，它与反垄断法律制度一起构成市场竞争的基本规则。反不正当竞争法律对经营者的竞争行为作出了具体的限制，对形成一个正常与健康市场有积极的作用。本节仅介绍我国的反不正当竞争

---

① 《中华人民共和国反垄断法》第50条.
② 《中华人民共和国反垄断法》第46条.
③ 《中华人民共和国反垄断法》第47条.
④ 《中华人民共和国反垄断法》第48条.
⑤ 《中华人民共和国反垄断法》第51条.
⑥ 《中华人民共和国反垄断法》第52条.

法律制度。

我国反不正当竞争执法机构由国家工商行政管理机关担当。根据国务院批准的《国家工商行政管理总局主要职责内设机构和人员编制规定》,国家工商行政管理总局设立反垄断与反不正当竞争执法局,查处市场中的不正当竞争、商业贿赂等违法案件。地方各级人民政府工商行政管理机关负责本辖区内的反不正当竞争执法工作。《反不正当竞争法》①颁布实施后,国家工商行政管理机关作为不正当竞争行为的行政监督主管机关,发布了《关于禁止公用企业限制竞争行为的若干规定》、《关于禁止侵犯商业秘密行为的若干规定》、《关于禁止有奖销售活动中不正当竞争行为的若干规定》等规章,这些规定与《反不正当竞争法》一起构成了我国反不正当竞争的法律体系。

一、不正当竞争行为的种类

不正当竞争是相对于市场竞争中的正当手段而言的,它是指经营者为了争夺市场竞争优势,违反法律和公认的商业道德,采用欺诈、混淆等手段扰乱正常的市场竞争秩序,并损害其他经营者和消费者合法利益的行为。在市场竞争中,经营者的竞争手段损害了竞争对手的合法利益,对市场秩序的稳定和健康带来严重影响时,这些竞争手段就被认为是不正当的。反不正当竞争法列举的不正当竞争行为有:

(一)损害竞争对手②的行为

(1)假冒他人的注册商标。这是指非商标权人在自己的与被侵权的商标权人同样的商品(服务)或类似的商品(服务)上使用被侵权人的注册商标或与被侵权注册商标近似的商标。需要注意的是,只有在相同或者类似商品上使用与他人注册商标或近似的商标,才是假冒注册商标。

(2)擅自使用知名商品特有的名称、包装、装潢,或者使用与知名商品近似的名称、包装、装潢,造成和他人的知名商品相混淆,使购买者误认为是该知名商品。

"知名商品"是指在中国境内具有一定的市场知名度,为相关公众所知悉的商品。人民法院在认定知名商品时,综合考虑该商品的销售时间、销售区域、销售额和销售对象,进行任何宣传的持续时间、程度和地域范围,作为知名商品受保护的情况等因素,进行综合判断。在不同地域范围内使用相同或者近似的知名商品特

---

① 《中华人民共和国反不正当竞争法》1993 年 9 月 2 日第八届全国人大常委会第三次会议通过,1993 年 12 月 1 日起施行。全文共 5 章 33 条.

② 《中华人民共和国反不正当竞争法》第 5 条.

有的名称、包装、装潢,在后使用者能够证明其善意使用的,不构成反不正当竞争法规定的不正当竞争行为。因后来的经营活动进入相同地域范围而使其商品来源足以产生混淆,在先使用者请求责令在后使用者附加足以区别商品来源的其他标识的,人民法院对该请求亦会予以支持①。

　　具有区别商品来源的显著特征的商品的名称、包装、装潢,应当认定为反不正当竞争法所称的"特有的名称、包装、装潢"。但如商品的通用名称、图形、型号,仅仅直接表示商品的质量、主要原料、功能、用途、重量、数量及其他特点的商品名称等不能认定有"显著特征"而受到保护②。

　　(3) 擅自使用他人的企业名称或者他人姓名,引起误认是他人的商品。"使用"是指,在中国境内进行商业使用,包括将知名商品特有的名称、包装、装潢或者企业名称、姓名用于商品、商品包装以及商品交易文书上,或者用于广告宣传、展览以及其他商业活动中。非商业使用不在禁止之列。

　　(4) 在商品上伪造或者冒用认证标志、名优标志等质量标志,伪造产地,对商品质量作引人误解的虚假表示。具体来讲有以下表现形式,包括:①伪造或者冒用认证标志、名优标志等质量标志,使用被取消的质量标志;②伪造或者冒用专利标志,使用已经失效的专利号;③伪造或者冒用质量检验合格证、许可证号、准产证号或者监制单位;④伪造或者冒用商品的生产地、制造地、加工地;⑤夸大表述商品的性能、用途、等级、数量、隐匿或虚构产品成分及含量等;⑥伪造商品生产日期、安全使用期和失效日期或者对日期作模糊标注;⑦商品及其包装上应当标明的内容未按规定标明的。

(二) 经营中的贿赂行为

　　经营者采用财物或其他手段进行贿赂销售或购买商品③的行为被法律所禁止。具体有:

　　经营者销售或者购买商品,可以以明示方式给对方折扣,可以给中间人佣金。经营者给对方折扣、给中间人佣金的,必须如实入账。接受折扣、佣金的经营者必须如实入账。法律规定佣金必须以明示的方式进行,无论是佣金提供者还是受益者,均必须在交易中明示,同时予以入账。

　　在实践中,经营者给交易对象或者其工作人员佣金,是比较常见的现象;但是

---

① 《最高人民法院关于审理不正当竞争民事案件应用法律若干问题的解释》第1条.
② 《最高人民法院关于审理不正当竞争民事案件应用法律若干问题的解释》第2条、第3条、第4条.
③ 《中华人民共和国反不正当竞争法》第8条.

需要特别提醒的是,如果佣金未能如实入账,则佣金的支付和收取构成贿赂和受贿,该交易就是不正当竞争行为;情节严重,数额较大构成犯罪的,要承担刑事责任。

(三)虚假宣传行为

经营者利用广告或其他方法,对商品或服务的质量、制作成分、性能、用途、生产者、有效期限、产地等作引人误解的虚假宣传[1],是一种不正当竞争行为。经营者对商品作片面的宣传或者对比,将科学上未定论的观点、现象等当作定论的事实用于商品宣传,以歧义性语言或者其他引人误解的方式进行商品宣传,足以造成相关公众误解的,可以认定为反不正当竞争法所禁止的引人误解的虚假宣传行为。虽然以明显的夸张方式宣传商品,但不足以造成相关公众误解的,不属于引人误解的虚假宣传行为[2]。

(四)侵犯商业秘密的行为

商业秘密,是指不为公众所知悉、能为权利人带来经济利益、具有实用性并经权利人采取保密措施的技术信息和经营信息。专有技术、客户资料、营销网络以及销售价格等都可以构成商业秘密。构成商业秘密,必须同时具备三个条件:①不为公众所知悉;②能为权利人带来经济利益;③具有实用性并经权利人采取保密措施。

以盗窃、利诱、胁迫或者其他不正当手段获取权利人的商业秘密;披露、使用或者允许他人使用前项手段获取权利人的商业秘密;违反约定或者违反权利人有关保守商业秘密的要求,披露、使用或者允许他人使用其所掌握的商业秘密;第三人明知或者应知前款所列违法行为,获取、使用或者披露他人的商业秘密,视为侵犯商业秘密[3]。

(五)不正当的低于成本价的销售行为

经营者以低价销售商品,一般情况下是有利于消费者的,理应鼓励;但是如果经营者以排挤对手为目的,以低于成本的价格销售商品,属于不正当竞争,为法律所禁止;原因是低于成本的价格会导致经营者亏本进而导致其他经营者破产,采取这类手段的经营者绝不是为了惠民,而是以达到排挤其他经营者,自己垄断市场为

---

[1] 《中华人民共和国反不正当竞争法》第9条.
[2] 《最高人民法院关于审理不正当竞争民事案件应用法律若干问题的解释》第8条.
[3] 《中华人民共和国反不正当竞争法》第10条.

目的的。但有下列情形之一的,不属于不正当竞争行为:销售鲜活商品;处理有效期限即将到期的商品或者其他积压的商品;季节性降价;因清偿债务、转产、歇业降价销售商品①。

(六) 捆绑销售行为②

经营者在销售商品时,利用自己的有利地位,违背购买者的意愿强行搭售其他商品、捆绑销售或者附加其他不合理的条件,如必须建立长期购销关系等,均属于不正当竞争。

(七) 不正当的有奖销售行为③

有奖销售,是指经营者销售商品或者提供服务,附带性地向购买者提供物品、金钱或者其他经济上的利益的行为。包括:奖励所有购买者的附赠式有奖销售和奖励部分购买者的抽奖式有奖销售。经政府或者政府有关部门依法批准的有奖募捐及其他彩票发售活动,不适用上述规定④。

(1)采用谎称有奖或者故意让内定人员中奖的欺骗方式进行有奖销售。欺骗性有奖销售行为包括下列主要情形:谎称有奖销售或者对所设奖的种类,中奖概率,最高奖金额,总金额,奖品种类、数量、质量、提供方法等作虚假不实的表示;采取不正当的手段故意让内定人员中奖;故意将设有中奖标志的商品、奖券不投放市场或者不将商品、奖券同时投放市场;故意将带有不同奖金金额或者奖品标志的商品、奖券按不同时间投放市场;其他欺骗性有奖销售行为。

(2)利用有奖销售的手段推销质次价高的商品。质次价高的突出特点是用于有奖销售的商品品质与价格不符,实质为变相涨价。质次和价高是相对而言的,即质量、价格比相差悬殊时即可认定为质次价高。须注意的是,"质次"商品可能是普通的低档次商品,不能与"不合格"商品划等号。

(3)抽奖式的有奖销售,最高奖的金额不超过5 000元。以非现金的物品或者其他经济利益作奖励的,按照同期市场同类商品或者服务的正常价格折算其金额。抽奖式的有奖销售是指,消费者在消费后得到一次抽奖权,并可根据抽奖的结果得到奖励的销售行为。实践中,下列有奖销售行为也会被认为违反该项规定:在一次消费行为或一次性累计的消费行为上多次设奖,虽然每一次的最高奖都不超过

①　《中华人民共和国反不正当竞争法》第11条.

②　《中华人民共和国反不正当竞争法》第12条.

③　《中华人民共和国反不正当竞争法》第13条.

④　国家工商行政管理局发布了《关于禁止有奖销售活动中不正当竞争行为的若干规定》.

5 000 元,但多次中奖的最高奖金额大大超出 5 000 元;经营者以价格超过 5 000 元的物品的使用权作为奖励的,不论使用该物品的时间长短;经营者以提供就业机会、聘为各种顾问等名义,并以解决待遇、给付工薪等方式设置奖励,不论奖励现金、物品(包括物品的使用权)或者其他经济利益,也不论是否要求中奖者承担一定义务,最高奖的金额(包括物品的价格、经济利益的折算)超过 5 000 元的。上述行为同样会被执法机关认定为不正当竞争行为[1]。

(八) 损害竞争对手商业信誉、商品声誉[2]的行为

信誉、声誉是指好的名声,在很大程度上是顾客对企业及其商品良好印象的代名词。商业信誉、商品信誉是企业的一种无形的资产,具有其价值。《反不正当竞争法》中的损害商誉行为是违反市场规制法的一种市场行为,主要是行为人对竞争对手的诋毁、诽谤行为。即经营者通过捏造散布虚假事实对其竞争对手的商业信誉或商品声誉进行恶意贬低,以削弱其竞争能力,为自己谋取不正当利益的行为。有以下几种形式:①利用散布公开信、召开新闻发布会、刊登对比性广告或声明性广告等形式,捏造、散布贬低竞争对手商业信誉或商品信誉的虚假事实;②在对外经营过程中,向业务客户及消费者散布虚假事实以贬低竞争对手的商业信誉或商品信誉;③在所出售的商品说明上,对竞争对手的同类商品进行诋毁;④组织策划以顾客或消费者的名义向有关经济监督管理部门做关于竞争对手的产品质量低劣、服务质量差等情况的虚假投诉;⑤唆使他人在公众中造谣并传播、散布竞争对手所售出的商品质量有问题,使公众对该商品失去信心,产生恐慌心理等;⑥利用造假假冒行为侵犯企业商业信誉。在自己生产和销售伪劣产品上使用竞争对手的商标,以破坏竞争对手的商誉;⑦恶意诉讼[3]。

(九) 串通投标的行为

投标者和招标者不得相互勾结,以排挤竞争对手的公平竞争[4]。招标和投标是通过投标者之间公开、公平的竞争来达到最优效果,因此各投标者必须遵守公开、公平、公正和诚实信用原则。任何通过相互勾结、恶意串通的方式,去排挤竞争对手,都是不容于法的,势必要受到法律制裁。招标人与投标人串通投标主要情形

---

[1] 《国家工商行政管理局关于有奖促销中不正当竞争行为认定问题的答复》.
[2] 《中华人民共和国反不正当竞争法》第 14 条.
[3] http://qkzz.net/magazine/1009-3788/2008/03/2531678_2.htm,最近浏览日,2009 年 1 月 10 日.
[4] 《中华人民共和国反不正当竞争法》第 15 条.

有：①投标人通过行贿手段在开标之前，从招标人那里获得其他投标人的投标条件和报价信息；②投标人故意暗中将其确定的标底透露给投标人；③招标人在审查评比投标申请时，对不同的投标人实行差别对待，故意让与其勾结的人中标；④招标人与投标人暗中勾结，在公平投标时压低标价，中标后再给招标人额外补贴等，以排除其他竞争对手的行为。投标人之间互相串通的典型做法包括：①投标人之间相互约定，一致抬高投标报价；②投标人之间相互约定，一致压低价位中标；③投标人之间约定，在类似项目中，轮流以高价位或低价位中标；④投标人之间就标价之外的事项进行串通[①]。

（十）公用企业及其他经营者的不公平竞争[②]行为

公用企业，是指涉及公用事业的经营者，包括供水、供电、供热、供气、邮政、电信、交通运输等行业的经营者[③]。《关于禁止公用企业限制竞争行为的若干规定》[④]对公用企业限制竞争的不正当竞争行为进行了具体的规定。根据法律与有关规定，公用企业在市场交易中实施的下列行为属于不正当竞争行为：①限定用户、消费者只能购买和使用其提供的相关商品，不得购买和使用其他经营者提供的符合技术标准要求的同类商品；②限定用户、消费者只能购买和使用其指定的经营者生产或者经销的商品，而不得购买和使用其他经营者提供的符合技术标准要求的同类商品；③强制用户、消费者购买其提供的不必要的商品及配件；④强制用户、消费者购买其指定的经营者提供的不必要的商品；⑤以检验商品质量、性能等为借口，阻碍用户、消费者购买、使用其他经营者提供的符合技术标准要求的其他商品；⑥对不接受其不合理条件的用户、消费者拒绝、中断或者削减供应相关商品，或者滥收费用；⑦其他限制竞争的行为[⑤]。

（十一）政府部门的滥用行政权力的行为

政府及其所属部门滥用行政权力，限定他人购买其指定的经营者的商品，限制其他经营者正当的经营活动；政府及其所属部门滥用行政权力，限制外地商品进入

---

① http://www.rafz.net/onews.asp? id＝192,最近浏览日,2009 年 1 月 10 日.

② 《中华人民共和国反不正当竞争法》第 6 条.

③ 国家工商行政管理局《关于禁止公用企业限制竞争行为的若干规定》第 2 条.

④ 《关于禁止公用企业限制竞争行为的若干规定》国家工商行政管理局 1993 年 12 月 24 日公布并施行.

⑤ 见国家工商行政管理局《关于禁止公用企业限制竞争行为的若干规定》第 3 条.

本地市场,或者本地商品流向外地市场①。

二、禁止性规定和法律责任

(一) 禁止性规定

本节列举的不正当竞争行为的种类,也是实践中典型的不正当竞争违法行为,在此不再重述。当事人做出违法行为的,应视情况承担相应的法律责任。

(二) 法律责任

1. 民事责任

经营者的不正当竞争行为,给被侵害的经营者造成损害的,应当承担损害赔偿责任,被侵害的经营者的损失难以计算的,赔偿额为侵权期间因侵权所获得的利润;并应当承担被侵害的经营者因调查该经营者侵害其合法权益的不正当竞争行为所支付的合理费用②。投标者串通投标,抬高标价或者压低标价;投标者和招标者相互勾结,以排挤竞争对手的公平竞争的,其中标无效③。

2. 行政责任

经营者假冒他人的注册商标,擅自使用他人的企业名称或者姓名,伪造或者冒用认证标志、名优标志等质量标志,伪造产地,对商品质量作引人误解的虚假表示的,依照《商标法》、《产品质量法》的规定处罚。经营者擅自使用知名商品特有的名称、包装、装潢,或者使用与知名商品近似的名称、包装、装潢,造成和他人的知名商品相混淆,使购买者误认为是该知名商品的,监督检查部门应当责令其停止违法行为,没收违法所得,可以根据情节处以违法所得 1 倍以上 3 倍以下罚款;情节严重的,可以吊销营业执照④。

经营者采用财物或者其他手段进行贿赂以销售或者购买商品,不构成犯罪的,监督检查部门可以根据情节处以 1 万元以上 20 万元以下的罚款,有违法所得的,予以没收⑤。

公用企业或者其他贪污具有独占地位的经营者,限定他人购买其指定的经营者的商品,以排挤其他经营者的公平竞争的,省级或者设区的市的监督检查部门应

---

① 《中华人民共和国反不正当竞争法》第 7 条.
② 《中华人民共和国反不正当竞争法》第 20 条.
③ 《中华人民共和国反不正当竞争法》第 27 条.
④ 《中华人民共和国反不正当竞争法》第 21 条.
⑤ 《中华人民共和国反不正当竞争法》第 22 条.

当责令其停止违法行为,可以根据情节处以 5 万元以上 20 万元以下的罚款。被指定的经营者借此销售质次价高商品或者滥收费用的,监督检查部应当没收违法所得,可以根据情节处以违法所得 1 倍以上 3 倍以下的罚款①。

经营者利用广告或者其他方法,对商品作引人误解的虚假宣传的,监督检查部门应当责令停止违法行为,消除影响,可以根据情节处以 1 万元以上 20 万元以下的罚款。广告的经营者,在明知或者应知的情况下,代理、设计、制作、发布虚假广告的,监督检查部门应当责令停止其违法行为,没收违法所得,并依法处以罚款②。

侵犯商业秘密的,监督检查部门应当责令其停止违法行为,可以根据情节处以 1 万元以上 20 万元以下的罚款③。

经营者有奖销售违法的,监督检查部门应当责令其停止违法行为,可以根据情节处以 1 万元以上 10 万元以下的罚款④。

投标者串通投标,抬高标价或者压低标价;投标者和招标者相互勾结,以排挤竞争对手的公平竞争的,监督检查部门可以根据情节处以 1 万元以上 20 万元以下的罚款⑤。

经营者有违反被责令暂停销售,不得转移、隐匿、销毁与不正当竞争行为有关的财物的行为的,监督检查部门可以根据情节处以被销售、转移、隐匿、销毁财物的价款的 1 倍以上 3 倍以下的罚款⑥。

政府及其所属部门限定他人购买其指定的经营者的商品、限制其他经营者正当的经营活动,或者限制商品在地区之间正常流通的,由上级机关责令其改正;情节严重的,由同级或者上级机关对直接责任人员给予行政处分。被指定的经营者借此销售质次价高商品或者滥收费用的,监督检查部门应当没收违法所得,可以根据情节处以违法所得 1 倍以上 3 倍以下的罚款⑦。

3. 刑事责任

经营者假冒他人注册商标、侵犯他人商业秘密、销售伪劣商品,构成犯罪的,依法追究刑事责任⑧。

---

① 《中华人民共和国反不正当竞争法》第 23 条.
② 《中华人民共和国反不正当竞争法》第 24 条.
③ 《中华人民共和国反不正当竞争法》第 25 条.
④ 《中华人民共和国反不正当竞争法》第 26 条.
⑤ 《中华人民共和国反不正当竞争法》第 27 条.
⑥ 《中华人民共和国反不正当竞争法》第 28 条.
⑦ 《中华人民共和国反不正当竞争法》第 30 条.
⑧ 《中华人民共和国反不正当竞争法》第 21 条.

第三节 产品质量法律制度

为了促进提高产品质量,明确产品质量责任,保护买受方的合法权益,维护社会经济秩序,我国设立了产品质量法律制度。产品质量法律制度是以我国《产品质量法》[①]为核心,以实施细则与具体的质量标准等为支柱。

产品质量法律制度是我国重要的经济法律制度[②],由《产品质量法》和相关的实施细则、标准化制度等组成。《产品质量法》是我国产品质量法律制度中最为基本的法。国家设有产品质量工作的专门执法机关,即国家质量监督检验检疫总局。产品法律制度的基本宗旨是加强对产品质量的监督管理,提高产品质量水平,明确产品质量责任,保护消费者的合法权益,维护社会经济秩序。

一、产品与产品质量

(一) 产品

产品在一般意义上是指经过人们培育、加工形成的,具有一定使用价值的物品。根据不同分类法,产品可以分为工业产品、农业产品、文化产品和工程产品;也可以分为民用产品、军用产品;还可以分为本地产品、外地产品、国内产品、进口产品等等。《产品质量法》中的产品,是指"经过加工、制作,用于销售的产品",不包括建设工程产品和军工产品,但建设工程使用的建筑材料、建筑构配件和设备,属于产品的范围。这里主要是指经过工业加工的产品。因为这一类产品种类繁多、数量极大与国计民生关系密切,所以需要特别法规范生产者的质量行为。

(二) 产品质量

产品质量指产品在正常或规定条件下所应该满足或符合人们的特定用途或需求所必须具备的性能的总和。虽然产品的用途各异,但无论哪种产品必须具备一

---

① 《中华人民共和国产品质量法》1993 年 2 月 22 日第七届全国人大常委会第三十次会议通过,1993 年 9 月 1 日起施行.2000 年 7 月 8 日第九届全国人大常委会第十六次会议修订,全文共 6 章 74 条.

② 1951 年中央人民政府颁布了《兵工总局组织条例》,1957 年全国各企业建立从准备生产到产品出厂的整套技术检验监督制度,1978 年推行全面质量管理制度.此后,先后颁布了《工业产品质量责任条例》、《中华人民共和国计量法》及其实施细则、《中华人民共和国标准化法》及其实施细则等.

种内在属性,这种内在属性是为了满足人们综合性的需要,我们可以把它称为质量共性,主要有:①适用性。它这是指产品应当具备必要的使用功能,能满足人们的某种特定的需要,如取暖器一定要具备制热功能,手表一定要具备计时功能;②安全性。它是指产品不存在对人身健康、安全与财产安全的危险,使用产品不会造成使用者的经济损失,如取暖器不能轻易地引起火灾;③经济性。它是指对使用者和社会而言,使用该产品所得到的利益相比使用该产品所付出的代价是收益比成本大;如在长途旅行时,长途旅程乘坐飞机比乘火车经济;④环保性。它是指产品生产与使用过程中必须注意环保问题。无论是在生产过程中会产生大量污染物的产品,还是在使用过程中会产生大量污染物的产品都应该淘汰。产品质量立法一定要考虑这四方面的问题,既使产品是可用的、安全的,又要使产品是经济的、环保的。

　　产品质量问题是指产品与人们希望产品具有的,也应该具有的质量存在较大差距,换言之产品存在缺陷。学理上也将存在产品缺陷的产品称之为有产品质量问题的产品。我国产品质量法意义上的产品缺陷,可从几个方面判断:一是产品存在不合理危险,这种情况往往会给用户和消费者带来人身和财产的损失;二是产品不符合法定质量标准,包括适用性标准、经济性标准和环保型标准。产品缺陷分为设计缺陷、制造缺陷和经营缺陷。设计缺陷是指产品设计的结构、配方等方面存在不合理而导致的产品质量问题,如设计选用的材料是有危害健康的材料。制造缺陷是指产品在生产中工艺、工序、材料质量问题等方面的不合理而导致产品的质量问题。经营缺陷是指产品不符合流通销售的法律规定或在流通过程中形成的缺陷,包括产品缺乏必要的说明、警示就进入了流通领域,或在流通过程中没有必要的保质措施导致发生产品质量问题。

二、生产者、销售者的法定质量义务

(一) 生产者的产品质量义务

　　生产者应当对其生产的产品质量负责。生产者对其产品质量承担的义务包括明示担保义务、默示担保义务和禁止性行为。

　　所谓的明示担保义务,是指产品的生产者对产品的性能和质量所作的一种声明或陈述。产品质量法规定,产品或者其包装上的标识必须真实,并符合下列要求:有产品质量检验合格证明;有中文标明的产品名称、生产厂厂名和厂址;根据产品的特点和使用要求,需要标明产品规格、等级、所含主要成分的名称和含量的,用中文相应予以标明;需要事先让消费者知晓的,应当在外包装上标明,或者预先向消费者提供有关资料;限期使用的产品,应当在显著位置清晰地标明生产日期和安全使用期或者失效日期;使用不当,容易造成产品本身损坏或者可能危及人身、财产安全的产品,应当有警示标志或者中文警示说明。裸装的食品和其他根据产品的特点难以附加标识的裸装产品,可以不附加产品标识①。

所谓默示担保义务,是指生产者用于销售的产品应当符合该产品生产和销售的一般目的。产品质量法规定,产品质量应当符合下列要求:不存在危及人身、财产安全的不合理的危险,有保障人体健康和人身、财产安全的国家标准、行业标准的,应当符合该标准;具备产品应当具备的使用性能,但是,对产品存在使用性能的瑕疵作出说明的除外;符合在产品或者其包装上注明采用的产品标准,符合以产品说明、实物样品等方式表明的质量状况②。易碎、易燃、易爆、有毒、有腐蚀性、有放射性等危险物品以及储运中不能倒置和其他有特殊要求的产品,其包装质量必须符合相应要求,依照国家有关规定作出警示标志或者中文警示说明,标明储运注意事项③。

生产者禁止性行为,是指产品质量法明确禁止的生产者的行为,包括:生产者不得生产国家明令淘汰的产品,不得伪造产地,不得伪造或者冒用他人的厂名、厂址,不得伪造或者冒用认证标志等质量标志,不得掺杂、掺假,不得以假充真、以次充好,不得以不合格产品冒充合格产品④。

(二) 销售者的产品质量义务⑤

1. 进货检查验收义务

销售者应当建立并执行进货检查验收制度,验明产品合格证明和其他标识,以防止假冒伪劣产品进入流通领域。销售者的进货检查验收应当包括产品标识检查、产品观感检查和必要的产品内在质量的检验。

2. 销售产品质量保持义务

销售者应当采取措施,保持销售产品的质量,此外,还要建立一套完备的保管、维修制度,配置必要的产品保护设备,培训保管人员等。

3. 销售者应当对产品的标识负责

销售者销售的产品的标识也应当符合前述《产品质量法》的规定。

4. 销售者的禁止行为

销售者不得销售国家明令淘汰并停止销售的产品和失效、变质的产品;不得

---

① 《中华人民共和国产品质量法》第27条.
② 《中华人民共和国产品质量法》第26条.
③ 《中华人民共和国产品质量法》第28条.
④ 《中华人民共和国产品质量法》第29条~第32条.
⑤ 《中华人民共和国产品质量法》第33条~第39条.

伪造产地,不得伪造或者冒用他人的厂名、厂址;不得伪造或者冒用认证标志等质量标志;不得掺杂、掺假,不得以假充真、以次充好,不得以不合格产品冒充合格产品。

三、产品质量管理制度

为了平衡产品质量各方的利益、规范产品质量关系中各方的行为,也为提高产品质量,明确产品质量责任,维护社会经济秩序。我国设立了产品质量管理制度与相应的机构,具体有产品质量监督机构、产品质量和质量体系认证机构、产品质量检测机构等。

(一) 强制性的产品质量制度

强制性产品质量制度是指国家通过立法确定的产品或者产品的生产活动必须遵循的法律制度,企业一定要实施这些制度,没有选择权。具体包括产品质量标准制度、产品质量监督检查制度等。

1. 产品质量标准制度

产品质量标准是质量制度的基础,没有产品质量标准,质量就没有衡量的尺度,产品就不会有统一的质量状态,也不可能有好的产品质量。《产品质量法》明确规定①,可能危及人体健康和人身、财产安全的工业产品,必须符合保障人体健康和人身、财产安全的国家标准、行业标准;未制定国家标准、行业标准的,必须符合保障人体健康和人身、财产安全的要求。禁止生产、销售不符合保障人体健康和人身、财产安全的标准和要求的工业产品。国家标准就是由国家主管机关制定或确认的标准,如国家实行的汽车发动机排放标准。这是汽车生产者、经营者必须执行的质量标准底线,低于这个标准的汽车不得生产、销售。但你可以制定高于这个标准的质量标准。行业标准是指在全国范围内的行业管理机构制定或确认的产品质量标准,这也是产品质量的基本线。在有国家标准的条件下,行业标准应该高于国家标准,不能等于、低于国家标准;在没有国家标准的情况下,行业标准应该具备使产品具有适用性、安全性、经济性和环保性的内在质量要求。企业可以制定企业标准,在有国家标准或行业标准的情况下,企业标准应当高于国家标准或行业标准,在没有国家标准和行业标准的情况下,企业应当按照适用性、安全性、经济性和环保性制定企业标准。

用户和产品生产者之间还可以约定产品质量标准,但约定的产品质量必须高于国家标准、行业标准和企业标准。

---

① 《中华人民共和国产品质量法》第13条.

《产品质量法》在确定生产者、销售者是否需要承担产品质量责任时,其判断的基本标准是:产品质量应当检验合格,不得以不合格产品冒充合格产品。而是否合格,判断的标准则是该产品的质量是否符合国家关于保障人体健康和人身、财产安全的国家标准、行业标准;未制定国家标准、行业标准的,必须符合保障人体健康和人身、财产安全的要求①。

2. 产品质量监督检查制度②

产品质量监督检查制度是指国家质量监督机关,根据法律法规的规定,对企业生产的产品主动进行质量检查,以控制企业生产的产品质量的制度。国家质量监督部门以及地方各级人民政府质量监督部门主管产品质量监督检查工作。

国家对产品质量实行以抽查为主要方式的监督检查制度,对可能危及人体健康和人身、财产安全的产品,影响国计民生的重要工业产品以及消费者、有关组织反映有质量问题的产品进行抽查。抽查的样品应当在市场上或者企业成品仓库内的待销产品中随机抽取。监督抽查工作由国务院产品质量监督部门规划和组织。县级以上地方产品质量监督部门在本行政区域内也可以组织监督抽查。国家监督抽查的产品,地方不得另行重复抽查;上级监督抽查的产品,下级不得另行重复抽查。

根据监督抽查的需要,可以对产品进行检验。检验抽取样品的数量不得超过检验的合理需要,并不得向被检查人收取检验费用。生产者、销售者对抽查检验的结果有异议的,可以自收到检验结果之日起 15 日内向实施监督抽查的产品质量监督部门或者其上级产品质量监督部门申请复检,由受理复检的产品质量监督部门作出复检结论。

对依法进行的产品质量监督检查,生产者、销售者不得拒绝。依法进行监督抽查的产品质量不合格的,由实施监督抽查的产品质量监督部门责令生产者、销售者限期改正。逾期不改正的,由省级以上人民政府产品质量监督部门予以公告;公告后经复查仍不合格的,责令停业,限期整顿;整顿期满后经复查产品质量仍不合格的,吊销营业执照。监督抽查的产品有严重质量问题的,依照《产品质量法》的有关规定处罚。

县级以上产品质量监督部门根据已经取得的违法嫌疑证据或者举报,对涉嫌违反本法规定的行为进行查处时,可以行使下列职权:①对当事人涉嫌从事违反本法的生产、销售活动的场所实施现场检查;②向当事人的法定代表人、主要负责人和其他有关人员调查、了解与涉嫌从事违反本法的生产、销售活动有关的情况;③

---

① 《中华人民共和国产品质量法》第 13 条.
② 《中华人民共和国产品质量法》第 15 条～第 18 条.

查阅、复制当事人有关的合同、发票、账簿以及其他有关资料；④对有根据认为不符合保障人体健康和人身、财产安全的国家标准、行业标准的产品或者有其他严重质量问题的产品，以及直接用于生产、销售该项产品的原辅材料、包装物、生产工具，予以查封或者扣押。

（二）选择性的产品质量制度

选择性的产品质量制度是一种产品质量服务制度，是国家通过设立以认证制度为核心内容，鼓励企业通过认证等活动，进而提高产品质量的制度体系，企业对是否实施这些制度有决定权。产品质量服务主要有产品质量认证、企业质量体系认证和产品质量检验等工作。这些工作主要由社会中介机构承担，这些社会中介机构必须依法设立，不得与行政机关和其他国家机关存在隶属关系或者其他利益关系。同时这些工作也必须按照相关的制度开展，这些制度大致有：产品质量认证制度、企业质量体系认证制度①和产品质量检测制度等。

1. 产品质量认证制度

由独立的产品质量认证机构对产品质量进行认证是国际上通行的一种产品质量管理制度，它是由专门的认证机关根据企业的申请，按照相关标准，以产品为对象进行质量状况的认证。经认证达到标准的，由认证机构颁发认证证书，生产者和经营者可以在其产品上使用认证标志。产品质量认证机构必须依法按照有关标准，客观、公正地出具认证证明。产品质量认证机构应当依照国家规定对准许使用认证标志的产品进行认证后的跟踪检查；对不符合认证标准而使用认证标志的，要求其改正；情节严重的，取消其使用认证标志的资格。

2. 企业质量体系认证制度

在产业界有产品的质量不是检验出来的，而是生产出来的共识。企业的产品生产环节的状况决定了企业产品的质量。在客观上，企业的生产体系就是产品质量体系。企业的管理者完全可以从对生产环节的控制，达到对产品质量的控制。因此，通过对企业质量体系的认证来控制企业的产品质量是国际上的一种通常的做法。企业质量体系认证制度是指独立的企业质量认证机构按照有关的规定对企业的产品生产体系按照一定的标准进行设置、整理使其符合生产出合格产品的条件，并颁发质量体系认证证书的制度。企业只要严格执行这个质量体系就可以生产出合格产品。

企业产品质量体系认证产品质量体系认证机构必须依法按照有关标准，客观、公正地出具认证证明。产品质量体系认证机构应当依照国家规定对准许使用认证

---

① 《中华人民共和国产品质量法》第14条.

标志的产品进行认证后的跟踪检查;对不符合认证标准而使用认证标志的,要求其改正;情节严重的,取消其使用认证标志的资格。

3. 产品质量检验制度

这里的产品质量检验制度不是指企业生产过程中的检验,也不是指国家行政机关依法对企业产品进行的质量检验,而是指具有产品质量检验职能的中介机构,为企业生产的产品提供专业的质量检验服务的制度。产品质量检验机构是具有相应的检测条件和能力,经省级以上人民政府产品质量监督部门或者其授权的部门考核合格后,从事产品质量检验工作的机构。产品质量检验机构应当事人的申请对特定的产品进行质量检验,并作出检验报告。企业生产的产品尤其是新研制、新开发的产品都应该送到产品质量检验机构检验,以确定其质量状态。这既是为企业提供具有社会公信力的产品质量控制服务,也是国家产品质量保障体系的组成部分。

产品质量检验机构必须依法按照有关标准,客观、公正地出具检验证明。并应依照国家规定对检验合格产品进行生产过程跟踪检查;不允许对不符合质量产品使用检验证明。

四、产品质量的行政监管

(一)国务院及其部委的产品质量监管职能

《产品质量法》规定,政府设立专门的产品质量管理机关。

1. 国务院产品质量监督管理部门的职能

国务院产品质量监督管理部门负责全国产品质量监督管理工作。国务院产品质量监督管理部门目前是国家质量监督检验检疫总局。它负责实施国家的产品质量工作,对全国产品质量工作进行统一管理,组织协调,对产品质量管理工作进行宏观指导。

2. 国务院有关部门的职能和分工

国务院有关部门在各自的职责范围内负责产品质量的监督管理工作。这是指国务院有关部门对特定行业或特定环节的产品质量的管理、监督及控制工作,如国家食品和药品监督管理局负责全国的食品、西药、中药等的质量监督管理工作;再比如国家工商行政管理机关负责流通领域的产品质量监督管理工作。

(二)地方政府的产品质量监管职能

1. 县级以上地方政府对产品质量监督管理部门的职能与分工

地方产品质量管理部门主管本行业行政区域内的产品质量监督工作。省级产品质量监督管理部门的职责是按国家法律、行政法规的规定和省级人民政府赋予的职权,负责组织、协调省级范围内的产品质量监督管理工作;市、县级管理产品质量监督工作的部门,则在省级产品质量监督管理部门的垂直统一领导下,按照职能分工,作好本级产品质量监督管理工作。

2. 县级以上地方人民政府有关部门的职能和分工

这些部门在各自的职责范围内,负责本行政区域内,本部门内有关产品质量方面的监督管理工作。产品质量监督管理部门和各级政府的相关部门应当在各自的职责范围内引导、督促生产者、销售者、加强产品质量管理,提高产品质量,并依法采取措施,制止产品生产、销售中违反法律规定的行为。

五、禁止性规定和法律责任

(一) 禁止性规定

《产品质量法》规定经营者的禁止性规定包括:生产、销售不符合保障人体健康和人身、财产安全的国家标准、行业标准的产品;在产品中掺杂、掺假,以假充真,以次充好,或者以不合格产品冒充合格产品;生产国家明令淘汰的产品的,销售国家明令淘汰并停止销售的产品;销售失效、变质的产品;伪造产品产地,伪造或者冒用他人厂名、厂址,伪造或者冒用认证标志等质量标志;产品标识不符合产品质量法规定等。

(二) 法律责任

上述违法行为根据其具体内容和情节的轻重,导致违法主体承担民事责任、行政责任、或刑事责任。

1. 民事责任

(1) 产品质量瑕疵担保责任。售出的产品有下列情形之一的,销售者应当负责修理、更换、退货;给购买产品的消费者造成损失的,销售者应当赔偿损失:不具备产品应当具备的使用性能而事先未作说明的;不符合在产品或者其包装上注明采用的产品标准的;不符合以产品说明、实物样品等方式表明的质量状况的。销售者依照前款规定负责修理、更换、退货、赔偿损失后,属于生产者的责任或者属于向销售者提供产品的其他销售者(以下简称供货者)的责任的,销售者有权向生产者、供货者追偿。生产者之间,销售者之间,生产者与销售者之间订立的买卖合同、承揽合同有不同约定的,合同当事人按照合同约定执行[①]。

(2) 产品缺陷造成损害的侵权责任。因产品存在缺陷造成人身、缺陷产品以

---

① 《中华人民共和国产品质量法》第40条.

外的其他财产(以下简称他人财产)损害的,生产者应当承担赔偿责任。生产者能够证明有下列情形之一的,不承担赔偿责任:未将产品投入流通的;产品投入流通时,引起损害的缺陷尚不存在的;将产品投入流通时的科学技术水平尚不能发现缺陷的存在的。由于销售者的过错使产品存在缺陷,造成人身、他人财产损害的,销售者应当承担赔偿责任。销售者不能指明缺陷产品的生产者也不能指明缺陷产品的供货者的,销售者应当承担赔偿责任①。

因产品存在缺陷造成人身、他人财产损害的,受害人可以向产品的生产者要求赔偿,也可以向产品的销售者要求赔偿。属于产品的生产者的责任,产品的销售者赔偿的,产品的销售者有权向产品的生产者追偿。属于产品的销售者的责任,产品的生产者赔偿的,产品的生产者有权向产品的销售者追偿。因产品存在缺陷造成受害人人身伤害的,侵害人应当赔偿医疗费、治疗期间的护理费、因误工减少的收入等费用;造成残疾的,还应当支付残疾者生活自助具费、生活补助费、残疾赔偿金以及由其扶养的人所必需的生活费等费用;造成受害人死亡的,并应当支付丧葬费、死亡赔偿金以及由死者生前扶养的人所必需的生活费等费用。因产品存在缺陷造成受害人财产损失的,侵害人应当恢复原状或者折价赔偿。受害人因此遭受其他重大损失的,侵害人应当赔偿损失②。2008年度爆发的三聚氰胺奶粉事件,严重损害了消费者的人身健康,甚至导致个别服用问题奶粉的儿童死亡,受损害的消费者不仅可以向生产者追究法律责任,也可以向销售者追究法律责任。相关奶粉生产企业亦应按照上述规定承担民事责任。

因产品存在缺陷造成损害要求赔偿的诉讼时效期间为2年,自当事人知道或者应当知道其权益受到损害时起计算。因产品存在缺陷造成损害要求赔偿的请求权,在造成损害的缺陷产品交付最初消费者满10年丧失;但是,尚未超过明示的安全使用期的除外③。

应注意的是,只有在产品存在缺陷时,生产者或销售者才承担该侵权责任,而产品质量法所称缺陷,是指产品存在危及人身、他人财产安全的不合理的危险;产品有保障人体健康和人身、财产安全的国家标准、行业标准的,是指不符合该标准④。

(3) 社会团体、社会中介机构的担保责任。它们对产品质量作出承诺、保证,而该产品又不符合其承诺、保证的质量要求,给消费者造成损失的,与产品的生产

---

① 《中华人民共和国产品质量法》第41条、第42条.
② 《中华人民共和国产品质量法》第43条、第44条.
③ 《中华人民共和国产品质量法》第45条.
④ 《中华人民共和国产品质量法》第46条.

者、销售者承担连带责任①。

2. 行政责任

(1) 生产者、销售者违反《产品质量法》的行政责任②。生产、销售不符合保障人体健康和人身、财产安全的国家标准、行业标准的产品的,责令停止生产、销售,没收违法生产、销售的产品,并处违法生产、销售产品(包括已售出和未售出的产品,下同)货值金额等值以上3倍以下的罚款;有违法所得的,并处没收违法所得;情节严重的,吊销营业执照。

在产品中掺杂、掺假,以假充真,以次充好,或者以不合格产品冒充合格产品的,责令停止生产、销售,没收违法生产、销售的产品,并处违法生产、销售产品货值金额50%以上3倍以下的罚款;有违法所得的,并处没收违法所得;情节严重的,吊销营业执照。

生产国家明令淘汰的产品的,销售国家明令淘汰并停止销售的产品的,责令停止生产、销售,没收违法生产、销售的产品,并处违法生产、销售产品货值金额等值以下的罚款;有违法所得的,并处没收违法所得;情节严重,吊销营业执照。

销售失效、变质的产品的,责令停止销售,没收违法销售的产品,并处违法销售产品货值金额2倍以下的罚款;有违法所得的,并处没收违法所得;情节严重的,吊销营业执照。

伪造产品产地的,伪造或者冒用他人厂名、厂址的,伪造或者冒用认证标志等质量标志的,责令改正,没收违法生产、销售的产品,并处违法生产、销售产品货值金额等值以下的罚款;有违法所得的,并处没收违法所得;情节严重的,吊销营业执照。

产品标识不符合产品质量法规定的,责令改正;有包装的产品标识不符合本法第27条第(四)项、第(五)项规定,情节严重的,责令停止生产、销售,并处违法生产、销售产品货值金额30%以下的罚款;有违法所得的,并处没收违法所得。

销售者销售产品质量法禁止销售的产品,有充分证据证明其不知道该产品为禁止销售的产品并如实说明其进货来源的,可以从轻或者减轻处罚。

拒绝接受依法进行的产品质量监督检查的,给予警告,责令改正;拒不改正的,责令停业整顿;情节特别严重的,吊销营业执照。

拒绝、阻碍产品质量监督部门或者工商行政管理部门的工作人员依法执行职务,未使用暴力、威胁方法的,依照治安管理处罚条例的规定处罚。

在广告中对产品质量作虚假宣传,欺骗和误导消费者的,依照《广告法》的规定

---

① 《中华人民共和国产品质量法》第58条.
② 《中华人民共和国产品质量法》第49条～第56条,第59条～第62条.

追究法律责任。

知道或者应当知道属于法律禁止生产、销售的产品而为其提供运输、保管、仓储等便利条件的，或者为以假充真的产品提供制假生产技术的，没收全部运输、保管、仓储或者提供制假生产技术的收入，并处违法收入50%以上3倍以下的罚款。

服务业的经营者将法律禁止销售的产品用于经营性服务的，责令停止使用；对知道或者应当知道所使用的产品属于本法规定禁止销售的产品的，按照违法使用的产品（包括已使用和尚未使用的产品）的货值金额，依照本法对销售者的处罚规定处罚。

隐匿、转移、变卖、损毁被产品质量监督部门或者工商行政管理部门查封、扣押的物品的，处被隐匿、转移、变卖、损毁物品货值金额等值以上3倍以下的罚款；有违法所得的，并处没收违法所得。

（2）产品质量检验、认证机构违反《产品质量法》的行政责任[①]。产品质量检验机构、认证机构伪造检验结果或者出具虚假证明的，责令改正，对单位处5万元以上10万元以下的罚款，对直接负责的主管人员和其他直接责任人员处1万元以上5万元以下的罚款；有违法所得的，并处没收违法所得；情节严重的，取消其检验资格、认证资格。产品质量检验机构、认证机构出具的检验结果或者证明不实，造成损失的，应当承担相应的赔偿责任；造成重大损失的，撤销其检验资格、认证资格。

产品质量认证机构对不符合认证标准而使用认证标志的产品，未依法要求其改正或者取消其使用认证标志资格的，对因产品不符合认证标准给消费者造成的损失，与产品的生产者、销售者承担连带责任；情节严重的，撤销其认证资格。

（3）国家机关工作人员违反《产品质量法》应承担的行政责任[②]。各级人民政府工作人员和其他国家机关工作人员有下列情形之一的，依法给予行政处分：①包庇、放纵产品生产、销售中违反本法规定行为的；②向从事违反本法规定的生产、销售活动的当事人通风报信，帮助其逃避查处的；③阻挠、干预产品质量监督部门或者工商行政管理部门依法对产品生产、销售中违反本法规定的行为进行查处，造成严重后果的。

产品质量监督部门在产品质量监督抽查中超过规定的数量索取样品或者向被检查人收取检验费用的，由上级产品质量监督部门或者监察机关责令退还；情节严重的，对直接负责的主管人员和其他直接责任人员依法给予行政处分。

产品质量监督部门或者其他国家机关违反本法规定，向社会推荐生产者的产品或者以监制、监销等方式参与产品经营活动的，由其上级机关或者监察机关责令

---

① 《中华人民共和国产品质量法》第57条．
② 《中华人民共和国产品质量法》第65条～第68条．

改正,消除影响,有违法收入的予以没收;情节严重的,对直接负责的主管人员和其他直接责任人员依法给予行政处分。产品质量检验机构有该所列违法行为的,由产品质量监督部门责令改正,消除影响,有违法收入的予以没收,可以并处违法收入一倍以下的罚款;情节严重的,撤销其质量检验资格。

3. 刑事责任

(1) 生产者、销售者、运输者等违反《产品质量法》的刑事责任。生产、销售不符合保障人体健康和人身、财产安全的国家标准、行业标准的产品的,在产品中掺杂、掺假,以假充真,以次充好,或者以不合格产品冒充合格产品的,销售失效、变质的产品的,构成犯罪的,依法追究刑事责任;知道或者应当知道属于禁止生产、销售的产品而为其提供运输、保管、仓储等便利条件的,或者为以假充真的产品提供制假生产技术的,构成犯罪的,依法追究刑事责任①。

我国刑法对"生产、销售伪劣商品罪"的定罪与处罚作了详尽的规定,对此类犯罪可判处罚金、拘役和有期徒刑,情节严重的可判处无期徒刑。

(2) 产品质量检验机构、认证机构违反《产品质量法》的刑事责任。产品质量检验机构、认证机构伪造检验结果或者出具虚假证明的,构成犯罪的,依法追究刑事责任,刑法第 229 条对此作了具体规定。

(3) 国家机关工作人员违反《产品质量法》的刑事责任。各级人民政府工作人员和其他国家机关工作人员有下列情形之一的,构成犯罪的,依法追究刑事责任:包庇、放纵产品生产、销售中违反法律规定行为的;向从事违反法律规定的生产、销售活动的当事人通风报信,帮助其逃避查处的;阻挠、干预产品质量监督部门或者工商行政管理部门依法对产品生产、销售中违反本法规定的行为进行查处,造成严重后果的②。刑法第九章"渎职罪"等对相关行为的定罪、处罚进行了详尽的规定。

第四节　消费者权益保护法律制度

消费者权益保护法律制度是有关保护消费者在有偿获得商品或接受服务时免受人身、财产损害或侵害的法律制度。消费者权益保护法律制度是对处于弱势地位的消费者提供特别保护的法律制度。本节仅介绍我国的消费者权益保护法律制度。

---

① 《中华人民共和国产品质量法》第 49 条、第 61 条.
② 《中华人民共和国产品质量法》第 49 条、第 61 条.

《消费者权益保护法》①是消费者权益保护法律制度的法律依据,是以保护消费者合法权益为宗旨的法律。该法所指的消费者公众理解的消费者存在一定的区别。所称消费者指的是为生活需要购买、使用商品或者接受服务的人。那些即使支付了价款购买了商品的人,如果其购买目的不是以生活需要为目的,则不能受消费者权益保护法的保护。但是,农民购买、使用直接用于农业生产的生产资料,参照消费者权益保护法关于消费者的规定执行②。消费者权益保护法调整的是消费者和经营者之间的相互关系,其中的经营者指的是,以营利为目的从事商品生产和提供服务的人。

消费者权益保护法有广狭义之分,广义上的消费者权益保护法是指所有涉及消费者保护的各种法律规范所组成的法律体系。如由消费者保护基本法和其他专门的单行消费者保护的法律和法规,以及其他法律和法规中的有关法律条款的规定组成的,消费者权益保护法律体系。狭义上的消费者权益保护法是指国家有关消费者权益保护的专门立法。广义上的消费者权益保护法包括《消费者权益保护法》、《反不正当竞争法》、《商标法》、《广告法》、《价格法》、《食品卫生法》、《产品质量法》等等的诸多有关消费者权益保护的法律,法规;狭义上的消费者权益保护法则仅指《消费者权益保护法》。

消费者从商品销售者、服务提供者处购买商品或接受服务时,双方之间会产生买卖合同或者服务合同,因此消费者与商品或服务提供者之间的法律关系也属于合同法调整的范畴;同时,商家销售商品或提供服务还必须遵循产品质量法的调整。因此,消费者权益保护涉及的法律体系包括合同法、产品质量法和消费者权益保护法等部门法,当然消费者权益保护法本身对于消费者权益保护有着超过合同法律、产品质量法律的保护力度。

一、消费者权利与经营者义务

(一) 消费者权利的基本内容③

1. 人身和财产安全不受损害的权利(安全权)

消费者的安全权,是指消费者在购买使用商品或者接受服务时,其所享有的人身和财产安全不受侵害的权利。消费者权益保护法第 7 条规定,消费者在购买、使

---

① 《中华人民共和国消费者权益保护法》于 1993 年 10 月 31 日第八届全国人大常委会第四次会议通过,1994 年 1 月 1 日起施行. 全文分为 8 章 55 条.

② 《中华人民共和国消费者权益保护法》第 54 条.

③ 《中华人民共和国消费者权益保护法》第 7 条～第 15 条.

用商品和接受服务时享有人身、财产安全不受损害的权利。消费者有权要求经营者提供的商品和服务,符合保障人身、财产安全的要求。

消费者的安全权是消费者最重要的权利。安全权包括两方面的内容:首先是人身安全权,包括:消费者的生命安全权,消费者的健康安全权;其次是财产安全权,即消费者的财产不受损失的权利。

消费者在整个消费的过程中都享有安全权。要求经营者提供的商品必须具有合理的安全性,不得提供可能对消费者人身及财产造成损害的不安全、不卫生的产品;经营者向消费者提供的服务必须有可靠的安全保障;经营者提供的消费场所应具有必要的安全保障,使消费者能在安全的环境中选购商品及接受服务。

2. 了解商品和服务的权利(知悉权)

知悉权是消费者所依法享有了解与其购买、使用的商品和接受的服务有关的真实情况的权利。

消费者权益保护法第 8 条规定,消费者享有知悉其购买、使用的商品或者接受的服务的真实情况的权利。消费者有权根据商品或者服务的不同情况,要求经营者提供商品的价格、产地、生产者、用途、性能、规格、等级、主要成分、生产日期、有效期限、检验合格证明、使用方法说明书、售后服务,或者服务的内容、规格、费用等有关情况。

消费者的知悉权有两个方面的含义:首先,消费者有了解真实情况的权利,经营者不得提供虚假的信息;其次,消费者有权充分了解有关情况,凡是与消费者权利密切相关的,消费者均有权进行了解。

3. 选择商品或者服务的权利(选择权)

消费者的选择权是指消费者根据自己的意愿自主地选择其购买的商品及接受服务的权利。消费者权益保护法第 9 条规定:消费者享有自主选择商品或者服务的权利。消费者有权自主选择提供商品或者服务的经营者,自主选择商品品种或者服务方式,自主决定购买或者不购买任何一种商品、接受或者不接受任何一项服务。消费者在自主选择商品或者服务时,有权进行比较、鉴别和挑选。

4. 公平交易权

消费者的公平交易权是指消费者与经营者之间进行的消费交易中所享有的获得公平交易条件的权利。消费者权益保护法第 10 条规定,消费者享有公平交易的权利。消费者在购买商品或者接受服务时,有权获得质量保障、价格合理、计量正确等公平交易条件,有权拒绝经营者的强制交易行为。

5. 获得补救和赔偿的权利(求偿权)

消费者的求偿权是指消费者对其在购买、使用商品或接受服务过程中受到的人身或者财产损害所享有的依法获得赔偿的权利。消费者权益保护法第 11 条规定,消费者因购买、使用商品或者接受服务受到人身、财产损害的,享有依法获得赔偿的权利。

消费者人身或财产受到损害,包括以下几种情况:①经营者未采取必要的安全措施或未提供必要的安全设施,而使消费者在购买商品、接受服务时人身受到伤害或财产遭受损失;②由于经营者采用的服务方式不当,导致消费者人身或者财产损害;③由于不公平的交易条件,而使消费者遭受经济损失;④消费者购买商品,接受服务时遭受经营者的侮辱,殴打或者其他不公平对待,而致人身及财产损害;⑤由于产品缺陷而致消费者人身、财产遭受损害;⑥在解决因以上问题发生的争议时,消费者发生的费用。

6. 结社权

消费者的结社权是指消费者为了维护自身的合法权益而依法组织社会团体的权利。消费者由于单个力量微弱,因此组织社会团体有利于形成合力,进而增进消费者权利的维护。消费者权益保护法第12条规定,消费者享有依法成立维护自身合法权益的社会团体的权利。

7. 获得消费知识权

获得消费知识权是指消费者享有的获得有关消费和消费者权益保护方面的知识的权利。

消费者权益保护法第13条规定,消费者享有获得有关消费和消费者权益保护方面的知识的权利。消费者应当努力掌握所需商品或者服务的知识和使用技能,正确使用商品,提高自我保护意识。

8. 人格尊严受尊重权

消费者的人格尊严受尊重权是指消费者在购买、使用商品,接受服务时享有的人格尊严、民族风俗习惯受到尊重的权利。消费者受尊重,首先是人格权不受侵犯,消费者人格权被侵犯,通常表现为对消费者进行殴打、辱骂、强行搜身、非法拘禁等;其次,还表现为消费者的民族风俗习惯受到尊重。经营者在商品包装、商标及广告中不得使用有损少数民族形象的文字、图画,不得强迫少数民族消费者接受本民族禁忌的食品或其他商品。

消费者权益保护法第14条规定,消费者在购买、使用商品和接受服务时,享有其人格尊严、民族风俗习惯得到尊重的权利。

9. 对消费者权益保护工作的监督权利

消费者的监督权是指消费者对于商品和服务以及消费者保护工作进行检查和督导的权利。

消费者权益保护法第15条规定,消费者享有对商品和服务以及保护消费者权利工作进行监督的权利。消费者有权检举、控告侵害消费者权益的行为和国家机关及其工作人员在保护消费者权益工作中的违法失职行为,有权对保护消费者权益工作提出批评、建议。

(二) 经营者的基本义务[①]

1. 遵守法律义务

经营者向消费者提供商品或者服务,应依照《消费者权益保护法》和其他有关法律、法规的规定履行义务。经营者和消费者有约定的,应当按照约定履行义务,但双方的约定不得违背法律、法规的规定。

2. 接受消费者监督的义务

经营者应当真诚地听取消费者对其提供的商品或者服务的意见,接受消费者的监督,不能敷衍消费者。

3. 保障消费者人身和财产安全义务

经营者应当保证其提供的商品或者服务符合保障人身、财产安全的要求。对可能危及人身、财产安全的商品和服务,应当向消费者作出真实的说明和明确的警示,并说明和标明正确使用商品或者接受服务的方法以及防止危害发生的方法。经营者发现其提供的商品或者服务存在严重缺陷,即使正确使用商品或者接受服务仍然可能对人身、财产安全造成危害的,应当立即向有关行政部门报告和告知消费者,并采取防止危害发生的措施。

4. 信息提供义务

经营者应当向消费者提供有关商品或者服务的真实信息,不得作引人误解的虚假宣传。经营者对消费者就其提供的商品或者服务的质量和使用方法等问题提出的询问,应当作出真实、明确的答复。商店提供商品应当明码标价。经营者应当标明其真实名称和标记。租赁他人柜台或者场地的经营者,应当标明其真实名称和标记。

5. 出具凭证、单据义务

经营者提供商品或者服务,应当按照国家有关规定或者商业惯例向消费者出具购货凭证或者服务单据;消费者索要购货凭证或者服务单据的,经营者必须出具。从消费者的角度来说,应当养成索取购货或者接受服务的凭证、单据的习惯,一旦消费者因为购买的商品、服务存在质量瑕疵或者质量缺陷,就可以凭此凭证向经营者主张权利,弥补损失。消费凭证、单据是最基础的、也是最重要的维权凭证;否则消费者就难以证明是否遭受的损失,也难以证明损失是由哪一个经营者造成的。

---

① 《中华人民共和国消费者权益保护法》第 16 条~第 25 条.

6. 品质担保义务

经营者应当保证在正常使用商品或者接受服务的情况下其提供的商品或者服务应当具有的质量、性能、用途和有效期限;但消费者在购买该商品或者接受该服务前已经知道其存在瑕疵的除外。经营者以广告、产品说明、实物样品或者其他方式表明商品或者服务的质量状况的。应当保证其提供的商品或者服务的实际质量与表明的质量状况相符。

7. 售后服务义务

经营者提供商品或者服务,按照国家规定或者与消费者的约定,承担包修、包换、包退或者其他责任的,应当按照国家规定或者约定履行,不得故意拖延或者无理拒绝。

8. 不得从事不公平,不合理交易的义务

经营者不得以格式合同、通知、声明、店堂告示等方式作出对消费者不公平、不合理的规定,或者减轻、免除其损害消费合法权益应当承担的民事责任。格式合同、通知、声明、店堂告示等含有前款所列内容的,其内容无效。

9. 尊重消费者人格义务

经营者不得对消费者进行侮辱、诽谤,不得搜查消费者的身体及其携带的物品,不得侵犯消费者的人身自由。在日常生活中存在经营者搜查顾客身体的情况,这是典型的侵犯消费者人格尊严的行为,依法应当承担法律责任。

二、消费者权益保护体系

承担消费者权益保护的行政机关主要部门是工商行政管理部门,有时还涉及物价、技术监督、检验检疫、食品与药品监督管理等。各级人民政府工商行政管理部门和其他有关行政部门应当按照法律、法规的规定,在各自的职责范围内,采取措施,保护消费者的合法权益。有关行政部门应当听取消费者及其社会团体对经营者交易行为、商品和服务质量问题的意见,及时调查处理。比如,上海市工商行政管理机关以基层居(村)委会为载体,在全市范围内建立了 5 527 个消费者权益保护联络点,基本形成了一张覆盖全市所有街道、乡镇的消费者权益保护网。联络点成立极大地方便了消费者权益的保护。同时,上海市工商行政管理机关还充分发挥"12315"热线的作用,维护消费者的合法权益。仅 2007 年上半年,"12315"热线共计受理消费者申(投)诉 4.04 万件,为消费者挽回经济损失 1 869.25 万元①。

---

① http://chat. eastday. com/eastday/node3521/node144492/node144500/node149349/u1a3034289. html? index=1,最近浏览日,2009-1-10.

（一）消费者权益保护机构①

消费者权益保护体系是多层次的，不是独立的，有责任维护消费者合法权益的包括国家机关、消费者权益保护结构和新闻舆论等。当消费者合法权益受到侵害时，可以单独或者同时向媒体投诉，请求消费者权益保护委员会调解或者向其进行投诉，向工商行政管理机关或者其他有关国家机关投诉，在上述途径均不能解决时，还可以向人民法院提起诉讼。

1. 国家机关的保护

各级人民政府应当加强领导，组织、协调、督促有关行政部门做好保护消费者合法权益的工作。各级人民政府应当加强监督，预防危害消费者人身、财产安全行为的发生，及时制止危害消费者人身、财产安全的行为。

人民法院也应当采取措施，方便消费者提起诉讼，对符合《民事诉讼法》起诉条件的消费者权益争议，必须受理，及时审理。

2. 新闻舆论的保护

舆论应该加强导向，同时加强对侵犯消费者合法权益的案件的报道，强化舆论监督功能。在实践中，新闻舆论对消费者权益的保护发挥着重要而不可替代的作用，舆论监督可以使得侵犯消费者权益的案例得到广泛的传播，进而对商家的利益产生重大不利影响，因此侵犯消费者权益的商家会对舆论监督采取比较好的配合态度，从而有助于维护受到侵害的消费者的利益。比如上海东方广播电台开设的《渠成热线》是一档专门关于处理消费者投诉、监督经营者的广播直播节目，对消费者的投诉处理及时，沟通有效，在社会上有良好的反响，得到消费者的高度评价。

3. 消费者组织的保护

消费者可以组织维护自身合法权益的社会团体，当前最主要的消费者权益保护机构是消费者权益保护委员会。其履行下列职能：①向消费者提供消费信息和咨询服务；②参与有关行政部门对商品和服务的监督、检查；③就有关消费者合法权益的问题，向有关行政部门反映、查询、提出建议；④受理消费者的投诉，并对投诉事项进行调查、调解；⑤投诉事项涉及商品和服务质量问题的，可以提请鉴定部门鉴定，鉴定部门应当告知鉴定结论；⑥就损害消费者合法权益的行为，支持受损害的消费者提起诉讼；⑦对损害消费者合法权益的行为，通过大众传播媒介予以揭露、批评。

---

① 《中华人民共和国消费者权益保护法》第 5 条、第 6 条、第 26 条～第 32 条.

(二) 消费争议解决

消费争议是指发生在消费者与经营者之间的与消费者权益有关的争议。消费争议的双方当事人分别是消费者和经营者。消费争议的问题主要需要讨论两个重要内容,一是争议解决的途径;二是经营者责任主体的确认。

1. 争议解决的途径

与一般的民事纠纷解决方式相似,消费者与经营者发生争议时,解决争议的途径包括:和解、调解、请求有权国家行政机关处理、诉讼或者仲裁。具体来讲,主要是:与经营者协商和解;请求消费者协会调解;向工商行政管理机关等有关行政部门申诉;根据双方达成的仲裁协议向仲裁机构申请仲裁;未达成仲裁协议的直接向有管辖权的人民法院提起诉讼①。

2. 经营者责任主体的确认

消费者在购买、使用商品时,其合法权益受到损害的,可以向销售者要求赔偿。销售者赔偿后,属于生产者的责任或者属于向销售者提供商品的其他销售者的责任的,销售者有权向生产者或者其他销售者追偿。消费者或者其他受害人因商品缺陷造成人身、财产损害的,可以向销售者要求赔偿,也可以向生产者要求赔偿。属于生产者责任的,销售者赔偿后,有权向生产者追偿。属于销售者责任的,生产者赔偿后,有权向销售者追偿。消费者在接受服务时,其合法权益受到损害的,可以向服务者要求赔偿②。

消费者在购买、使用商品或者接受服务时,其合法权益受到损害,因原企业分立、合并的,可以向变更后承受其权利义务的企业要求赔偿③。

使用他人营业执照的违法经营者提供商品或者服务,损害消费者合法权益,消费者可以向其要求赔偿,也可以向营业执照的持有人要求赔偿④。

消费者在展销会、租赁柜台购买商品或者接受服务,其合法权益受到损害的,可以向销售者或者服务者要求赔偿。展销会结束或者柜台租赁期满后,也可以向展销会的举办者、柜台的出租者要求赔偿。展销会的举办者、柜台的出租者赔偿后,有权向销售者或者服务者追偿⑤。

消费者因经营者利用虚假广告提供商品或者服务,其合法权益受到损害的,可

---

① 《中华人民共和国消费者权益保护法》第34条.

② 《中华人民共和国消费者权益保护法》第35条.

③ 《中华人民共和国消费者权益保护法》第36条.

④ 《中华人民共和国消费者权益保护法》第37条.

⑤ 《中华人民共和国消费者权益保护法》第38条.

以向经营者要求赔偿。广告的经营者发布虚假广告的,消费者可以请求行政主管部门予以惩处。广告的经营者不能提供经营者的真实名称、地址的,应当承担赔偿责任①。

三、禁止性规定和法律责任

(一) 禁止性规定

《消费者权益保护法》的禁止性规定主要有:经营者提供商品或服务的质量存在瑕疵或缺陷;经营者销售的商品或提供的服务致人伤残;经营者在销售商品、提供服务侵犯他人人身权利;经营者销售商品或提供服务损害消费者财产;违反"三包"的法律规定;违反约定;经营者销售商品或者提供服务时有欺诈的。

(二) 法律责任

1. 民事责任②

(1) 违反《消费者权益保护法》应承担的民事责任。经营者提供商品或者服务有下列情况之一的,应当依照《消费者权益保护法》和其他有关法律、法规的规定,承担民事责任:商品存在缺陷的;不具备商品应当具备的使用性能而出售时未作说明的;不符合在商品或者其包装上注明采用的商品标准的;不符合商品说明、实物样品等方式表明的质量状况的;生产国家明令淘汰的商品或者销售失效、变质的商品的;销售的商品数量不足的;服务的内容和费用违反约定的;对消费者提出的修理、重作、更换、退货、补足商品数量、退还货款和服务费用或者赔偿损失的要求,故意拖延或者无理拒绝的;法律、法规规定的其他损害消费者权益的情形。

(2) 销售的商品或提供的服务致人伤残的民事责任。经营者提供商品或者服务,造成消费者或者其他受害人人身伤害的,应当支付医疗费、治疗期间的护理费、因误工减少的收入等费用,造成残疾的,还应当支付残疾者生活自助具费、生活补助费、残疾赔偿金以及由其扶养的人所必需的生活费等费用;构成犯罪的,依法追究刑事责任。经营者提供商品或者服务,造成消费者或者其他受害人的死亡的,应当支付丧葬费、死亡赔偿金以及由死者生前扶养的人所必需的生活费等费用;构成犯罪的,依法追究刑事责任。

(3) 销售商品、提供服务侵犯他人人身权利的民事责任。经营者侵害消费者的人格尊严或者侵犯消费者人身自由的,应当停止侵害、恢复名誉、消除影响、赔礼

---

① 《中华人民共和国消费者权益保护法》第 39 条.
② 《中华人民共和国消费者权益保护法》第 41 条~第 49 条.

道歉,并赔偿损失。

(4) 销售商品或提供服务损害消费者财产的民事责任。经营者提供商品或者服务,造成消费者财产损害的,应当按照消费者的要求,以修理、重作、更换、退货、补足商品数量、退还货款和服务费用或者赔偿损失等方式承担民事责任。消费者与经营者另有约定的,按照约定履行。

(5) "三包"的民事责任。对国家规定或者经营者与消费者约定包修、包换、包退的商品,经营者应当负责修理、更换或者退货。在保修期内两次修理仍不能正常使用的,经营者应当负责更换或者退货。对包修、包换、包退的大件商品,消费者要求经营者修理、更换、退货的,经营者应当承担运输等合理费用。

(6) 违反约定的民事责任。经营者以邮购方式提供商品的,应当按照约定提供。未按照约定提供的,应当按照消费者的要求履行约定或者退回货款;并应当承担消费者必须支付的合理费用。

经营者以预收款方式提供商品或者服务的,应当按照约定提供。未按照约定提供的,应当按照消费者的要求履行约定或者退回预付款;并应当承担预付款的利息、消费者必须支付的合理费用。

(7) 经营者欺诈的民事责任。经营者提供商品或者服务有欺诈行为的,应当按照消费者的要求增加赔偿其受到的损失,增加赔偿的金额为消费者购买商品的价款或者接受服务的费用的一倍。这项规定被俗称为"退一赔一",是消费者权益保护法中最有力度的规定之一,它已经成为消费者保护自己权益的有力法律武器。

2. 行政责任①

《消费者权益保护法》规定,经营者有下列情形之一,由工商行政管理部门责令改正,可以根据情节单处或者并处警告、没收违法所得、处以违法所得 1 倍以上 5 倍以下的罚款,没有违法所得的,处以 1 万元以下的罚款;情节严重的,责令停业整顿、吊销营业执照:①生产、销售的商品不符合保障人身、财产安全要求的;②在商品掺杂、掺假,以假充真,以次充好,或者以不合格商品冒充合格商品的;③生产国家明令淘汰的商品或者销售失效、变质的商品的;④伪造商品的产地,伪造或者冒用他人的厂名、厂址、伪造或者冒用认证标志、名优标志等质量标志的;⑤销售的商品应当检验、检疫而未检验、检疫或者伪造检验、检疫结果的;⑥对商品或者服务作引人误解的虚假宣传的;⑦对消费者提出的修理、重作、更换、退货、补足商品数量、退还货款和服务费用或者赔偿损失的要求,故意拖延或者无理拒绝的;⑧侵害消费者人格尊严或者侵犯消费者人身自由的;⑨法律、法规规定的对损害消费者权益应当予以处罚的其他情形。

---

① 《中华人民共和国消费者权益保护法》第 50 条、第 52 条.

拒绝、阻碍有关行政部门工作人员依法执行职务,未使用暴力、威胁方法的,由公安机关依照我国《治安管理处罚法》的规定处罚。

3. 刑事责任[①]

经营者提供商品或者服务,造成消费者或者其他受害人人身伤害的,构成犯罪的,依法追究刑事责任。

以暴力、威胁等方法阻碍有关行政部门工作人员依法执行职务的,依法追究刑事责任。

第五节　价格法[②]

价格法律制度是市场经济重要的法律制度,物价上关系到国家经济大局,下关系到普通民众生计。所以,国家一定要建立正常的价格秩序和价格机制。本节只介绍我国的价格法律制度。

国家实行并逐步完善宏观经济调控下主要由市场形成价格的机制。价格的制定应当符合价值规律,大多数商品和服务价格实行市场调节价,极少数商品和服务价格实行政府指导价或者政府定价。市场调节价,是指由经营者自主制定,通过市场竞争形成的价格。政府指导价,是指依照本法规定,由政府价格主管部门或者其他有关部门,按照定价权限和范围规定基准价及其浮动幅度,指导经营者制定的价格。政府定价,是指依照价格法律的规定,由政府价格主管部门或者其他有关部门,按照定价权限和范围制定的价格。

一、定价法律制度的基本内容

(一) 经营者的价格行为[③]

1. 经营者定价的范围和原则

商品价格和服务价格,除依照价格法规定适用政府指导价或者政府定价外,实行市场调节价,由经营者依照价格法自主制定。

经营者定价,应当遵循公平、合法和诚实信用的原则。经营者定价的基本依据是生产经营成本和市场供求状况。经营者应当努力改进生产经营管理,降低生产

---

① 《中华人民共和国消费者权益保护法》第 42 条、第 53 条.

② 《中华人民共和国价格法》由第八届全国人大常委会第二十九次会议于 1997 年 12 月 29 日通过,自 1998 年 5 月 1 日起施行,共 7 章 48 条.

③ 《中华人民共和国价格法》第 6 条~第 17 条.

经营成本,为消费者提供价格合理的商品和服务,并在市场竞争中获取合法利润。

2. 经营者定价的权利

经营者进行价格活动,享有下列权利:①自主制定属于市场调节的价格;②在政府指导价规定的幅度内制定价格;③制定属于政府指导价、政府定价产品范围内的新产品的试销价格,特定产品除外;④检举、控告侵犯其依法自主定价权利的行为。

3. 经营者定价活动应遵守的义务

经营者应当根据其经营条件建立、健全内部价格管理制度,准确记录与核定商品和服务的生产经营成本,不得弄虚作假;经营者进行价格活动,应当遵守法律、法规,执行依法制定的政府指导价、政府定价和法定的价格干预措施、紧急措施;经营者销售、收购商品和提供服务,应当按照政府价格主管部门的规定明码标价,注明商品的品名、产地、规格、等级、计价单位、价格或者服务的项目、收费标准等有关情况;经营者不得在标价之外加价出售商品,不得收取任何未予标明的费用。

(二) 政府的定价行为

1. 政府定价的范围

根据《价格法》下列商品和服务价格,政府在必要时可以实行政府指导价或者政府定价:①与国民经济发展和人民生活关系重大的极少数商品价格;②资源稀缺的少数商品价格;③自然垄断经营的商品价格;④重要的公用事业价格;⑤重要的公益性服务价格。政府指导价、政府定价的定价权限和具体适用范围,以中央的和地方的定价目录为依据。中央定价目录由国务院价格主管部门制定、修订,报国务院批准后公布。地方定价目录由省、自治区、直辖市人民政府价格主管部门按照中央定价目录规定的定价权限和具体适用范围制定,经本级人民政府审核同意,报国务院价格主管部门审定后公布。省、自治区、直辖市人民政府以下各级地方人民政府不得制定定价目录[①]。

2. 政府定价的原则

制定政府指导价、政府定价,应当依据有关商品或者服务的社会平均成本和市场供求状况、国民经济与社会发展要求以及社会承受能力,实行合理的购销差价、批零差价、地区差价和季节差价;应当开展价格、成本调查,听取消费者、经营者和有关方面的意见;制定关系群众切身利益的公用事业价格、公益性服务价格、自然垄断经营的商品价格等政府指导价、政府定价,应当建立听证会制度,由政府价格主管部门主持,征求消费者、经营者和有关方面的意见,论证其必要性、可行性;政

---

① 《中华人民共和国价格法》第18条、第19条.

府指导价、政府定价的具体适用范围、价格水平,应当根据经济运行情况,按照规定的定价权限和程序适时调整①。

3. 听证制度

(1)听证的范围。实行政府价格决策听证是价格制度的重要内容,价格决策听证项目是中央和地方定价目录中,关系群众切身利益的公用事业价格、公益性服务价格和自然垄断经营的商品价格。政府价格主管部门可以根据定价权限确定并公布听证目录。列入听证目录的商品和服务价格的制定应当实行听证。制定听证目录以外的关系群众切身利益的其他商品和服务价格,政府价格主管部门认为有必要的,也可以实行听证②。最近几年,铁道部对于春运火车票的票价,地方各级人民政府对于居民用水、电、煤气价格的调整,比较普遍地采用了听证会的形式,听证会在一定程度上也确实对价格的调整产生了实质性的影响。

(2)听证的形式和原则。政府价格决策听证采取听证会的形式,应当遵循公正、公开、客观和效率的原则;政府价格决策要充分听取各方面的意见;除涉及国家秘密和商业秘密外,听证会应当公开举行;听证过程应当接受社会监督③。

(3)听证会的组织④。列入听证目录的商品和服务价格的制定,由政府价格主管部门组织听证会。国务院价格主管部门和其他有关部门定价的商品和服务价格,由国务院价格主管部门组织听证,其中,在一定区域范围内执行的商品和服务价格,也可以委托省、自治区、直辖市人民政府价格主管部门组织听证。省、自治区、直辖市人民政府价格主管部门和其他有关部门定价的商品和服务价格,由省、自治区、直辖市人民政府价格主管部门组织听证,也可以委托市、县人民政府价格主管部门组织听证。省、自治区、直辖市人民政府授权市、县人民政府定价的商品和服务价格,由市、县人民政府价格主管部门组织听证。

听证会设听证主持人,听证主持人由政府价格主管部门有关负责人担任。听证会代表应该具有一定的广泛性、代表性,一般由经营者代表、消费者代表、政府有关部门代表以及相关的经济、技术、法律等方面的专家、学者组成。公开举行的听证会,公民可以向政府价格主管部门提出旁听申请,经批准后参加旁听。

政府价格主管部门应当根据听证内容,合理安排及确定听证会代表的构成及人数。

听证会代表由政府价格主管部门聘请。政府价格主管部门聘请的听证会代

---

① 《中华人民共和国价格法》第22条~第25条.
② 《政府价格决策听证办法》第3条.
③ 《政府价格决策听证办法》第4条、第5条.
④ 《政府价格决策听证办法》第7条~第13条.

表可以采取自愿报名、单位推荐、委托有关社会团体选拔等方式产生。听证会代表可以向申请人提出质询,对制定价格的可行性、必要性以及定价方案提出意见,查阅听证会笔录和听证纪要。听证会代表应当亲自参加听证,如实反映群众和社会各方面对制定价格的意见,遵守听证纪律,维护听证秩序,保守国家秘密和商业秘密。

(4) 听证程序①。申请制定价格法规定的政府定价或者政府指导价,经营者(以下简称申请人),应当按照定价权限的规定向政府价格主管部门提出书面申请。经营者可以委托有代表性的行业协会等团体作为申请人。在无申请人的情况下,政府价格主管部门或者有权制定价格的其他有关部门(以下简称价格决策部门),应当依据定价权限,参照有关规定提出定价方案,并由政府价格主管部门组织听证。消费者或者社会团体认为需要制定规定范围内价格的,可以委托消费者组织向政府价格主管部门提出听证申请。

政府价格主管部门收到价格听证的书面申请后,应当对申请材料是否齐备进行初步审查、核实,申请材料不齐备的,应当要求申请人限期补正。有下列情形之一的,政府价格主管部门应当对申请不予受理:①申请制定的价格不在定价权限内的;②制定价格的依据和理由明显不充分的;③申请制定的价格不属于听证项目,政府价格主管部门认为不必要听证的。政府价格主管部门对书面申请审核后,认为符合听证条件的,应当在受理申请之日起 20 日内作出组织听证的决定,并与有定价权的相关部门协调听证会的有关准备工作。

对于公开举行的听证会,政府价格主管部门可以先期公告举行听证会的时间、地点和主要内容。政府价格主管部门应当在作出组织听证决定的 3 个月内举行听证会,并至少在举行听证会 10 日前将聘请书和听证材料送达听证会代表,并确认能够参会的代表人数。听证会应当在 2/3 以上听证会代表出席时举行。

听证会按下列程序进行:①听证主持人宣布听证事项和听证会纪律,介绍听证会代表;②申请人说明定价方案、依据和理由;③政府价格主管部门介绍有关价格政策、法律、法规、初审意见及其他需要说明的情况;④政府价格主管部门要求评审机构对申请方的财务状况进行评审的,由评审机构说明评审依据及意见;⑤听证会代表对申请人提出的定价方案进行质证和辩论;⑥申请人陈述意见;⑦听证主持人总结;⑧听证会代表对听证会笔录进行审阅并签名。

政府价格主管部门应当在举行听证会后制作听证纪要,并于 10 日内送达听证会代表。听证纪要应当包括下列内容:①听证会的基本情况;②听证会代表意见扼要陈述;③听证会代表对定价方案的主要意见。

---

① 《政府价格决策听证办法》第 14 条～第 23 条.

听证会代表对听证纪要提出异议的,可以向听证主持人或者上级政府价格主管部门反映。价格决策部门定价时应当充分考虑听证会提出的意见。听证会代表多数不同意定价方案或者对定价方案有较大分歧时,价格决策部门应当协调申请人调整方案,必要时由政府价格主管部门再次组织听证。需要提请本级人民政府或者上级价格决策部门批准的最终定价方案,凡经听证会论证的,上报时应当同时提交听证纪要、听证会笔录和有关材料。政府价格主管部门应当向社会公布定价的最终结果。

为降低行政成本,提高行政效率,在降低价格或者价格的制定对社会影响较小的情况下,听证会可采取简易程序。具体办法由省级以上政府价格主管部门另行确定。

二、价格调控①

1. 价格总水平调控的目标

稳定市场价格总水平是国家重要的宏观经济政策目标。国家根据国民经济发展的需要和社会承受能力,确定市场价格总水平调控目标,列入国民经济和社会发展计划,并综合运用货币、财政、投资、进出口等方面的政策和措施,予以实现。

2. 价格水平调控的举措

政府可以建立重要商品储备制度,设立价格调节基金;应当建立价格监测制度,对重要商品、服务价格的变动进行监测;在粮食等重要农产品的市场购买价格过低时,可以在收购中实行保护价格,并采取相应的经济措施保证其实现。我国已经连续多年对粮食、棉花等重要农产品的价格实行保护价敞开收购,有效地维护了农产品生产的稳定;当重要商品和服务价格显著上涨或者有可能显著上涨,国务院和省、自治区、直辖市人民政府可以对部分价格采取限定差价率或者利润率、规定限价、实行提价申报制度和调价备案制度等干预措施。省、自治区、直辖市人民政府采取上述干预措施,应当报国务院备案;当市场价格总水平出现剧烈波动等异常状态时,国务院可以在全国范围内或者部分区域内采取临时集中定价权限、部分或者全面冻结价格的紧急措施。依法实行干预措施、紧急措施的情形消除后,应当及时解除干预措施、紧急措施。为应对 2008 年初发生的通货膨胀,国家发改委经国务院批准,于 2008 年 1 月 15 日发布《国家发展改革委关于对部分重要商品及服务实行临时价格干预措施的实施办法》,对粮食、食用植物油、猪肉和牛羊肉及其制

---

① 《中华人民共和国价格法》第 26 条～第 32 条.

品、乳品、鸡蛋、液化石油气等价格实行调价申报或备案制度①。

三、价格行为的行政监管②

1. 主管机关

国务院价格主管部门统一负责全国的价格工作。国务院其他有关部门在各自的职责范围内,负责有关的价格工作。县级以上地方各级人民政府价格主管部门负责本行政区域内的价格工作。县级以上地方各级人民政府其他有关部门在各自的职责范围内,负责有关的价格工作。县级以上各级人民政府价格主管部门,依法对价格活动进行监督检查,并依照本法的规定对价格违法行为实施行政处罚。

2. 职权

政府价格主管部门进行价格监督检查时,行使下列职权:①询问当事人或者有关人员,并要求其提供证明材料和与价格违法行为有关的其他资料;②查询、复制与价格违法行为有关的账簿、单据、凭证、文件及其他资料,核对与价格违法行为有关的银行资料;③检查与价格违法行为有关的财物,必要时可以责令当事人暂停相关营业;④在证据可能灭失或者以后难以取得的情况下,可以依法先行登记保存,当事人或者有关人员不得转移、隐匿或者销毁。

四、禁止性规定和法律责任

(一) 禁止性规定

价格法禁止经营者有下列行为③:①相互串通,操纵市场价格,损害其他经营者或者消费者的合法权益;②在依法降价处理鲜活商品、季节性商品、积压商品等商品外,为了排挤竞争对手或者独占市场,以低于成本的价格倾销,扰乱正常的生产经营秩序,损害国家利益或者其他经营者的合法权益;③提供相同商品或者服务,对具有同等交易条件的其他经营者实行价格歧视;④捏造、散布涨价信息,哄抬价格,推动商品价格过高上涨的;⑤利用虚假的或者使人误解的价格手段,诱骗消费者或者其他经营者与其进行交易;⑥采取抬高等级或者压低等级等手段收购、销售商品或者提供服务,变相提高或者压低价格;⑦执行政府定价或者指导价违法的;⑧不执行法定的价格干预措施;⑨经营者违反明码标价规定。

---

① http://cn.chinagate.com.cn/economics/2008-01/16/content 9542509.htm。最近浏览日 2009-1-10.

② 《中华人民共和国价格法》第 33 条~第 38 条.

③ 《价格违法行为行政处罚规定》第 4 条~第 8 条、第 10 条、第 11 条.

（二）法律责任

1. 民事责任

经营者因价格违法行为致使消费者或者其他经营者多付价款的,应当退还多付部分;造成损害的,应当依法承担赔偿责任①。

2. 行政责任②

经营者存在价格违法行为的应受到的行政处罚有:没收违法所得、100万元以下或违法所得5倍以下的罚款、警告、责令改正、责令停业整顿,直至吊销营业执照。2007年3月29日,在郑州读书的两位女学生在保罗国际美容美发(河南)有限公司剪发时选择了每人38元的"洗剪吹",不料结账时却被告知,她们一共消费了1.2万元。案发后,该公司因价格欺诈被郑州市二七区物价局处以50万元的罚款③。二七工商分局亦认为"保罗国际"的行为违反了《消费者权益保护法》的规定,依法对该公司做出责令停业整顿的处罚决定④。

3. 刑事责任⑤

价格工作人员泄露国家秘密、商业秘密以及滥用职权、徇私舞弊、玩忽职守、索贿受贿,构成犯罪的,依法追究刑事责任。

第六节　广告法律制度

广告与民众的生活联系日益紧密,广告法律制度是国家为了规范广告活动,促进广告业的健康发展,保护民众的合法权益,维护社会经济秩序而设立法律制度。本节根据《广告法》⑥介绍我国广告法律制度。

广告是指商品经营者或者服务提供者承担费用,通过一定媒介和形式直接或者间接地介绍自己所推销的商品或者所提供的服务的商业广告。

广告应当真实、合法、符合社会主义精神文明建设的要求。这就是广告发布的

---

① 《中华人民共和国价格法》第41条.

② 《价格违法行为行政处罚规定》第4条~第8条、第10条、第11条.

③ http://www.xixik.com/content/5798f8e399a28bd6,最近浏览日期2009-1-10.

④ http://news.xinhuanet.com/politics/2008－04/05/content_7921349_2.htm。最近浏览日期2009-1-10.

⑤ 《中华人民共和国价格法》第46条.

⑥ 《中华人民共和国广告法》由第八届全国人大常委会第十次会议于1994年10月27日通过,自1995年2月1日起施行.全文共6章49条.

三大基本原则,即真实性原则、合法性原则和广告的精神文明标准①。这三项基本原则是并行的,不可替代的。广告基本原则反映了法律对广告的基本要求。

广告主是指为推销商品或者提供服务,自行或者委托他人设计、制作、代理服务的法人、其他经济组织或者个人。广告经营者是指接受他人委托专门从事广告设计、制作的专门从事广告业务的企业法人或经济组织。广告发布者是指为广告主或者广告主委托的广告经营者发布广告的法人或者其他经济组织。

一、广告准则和广告活动

(一) 广告准则②

广告内容应当有利于人民的身心健康,促进商品和服务质量的提高,保护消费者合法权益,遵守社会公告和职业首先,维护国家的尊严和利益。广告不得有下列情形:①使用中华人民共和国国旗、国徽、国歌;②使用国家机关和国家机关工作人员的名义;③使用国家级、最高级、最佳等用语;④妨碍社会安定和危害人身、财产安全,损害社会公共利益;⑤妨碍社会公共秩序和违背社会良好风尚;⑥含有淫秽、迷信、恐怖、暴力、丑恶的内容;⑦含有民族、种族、宗教、性别歧视的内容;⑧妨碍环境和自然资源保护;⑨法律、行政法规规定禁止的其他情形;⑩损害未成年人和残疾人的身心健康;⑪未取得专利权的,在广告中谎称取得专利权;使用未授予专利权的专利申请和已经终止、撤销、无效的专利做广告;⑫贬低其他生产经营者的商品或者服务。

广告内容还应当符合下列规定:①广告中对商品的性能、产地、用途、质量、价格、生产者、有效期限、允诺或者对服务的内容、形式、质量、价格、允诺有表示的,应当清楚、明白。广告中表明推销商品、提供服务附带赠送礼品的应当标明赠送的品种和数量。②广告使用数据、统计资料、调查结果、文摘、引用语,应当真实、准确,并表明出处。③广告涉及专利产品或者专利方法的,应当标明专利号和专利种类。④广告应当具有可识别性,能够使消费者辨明其为广告。大众传播媒介不得以新闻报道形式发布广告。通过大众传播媒介发布的广告应当有广告标记,与其他非广告信息相区别,不得使消费者产生误解。

药品、医疗器械广告不得有下列内容:①含有不科学的表示功效的断言或者保证的;②说明治愈率或者有效率的;③与其他商品、医疗器械的功效和安全性比较的;④利用医药科研单位、学术机构、医疗机构或者专家、医生、口才的名义和形象

---

① 《中华人民共和国广告法》第 3 条.
② 《中华人民共和国广告法》第 7 条~第 18 条.

作证明的;⑤法律、行政法规禁止的其他内容。药品广告的内容必须以国务院卫生行政或者省、自治区、直辖市卫生行政部门批准的说明书为准。国家规定的应当在医生指导下使用的治疗性药品广告中,必须注明"按医生处方购买和使用"。麻醉药品、精神药品、毒性药品、放射性药品等特殊商品,不得做广告。

农药广告不得有下列内容:①使用无毒、无害等表明安全性的绝对化断言的;②含有不科学的表示功效的断言或者保证的;③含有违反农药安全使用规程的文字、语言或者画面的;④法律、行政法规规定禁止的其他内容。

禁止利用广播、电影、电视、报纸、期刊发布烟草广告。禁止在各类候车室、影剧院、会议厅堂体育比赛场馆等公共场所设置烟草广告。烟草广告中必须标明"吸烟有害健康"。

食品、酒类、化妆品广告内容必须符合卫生许可的事项,并不得使用医疗用语或者易与药品混淆的用语。

(二) 广告活动[①]

广告主、广告经营者、广告发布者不得在广告活动中进行任何形式的不正当竞争。广告主自行或者委托他人设计、制作、发布广告,所推销的商品或者所提供的服务应当符合广告主的经营范围。广告发布者向广告主、广告经营者提供的媒介覆盖率、收视率、发行量等资料应当真实。

广告主自行或者委托他人设计、制作、发布广告,应当具有或者提供真实、合法、有效的下列证明文件:①营业执照以及其他生产、经营资格的证明文件;②质量检验机构对广告中有关商品质量内容出具的证明文件;③确认广告内容真实性的其他证明文件;④发布广告需要经有关行政主管部门审查的,还应当提供有关批准文件;⑤广告主或者广告经营者在广告中使用他人名义、形象的,应当事先取得他人的书面同意;使用无民事行为能力人、限制民事行为能力人的名义、殊荣的,应当事先取得其监护人的书面同意。

广告主委托设计、制作、发布广告,应当委托具有合法经营资格的广告经营者、广告发布者。从事广告经营的,应当具有必要的专业技术人员、制作设备,并依法办理公司或者广告经营登记方可从事广告活动。广播电台、电视台、报刊出版单位的广告业务,应当由其专门从事广告业务的机构办理,并依法办理兼营广告的登记。

广告经营者、广告发布者依据法律、行政法规查验有关证明文件,核实广告内容。对内容不实或者证明文件不全的广告,广告经营者不得提供设计、制作、代理

---

① 《中华人民共和国广告法》第20条～第33条.

服务,广告发布者不得发布。法律、行政法规规定禁止生产、销售的商品或者提供的服务,以及禁止发布广告的商品或者服务,不得设计、制作、发布广告。广告经营者、广告发布者按照国家有关规定,建立、健全广告业务的承接登记、审核、档案管理制度。

有下列情形之一的,不得设置户外广告:①利用交通安全设施、交通标志的;②影响市政公共设施、交通安全设施、交通标志使用的;③有碍生产或者人民生活,损害市容市貌的;④国家机关,文物保护单位和名胜风景点的建筑控制地带;⑤当地县级以上地方人民政府禁止设置户外广告的区域。户外广告的设置规划和管理办法,由当地县级以上地方人民政府组织广告监督管理、城市建设、环境保护、公安等有关部门制定。

二、广告活动的行政监管[①]

县级以上人民政府工商行政管理部门是广告监督管理机关。

利用广播、电影、电视、报纸、期刊以及其他媒介发布药品、医疗器械、农药、兽药等商品的广告和法律、行政法规规定应当进行审查的其他广告,必须在发布前依照有关法律、行政法规由有关行政主管部门(以下简称广告审查机关)对广告内容进行审查;未经审查,不得发布。广告主申请广告审查,应当依照法律、行政法规向广告审查机关提交有关证明文件。广告审查机关应当依照法律、行政法规作出审查决定。

三、禁止性规定和法律责任[②]

(一) 禁止性规定

广告法主要禁止下列违法广告行为:非法经营广告;发布虚假广告;发布违禁广告;发布超越经营范围或国家许可范围的广告;发布有产品获奖内容,但不标明产品获奖级别、时间、颁奖部门的广告;发布无合法证明或证明不全的广告;广告主伪造、涂改、盗用或擅自复制广告证明;为广告主出具非法或虚假广告证明。

(二) 法律责任

1. 民事责任

发布虚假广告,欺骗和误导消费者,使购买商品或者接受服务的消费者的合法

---

① 《中华人民共和国广告法》第 6 条、第 33 条~第 35 条.
② 《中华人民共和国广告法》第 37 条~第 48 条.

权益受到损害,由广告主依法承担民事责任;广告经营者、广告发布者明知或者应知广告虚假仍设计、制作、发布的,应当依法承担连带责任。广告经营者、广告发布者不能提供广告主的真实名称、地址,应当承担全部民事责任。社会团体或者其他组织,在虚假广告中向消费者推荐商品或者服务,使消费者的合法权益受到损害的,应当依法承担连带责任。

广告主、广告经营者、广告发布者违反本法规定,有下列侵权行为之一的,依法承担民事责任:①有损未成年人或者残疾人的身心健康的;②假冒他人专利的;③贬低其他生产经营者的商品或者服务的;④广告中未经同意使用他人名义、形象的;⑤其他侵犯他人合法民事权益的。

2. 行政责任

利用广告对商品或者服务作虚假宣传的,由广告监督管理机关责令广告主停止发布、并以等额广告费用在相应范围内公开更正消除影响。并处广告费用1倍以上5倍以下的罚款;对负有责任的广告经营者、广告发布者没收广告费用,广告费用1倍以上5倍以下的罚款;情节严重的;依法停止其广告业务。

发布广告具备下列情形之一的,由广告监督管理机关责令负有责任的广告主、广告经营者、广告发布者停止发布、公开更正,没收广告费用,并处广告费用1倍以上5倍以下 的罚款;情节严重的,依法停止其广告业务;构成犯罪的,依法追究刑事责任:①使用中华人民共和国国旗、国徽、国歌;②使用国家机关和国家机关工作人员的名义;③使用国家级、最高级、最佳等用语;④妨碍社会安定和危害人身、财产安全,损害社会公共利益;⑤妨碍社会公共秩序和违背社会良好风尚;⑥含有淫秽、迷信、恐怖、暴力、丑恶的内容;⑦含有民族、种族、宗教、性别歧视的内容;⑧妨碍环境和自然资源保护;⑨法律、行政法规规定禁止的其他情形。

发布广告贬低其他生产经营者的商品或者服务的,由广告监督管理机关责令负有责任的广告主、广告经营者、广告发布者停止发布、公开更正,没收广告费用,可以并处广告费用1倍以上5倍以下的罚款。

发布广告不具有可识别性,不能够使消费者辨明其为广告,或者大众传播媒介以新闻报道形式发布广告,使消费者产生误解的,由广告监督管理机关责令广告发布者改正,处以1000元以上1万元以下的罚款。

违反《广告法》的规定,发布药品、医疗器械、农药、食品、酒类、化妆品广告的,或者发布、设计、制作法律、行政法规规定禁止生产、销售的商品或者提供的服务的,广告监督管理机关责令负有责任的广告主、广告经营者、广告发布者改正或者停止发布,没收广告费用,可以并处以广告费用1倍以上5倍以下的罚款;情节严重的,依法停止其广告业务。

违反《广告法》的规定,利用广播、电影、电视、报纸、期刊发布烟草广告的,由广告监督管理机关责令负有责任的广告主、广告经营者、广告发布者停止发布,没收广告费用,可以并处广告费用1倍以上5倍以下的罚款。

未经广告审查机关审查批准,发布广告的,由广告监督机关令负有责任的广告主、广告经营者、广告发布者停止发布,没收广告费用,并处广告费用1倍以上5倍以下的罚款。

广告主提供虚假证明文件的,由广告监督管理机关处以1万以上10万以下的罚款。伪造、变造或者转让广告审查决定文件的,由广告监督管理机关没收违法所得,并处1万元以上10万元以下的罚款。

广告审查机关对违法的广告内容作出审查批决定的,对直接负责的主管人员和其他接责任人员,由其所在单位、上级机关、行政监察部门依法给予行政处分。广告监督管理机关和广告审查机关的工作人员玩忽职守、滥用职权、徇私舞弊的,给予行政处分。

3. 刑事责任

违反《广告法》规定,利用广告对商品或者服务作虚假宣传的,构成犯罪的,依法追究刑事责任。

发布广告有下列情形之一,构成犯罪的,依法追究刑事责任:①使用中华人民共和国国旗、国徽、国歌;②使用国家机关和国家机关工作人员的名义;③使用国家级、最高级、最佳等用语;④妨碍社会安定和危害人身、财产安全,损害社会公共利益;⑤妨碍社会公共秩序和违背社会良好风尚;⑥含有淫秽、迷信、恐怖、暴力、丑恶的内容;⑦含有民族、种族、宗教、性别歧视的内容;⑧妨碍环境和自然资源保护;⑨法律、行政法规规定禁止的其他情形。

广告主提供虚假证明文件的,伪造、变造或者转让广告审查决定文件的,构成犯罪的,依法追究刑事责任。

广告监督管理机关和广告审查机关的工作人员玩忽职守、滥用职权、徇私舞弊的,构成犯罪的,依法追究刑事责任。

第五章 市场交易基本法律制度

　　交易是人类社会最古老、最基本和最广泛的经济活动。交易对单个商事主体而言,是通过市场交换自己的产品以实现自己经营与劳动价值的一种行为。对全社会而言,交易是社会资源合理配置的手段,没有交易就没有资源的合理配置。因此,交易是人类社会的基本行为。稳定的交易形成市场,市场需要规则;否则交易就不能有效进行。社会不但需要对市场经营主体进行限制和对基本行为要求的准入规则,也要有规范市场主体之间交易行为的市场交易规则。从人类交易活动的历史看,交易规则发端于偶然,形成于习惯,固定于法律。人们不排除意思自治、契约自由的交易基本原则,但人们也意识到交易规则必须具有法律约束力才可能是有效的。所以,现代社会都将市场纳入了法制化的轨道,市场交易法律制度是指法律化、制度化有国家强制力支持的交易规则。

　　交易规则是社会经济活动的基本规则,合理的交易规则是健康的市场经济社会所必需的社会机制。没有合理的交易规则就没有健康的市场经济;没有合理的交易规则,交易当事人的合法权益就难以保障;没有合理的交易规则,社会资源就无法合理配置。相反不合理的交易规则会对市场经济产生极大的破坏。在市场经济社会市场交易规则也是多种多样的,如有一般的货物买卖规则,也有特殊的期货交易规则。本章主要介绍合同法律制度、招投标与拍卖法律制度、保证交易安全的担保法律制度和作为交易重要支付方式的票据法律制度。

第一节 合同法律制度

　　合同法律制度是我国重要的民事法律制度,构成合同法律制度的基本法律是我国《合同法》①以及有关的司法解释等。本节以介绍合同法总则的内容为主,合同法分则部分的内容不作阐释。

　　合同法律制度的基本依据是合同法。合同法是调整合同关系的法律规范,是基本的法律制度。没有合同法就不会有正常的交易秩序,所以《中华人民共和国合

---

　　① 《中华人民共和国合同法》由第九届全国人大第二次会议于 1999 年 3 月 15 日通过,自 1999 年 10 月 1 日起施行.

同法》①是我国法律体系中非常重要的一部法律。合同法调整平等主体之间以协议形式体现的、以财产关系为主要内容的社会关系,调整财产在流通过程中(如买卖过程中)当事人的权利义务关系,学界也称之为调整动态财产关系。静态财产关系则由物权法等法律法规调整。

本节所讲的合同是民事合同,它与行政合同与劳动合同的性质不同,行政合同与劳动合同有它们自己的适用范围和法律规范。

一、合同概说

合同现象存在历史久远,有交换就有合同。合同行为本质上是人们交换物品与财产的一种行为。合同反映着社会财产的流通关系,是合同当事人之间意思表示一致的产物。我国法律把合同定义为,平等主体的自然人、法人或者其他组织设立、变更或者终止民事权利义务关系的协议②。合同与合同书是不同的概念,合同反映一种交易关系,而合同书是合同内容的反映形式。除非法律对合同形式有特别要求的,合同没有书面形式也是有效的。

合同的定义虽然简单,但合同的种类很多,我们可以按照不同的规则对合同进行分类。从合同双方当事人是否都负有合同义务划分,可分为双务合同与单务合同两类。双务合同是指合同双方当事人都承担相应合同义务的合同,绝大部分合同都是双务的,如买卖合同;单务合同是指只有一方当事人负有合同义务,另一方当事人没有合同义务的合同,如赠与合同,接受赠与的一方往往不负合同义务。从合同双方当事人是否都能从合同中取得利益分,可以将合同分为有偿合同与无偿合同两类。从法律上是否规定了名称分,可将合同分为有名合同和无名合同两类。从合同成立是否需要交付标的物分,可将合同分为诺成合同和实践合同。从法律是否对合同的具体形式有强制性得要求分,可将合同分为要式合同与非要式合同。从合同相互关系分可以分为主合同与从合同。从双方确认的合同目标是标的物本身还是订立取得标的物的合同分,可分为本合同(本约)与预约合同(预备合同)等等。

合同作为一种重要的社会现象是有基本原则的,这些基本原则是每一个合同当事人都必须遵守的,如不遵守可能会发生违约,导致对自己不利的后果。这些基本原则有以下几个方面:

首先,合同当事人要意识到,合同当事人之间的法律地位平等。双方当事人在

---

① 新中国成立后的合同法律制度史分为两个阶段,现行的《中华人民共和国合同法》施行前,我国实施的是《中华人民共和国经济合同法》、《中华人民共和国涉外经济合同法》和《中华人民共和国技术合同法》.

② 《中华人民共和国合同法》第2条.

设立、变更、终止合同时的地位、机会是平等的。双方当事人之间的权利义务也应该基本相当。合同的任何一方都不应该使相对方处于严重不利的局面,并从中获取不法权益。

第二,对于合同当事人是否愿意设立、变更或终止合同关系,任何一方或者第三方不得强迫合同当事人违背自己的真实意愿做出相关行为。合同当事人有权利自己选择合同相对人、自己决定合同内容、自己决定是否变更和解除合同。

第三,合同双方当事人之间的权利义务应公平合理,合理分配合同上的负担与风险。法律禁止双方当事人之间权利义务的严重失衡。

第四,合同当事人之间应诚实、不欺诈;双方在签订、履行合同以及合同终止后的全过程中应重视信誉,恪守诺言,严格履行自己承担的义务,不得擅自毁约。

最后,双方当事人的合同行为要符合法律法规的规定,要尊重良好的社会风俗和维护公共秩序,不能作出伤天害理的事情。

二、合同的订立

合同关系从合同订立开始,合同订立是双方或多方当事人,依法对合同的内容进行协商,达成协议的法律行为。主要包括要约、承诺两个环节,有的合同订立过程中还包括要约邀请环节。

(一) 要约与承诺

1. 要约和要约邀请

要约是拟订立合同的当事人,向确定的当事人提出订立合同的意思表示。发出订立合同意思表示的当事人为要约人,要约的发送对象为受要约人。要约一经做出,即意味着要约人愿意也必须按照发出要约的内容订立合同。

要约是可以撤回的,但必须在要约生效以前撤回;被撤回的要约始终不发生法律效力,对要约人和受要约人不产生法律约束力[①]。要约人要撤回要约,应当在要约达到受要约人之前或者同时,以明示的方式通知受要约人撤回要约。

要约邀请是要约的前一个环节。所谓要约邀请是希望缔约人只是向外界发出一个希望他人向自己发出要约的信息,而不是向外界发出一个要约。这个信息相对要约而言是个缺项的信息,这个缺项并不是大意而是故意,只是希望别人填项之后发还给自己形成要约。要约邀请可以向特定的人发出,也可以向不特定的人发出,没有严格的限制,要约邀请不是要约,不会产生违约责任,但可能会产生缔约过失责任。最常见的要约邀请是商业广告。通常情况下,寄送的价目表、拍卖公告、招标公告、招

[①] 《中华人民共和国合同法》第 17 条.

股说明书等为要约邀请;但商业广告的内容符合要约要件的,视为要约①。

(1)要约有效的要件。要约必须具备以下有效条件,才能成为具有法律约束力的有效行为:

第一,要约人应具有缔约能力和缔约愿望。要约人应当具备与其订立的合同标的、合同责任等因素相符的智力水平和相应的履行能力。同时,要约必须具备缔约愿望,希望要约被受要约人接受,作出承诺。

第二,要约应包括合同的主要内容。要约的内容必须明确完整,要约应将合同必须具备的条款与内容表达清楚,使要约人与受要约人都清楚自己的权利义务。

第三,要约应向特定的当事人发出。要约必须向确定的对象即要约人希望与之订立合同的人发出。如果要约人就一个标的物向多个对象或不特定的对象发出要约,一旦多个人作出承诺,要约人就不可避免地陷入违约的窘境,要承担违约责任。

(2)要约的效力问题。合同法规定,要约在到达受要约人时生效。以不同载体形式发送的要约,到达受要约人的时间也不一样。具体而言,以信件等有形文件发出要约的,以这些文件到达受要约人处时生效;采用数据电文形式订立合同,收件人指定特定系统接收数据电文的,以该数据电文进入该特定系统时生效;未指定特定系统的,该数据电文首次进入收件人的任何系统时生效②。

要约生效后,其效力还有一段持续期间,即要约的效力期间③。要约的效力期间有约定从约定,没有约定效力期间的,原则上应确定一段合理的时间为效力持续期间。该合理的时间是受要约人做出承诺以及承诺到达要约人所必需的时间。对于以口头形式发出的要约则受要约人应该立即做出承诺,以后的承诺不产生法律约束力④,但当事人另有约定的除外。

要约一旦到达受要约人处就发生法律效力,要约人要接受生效的要约的约束。但法律对要约失效也作了明确的规定。要约失效是指要约丧失了法律约束力,不再对要约人或受要约人产生拘束。要约失效主要有四种情形:

第一,要约人撤销要约。要约生效后,在满足法律规定的条件下是可以撤销的;在受要约人发出承诺通知之前,要约人可以以明示的方式通知受要约人撤销要约;要约自撤销通知到达受要约人时撤销。要约人撤销要约不必受要约人同意,只

---

① 《中华人民共和国合同法》第15条.

② 《中华人民共和国合同法》第16条.

③ 要约效力期间又可称为要约有效期间,其意义是给受要约人一个做出承诺的期间,所以又称为承诺期间.

④ 《中华人民共和国合同法》第23条.

要符合法律法规的规定即产生撤销要约的效力[①]。但为了保护合理的合同缔约行为,合同法等相关法律法规也对要约人撤销要约的行为做出了一定的限制,要约人在以下情况下不得撤销要约[②]:①要约人明确说明该要约属于不可撤销要的要约,要约人不可以撤销该要约。②要约规定了承诺期间的,在承诺期间内要约人不得撤销该要约。③受要约人有理由认为要约是不可撤销的,并已经为履行合同作了准备工作。在前两种情况下,不论受要约人是否已经为履行合同做了准备工作,要约人都无权撤销要约。

第二,受要约人实质性变更要约。受要约人实质性变更要约是指受要约人对要约中所涉及的标的、数量、质量、价款、履行期限、履行地点和方式、违约责任、解决争议方法等方面的内容,以书面或其他作为的方式向要约人明确做出变更的回复。受要约人对要约做了这种实质性变更后的回复不是承诺,而是新的要约;一旦形成了新的要约,原要约效力消灭[③]。

第三,受要约人拒绝要约。受要约人拒绝要约是指在承诺期限内,受要约人以书面或者其他作为的方式向要约人明确表示拒绝要约。受要约人一旦向要约人作出拒绝要约的表示,拒绝按照要约确定的内容或方式与要约人订立合同,则要约失去效力。

第四,受要约人未在承诺期间内做出承诺。受要约人在承诺期间不做出承诺的情况从法律上讲是一种默示,如果受要约人除了默示没有作出其他可以表示接受了要约的行为,那实际上是拒绝了承诺。对于约定承诺期间的要约、或虽然没有约定的承诺期限,但是根据要约内容,应当有合理承诺期间的要约,受要约人如果希望缔约的,应该在约定的期限内或合理承诺期限内对要约做出承诺;如果受要约人没有在这些期限内做出承诺,自承诺期限届满,该要约失效。

2. 承诺

承诺是受要约人接受要约的意思表示,即受要约人接受要约的全部条件,并同意按要约的内容与要约人签订合同的意思表示。

(1)承诺的有效要件。承诺是受要约人向要约人发出的接受要约的回复。受要约人向要约人以外的人发出的接受要约的信息不是承诺,而是另一种对要约人不产生约束力的意思表示。

承诺是与要约的内容一致的回复。通常上讲,承诺不仅是针对要约的内容做出的,还必须是与要约的内容保持一致的回复;凡对要约的内容有重大变更的回复

---

① 《中华人民共和国合同法》第18条.
② 《中华人民共和国合同法》第19条.
③ 《中华人民共和国合同法》第20条.

不是承诺,而是一项新的要约。

承诺应该在规定的期限内到达要约人①。要约约定承诺期限的,受要约人应当在承诺期限内作出承诺;要约没有确定承诺期限的,受要约人应当在合理期限内承诺;若要约以口头方式做出的,受要约人应当即时做出承诺,当事人另有约定的除外。

此处需要注意两种情况:其一,承诺在规定的期限内发出,在规定的期限以后到达要约人的情形。通说认为,若受要约人在规定的期限内发出承诺,并按承诺发出方式,在承诺期限届满前可以到达,只是由于非受要约人的原因致使该承诺在规定的承诺期限届满后到达的,如果要约人没有因为承诺超过期限而及时通知承诺人不接受承诺的,则该承诺有效;其二,若受要约人虽然在规定的期限内发出承诺,但是按承诺发出方式,在承诺期限届满前必然无法到达要约人的,则该承诺无效,不产生相应的法律效力。

承诺的方式须符合要约的要求。承诺的方式是指受要约人将其同意要约内容的意思表示送达至要约人的形式。合同法规定,承诺应当以通知的方式做出,但根据交易习惯或者要约表明可以通过行为做出承诺的除外②。从合同法的规定可以看出,法律对承诺的方式没有做出强制性的规定,仅规定承诺一般应当以明示或者默示的方式做出。①明示方式一般指通知的方式,该通知可以是口头或者书面的。一般说来,如果要约没有明确约定或者法律法规没有强行性要求以书面的形式做出承诺,则当事人可以以口头的形式做出承诺。②默示的方式一般是指按照交易习惯做出承诺或者以某种行为做出意思表示,但是该种行为应该符合交易习惯或者惯例。

(2)承诺的效力问题。承诺于承诺的通知到达要约人时生效。承诺不需要通知的,根据交易习惯或者要约的要求,也可以在受要约人作出承诺行为时生效。采用数据电文形式订立合同的,承诺的数据电文进入要约人特定系统时承诺生效;未指定特定系统的,承诺的数据电文进入要约人的任何系统的首次时间,为生效时间③。

承诺生效时合同成立④。承诺生效的效果是使合同成立。

承诺可以撤回,但承诺应当在尚未生效时撤回。承诺应以通知的方式撤回,内容以通知为准,撤回承诺的通知应当在承诺通知到达要约人之前或者与承诺通知

---

① 《中华人民共和国合同法》第 23 条、第 24 条.
② 《中华人民共和国合同法》第 22 条.
③ 《中华人民共和国合同法》第 26 条和第 16 条.
④ 《中华人民共和国合同法》第 25 条.

同时到达要约人①。承诺一经撤回，则不发生承诺的效力，阻止了合同的成立。承诺一旦生效，合同就已经成立，承诺如果此时可以撤销，那就是解除合同了，这不但对要约人不公平还会导致社会交易不安全，因此承诺不能撤销。受要约人如果要解除合同，应按照解除合同的方式处理，而不能通过撤销承诺的方式处理。

3. 特殊的缔约程序

招投标与拍卖是特殊的缔约程序，是合同订立的特殊形式。由于这两种订立合同的形式有特别的作用，所以它们由特别法规范。招投标与拍卖法律制度在本章第二节作专门的介绍。

(二) 合同的成立与效力问题

1. 合同的成立

合同成立是合同生效的前提，判断合同是否应该履行，首先要判断合同是否成立。通常情况下，承诺生效就是合同成立。合同采用书面形式的，自双方当事人在合同书上签字或者盖章时合同成立②。合同通过采用信件、数据电文等形式订立的，当事人在合同成立之前要求签订确认书的，则合同在合同各方当事人签署确认书时成立。法律、行政法规规定或者当事人约定合同以书面形式订立的，但在签订书面合同前一方已经履行主要义务，另一方接受的，该合同成立③。

合同成立是合同当事人之间就合同关系涉及的具体权利义务与相关事项达成一致的法律状态。按照合同法的规定，双方当事人就合同内容达成一致就产生了缔约上的约束力，合同成立虽然不同于合同生效，但合同成立了，哪怕履行条件尚未成就，当事人也要接受合同的约束，不得随意解除合同。此时解除合同会产生违约责任，合同法关于预期违约就是指这种情况。

承诺生效的时间就是合同成立的时间。承诺生效的地点就是合同成立的地点。书面合同应经各方当事人签字或盖章后方能成立的，成立地点视情况定：①若双方在同一地点签字或盖章的，以双方当事人签字或盖章的地点为成立的地点；②若签字或盖章先后在不同地点进行的，则应以最后一方签字或盖章的地点为成立地点；③既需签字又需盖章，且签字和盖章是在不同地点，则应以双方完成其中任一行为的地点为成立地点，如双方先签字后盖章的，以签字的地点为准。采用数据电文形式订立合同的，收件人的主营业地为合同成立的地点；没有主营业地的，以

---

①　《中华人民共和国合同法》第 27 条.

②　《中华人民共和国合同法》第 32 条.

③　《中华人民共和国合同法》第 36 条.

经常居住地为合同成立的地点。当事人另有约定的按照其约定①。

2. 合同生效

合同成立确立的是当事人之间的合同关系,这种关系不得随意解除;合同生效的本质是指合同当事人要受到合同义务的现实的约束,即当事人应该履行合同义务了,如果当事人不履行合同义务就会发生对自己不利的后果,也就是要承担违约责任。

依法成立的合同,自成立时生效;法律、行政法规规定应当办理批准、登记等手续生效的,依法办理相关手续后合同生效②。

当事人对合同的效力可以约定附条件;附生效条件的合同,自条件成就时生效;附解除条件的合同,自条件成就时失效。当事人为自己的利益不正当地阻止条件成就的,视为条件已成就;不正当地促成条件成就的,视为条件不成就③。

当事人对合同的效力可以约定期限;附生效期限的合同,自期限届至时生效;附终止期限的合同,自期限届满时失效④。

一般而言,合同成立地点即为合同生效的地点。需登记、审批、公证才生效的合同,登记地、审批地、公证地为合同生效地。

合同效力的相对性。因合同产生的权利义务属于债⑤的一种类型,债具有相对性的特点,合同之债也具有相对性。合同权利义务只发生在合同当事人之间,合同权利人是债权人,合同义务人是债务人,除合同当事人外的任何人都不能享有合同权利,也都不承担合同义务。这也就是合同效力的相对性,合同效力的相对性决定了只有合同当事人之间,才能就合同约定的事项互向对方提出请求。合同当事人无权为他人设定合同上的义务,合同义务不应涉及第三人。

3. 合同效力的认定

合同效力认定是指对已经成立的合同是否具备生效条件作出判断的法律方法。合同只有具备生效条件,且生效条件已经成就才会发生法律约束力。在某些情况下,合同虽然成立但不一定就具有法律效力,在这种情况下履行合同就会有法律风险;如果不能正确地区分合同的效力情况,当事人在是否应当履行合同的问题上就会陷入无所适从的窘境。因此,在合同成立后履行前要确认合同效力,合同的效力认定要区分以下几种情况。

---

① 《中华人民共和国合同法》第34条.
② 《中华人民共和国合同法》第44条.
③ 《中华人民共和国合同法》第45条.
④ 《中华人民共和国合同法》第46条.
⑤ 目前学界认为债产生的原因主要包括四种,即合同之债、侵权之债、无因管理之债和不当得利之债.

(1) 无效合同①。无效合同是指不可能产生法律约束力的合同。无效合同具有违法性,即合同在内容上违反了法律、行政法规的强制性规定,所以这类合同不能履行,履行这类合同就是作出了违法行为。按照合同法规定,无效合同自始无效。导致合同无效的原因主要有以下几个方面:

第一,以欺诈、胁迫的手段订立,并损害了国家利益的合同。欺诈是指在订立合同的过程中,合同当事人一方故意隐瞒真实情况或者故意告知对方虚假的情况,欺骗、诱使对方做出错误判断从而与之订立合同的情况;胁迫是指合同当事人一方以将要发生的损害或者以直接实施损害要挟对方,使对方当事人产生恐惧而与之订立合同的情况。被欺骗而不明真相或为了避免遭受这种危害或者避免遭受这种打击,而违背自己内心的真实意愿而与之订立的合同,如果合同的内容还损害了国家利益,那么这种合同就是无效合同。

第二,恶意串通,损害国家、集体或第三人利益的合同。这是指合同当事人勾结起来,以相互间合同的形式损害合同关系以外的第三方的利益。这里的第三方可以是国家,也可以是集体,还可以是个人。这里的第三方因为处于合同关系外,对合同关系完全不知情,还可能处于遭受了损失还不能及时知情的状态。由于这种合同的危害性很大,因此这种行为无论是否损害了国家利益,都是无效合同。

第三,以合法形式掩盖非法目的合同。这是指合同双方当事人为了达到非法的目的,采用了合法形式的合同,而其内容和目的是违法的,如对需要审批的事项分拆为不需要审批的事项分别进行交易,最后将各分项组合为一项,达到逃避国家监管的目的。这种合同因其本质非法而无效。

第四,损害社会公共利益的合同②。这类合同主要有危害国家安全、危害家庭、危害重要公共设施、违反社会道德、破坏良好风俗等的合同。这类合同也是不能履行的,因为履行这类合同会损害国家安全,损害社会与家庭的稳定,破坏公共设施等而被法律规定为无效。

第五,违反法律、行政法规的强制性规定的合同。这是一条兜底条款,在前面列举的范围中没有归纳进去,但违反了其他法律法规的禁止性规定的合同也是无效的。同时,这一条也明确规定只有违反法律和行政法规的强制性规定的合同才是无效的。凡不属于这些范围内的合同都不是无效的。

我国对无效合同实行国家干预原则,法院和仲裁机构无需经当事人请求,可以主动审查争议合同的效力。如果经审查,认定争议合同属于无效合同,应当主动地

---

① 《中华人民共和国合同法》第 52 条.

② 梁慧星教授在《市场经济与公序良俗原则》一文中对损害公共利益的合同作了归纳,认为共有 10 种. 梁慧星. 民商法论丛第一卷[M]. 北京:法律出版社,1994:57-58.

确认合同无效。

(2) 可变更可撤销合同。可变更可撤销合同是效力不确定合同的一种,此类合同的效力与无效合同不同,法律并非使这类合同绝对无效,而是赋予合同一方当事人有变更权、撤销权的合同。在有权一方当事人尚未自愿履行,且不超过1年的时间内,这类合同的效力是不确定的。有权一方当事人于法定撤销权期间可以变更或撤销此类合同,有权一方当事人在知道或应当知道撤销事由起1年内不行使撤销权的,撤销权消灭,合同有效。

可变更可撤销合同主要是指行为人的意思表示不真实的合同,具体讲有以下三类:因重大误解订立的合同;在订立合同时显失公平的;一方以欺诈、胁迫的手段或者乘人之危,使对方在违背真实意思的情况下订立的合同①。所谓重大误解是指受误解的人是由于自己的认识错误而误解,不是由于他人的故意误导而误解;所谓显失公平是指合同订立时所确定的合同双方的权利义务严重失衡,在这种失衡状态下,履行合同会导致合同一方当事人的经济损失;所谓威胁与胁迫与无效合同的条件相同;所谓乘人之危是指一方当事人处于安全状态,另一方当事人处于危险状态,安全的一方利用对方处于危险状态下,诱使危险一方作出他本不愿意作出的交易。所有这些合同,在合同关系中处于不利的一方当事人有权撤除合同。

(3) 效力待定合同。效力待定合同是指合同已经成立,但具体缔约当事人都知道这是有待于合同当事人或权利人确认的合同,如果合同当事人或权利人不确认,则合同不发生效力。效力待定合同主要包括三类,具体如下:

第一,限制民事行为能力人超出其行为能力所订立的合同。此类合同的效力有待限制民事行为人的法定代理人确认。如果该限制民事行为人的法定代理人确认此项签约,该合同有效;如果该限制民事行为人的法定代理人不予追认,也不置可否,该合同不发生效力。但纯获利益的合同或者与该限制民事行为人年龄、智力、精神健康状况相适应而订立的合同,不必经法定代理人追认即发生效力。

法律之所以做上述规定,是因为限制行为能力的当事人缺乏完全的缔约能力,不符合合同法对缔约主体资格的要求,故而认定其行为在被法定代理人追认前属于合同效力未确定的状态。

第二,行为人没有代理权、超越代理权或者代理权终止后以被代理人名义订立的合同。此类合同是由无权人缔约的,这类合同订立后,未经被代理人追认,对被代理人不发生效力,由缔约行为人自己承担全部责任。

第三,无处分权的人处分他人财产的合同。无处分权人是指对处分物没有处

---

① 《中华人民共和国合同法》第54条.

分权的人,如承租人对承租物。承租人出卖承租物就是无处分权人处分他人财产。此类合同在权利人追认前或者无处分权人取得财产权前是无效的,只有经权利人追认或者无处分权的人在订立合同后取得处分权的,该合同有效。

对这三种情况的合同,相对人可以催告行为人的法定代理人、被代理人或权利人在一个月内对合同予以追认。法定代理人、被代理人或权利人未作表示的,视为拒绝追认。合同被追认之前,善意相对人有撤销合同的权利,撤销应当以通知的方式做出①。

(4) 附条件和附期限的合同。附条件和附期限的合同是指当事人对于合同效力的发生或消灭附加一定限制的合同。所谓条件,是指当事人以客观上不确定的事实,作为合同效力的决定因素。所谓期限,是指以将来会到来的时间,作为合同效力的决定因素。

当事人可以约定合同生效和失效的条件。附生效条件的合同,自条件成就时合同生效;附失效条件的合同,自条件成就时合同失效。条件的成就,是指作为条件内容的事实已经实现。条件是否成就,决定着合同是否生效、是否失效。附条件的合同,所附的条件是一定会发生的、合法的,如果所附条件是不可能发生的或违反法律的,该合同无效②。合同所附的条件事实会发生的,称为积极条件;不发生的,称为消极条件。

当事人可以约定合同生效的期限。期限的效力在于期限到来时合同效力或者发生或者消灭。

(5) 合同中免责条款。合同中的免责条款,是指合同中的双方当事人在合同中约定的,为免除或者限制一方或者双方当事人未来责任的条款。免责条款是当事人双方协商同意的,是合同的组成部分;免责条款须以明示的方式作出;这种免责既可以是部分免责也可以是全部免责。但合同关于造成对方人身伤害,因故意或者重大过失造成对方财产损失也可以免责的约定是无效的③。

(三) 合同的形式和内容

1. 合同的形式

合同的形式,是指当事人合意的外在表现形式。我国法律规定:当事人订立合同,有书面形式、口头形式和其他形式。法律、行政法规规定采用书面形式的,应当

---

① 《中华人民共和国合同法》第 47 条.
② 最高人民法院《关于贯彻〈中华人民共和国民法通则〉若干问题的意见(试行)》第 75 条.
③ 《中华人民共和国合同法》第 53 条.

采用书面形式。当事人约定采用书面形式的,应当采用书面形式①。

(1) 口头形式。即当事人面对面地谈话或者以通讯设备如电话交谈达成协议。口头形式多用于订立与履行同时完成的合同,如数额较小的合同或现款交易;合同采取口头形式,无须当事人的特别约定。口头形式的具体内容是靠当事人的记忆力记忆的,因此容易发生差错;相比书面形式,口头形式的证明力很差;在一方当事人否认,又没有其他证据的情况下,另一方当事人要证明存在合同或者要证明合同的具体内容是非常困难的。因此,除能够及时清结的合同,我们建议都用书面形式缔结合同关系。

(2) 书面形式。是指合同书、信件和数据电文(包括电报、传真和电子邮件)等可以有形地表现所载内容的形式②。书面形式的最大优点就是便于保存,因此书面形式有很强的证明力,是一种非常好的证据。

(3) 其他形式。其他形式包括推定、沉默、视听资料等,推定是指当事人以作为形式将自己的意思表达于外部,从而使他人可以得知其意思表示③的形式;推定一定是基于行为人的积极行为的。沉默又称为不作为的默示④,是指既无言词又无行动表示的状态。沉默不同于推定,推定形式是无言词而有行动表示。一般情况下,沉默没有法律上意思表示的效力,只有法律有特别规定时沉默才有法律上意思表示的效力。视听资料是类似于书面的形式,它具有真实反映当事人在订立合同时的真实意思的功能,所以可以作为合同的形式。但视听资料必须真实、完整,不能被剪辑与修改过。

2. 合同的内容

合同的内容,是指经合同当事人协商达成一致的权利和义务,因此拟定合同条款不但要求表达正确、用语准确,还应做到要求合法、内容完整。合同内容有的由法律直接规定,有的由当事人约定;有的由合同的类型和性质决定。

合同应包括以下内容⑤:①当事人的名称或者姓名和住所;②标的;③数量;④质量;⑤价款或者报酬;⑥履行期限、地点和方式;⑦违约责任;⑧解决争议的方法。合同的内容除当事人之间协商一致外,还应根据相关法律法规的具体规定确定,还

---

① 《中华人民共和国合同法》第 10 条.
② 《中华人民共和国合同法》第 11 条.
③ 最高人民法院《关于贯彻〈中华人民共和国民法通则〉若干问题的意见(试行)》第 66 条、《合同法》第 37 条.
④ 最高人民法院《关于贯彻〈中华人民共和国民法通则〉若干问题的意见(试行)》第 66 条.
⑤ 《中华人民共和国合同法》第 12 条.

可以参照有关部门提供的各类合同的示范文本①。

（四）合同漏洞的填补和合同的解释

1. 合同漏洞的填补

合同在订立中有时会有合同内容不完整的情况,这种不完整会给当事人带来对合同理解的分歧和履行的困难。为了避免合同存在漏洞而给当事人带来的不便,当事人有必要弥补这些合同漏洞以达到合同内容的完整。我国合同法规定了合同漏洞填补的具体规则。首先,合同的漏洞可以通过双方当事人按照意思自治的原则订立补充协议以填补合同漏洞,当然这需要当事人之间达成一致意见;在达不成一致的情况下,当事人也可以通过合同法规定的解释规则来填补合同漏洞,这是运用合同法规则来达成当事人之间的一致意见;如果还不能达成一致填补漏洞,还可以按照法律的直接规定填补。对合同中的质量、价格、履行地、履行期限、履行方式和履行费用的承担约定不明的,合同法明确规定了直接的填补方法②。

2. 合同的解释

合同的解释是指在当事人对已经订立的合同的语词的含义理解有分歧,或合同条款间的规定不一致时,为了达到对合同含义理解上的一致,对合同及其附件所做的分析和说明③。合同的解释有时从一个角度还不能消除分歧,需要从多个角度进行才可能消除分歧,为此我国《合同法》规定了五项合同解释规则:

（1）文义解释,即根据合同条款语句的通常含义进行解释。文义解释是合同解释的基础④,文义解释要求应当按合同的字面含义解释合同语词及合同条款,这种字面含义要按照一般人的理解定义,这里的一般人是指完成九年制义务教育的公民。文义解释同时还要遵循特殊用语优于一般用语的规则。如合同内容是关于某一行业的,在这个行业对某一个语词或一个定义有公认的特定含义,那么在发生合同语义或条款争议时就应该用这个特定含义解释合同,而不能采用一般用语环境中这个语词或定义的含义来解释合同。

（2）整体解释,是指在对合同单个条款的理解有分歧时,对合同单个条款的理解,放在合同整体的环境中,作出与合同整体意思一致的解释;对有争议的条款的理解要通过对其与合同其他条款的相互关系,及该条款在合同整体中应该具有的

---

① 《中华人民共和国合同法》第 12 条第 2 款.
② 《中华人民共和国合同法》第 61 条、第 62 条.
③ 《中华人民共和国合同法》第 125 条.
④ 《中华人民共和国合同法》第 125 条第 1 款.

含义来解释该合同条款的真实含义①。即通过当事人都接受的对合同整体意思的理解,来推定有分歧的单个条款的应该具有意思。

(3) 目的解释,是指当事人对合同所使用的文字、语句的理解有分歧或这些文字、语句本来就可以有两种以上的解释时,应当选择最适合于实现合同目的理解来解释②这些文字、语句。即哪一种解释最有利于合同目的的实现,就采用哪一种解释。

(4) 参照习惯和惯例解释。习惯与惯例是民间普遍接受,但没有法律化的相互交往准则。参照习惯和惯例解释是指在合同的文字或条款的含义发生歧义时,应按照合同所在的民事关系范围内的习惯或者惯例的含义予以明确;在合同存在漏洞,致使当事人的权利义务不明确时,参照习惯或者惯例加以补充。

(5) 对合同起草者作不利解释③。当事人对合同中的格式条款的理解有争议时,应当作出对起草者不利的解释。

三、合同的履行

合同生效后,当事人应当按照诚信原则全面地实际履行合同义务,不能因自己的姓名或者名称、法定代表人等的变更而不履行合同义务,也不因承办人变动等原因不履行合同义务。

(一) 合同履行的基本要求和约定不明时的处理规则

1. 合同履行的基本要求

合同履行的基本要求是全面履行与实际履行。所谓全面履行是要求合同义务主体严格按照合同条款的约定义务履行合同,履行中任何不符合合同条款约定的行为都是违约行为,都是应该承担违约责任的。所谓实际履行是要求合同义务主体履行合同时,要有利于合同权利主体无瑕疵、无缺陷地实现合同目的,如买卖合同就要做到按照合同约定实际交付标的物,即不能交付有瑕疵的标的物,又不能交付替代物。

2. 合同约定不明时的处理规则

合同中常有约定不明的情况,对约定不明时的处理④合同法有特别规定。首先,合同当事人可以就有关约定不明的情况通过补充协议加以明确;其次、如果合同当事人无法达成补充协议的,则可以按照合同有关条款或者交易习惯确定;再

---

① 《中华人民共和国合同法》第 125 条第 1 款.

② 《中华人民共和国合同法》第 125 条第 1 款.

③ 《中华人民共和国合同法》第 41 条.

④ 《中华人民共和国合同法》第 61 条、第 62 条.

次,根据合同有关条款和交易习惯还是不能解决的则可以适用下列规定:

(1) 质量要求不明确的,按照国家标准、行业标准履行;没有国家标准、行业标准的,按照通常标准或者符合合同目的的特定标准履行。

(2) 价款或者报酬不明确的,按照订立合同时履行地的市场价格履行;依法应当执行政府定价或者政府指导价的,按照规定履行。

(3) 履行地点不明确,给付货币的,在接受货币一方所在地履行;交付不动产的,在不动产所在地履行;其他标的,在履行义务一方所在地履行。

(4) 履行期限不明确的,债务人可以随时履行,债权人也可以随时要求履行,但应当给对方必要的准备时间。

(5) 履行方式不明确的,按照有利于实现合同目的的方式履行。

(6) 履行费用的负担不明确的,由履行义务一方负担。

(二) 合同履行中的抗辩权

合同履行中的抗辩权是指在合同履行过程中,一方当事人用来对抗对方当事人要其履行的请求的权利。主要有三种情况:

1. 同时履行抗辩权

同时履行抗辩权是指当事人互负债务,没有先后履行顺序,一方在对方履行之前或履行债务不符合约定时,有拒绝要求其先履行的权利[①]。

(1) 同时履行抗辩权的构成要件。基于同一双务合同,没有先后履行顺序的约定,双方债务均已届清偿期,要求对方履行的一方未履行或未按约定履行,未履行的一方可以履行。

(2) 同时履行抗辩权的效力。同时履行抗辩权并没有消灭对方的请求权,只是暂时阻止对方当事人请求权的行使。当对方履行应履行的债务时,行使抗辩权的一方应同时履行。

2. 先履行抗辩权[②]

先履行抗辩权是指当事人互负债务有先后履行顺序的规定,在后履行的一方,在应在先履行一方履行之前,有权拒绝其履行要求的权利。在后履行的一方在先履行一方履行债务不符合约定时,也有权拒绝其相应的履行要求[③]。

---

① 《中华人民共和国合同法》第 66 条.

② 先履行抗辩权也可称为后履行抗辩权,这两种称谓的含义是相同的,只是侧重不同,前者侧重于抗辩权的条件,强调应先履行的对方存在不履行问题;后者侧重于抗辩权的主体,强调在后履行的自己,在对方没有履行之前可以不履行,即可以后履行.

③ 《中华人民共和国合同法》第 67 条.

（1）先履行抗辩权的构成要件。双方当事人互负债务，两个债务有先后履行顺序，先履行一方不履行或不适当履行。

（2）先履行抗辩权的效力。先履行抗辩权的成立及行使产生使在后履行的一方中止履行自己债务的效力，以对抗在先履行一方的履行请求。但这只是暂时阻止对方当事人请求权，并非永久的抗辩权。先履行抗辩权的行使不影响在后履行一方主张违约责任的权利。在后履行一方行使先履行抗辩权后对方还不履行的，可以依据法律的相关规定通知对方解除合同①。

3. 不安抗辩权

不安抗辩权是指当事人互负债务，有先后履行顺序的，先履行一方有证据证明后履行一方经营状况严重恶化或转移财产、抽逃资金以逃避债务履行，或丧失商业信誉及其他丧失或可能丧失履行债务能力的情况时，可中止自己的履行，在要求对方提供担保后再履行的权利。后履行一方接到中止履行的通知后，在合理的期限内未恢复履行债务的能力或未提供适当担保的，先履行一方可以解除合同。如果后履行一方恢复履行能力或提供了担保，则不安抗辩权消灭，先履行一方应当履行合同。当事人行使不安抗辩权，应当及时通知对方②。

（1）不安抗辩权的构成要件。行使不安抗辩权的一方是先履行一方，基于双务合同而互负债务，有证据证明后履行一方丧失或可能丧失履行债务能力。

（2）不安抗辩权的效力。先履行一方中止履行，促使后履行一方提供担保，后履行一方不提供担保或未恢复履约能力的，中止履行的一方可解除合同。但如果后履行的一方客观上并没有发生法定的可以行使不安抗辩权的事由，先履行一方错误地行使不安抗辩权，那就会发生违约的事实，先履行一方应承担违约责任。

（三）合同的保全

合同的保全是指为防止债务人的财产不当减少或不增加，给债权人的债权造成损害，而允许债权人行使撤销权或代位权以防止因债务人财产不当减少或不增加而导致债权人债权受损的法律措施。

1. 代位权

债权人的代位权，是指当债务人怠于行使其对第三人享有的债权而危及债权人的债权时，债权人为保全自己的债权，以自己的名义代位行使债务人对第三人的权利③。

---

① 《中华人民共和国合同法》第 94 条.
② 《中华人民共和国合同法》第 68 条、69 条.
③ 《中华人民共和国合同法》第 73 条.

债权人代位权的成立要件。①债权人对债务人享有合法的债权,且已经到清偿期;②债务人享有对第三人的权利,且已经到期;③债务人怠于行使其权利,且已经对债权人造成损害;④债务人的债权不是专属于债务人自身的债权。

债权人行使代位权要注意以下几点:①债权人的代位权应由债权人以自己的名义行使[①];②代位权行使的范围应以债权的额度为限;③债权人必须通过诉讼程序行使代位权;④在代位权诉讼中,次债务人对债务人的抗辩,可以向债权人主张。

2. 撤销权

债权人的撤销权,是指当债务人实施有危害债权人债权实现的财产处分行为时,债权人为实现自己的债权,而请求法院撤销该财产处分行为的权利[②]。

(1) 债权人撤销权的成立要件。①债权人须以自己的名义行使撤销权;②债权人对债务人存有合法、有效的债权;③债务人的行为对债权人造成了损害,如债务人放弃到期债权、明显不合理的低价或无偿转让财产等有害债权的行为;④债务人或第三人在行为时具有主观恶意。

(2) 债权人行使撤销权要注意以下几点:①撤销权行使主体是因债务人不当处分财产而遭受其害的债权人;②债权人须以自己的名义通过诉讼程序行使该权利;③撤销权行使的范围以债权人的债权为限;④债权人应在法定期间行使撤销权。

四、合同的变更、转让和终止

(一) 合同的变更

合同的变更,是指当事人在合同成立以后,尚未履行或尚未完全履行前,在原合同的基础上对合同的内容进行修改或者补充。

1. 合同变更的原因

①可变更合同的法定事由有[③]:因重大误解订立的合同;在订立合同时显失公平的合同;一方以欺诈、胁迫的手段或者乘人之危,使对方在违背真实意思的情况下订立的合同,当事人申请变更的。②因合同双方当事人意思表示一致,而对合同内容进行变更[④]。

2. 合同变更的条件

①合同关系有效存在;②合同的内容发生变化,主要包括:标的物数量的增减、

---

① 《中华人民共和国合同法》第73条.
② 《中华人民共和国合同法》第74条.
③ 《中华人民共和国合同法》第54条.
④ 《中华人民共和国合同法》第77条.

价格的增减、履行期限的变更、履行地点、履行方式、结算方式的改变等。③经当事人协商一致、或者依照法律的直接规定、或者经由法院或仲裁机构的裁决。④双方当事人协商变更的合同原经过有权机关审批的,合同变更也须经原审批程序审批。

3. 变更的效力

合同变更的效力不溯及既往,已经履行的部分仍然有效;合同未变更的部分继续有效。因此合同变更后一般不发生财产返还问题。但法律规定或当事人另有约定的情况除外。

(二) 合同的转让

合同的转让是指合同当事人通过协议把合同中的权利、义务全部或部分转移由第三方(受让方)享有或履行,出让方则全部或部分退出合同关系的行为。合同转让可以是权利义务的概括转移,也可以是合同权利的转让或合同义务的转让;由于合同权利义务的概括转移实际上是合同权利转让和合同义务转让的组合,在法律上没有自己的特点,所以我们只介绍合同权利的转让及合同义务的转让。

1. 合同权利的转让

合同权利转让的条件。①存在有效的合同权利;②转让双方达成转让协议;③转让的合同权利不属于法律禁止转让、合同约定不得转让与客观上无法转让的;④转让权利应当通知债务人;⑤应办理必要的相关手续。

合同权利转让的法律效力。合同权利转让后,受让人成为合同权利主体;如果合同权利全部转让,则出让人退出合同关系,如果合同权利部分转让,则出让人和受让人共同成为合同权利主体。合同权利转让后,债务人不得再向退出合同关系的原权利人履行合同义务,应向继受合同权利的权利人履行合同义务,债务人原有的抗辩权继续享有。

2. 合同义务的转让

合同义务转让的条件。①存在有效的合同义务;②转让双方达成转让协议;③转让的合同义务不属于法律禁止转让、合同约定不得转让与客观上无法转让的;④转让义务应当经过债权人同意;⑤办理必要的相关手续。

合同义务转让的法律效力。合同义务转让后,受让人成为合同义务主体;如果合同义务全部转让,则出让人退出合同关系,如果合同义务部分转让,则出让人和受让人共同成为合同义务主体。合同义务转让后,债权人不得再向退出合同关系的原义务人主张合同权利,应向继受合同义务的义务人主张合同权利,新债务人享有原债务人享有的抗辩权。

(三) 合同的终止

合同的终止又称为合同的消灭,是合同当事人双方权利义务于客观上不复存在。合同终止与合同的产生一样基于一定的法律事实。没有合同终止的法律事实合同就不能终止。合同法规定的合同终止的原因有以下七项[①]:

1. 合同债务已经履行

合同债务已经履行是指债务人按照合同约定向债权人履行了债务,使债权人实现合同目的,合同因此而终止。

2. 合同解除

合同解除是指在合同有效成立后,通过当事人的单方行为或者双方合意,终止合同效力的行为。合同解除分为法定解除和约定解除。

(1) 合同解除的条件。法定解除的条件:①因不可抗力致使合同目的不能实现;②在履行期限届满之前,当事人一方明确表示或者以自己的行为表明不履行主要债务;③当事人一方迟延履行主要债务,经催告后在合理期限内仍未履行;④当事人一方迟延履行债务或者有其他违约行为致使对方不能实现合同目的;⑤法律规定的其他情形。

约定解除包括协议解除与约定解除权两种情形。

第一,协议解除。协议解除是指双方当事人在合同尚未履行或尚未履行完毕前,协商一致解除合同关系的情形。协议解除需采取书面合同的形式,且要求当事人有相应的民事行为能力且意思表示真实,协议内容不违反法律的强制性规定和社会公共利益。

第二,约定解除权是指事先约定合同解除条件的解除。对解除权的约定既可以是在订立合同时也可以是在履行合同时,并可以约定一方或双方有解除权。当行使约定解除权的条件成就时,享有解除权的当事人即可以行使解除权,而不必再与对方当事人协商。

(2) 合同解除的程序。第一,协议解除合同的程序。协议解除是当事人以一个新的合同解除原合同,所以应适用订立合同的程序及相关规则,才能解除合同。法律、法规规定解除合同应当办理批准、登记手续的,依照其规定。

第二,行使解除权解除合同的程序。当事人一方依照《合同法》的规定主张解除合同的,应当通知对方。合同自通知到达对方时解除。对方有异议的,可以请求人民法院或者仲裁机构确认解除合同的效力。法律、行政法规规定解除合同应当

---

① 《中华人民共和国合同法》第91条.

办理批准、登记等手续的,依照其规定①。当事人一方依照《合同法》行使解除权解除合同时,应遵守如下程序:①必须具备法定解除合同的条件;②一方在行使解除权时应通知对方当事人;③及时行使②;④法律、行政法规规定解除合同应当办理批准、登记手续的,依照其规定。

(3)合同解除的效力。合同解除的效力根据合同履行的不同的情况可以有以下三种情形③:①解除合同的效力可以溯及既往,已经履行的应当互相返还财产;②解除合同的解除效力不溯及既往,即消灭将来的合同效力,已经履行部分无需返还,但应清算以确保当事人之间权利义务的一致。③分期交付的合同一般仅解除其中一期,其他各期效力不受影响,但是各期不可分的除外。

3. 债务抵销

债务抵销是指当事人互相负有给付义务,将两项债务相互冲抵,使其在对等额内消灭。抵销有法定抵销和约定抵销两种形式。法定抵销是指在具备法律规定的抵销条件时,由一方当事人提出抵销的要求所发生的抵销。约定抵销是指当事人基于双方的合意而发生的抵销。抵销的法律效力是在抵销范围内的债权债务消灭。

法定抵销的条件是:①双方当事人互负债务,互享债权;②双方当事人的债务为同一种类;③双方当事人的债务均已到清偿期;④双方当事人的债务均为可抵销债务④。当事人主张抵销的,应当通知对方,通知自到达对方时生效。

约定抵销的条件只是双方当事人达成一致,没有其他条件⑤。

4. 提存

提存是指因债务已届清偿期,债务人无法通过给付而消灭债务时,债务人可以将给付标的物提交给提存机关以消灭合同债务的行为。提存必须是债务人希望给付、能够给付,但确实因债权人方面的原因而无法给付时才能采取的措施⑥;同时提存物必须是适合提存且提存费用适当的物品,不宜提存的物品应拍卖或变卖后提存价款。提存以后债务人的合同义务消灭。

5. 债务的免除

债权人免除债务是指债权人放弃债权而使得债务人的债务不再存在的行为。

---

① 《中华人民共和国合同法》第 96 条.

② 《中华人民共和国合同法》第 95 条.

③ 《中华人民共和国合同法》第 97 条.

④ 按照我国法律不可抵销的债有,按法律规定不可抵销的债务、性质上不可抵销的债务、当事人约定不可抵销的债务.

⑤ 《中华人民共和国合同法》第 100 条.

⑥ 《中华人民共和国合同法》第 101 条.

债权人免除债务只要债权人单方的意思表示即成立,但债权人必须具有处分能力,且不能损害第三人的利益。

6. 债权债务混同

债权债务归于一人称为债权债务混同,多发生在企业合并的情况下,在债权让与或债务继受的情况下也会发生。

7. 法律规定或当事人约定终止的情况

这是一个兜底规定,也是《合同法》给没有列举到但合同应该终止的其他情况留下了处理空间。首先,除了《合同法》其他法律也可以规定合同终止的情况。其次,合同关系当事人也可以约定合同终止的情况,当然不得违反法律的规定及损害第三人利益。

五、合同的责任

(一) 缔约过失责任

1. 缔约过失责任的概念

缔约过失责任是指在订立合同过程中,一方因违背诚实信用而致使另一方信赖利益受损,依法应承担的民事责任。缔约过失责任产生于合同缔结过程中,只有在合同尚未成立或者已成立但未生效以及合同无效、被撤销的情况下才可能发生缔约过失责任。

2. 产生缔约过失责任的原因

产生缔约过失责任的原因主要有[1]:①恶意磋商致使合同不能成立。这是指当事人一方假借订立合同之名恶意进行磋商导致合同不能成立的缔约过失,其真实目的主要在于阻止对方与他人订立合同,或使对方贻误商机,或仅仅是为了要弄对方。根据先合同义务,缔约双方在洽谈时就应有诚意缔约、互相协商的义务,如果恶意磋商或突然恶意中断协商,则构成缔约过失。但当事人一方非恶意的过失中断交涉,合同不成立的,即使另一方受损害,也不承担缔约过失的赔偿责任。②故意隐瞒与订立合同有关的重要事实或者提供虚假情况。这种情况可构成欺诈。此种情形下,若受欺诈方不行使撤销权,合同仍然有效;若受欺诈方行使了撤销权,则合同会因撤销而不成立,此时可请求相对人承担缔约过失的赔偿责任。③其他违背诚实信用原则的行为。如违反法律的强制性规定以及胁迫、乘人之危、恶意申通、重大误解、显失公平、无权代理等皆可构成缔约过失责任。又如违反有效的要约和要约邀请;违反了初步协议或许诺;未尽保密、协助等附随义务等。

---

① 《中华人民共和国合同法》第 42 条.

3. 承担缔约过失责任的方式

承担缔约过失责任的主要方式是赔偿损失,因为缔约过失责任主要保护当事人的信赖利益①而不是合同利益。赔偿范围原则上不超过受损方在缔约过程中实际发生的支出,通常包括:为签约而发生的可行性调查费、差旅费、文印费、通讯费、法律和财务顾问费、为准备履行合同所支出的费用以及因丧失商机而带来的损失。

(二) 违约责任

1. 违约责任的概念

违约责任是指当事人一方或双方不履行合同义务或者履行合同义务不符合合同的约定,依照法律规定或者合同约定,应承担的民事责任②。违约责任发生在合同有效的情况下,无效合同不产生对当事人的约束力,因而无所谓违约,也无须承担违约责任。违约责任是一种财产责任,违约责任的主要功能是补偿性而非惩罚性,通过补偿守约方的经济损失以达到合同双方当事人在合同利益上的平衡,以达到合同履行后或恢复到合同订立前的状态。

2. 违约责任的构成

构成违约责任须有违约行为,且无免责事由。违约行为是指当事人一方不履行合同义务或者履行合同义务不符合约定条件的行为。违约行为是一种客观的违反合同的行为,其主体是合同当事人,客体是合同对方的债权。违约行为既可以是预期违约,也可以是届期违约。与侵权责任不同的是,违约责任构成要素简单,只要违反了合同约定即可构成违约行为③。免责事由是指法律规定的免于承担法律责任的事由。

我国《合同法》主要适用严格责任原则,但也有通过具体规定适用过错责任原则的,如:因赠与人故意或者重大过失致使赠与的财产毁损、灭失的,赠与人应当承担损害赔偿责任④;承租人应当妥善保管租赁物,因保管不善造成租赁物毁损、灭失的,应当承担损害赔偿责任⑤;承揽人应当妥善保管定作人提供的材料以及完成的工作成果,因保管不善造成毁损、灭失的,应当承担损害赔偿责任⑥;在运输过程

---

① 一般认为,该种赔偿范围不包括《中华人民共和国合同法》第 113 条第 1 款所规定的履行利益.

② 《中华人民共和国合同法》第 107 条、《中华人民共和国民法通则》第 111 条.

③ 《中华人民共和国合同法》第 94 条第 2 项、第 108 条.

④ 《中华人民共和国合同法》第 189 条.

⑤ 《中华人民共和国合同法》222 条.

⑥ 《中华人民共和国合同法》第 265 条.

中旅客自带物品毁损、灭失,承运人有过错的,应当承担损害赔偿责任①;因托运人托运货物时的过错造成多式联运经营人损失的,即使托运人已经转让多式联运单据,托运人仍然应当承担损害赔偿责任②;保管期间,因保管人保管不善造成保管物毁损、灭失的,保管人应当承担损害赔偿责任,但保管是无偿的,保管人证明自己没有重大过失的,不承担损害赔偿责任③;有偿的委托合同,因受托人的过错给委托人造成损失的,委托人可以要求赔偿损失。无偿的委托合同,因受托人的故意或者重大过失给委托人造成损失的,委托人可以要求赔偿损失④;居间人故意隐瞒与订立合同有关的重要事实或者提供虚假情况,损害委托人利益的,不得要求支付报酬并应当承担损害赔偿责任⑤等。

3. 违约行为的类型

(1)单方违约与双方违约。这是根据违约的主体作出的划分。所谓单方违约,是指违约是由一方当事人的行为造成的。在单方违约的情况下,应由一方承担违约责任。所谓双方违约,是指双方当事人的行为都构成要约,即双方当事人分别违反了自己的合同义务。因此,在双方都违约的情况下,双方的违约责任不可相互抵销⑥。

(2)根本违约与非根本违约。这是根据违约行为对另一方的合同目的能否实现的影响程度作出的划分。根本违约是指给守约方造成的损害程度大,守约方因此而无法实现合同目的的违约状态。非根本违约则是不导致守约方合同目的不能实现的违约,它的损害程度相对要小一些。根本违约是合同法定解除的理由之一,当事人一方迟延履行债务或者有其他违约行为致使另一方不能实现合同目的的,另一方享有单方解除权;而在非根本违约的情况下,非违约方可以要求对方承担违约责任,但不能解除合同。

(3)预期违约与实际违约。这是根据违约行为发生在应该履行前,还是应该履行时作出的划分。预期违约是指合同有效成立但尚未至履行期时,当事人一方无正当理由但明确表示其在履行期到来后将不履行合同(明示的预期违约),或者以其行为表明在履行期到来后其将不可能履行合同(默示的预期违约)⑦的违约

---

① 《中华人民共和国合同法》第 303 条.
② 《中华人民共和国合同法》第 320 条.
③ 《中华人民共和国合同法》第 374 条.
④ 《中华人民共和国合同法》第 406 条.
⑤ 《中华人民共和国合同法》第 425 条.
⑥ 《中华人民共和国合同法》第 120 条.
⑦ 《中华人民共和国合同法》第 108 条.

状态。

明示预期违约的构成要件有：①须发生在合同有效成立后、合同履行期限到来前这段时间内；②一方当事人明确肯定地向对方作出毁约的表示；③须表明将不履行合同的主要义务；④不履行合同义务无正当理由。默示预期违约除了不向对方明确表示将不履行合同外，其他构成要件与明示违约基本相同，守约方的救济方式上的区别也仅在于应要求违约方明示届时是否履行合同，其他方面也基本相同。

实际违约，是指在合同履行期限内的违约，届时当事人已经应该履行合同义务，但拒不履行。实际违约包括不履行、履行不符合约定等[1]。①不履行包括履行不能和拒绝履行。履行不能，主要是指不具备或者丧失履行条件。履行不能有可归责于当事人事由的违约，也有不可归责于当事人事由的违约。凡可归责于当事人的履行不能，应承担违约责任；凡不可归责于当事人的事由的违约，如果具备免责事由的可以免责。所谓拒绝履行是指当事人一方能够履行合同义务而故意不履行的毁约行为。②履行不符合约定，包括迟延履行和瑕疵履行。所谓迟延履行，是指合同债务已经到期，债务人能够履行而不履行，包括迟延给付和迟延受领。所谓瑕疵履行，是指债务人虽然履行了债务，但不完全符合合同的约定，也称不适当履行。分为瑕疵给付、加害给付和部分履行。这里的瑕疵给付，是指债务人的给付存在瑕疵；加害给付指的是因不适当履行造成对方履行利益之外的其他损失；部分履行主要表现为有的条款履行了，有的条款则未履行。

4. 违约责任的免责事由

免责事由是指违约方对其违约行为免于承担违约责任的事由。主要有法定的免责事由和约定的免责事由之分。

法定免责事由主要是不可抗力。不可抗力是指不能预见、不能避免、不可克服的事件。不可抗力是独立于当事人意志和行为的意外事件，包括自然灾害和社会原因引起的事件，一般包括自然灾害（如冰雹、地震、台风、洪水、旱灾等）、国家行为[2]和社会异常事件。因不可抗力不能履行合同的，根据不可抗力的影响，部分或者全部免除责任，但法律另有规定的除外。当事人迟延履行后发生不可抗力的，不

---

[1] 《中华人民共和国合同法》第107条.

[2] 有学者认为政府行为也是不可抗力的原因之一。但笔者认为，这里要区分政府的行政行为是中央政府代表国家所作出的国家行为，还是各级政府为履行社会管理职能而做出的行政行为。行政行为不能成为不可抗力的原因之一，只有战争、外交、立法等国家行为才能够成为不可抗力的原因之一。在法治国家，政府是行政机关，应该依法行政，如果政府违法行政造成了商事主体不能履行对第三人的合约，那么商事主体应该先对第三人承担违约责任，然后再就此损失向做出该行政行为的政府机关主张赔偿.

能免除责任。因不可抗力造成违约的,违约方因无过错一般应免责。如法律规定因不可抗力造成的违约要承担责任的,违约方也要承担无过错的违约责任。因不可抗力不能履行合同的一方当事人负有通知义务和举证义务①。

5.承担违约责任的方式

违约责任有三种基本的责任形式,即继续履行、采取补救措施和赔偿损失②。除此之外还有其他责任形式,如违约金和定金责任等。

(1)继续履行。继续履行是指不论违约方是否已经支付违约金或赔偿损失,都必须根据对方的要求,并在自己能够履行的条件下,对原合同未履行部分继续按照合同要求履行。当事人一方未支付价款或者报酬的,对方可以要求其支付价款或者报酬③。当事人一方不履行非金钱债务或者履行非金钱债务不符合约定的,对方可以要求履行。但有在法律上或者事实上不能履行的、债务的标的不适于强制履行或者履行费用过高以及债权人在合理期限内未要求履行等情况的不能要求实际履行④。

不得请求继续履行的情况有:①法律上的不能履行。例如:特定标的物已经被他人善意取得;继续履行会侵害债务人的人身自由;债务人破产;债务已过诉讼时效,转化为自然债务;无偿合同约定的债务。②事实上的不能履行。主要是指由于客观情况的变化,使合同已经无法履行。例如:提供劳务的一方当事人已经死亡等。③债务的标的不适于继续履行。例如,具有人身专属性的委托合同、技术开发合同、演出合同、出版合同等。④履行费用过高。即对标的物如果继续履行,代价太大。⑤债权人在合理期限内未要求履行。债权人的请求权作为一项民事权利,其行使也应有一个合理的期限限制,在合理的期限内部行使请求权的,视为放弃要求继续履行的权利,以后不得再请求继续履行。

(2)采取补救措施。可采取的补救措施,主要是指在当事人违反合同的事实发生后,为防止损失发生或者扩大,而由违约方根据法律规定或者约定采取得修理、更换、重作、退货、减少价款或者报酬等措施,给守约方弥补或者挽回损失的责任形式。采取补救措施的责任形式主要发生在质量不符合约定的情况下。具体方式的规定有:①修理、更换、重作、退货、减少价款或者报酬等⑤;②修理、重作、更

---

① 《中华人民共和国合同法》第 118 条.

② 《中华人民共和国合同法》第 107 条.

③ 《中华人民共和国合同法》第 109 条.

④ 《中华人民共和国合同法》第 110 条.

⑤ 《中华人民共和国合同法》第 111 条.

换、退货、补足商品数量、退还货款和服务费用、赔偿损失[①];③修理、更换、退货[②]。

（3）赔偿损失。违约方继续履行或者采取补救措施后,守约方还有损失的,违约方还应当赔偿损失[③]。赔偿损失的特点:①赔偿损失具有根本救济功能,是最重要的违约责任形式,任何其他责任形式都可转化为损害赔偿;②赔偿损失主要为金钱赔偿,但在特殊情况下,也可以其他物代替金钱作为赔偿;③赔偿损失的范围以守约方因对方违约所遭受的实际损失为限,因此赔偿损失通常不具有惩罚性;④赔偿损失[④]具有一定的任意性。即当事人可以约定违约赔偿的范围和数额,还可以约定损害赔偿的计算方法等。一般讲,损害赔偿的范围是守约方因对方违约而受到的全部损失。

赔偿损失责任的构成要件:①须有违约行为,即当事人一方不履行合同或者不适当履行合同;②须有损失,即违约行为给对方当事人造成了财产等损失;③违约行为与损失之间有因果关系;④违约方有过错或者虽无过错,但法律规定应当赔偿。

（4）违约金。当事人可以约定一方违约时应当根据违约情况向对方支付一定数额的违约金,也可以约定因违约产生的损失赔偿额的计算方法[⑤]。约定的违约金低于造成的损失的,当事人可以请求人民法院或者仲裁机构予以增加;约定的违约金过分高于造成的损失的,当事人可以请求人民法院或者仲裁机构予以适当减少。

法律规定的违约金从性质上来说属于补偿性违约金,而不是惩罚性违约金,其主要目的在于补偿守约方因为违约方违约所遭受的损失。所以当事人在约定违约金时必须依照合同的具体情况,合理确定违约金的金额。

当事人既约定违约金,又约定定金的,发生违约时,守约方可以选择适用违约金或者定金条款[⑥]。也就是说当事人可以在合同中既约定定金,又约定违约金的,在发生违约时,守约方只能就其中一项提出主张。

第二节　招标投标和拍卖法律制度

一、招标投标法律制度

招标投标是订立合同的一种常见的方式,相比一般的订立合同的形式,虽然程

---

① 《中华人民共和国消费者权益保护法》第44条.
② 《中华人民共和国产品质量法》第40条.
③ 《中华人民共和国合同法》第113条.
④ 《中华人民共和国合同法》第113条.
⑤ 《中华人民共和国合同法》第140条.
⑥ 《中华人民共和国合同法》第116条.

序比较复杂,订立成本相对高一些,但由于招投标方式具有基本条件公开、操作程序公开的特点,所以可以帮助招标人在尽可能大的范围内寻找最佳合作伙伴,从而使项目的整体投资与收益趋于更加合理,还可以使得社会的经济活动更加理性,因此它是一种很好的订立合同的法律制度。本节按照我国《招标投标法》①的规定介绍我国的招标投标法律制度。

(一) 招标投标制度的基本内容

招标投标是以订立合同为目的的民事行为,在订立合同的过程中,招标是指公布合同的基本条件邀请别人参与竞争的行为,属于要约邀请阶段,投标是指投标人响应招标,参与竞争的行为,属于要约阶段。招标分为公开招标和邀请招标两种形式。

1. 招标

招标是指招标人对货物、工程和服务等合同的基本条件事先公布,请有意承揽这个项目的人按照这些条件制定投标书前来投标的行为。招标属于订立合同的要约邀请阶段,是邀请投标人参加投标的行为。我国法律规定以下项目必须进行招标②:①大型基础设施、公用事业等关系社会公共利益、公共安全的项目;②全部或者部分使用国有资金投资或者国家融资的项目;③使用国际组织或者外国政府贷款、援助资金的项目。但是,涉及国家安全、国家秘密、抢险救灾或者属于利用扶贫资金实行以工代赈、需要使用农民工等特殊情况,不适宜进行招标的项目,按照国家有关规定可以不进行招标。招标投标活动及其当事人应当接受依法实施的监督。有关行政监督部门依法对招标投标活动实施监督,依法查处招标投标活动中的违法行为③。

招标人是依据招标投标法的规定提出招标项目、进行招标的法人或者其他组织。招标人还必须是将来合同关系的当事人,具有履行合同的资格和能力,并拥有对招标项目的合法权利④。

招标一般通过招标代理机构进行,招标代理机构是依法设立、从事招标代理业务并提供相关服务的社会中介组织⑤。招标代理机构的成立需要具备以下条件:

---

① 《中华人民共和国招标投标法》由中华人民共和国第九届全国人民代表大会常务委员会第十一次会议于 1999 年 8 月 30 日通过,自 2000 年 1 月 1 日起施行.全文 6 章 68 条.

② 《中华人民共和国招标投标法》第 3 条.

③ 《中华人民共和国招标投标法》第 7 条.

④ 《中华人民共和国招标投标法》第 8 条、第 9 条.

⑤ 《中华人民共和国招标投标法》第 13 条.

①有从事招标代理业务的经营场所和相应资金;②有能够编制招标文件和组织评标的相应专业力量;③有符合条件的、可以作为评标委员会成员人选的技术、经济等方面的专家库;④在招标人委托的范围内办理招标事宜,并遵守法律关于招标人的规定。从事工程建设项目招标代理业务的招标代理机构,其资格由国务院或者省、自治区、直辖市人民政府的建设行政主管部门认定。从事其他招标代理业务的招标代理机构,其资格认定的主管部门由国务院规定。

招标文件包括招标项目的技术要求、对投标人资格审查的标准、投标报价要求和评标标准等所有实质性要求和条件以及拟签订合同的主要条款。国家对招标项目的技术、标准有规定的,招标人应当按照其规定在招标文件中提出相应要求。

招标文件中不得要求或者标明特定的生产供应者以及含有倾向或者排斥潜在投标人的其他内容;招标人不得向他人透露已获取招标文件的潜在投标人的名称、数量以及可能影响公平竞争的有关招标投标的其他情况;招标人设有标底的,标底必须保密。

2. 投标

投标是指投标人响应招标,参与竞争的行为。投标属于订立合同的要约阶段。

投标人是指参与投标的法人或者其他组织①。投标人无论是个人、单个组织还是投标联合体都应具备承担招标项目的能力和符合国家或招标文件规定的投标人的资格②。联合体投标是指两个以上法人或者其他组织组成的,以一个人的身份参与投标的投标人。其特征是:①参与投标活动的主体包括两个以上的独立的法人或者其他组织;②联合投标体是为了进行投标及中标后履行合同而组织起来的非法人组织;③联合体以一个投标人的身份共同投标;④由同一专业的单位组成的联合体,按照资质等级较低的单位确定资质等级;⑤联合体各方对招标人承担连带责任。

投标人不得串通投标报价,不得排挤其他投标人的公平竞争;不得以向招标人或者评标委员会成员行贿的手段谋取中标;不得以低于成本的报价竞标;不得以他人名义投标或者以其他方式弄虚作假,骗取中标。

投标文件是投标人向招标人发出的要约。投标人应当按照招标文件的要求编制投标文件。投标文件应当具体全面地对招标文件提出的要求和条件作出具体的应答,应具有合同的全部具体内容。

3. 开标、评标与中标

开标是将招标人收到的所有投标文件当众拆封揭晓,宣读投标文件主要内容

---

① 《中华人民共和国招标投标法》第25条.
② 《中华人民共和国招标投标法》第26条.

的过程。开标应在招标文件确定的提交投标文件截止时间的同一时间公开进行。开标地点应当为招标文件预先确定的地点。开标应由招标人主持,邀请所有投标人参加,由投标人或者其推选的代表检查投标文件的密封情况,拆封所有投标文件并当众宣读招标文件的主要内容,记录开标过程并存档备查。

评标①是指对投标文件按照规定的标准和方法进行评审,选出最佳投标方案的行为。为保证招标活动的客观、公正,使评标委员会能够独立、公平的评审,招标人应当采取保密的措施,保证评标在严密的情况下进行;任何单位和个人不得非法干预、影响评标的过程与结果②。评标由招标人依法组建的评标委员会负责。评标委员会是招标人为具体的招标投标活动而临时组建的负责评标的机构。评标委员会由招标人的代表和有关技术、经济等方面的专家组成,成员人数为 5 人以上单数,其中技术、经济等方面的专家不得少于成员总数的 2/3。这些专家应当从事相关领域工作满 8 年并具有高级职称或者具有同等专业水平。他们由招标人从国务院有关部门或者省、自治区、直辖市人民政府有关部门提供的专家名册或者招标代理机构的专家库内的相关专业的专家名单中确定。一般招标项目可以采取随机抽取方式,特殊招标项目可以由招标人直接确定。与投标人有利害关系的人不得进入相关项目的评标委员会,已经进入的应当更换。评标委员会成员的名单在中标结果确定前应当保密。

评标委员会完成评标后,应当向招标人提出书面评标报告,并推荐合格的中标候选人。招标人也可以授权评标委员会直接确定中标人。如果评标委员会经过评审,认为所有投标都不符合招标文件要求的,可以否决所有投标。出现废标的,招标人应当重新招标。

中标人确定后,招标人应当向中标人发出中标通知书,并同时将中标结果通知所有未中标的投标人。中标通知书就其法律性质而言是承诺,中标通知书一经发出即发生法律效力,当事人必须履行③。中标通知书对招标人与中标人具有法律效力。中标通知书发出后,当事人不得改变中标结果,招标人改变中标结果或者中标人放弃中标项目的,应当承担法律责任。

自中标通知书发出之日起 30 日内,招标人与投标人应当依据招标文件和中标的投标文件订立书面合同④,但招标人和中标人不得再行订立背离合同实质性内容的其他协议。招标文件要求中标人提交履约保证金的,中标人应当提交。

---

① 《中华人民共和国招标投标法》第 37 条~第 40 条.
② 《中华人民共和国招标投标法》第 38 条.
③ 《中华人民共和国招标投标法》第 45 条.
④ 《中华人民共和国招标投标法》第 46 条、第 47 条.

（二）禁止性规定和法律责任

我国《招标投标法》第 49 条到第 64 条全面地规定了招标投标活动中当事人，招标人、招标代理机构、投标人以及评标委员会和中标人等招投标法律关系当事人的禁止性行为，也规定了发生这些违法行为的法律责任。其中既有民事责任，又有行政责任和刑事责任。

1. 禁止性规定

（1）对招标人的禁止性规定有：①违反法律规定，对必须进行招标的项目不招标，或将必须进行招标的项目化整为零或者以其他任何方式规避招标的；②招标人以不合理的条件限制或排斥潜在的投标人，对潜在投标人实行歧视待遇的，强制要求投标人组成联合体共同投标的，或限制投标人之间竞争的；③招标人向他人透露已获取招标文件的潜在投标人的名称、数量或者可能影响公平竞争的有关招标投标的其他情况的，或者泄露标底的；④招标人在评标委员会依法推荐的中标候选人以外确定中标人的，依法必须进行招标的项目在所有投标被评标委员会否决后自行确定中标人的；⑤招标人与中标人不按照招标文件和中标人的投标文件订立合同的，或者招标人、中标人订立背离合同实质性内容的协议的。

（2）对投标人的禁止性规定有：①投标人相互串通投标或者与招标人串通投标的，投标人向招标人或者评标委员会成员行贿的；②投标人以他人名义投标或者以其他方式弄虚作假，骗取中标的；③依法必须进行招标的项目，招标人与投标人就投标价格、投标方案等实质性内容进行谈判的。

（3）对招标代理机构的禁止性规定有：①招标代理机构泄露应当保密的与招标投标活动有关的情况和资料的；②与招标人、投标人串通损害国家利益、社会公共利益或者他人合法权益的。

（4）对评标委员会成员的禁止性规定有：①评标委员会成员收受投标人的财物或者其他好处的；②评标委员会成员或者参加评标的有关工作人员向他人透露相关依法应当保密的投标信息的。

（5）对中标人的禁止性规定有：①中标人将中标项目转让给他人的；②中标人将中标项目肢解后分别转让给他人的；③中标人将中标项目的部分主体、关键性工作分包给他人的，或者分包人再次分包的；④中标人不履行与招标人订立的合同的。

（6）对监督机关人员的禁止性规定有：对招标投标活动依法负有行政监督职责的国家机关工作人员徇私舞弊、滥用职权或者玩忽职守，构成犯罪的，依法追究刑事责任；不构成犯罪的，依法给予行政处分。

2．法律责任

违反《招标投标法》发生上述行为的，当事人应该承担的法律责任有民事责任、行政责任和刑事责任。民事责任形式主要有：中标无效；转让、分包无效；履约保证金不予退还；赔偿损失。行政责任主要有：责令改正；警告；罚款；没收违反所得；暂停项目执行或者暂停资金拨付；吊销营业执照；对主管人员及直接责任人员给予行政处分或者纪律处分等。对于违反招标投标法，构成犯罪的，依刑法规定追究刑事责任。

二、拍卖法律制度

拍卖法律制度是相对于一般货物买卖合同而言是一种较为特殊的买卖法律制度，一般讲它适用于一些特殊物品的买卖，如珍贵文物、价格不太好确定的物品和由行政、司法机关处理的物品等。但由于拍卖的方式具有基本条件公开、操作程序公开、竞拍权利平等等优点，所以它可以帮助出卖人以比较合理的价格销售物品。

我国《拍卖法》[①]是规范拍卖行为的法律规范。拍卖法规定国务院负责管理拍卖业的部门对全国拍卖业实施监督管理[②]。省、自治区、直辖市的人民政府和设区的市的人民政府负责管理拍卖业的部门对本行政区域内的拍卖业实施监督管理。公安机关对拍卖业按照特种行业实施治安管理。

（一）拍卖制度的基本内容

拍卖是指以公开竞价的形式，将特定物品或财产权利通过专业的拍卖人，按照特定的程序，经多个竞买人公开多轮的竞价，将拍卖物品转让给最高应价者的买卖方式。拍卖涉及到委托人、拍卖人、竞买人（竞买人中的胜出者为买受人）三方。

1．拍卖标的物

拍卖标的是指在拍卖活动中，拍卖委托人（即出卖人）出卖的，由拍卖人展示的、并通过拍卖程序出卖的、供竞买人出价应买的财产。拍卖标的应当是委托人所有或者依法可以处分的物品或者财产权利。法律、行政法规禁止买卖的物品或者财产权利，不得作为拍卖标的[③]。

2．拍卖分类

拍卖可不同的分类：①根据拍卖的标的物不同，将其分为物品拍卖和财产权利

---

① 《中华人民共和国拍卖法》1996 年 7 月 5 日第八届全国人大常委会第二十次会议通过，自 1997 年 1 月 1 日起施行。2004 年 8 月 28 日第十届全国人大常委会第十一次会议修正．全文共 6 章 69 条．

② 《中华人民共和国拍卖法》第 5 条．

③ 《中华人民共和国拍卖法》第 6 条．

拍卖。拍卖的标的物为有形物体的即属物品拍卖,拍卖的标的物为能够带来经济利益的财产权利的非实物品,即属权利拍卖;②根据拍卖的方式不同,将其分为公开拍卖和定向拍卖。公开拍卖对竞买人资格只有一般的限制,即只要具备民事行为能力和竞买的经济能力的当事人皆可参加竞买。定向拍卖对竞买人有资格限制,即只有具有特殊资格的竞买人才能参加竞买。如国家对烟、酒、盐实行专卖专营,只有具有经营资格的人才能参加竞买①;③根据拍卖标的物的所有权属性不同,将其分为公物拍卖和非公物拍卖。公物指国家所有的财产和劳动群众集体所有的财产,根据我国《拍卖法》的规定,国家行政机关、人民法院依法没收的物品,充抵税款、罚款、罚金的物品②,无主物品等应当以拍卖的方式进行处理。公物拍卖可以有效的杜绝腐败,最大限度的使财产增值。

3. 拍卖当事人

拍卖的当事人有:拍卖人、委托人、竞买人与买受人。

拍卖人是指依照《公司法》、《拍卖法》设立的专门从事拍卖活动的企业法人③。拍卖必须通过拍卖人进行,没有拍卖资格的人不能从事拍卖行为。法律对拍卖人的资格有明文规定,只有取得拍卖资格的企业法人才能从事拍卖活动。

根据《拍卖法》的规定④,拍卖企业只能在设区的市设立,没有区的市以及县均不能设立拍卖企业。设立拍卖企业应当具备下列条件:有100万元人民币以上的注册资本;有自己的名称、组织机构、住所和章程;有与从事拍卖业务相适应的拍卖师和其他工作人员;有符合《拍卖法》和其他有关法律规定的拍卖业务规则;符合国务院有关拍卖业发展的规定以及法律、法规规定的其他条件⑤。经营文物拍卖的拍卖企业,应当有1000万元人民币以上的注册资本;有具有文物拍卖专业知识的人员⑥。设立拍卖企业必须经所在地的省、自治区、直辖市人民政府负责管理拍卖业的部门审核许可,并向工商行政管理部门申请登记,领取营业执照⑦。

拍卖师⑧是拍卖企业的核心人物,拍卖企业必须有拍卖师,没有拍卖师拍卖企业就无所谓拍卖企业。拍卖师是指有资格主持拍卖活动的自然人。国家对拍卖师实行资格证书制度,只有通过行业资格考核的,并符合其他条件的人才可以成为拍

---

① 《中华人民共和国拍卖法》第33条.
② 《中华人民共和国拍卖法》第9条.
③ 《中华人民共和国拍卖法》第10条.
④ 《中华人民共和国拍卖法》第12条.
⑤ 《中华人民共和国拍卖法》第12条.
⑥ 《中华人民共和国拍卖法》第13条.
⑦ 《中华人民共和国拍卖法》第11条.
⑧ 《中华人民共和国拍卖法》第14条～第16条.

卖师。拍卖师应当具有以下条件和资格有：具有高等院校专科以上学历和拍卖专业知识；在拍卖企业工作两年以上；品行良好；经拍卖师资格考核合格，取得拍卖师资格证书。

拍卖人在拍卖关系中是一个独立的行为主体，有独立的权利和义务。拍卖人在拍卖过程中有以下权利：①要求委托人说明拍卖标的的来源和瑕疵；②对拍卖标的进行鉴定；鉴定结论与合同载明的状况不符的，有权要求变更或者解除合同；③要求竞买人出具合法有效的证明文件，以确定其竞买资格；④指定拍卖师；⑤依法主持拍卖活动，不受他人非法干涉；⑥取得拍卖的佣金。

与权利相对应，拍卖人也有相应的义务：①应当向竞买人说明拍卖标的的瑕疵；②对委托人缴付拍卖的物品负有保管义务；③拍卖人接受委托后，未经委托人同意，不得委托其他拍卖人拍卖；④委托人、买受人要求对其身份保密的，拍卖人应当保密；⑤不得以竞买人的身份参与自己组织的拍卖活动，并不得委托他人代为竞买；⑥不得在自己组织的拍卖活动中拍卖自己的物品或者财产权利；⑦拍卖成交后，应当按照约定向委托人缴付拍卖标的的价款，并按照约定将拍卖标的移交给买受人；⑧不得与委托人串通，损害竞买人的利益；⑨不得与竞买人串通，损害委托人利益；⑩应当核实委托人提供的文件、资料。

委托人是指委托拍卖人拍卖物品或者财产权利的公民、法人或者其他组织，是被拍卖物品或权利的合法权利人。委托人对委托拍卖的标的拥有处分权，公民作为委托人时，应具有民事权利能力和民事行为能力。

委托人的权利：①委托人有权确定拍卖标的的保留价并要求拍卖人保密；②在拍卖开始前可以撤回拍卖标的。委托人撤回拍卖标的的，应当向拍卖人支付约定的费用；未作约定的，应当向拍卖人支付为拍卖支出的合理费用；③拍卖成交后，有权取得拍卖品价款。

委托人的义务：①委托人应当向拍卖人说明拍卖标的的来源和瑕疵；②不得参与竞买，也不得委托他人代为竞买；③依照约定或者拍卖法的规定，向拍卖人支付佣金；④按照约定由委托人移交拍卖标的的，拍卖成交后，委托人应当将拍卖标的移交给买受人。

竞买人是指参加竞购拍卖标的的公民、法人或者其他组织。法律、行政法规对拍卖标的的买卖条件有规定的，竞买人应当具备规定的条件。

竞买人的权利：①了解拍卖标的的瑕疵，查验拍卖标的和查阅有关拍卖资料；②可以自行参加竞买，也可以委托其代理人参加竞买。

竞买人的义务：①竞买人一经应价，不得撤回。当其他竞买人有更高应价时，其应价即丧失约束力；②竞买人之间、竞买人与拍卖人之间不得恶意串通，损害他人利益。

买受人是指以最高应价购得拍卖标的的竞买人。只有最高应价的竞买人才有可能成为买受人,买受人必须首先是竞买人。法律、行政法规对拍卖标的物买卖条件有规定的,竞买人应当具备相应的条件。

买受人的权利:①按照约定支付拍卖标的物价款后,有权取得拍卖标的物;②买受人未能按照约定取得拍卖标的的,有权要求拍卖人或者委托人承担违约责任。

买受人的义务:①应当按照约定支付拍卖标的的价款,未按照约定支付价款的,应当承担违约责任;②买受人未按照约定受领拍卖标的的,应当支付由此产生的保管费用。

4. 拍卖程序、方式、规则

(1) 拍卖程序。拍卖应按照下列程序进行:

第一,拍卖委托。拍卖委托是拍卖程序的起始阶段,即委托人选择拍卖人,拍卖人审查委托人资格及拍卖标的物,最后双方达成合意,签订委托合同。拍卖人应当对委托人提供的有关文件和资料进行核实。拍卖人认为需要对拍卖标的物进行鉴定的,可以进行鉴定。鉴定结论与合同载明的拍卖标的物状况不相符的,拍卖人有权要求变更或解除合同。委托拍卖合同必须采取书面形式,合同应载明以下事项:委托人、拍卖人的姓名或者名称、住所;拍卖标的物名称、规格、数量、质量;委托人提出的保留价;拍卖的时间、地点;拍卖标的物交付或者转移的时间、方式;佣金及其支付的方式、期限;价款的支付方式、期限;违约责任;双方约定的其他事项。

第二,拍卖公告。拍卖公告是拍卖人向社会公众发布信息的一种法定形式。根据《拍卖法》的规定,拍卖人应当于拍卖日 7 日前发布拍卖公告①。发布拍卖公告主要作用是:使公众得知拍卖信息,以最大限度动员潜在的竞买人参与竞买;增加拍卖的透明度,便于接受有关部门的管理和监督,确保拍卖公正;通告有关权利人前来提出异议,避免对拍卖标的物的归属产生纠纷,减少因拍卖引起的侵权诉讼。拍卖公告的内容应包括拍卖的时间和地点、拍卖标的物、拍卖标的物展示时间和地点以及参与竞买相关事项②。拍卖公告应当通过报纸或者其他新闻媒介发布③。

第三,拍卖品展示。拍卖品展示是拍卖人在拍卖前让可能参加竞拍的公众了解拍卖标的,并提供查看拍卖标的物及相关资料的法定程序。拍卖标的的展示时间不得少于两日④。拍卖展示的目的在于:使竞买人对拍卖标的物有更直接的认识,有利于作出是否参与竞买的理性决定;拍卖展示由拍卖人负责组织,委托人应

---

① 《中华人民共和国拍卖法》第 45 条.
② 《中华人民共和国拍卖法》第 46 条.
③ 《中华人民共和国拍卖法》第 47 条.
④ 《中华人民共和国拍卖法》第 48 条.

为此提供方便;拍卖人负有如实介绍拍卖标的物的义务;经过展示,对于十分明显瑕疵的拍品,竞买人丧失瑕疵赔偿请求权。

第四,拍卖的实施。拍卖的实施是指达成拍卖交易的过程。可分为现场拍卖、成交付费、履约这几个步骤。现场拍卖是指由拍卖师主持的拍卖会,其程序为:宣布拍卖规则、拍卖师开价、竞买人叫价、其他竞买人轮番应价、最后击槌成交。成交付费是指现场拍卖成交后,拍卖人与买受人签署拍卖成交确认书(成交确认书是拍卖成交的书面证明文件),同时,买受人应按照规定付清所有费用。履约是指拍卖人交付拍卖品及有关凭证和资料。买受人不能及时付清所有费用的,应向拍卖人支付拍卖成交价20％以下的定金,并商定付清全部价款的时间,待全部价款付清后方可提货。如买受人日后不履行合同的,不得收回定金。拍卖人不履行合同的,应双倍返还定金。

(2)拍卖方式。拍卖方式是指在拍卖时,竞买人表达自己竞买价格的方式。常见的拍卖方式有增价拍卖、减价拍卖。增价拍卖是指在拍卖中竞买人的报价按照由低到高的规律依次递增,价格走向只增不减,直至竞买人的最高报价被拍卖师确认成交。加价的幅度可以事先规定,也可以不规定。减价拍卖是指在拍卖中价格走向逐渐降低的一种拍卖方式,即拍卖师从一个事先确定的价位开始,按照既定的降价幅度,遵循由高到低的规律依次报价,直至竞买人应价击槌成交。

(3)拍卖规则。

第一,底价规则。底价规则是指委托人可以就拍卖标底确定一个最低价格,竞买人的应价结束时,最高应价仍低于此价的,拍卖师应宣布不成交。底价的设定权属于委托人,委托人可以选择底价拍卖,也可以选择无底价拍卖。无底价拍卖应采用公示制度,向所有竞买人说明。如果没有说明就是有底价拍卖。底价可以公开,也可以不公开。底价一经公开,不得随意修改。在有底价拍卖中,如果最高应价高于或者等于底价的,拍卖成交;如果最高应价低于底价的,该应价不发生效力,拍卖师应当停止拍卖标的物的拍卖。

第二,价高者得规则。价高者得规则是指在拍卖中,经过竞价,拍卖标的物属于出价最高的买主。价高者得规则的例外,在拍卖中,只有底价规则可以对抗价高者得规则,即虽然产生了最高应价,但这一最高价若低于底价,则最高应价者不能得到拍卖标的物。在同一时间,有两个或者两个以上的竞买人报出相同的应价时,应在此价格基础上继续应价,直至最高应价出现。

(二)禁止性规定和法律责任

1. 对国家机关的禁止性规定和法律责任

根据《拍卖法》的规定,将应当委托拍卖的财产擅自处理的,对负有直接责任的主管人员和其他直接责任人员依法给予行政处分,给国家造成损失的,还应当承担赔偿责任①。这里"应当委托拍卖"主要是指国有资产、集体资产的处理和行政与司法机关依法处理财产以及法律法规明确规定财产要经拍卖才能转让的情况发生时。

2. 对拍卖人、委托人的禁止性规定和法律责任

根据《拍卖法》的规定,委托拍卖其没有所有权或者依法不得处分的物品或者财产权利的,应当依法承担责任。拍卖人明知委托人对拍卖的物品或者财产权利没有所有权或者依法不得处分的,应当承担连带责任②。此外,拍卖人、委托人的如下行为违法:

(1) 未经许可登记设立拍卖企业的,由工商行政管理部门予以取缔,没收违法所得,并可以处违法所得1倍以上5倍以下的罚款③。

(2) 未说明拍卖标的的瑕疵,对买受人造成损害的,买受人有权向拍卖人要求赔偿;属于买受人责任的,拍卖人有权向买受人追偿。拍卖人、委托人在拍卖前声明不能保证拍卖标的的真伪或者品质的,不承担瑕疵担保责任。因拍卖标的存在瑕疵未声明的,请求赔偿的诉讼时效期间为1年,自当事人知道或者应当知道权利受到损害之日起计算。因拍卖标的存在缺陷造成人身、财产损害请求赔偿的诉讼时效期间,适用《产品质量法》和其他法律的有关规定④。

(3) 拍卖人及其工作人员参与竞买或者委托他人代为竞买的,由工商行政管理部门对拍卖人给予警告,可以处拍卖佣金1倍以上5倍以下的罚款;情节严重的,吊销营业执照⑤。

(4) 拍卖人在自己组织的拍卖活动中拍卖自己的物品或者财产权利的,由工商行政管理部门没收拍卖所得⑥。

(5) 委托人参与竞买或者委托他人代为竞买的,工商行政管理部门可以对委托人处拍卖成交价30%以下的罚款⑦。

(6) 竞买人之间、竞买人与拍卖人之间恶意串通,给他人造成损害的,拍卖无效,应当依法承担赔偿责任。由工商行政管理部门对参与恶意串通的竞买人处最

---

① 《中华人民共和国拍卖法》第59条.
② 《中华人民共和国拍卖法》第58条.
③ 《中华人民共和国拍卖法》第60条.
④ 《中华人民共和国拍卖法》第61条.
⑤ 《中华人民共和国拍卖法》第62条.
⑥ 《中华人民共和国拍卖法》第63条.
⑦ 《中华人民共和国拍卖法》第64条.

高应价 10％以上 30％以下的罚款；对参与恶意串通的拍卖人处最高应价 10％以上50％以下的罚款①。

(7) 违法收取佣金的，拍卖人应当将超收部分返还委托人、买受人。物价管理部门可以对拍卖人处拍卖佣金 1 倍以上 5 倍以下的罚款②。

第三节　担保法律制度

担保法律制度是我国现行民事法律体系中非常重要的法律制度，在民商事法律领域占有举足轻重的地位。没有担保制度，物的流通必然会遇到很大的障碍，担保法律制度实际是物的流通制度的重要保障。目前我国的担保法律制度由《担保法》③、《物权法》④以及相关的司法解释构成。本节主要根据《担保法》和《物权法》介绍我国的担保制度。

一、担保概述

担保是指债权人为确保自己的债权能够实现，而在自己和担保人之间设立的一种法律措施。一般称之为债的担保。担保是提供担保的当事人（担保人）以自己一定的财产为基础，对债权人提供的一种具有可执行条件的，确保其债权实现的承诺。担保是债的保证、抵押、质押、留置和定金的上位概念。

(一) 人的担保

人的担保是指在债务人之外的第三人，以自己的声誉及财产确保债权人能够实现债权而向债权人做出的一种承诺。《担保法》规定的人的担保形式主要是保证。所谓保证是基于保证人和债权人的约定，当债务人不履行债务时，按照约定由保证人代替债务人履行债务的担保制度⑤。保证有一般保证和连带责任保证之分。

---

① 《中华人民共和国拍卖法》第 65 条.
② 《中华人民共和国拍卖法》第 66 条.
③ 《中华人民共和国担保法》由中华人民共和国第八届全国人民代表大会常务委员会第十四次会议于 1995 年 6 月 30 日通过，自 1995 年 10 月 1 日起施行. 全文 7 章 96 条.
④ 《中华人民共和国物权法》2007 年 3 月 16 日第十届全国人民代表大会第五次会议通过，中华人民共和国主席令第 62 号公布，自 2007 年 10 月 1 日起施行. 全文 19 章 247 条.
⑤ 《中华人民共和国担保法》第 6 条.

（二）物的担保

物的担保是指债务人或者第三人向债权人做出的，以特定财产作为清偿债务信物的承诺。债权人可在债务人不履行其债务时将该信物变卖，并从变卖所得中优先受偿。《担保法》规定的物的担保形式有抵押、质押、留置。

（三）金钱的担保

金钱的担保是指债务人在价款之外向债权人交付一定数量的金钱作为清偿债务的信物。该金钱是否返还，如何返还与债务的履行有直接的联系。在双务合同中，金钱的担保对合同双方当事人都有担保作用。《担保法》规定的金钱担保形式有定金，现实生活中的订金、押金也有金钱担保的作用。

（四）反担保

反担保，是指为了取得担保人对债提供担保，而由债权人或者第三人向该担保人提供的担保。该担保是为了担保人的权益而设置的，因而被称为反担保①。

二、保证

（一）保证的概念

保证是指第三人（保证人）和债权人约定，当债务人不履行或不能履行其债务时，该第三人（保证人）按照约定或法律规定履行债务、承担责任的担保方式②。这里债权人既是主债合同的债权人，又是保证合同中的债权人。保证是一种双方的民事行为，是保证人以自己的信誉担保债权人能够实现债权，保证人也负有督促债务人履行债务的义务，因而保证人只能是债务人以外的第三人，而不能是债务人本身。

（二）保证合同

保证合同是指保证人与债权人约定，在主债务人不履行或不履行其债务时由保证人承担保证债务（保证责任）的协议。保证合同是单务、无偿的合同。在保证合同中，保证人承担保证义务，债权人享有实现债权的权利；在保证人履行了保证义务后，债权人无需对此提供相应对价。保证合同是诺成性合同，保证合同只需保证人和债权人协商一致即可成立，无须另交付担保物。保证合同是要式合同，保证

---

① 《中华人民共和国担保法》第 4 条、《中华人民共和国物权法》第 171 条.
② 《民法通则》第 89 条、《担保法》第 6 条.

人与债权人应当以书面形式订立保证合同①。保证合同是从合同,如果主合同无效,保证合同也无效。

(三) 保证人的法定条件

合格的保证人除有完全行为能力的自然人、企业法人、从事经营活动的事业单位和社会团体外,还有五种类型②:①依法登记领取营业执照的独资企业、合伙企业;②依法登记领取营业执照的联营企业;③依法登记领取营业执照的中外合作经营企业;④经民政部门核准登记的社会团体;⑤经核准登记领取营业执照的乡镇、街道、村办企业。

但并非独立的社会组织都可以成为保证人,我国法律规定以下社会组织不能成为保证人。①国家机关不得为保证人,但经国务院批准为使用外国政府或者经济组织贷款进行转贷的除外③;②学校、幼儿园、医院等以公益为目的的事业单位、社会团体,但从事经营活动的事业单位、社会团体为保证人的,如无其他导致保证合同无效的情况,其所签订的保证合同应当认定为有效④;③企业法人的分支机构、职能部门不得为保证人。企业法人的分支机构有法人书面授权的,可以在授权范围内提供保证。企业法人的分支机构未经法人书面授权提供保证的,以及企业法人的职能部门提供保证的,保证合同无效⑤。

(四) 保证的分类

1. 一般保证和连带责任保证⑥

保证是指当事人在保证合同中约定,当债务人不能履行债务时,由保证人承担清偿责任。一般保证与连带保证之间最大的区别在于保证人是否享有先诉抗辩权⑦。在一般保证的情况下,保证人享有先诉抗辩权,即债务人没有依约履行债务的,债权人在没有对债务人采取救济措施的情况下,一般保证的保证人可以拒绝债权人要求其承担保证责任的请求。但在连带责任保证的情况下,保证人不享有先

---

① 《中华人民共和国担保法》第 13 条.

② 《中华人民共和国担保法》第 7 条、《最高人民法院担保法解释》第 15 条(法释[2000]44号).

③ 《中华人民共和国担保法》第 8 条.

④ 《最高人民法院担保法解释》第 15 条、第 16 条(法释[2000]44 号).

⑤ 《中华人民共和国担保法》第 10 条、《最高人民法院担保法解释》第 17 条、第 18 条(法释[2000]44 号).

⑥ 《中华人民共和国担保法》第 16 条.

⑦ 《中华人民共和国担保法》第 17 条.

诉抗辩权。即债务人没有依约履行债务的,债权人在没有对债务人采取任何救济措施的情况下,有权直接要求保证人在其保证范围内承担保证责任,对此保证人不得拒绝。

2. 单独保证与共同保证

单独保证是指由一个保证人为债权提供保证。共同保证是指由数个保证人为同一债权提供保证。共同保证又可分为按份共同保证和连带共同保证。两个以上保证人对同一债务同时或者分别提供保证时,各保证人与债权人没有约定保证份额的,应当认定为连带共同保证。

3. 定期保证与不定期保证

定期保证是指保证合同规定保证人承担保证责任期限的,保证人仅于此期限内负其责任,债权人未在此期限内对保证人主张权利的,保证人即免负其责的保证方式;不定期保证是指保证合同未约定保证期限,债权人有权自主债务履行期届满之日起 6 个月内请求保证人承担保证责任的保证。不定期保证中的不定期,只是保证合同未约定期限,但法律规定了期限。

4. 有限保证与无限保证

有限保证是指当事人约定了担保金额和担保范围的保证。无限保证是指当事人未约定担保金额和担保范围的保证。

5. 最高额保证

最高额保证是指保证人对债权人与债务人在一定期间内连续发生的若干笔债务约定一个担保的最高限额,保证人在其与债权人约定的这个最高限额内承担保证责任的保证形式[1]。最高额保证所担保的债务在保证设立时可能已经发生,也可能没有发生;最高额保证所担保的债务为一定期间内连续发生的债务;最高额保证约定的是保证人承担保证责任的最高限额,实际保证额可以低于这个数额。

(五) 保证责任的免除

保证责任的免除,即保证责任的消灭,是指对已经存在的保证责任基于法律的规定或当事人的约定,保证人的保证责任消除的现象。保证责任的免除主要基于以下情形:

(1) 主合同当事人双方恶意串通,骗取保证人提供保证的[2]。

(2) 主合同债权人采取欺诈、胁迫等手段,使保证人在违背真实意思的情况下

---

① 《中华人民共和国担保法》第 14 条.

② 《中华人民共和国担保法》第 30 条.

提供保证的①。

(3) 保证合同约定,债权人转让其债权时保证责任免除的。

(4) 保证期间,债权人许可债务人转让债务,但未经保证人的同意,保证人的保证责任免除②。但是,债权人许可债务人转让部分债务,未经保证人书面同意的,保证人仍应对未转让部分的债务承担保证责任。保证期间,债权人依法将主债权转让给第三人的,保证债权同时转让,保证人在原保证担保的范围内对受让人承担保证责任。但是,保证人与债权人事先约定,仅对特定的债权人承担保证责任,或者禁止债权转让的,保证人不再承担保证责任③。

(5) 债权人与债务人协议变更主合同,但未经保证人同意,如果变更加重了债务人的债务,保证人对加重部分不承担保证责任。如果对主合同的变动减轻了债务人的债务的,保证人仍应当对变更后的合同承担保证责任。债权人与债务人对主合同的履行期限作了变动,未经保证人书面同意的,保证期间为原合同约定或者法律规定的期间,债权人与债务人协议变更主合同内容,但未实际履行的,保证人仍应承担保证责任④。

(6) 主合同当事人双方协议以新贷偿还旧贷,除保证人知道或者应当知道的外,保证人不承担保证责任。但新贷与旧贷系同一保证人保证的,保证人仍应承担保证责任⑤。

(7) 在一般保证的情况下,保证期间届满,债权人未对债务人提起诉讼或者仲裁的,保证人免除保证责任。

(8) 保证人在主债权履行期间届满后,向债权人提供了债务人可供执行财产的真实情况的,债权人放弃或者怠于行使权利,致使该财产不能被执行,保证人可请求人民法院在其提供可供执行财产的实际价值范围内,免除其保证责任。

(9) 在连带责任的保证的情况下,保证期间届满,债权人未要求保证人承担保证责任的,保证人免除保证责任。

(10) 当物保与人保并存时⑥,在当事人对物保和人保的关系有约定的情况下,应尊重当事人的意思,按约定实现。在没有约定或者约定不明确,应先就物的担保实现担保权。

---

① 《中华人民共和国担保法》第 30 条.

② 《中华人民共和国担保法》第 23 条.

③ 《最高人民法院担保法解释》第 28 条,(法释[2000]44 号).

④ 《最高人民法院担保法解释》第 40 条,(法释[2000]44 号).

⑤ 《最高人民法院担保法解释》第 39 条,(法释[2000]44 号).

⑥ 《最高人民法院担保法解释》第 38 条,(法释[2000]44 号).

三、定金

（一）定金的概念

定金是指合同当事人为了确保合同的履行，依据法律规定由当事人双方约定，由当事人一方在合同订立时或订立后、履行前，按合同标的额的一定比例，预先给付对方当事人的金钱或其他代替物，作为债的担保①。定金的数额由当事人自由约定，但上限不得超过主合同标的额的 20%②。当事人交付的定金超过法定最高限额的，超过的部分应为无效，即不能作为定金，但不能认定定金全部无效，约定定金数额与实际交付（收受）额不一致时，应以实际交付的为准。

（二）与定金相似的几个概念

订金、押金、违约金、预付款等在一些形态上与定金相似，但在法律性质上是有区别的。

（1）订金。订金常用于承揽合同、服务合同场合，是指一方先交付一定数额现金给对方，作为交付方的履约行为。也有一定的担保功能，但这是单方担保，其惩罚性也是单方的，仅对交付方适用，不对收受方适用。订金交付后，如果双方均依约履行的，订金返还给交付方或抵作交付方应付款项的一部分；如果交付订金方违约的，这种违约使得收受方受到损害的，订金可以作为损害赔偿金；收受订金方违约的，返还订金给对方。

（2）押金。押金是指合同中的合同义务人为确保合同义务的履行而向合同权利人设立的履约担保。合同义务人履行合同义务后合同权利人返还押金，合同义务人到期未履行义务的，合同权利人以该押金代物清偿。定金与押金均属于金钱担保范畴，都是当事人一方按约定给付对方的金钱或其他代替物，在合同适当履行后，都发生返还的法律后果，但押金没有双倍返还法律后果。

（3）违约金。定金与违约金都是承担违约责任的形式，两者均具有惩罚性。但定金与违约金有着明显的不同，其区别主要在于：

第一，定金一般在于主合同履行前交付与成立的；而违约金是在合同履行过程中发生违约行为后产生并交付的。

第二，定金主要起担保作用，是合同担保形式；而违约金是一种违约责任形式。

第三，定金有证约作用；而违约金无此作用。

---

① 《中华人民共和国担保法》第 89 条.
② 《中华人民共和国担保法》第 91 条.

　　第四,定金一般由当事人约定,并且为一固定金额;而违约金既可以是当事人约定的,也可以是法律规定的。

　　(4) 预付款。预付款是指合同一方当事人预先支付给对方的部分货款,是一种履行债的行为。如果收受预付款方违约,则应返还预付款及同期银行利息给对方;如果收受方依约履行合同,则交付方履行剩余的付款义务即可。定金与预付款都是一方先交付给对方的一定金额,但两者在性质上有重大区别:定金是一种担保手段,它本身不是主合同应支付价款的一部分,不是债的履行;预付款是一种支付手段,它属于债务履行的一部分。定金的双方当事人在不履行合同时,适用定金罚则;而预付款交付后,发生合同不履行的情况时,不发生双倍返还的情形。

(三) 定金合同

　　定金合同是债权人与债务人之间基于主合同而存在的,设立的定金的合同,定金合同是主合同的从合同,它的成立以主合同的存在为前提。主合同无效的,定金合同也无效。定金合同是要式合同,以书面形式存在。定金合同为实践合同,合同的成立不仅需要当事人双方的意思表示一致,而且需要现实交付定金,定金合同从实际交付定金之日起生效。

(四) 定金的种类

1. 履约定金

　　履约定金也可以称为违约定金,是指一方为确保履约而向对方交付的,对双方都有担保约束力的一定数额的金钱。履约定金的法律约束力表现为:如给付定金的一方不履行债务,接受定金的一方可以没收定金;接受定金的一方不履行债务,应当双倍返还的定金。这种规则又称为定金罚则。

　　适用定金罚则的情形是根本违约,如果只有轻微违约行为,是不能适用定金罚则的。如果一方根本违约是因第三人过错所造成的,对该方不能免除定金责任,应适用定金罚则,受定金处罚的一方当事人可以依法向第三人追偿。不适用定金罚则的情形有因不可抗力致使主合同不能履行的,双方都违约等。

　　出现部分履行情况的,应依相应比例计算定金罚则,以定金总额乘以"未履行部分占合同约定总债务的比例"得出需适用定金罚则的定金部分。

2. 立约定金 [1]

　　立约定金也称为订约定金,是指一方为确保主合同订立支付给对方的,对双方都有担保约束力的一定数额的金钱。给付定金的一方拒绝订立主合同的,无权要

---

[1] 《最高人民法院担保法解释》第 115 条,(法释[2000]44 号).

求返还定金;收受定金的一方拒绝订立合同的,应当双倍返还定金。

3. 成约定金①

成约定金是指双方为约定的,以一方向另一方给付定金作为合同成立或生效要件的定金。如应交付定金的一方拒绝交付定金,则合同不成立或者不生效。但如果合同已经履行,则不给付定金不影响合同的生效。

4. 解约定金

解约定金是指用以作为保留合同解除权的代价的定金,即交付定金的当事人可以抛弃定金以解除合同,而接受定金的当事人也可以双倍返还定金而解除合同②。给付定金的一方解除合同的,无权要求返还定金;收受定金的一方解除合同的,应当双倍返还定金。

四、抵押

(一)抵押权抵押物

抵押权是在对债务人或者第三人提供担保的不动产或其他财产,在不转移占有的情况下,就该财产变卖,所得债权人有优先实现其债权的权利。抵押权是抵押权人直接对物享有的权利,可以对抗物的所有人及第三人,因此抵押权是一种物权,但其目的在于担保债的履行,而不在于对物的使用和收益③。

抵押权是在债务人或者第三人提供的抵押物之上设定的。抵押不移转标的物占有,抵押权的成立不以对标的物的占有为要件,抵押人不必将抵押物的占有移转给债权人(抵押权人),而由抵押物所有人继续使用、收益,以发挥物的效用。抵押权仅是就抵押物优先受偿的权利④。抵押权人在债务人不履行债务时,有权依法律从抵押物的变卖价金中优先得到清偿,即抵押权人有权排除无抵押权的债权人就抵押物优先受偿的要求;次序在先的抵押权人比次序在后的抵押权人有优先受偿的权利。

抵押物是指债务人或者第三人向债权人提供的用以抵押担保的财产。抵押物可以有⑤,抵押人所有的房屋和地上定着物;正在建造中的房屋或者其他建筑物;机器、交通运输工具和其他财产;建设用地使用权;正在建造的建筑物、船舶、航空

---

① 《最高人民法院担保法解释》第 116 条,(法释[2000]44 号).
② 《最高人民法院担保法解释》第 117 条,(法释[2000]44 号).
③ 《中华人民共和国担保法》第 33 条、《中华人民共和国物权法》第 179 条.
④ 《中华人民共和国担保法》第 33 条、《中华人民共和国物权法》第 179 条.
⑤ 《中华人民共和国物权法》第 180 条.

器；以招标、拍卖、公开协商等方式取得的土地承包经营权；以及法律、行政法规未禁止抵押的其他财产。经当事人书面协议，企业、个体工商户、农业生产经营者可以以生产设备、原材料、半成品、产品抵押①。以建筑物抵押的，该建筑物占用范围内的建设用地使用权一并抵押。以建设用地使用权抵押的，该土地上的建筑物一并抵押。乡镇、村企业的建设用地使用权不得单独抵押。以乡镇、村企业的厂房等建筑物抵押的，以其占用范围内的建设用地使用权一并抵押②。

法律禁止抵押的财产有③：土地所有权；耕地、宅基地、自留地、自留山等集体所有的土地使用权，但法律规定可以抵押的除外；学校、幼儿园、医院等以公益为目的的事业单位和社会团体的教育设施、医疗卫生设施和其他社会公益设施；所有权、使用权不明或者有争议的财产；依法被查封、扣押、监管的财产；法律、行政法规规定不得抵押的其他财产。

（二）抵押权的设立

抵押权的设立是抵押人与抵押权人之间的法律行为，该行为不仅要求当事人双方意思表示一致，还要求通过书面合同的法律形式表现出来。我国物权法规定，设立抵押权，当事人应该采取书面形式订立合同④。抵押合同是主债权债务合同的从合同，主合同无效，从合同也无效。抵押合同是诺成合同，即只要双方当事人协商一致，并形成书面文件，合同即告成立并发生效力。

当事人在订立抵押合同时，不得在合同中约定在债务履行期满抵押权人未受清偿时，抵押物的所有权转移为债权人所有。抵押合同中有上述约定的无效，但该约定无效不影响抵押合同其他部分的效力⑤。

由于抵押权的设立，其法律效果不仅直接涉及抵押人和抵押权人，而且还及于抵押人的一般债权人和其他与抵押物有利害关系的人。所以，法律对抵押权的设立，要求具备严格的形式要件。对于财产抵押，法律除要求设立抵押权要订立书面合同外，还要求对某些财产（如房地产）办理抵押登记，不经抵押登记不形成抵押权。对于抵押登记的效力，物权法有不同的规定，对不动产抵押采取"登记生效"的制度，对动产抵押采取"登记对抗"的制度⑥。

---

① 《中华人民共和国物权法》第181条.
② 《中华人民共和国物权法》第200、201条.
③ 《中华人民共和国物权法》第184条.
④ 《中华人民共和国物权法》第185条.
⑤ 《中华人民共和国担保法》第40条，《中华人民共和国物权法》第186条.
⑥ 《中华人民共和国物权法》第187条和188条.

(三) 抵押权的范围

抵押权所担保的债权范围包括主债权及利息、违约金、损害赔偿金、保管担保财产和实现抵押权的费用等①。在实现抵押权时,抵押物折价或者拍卖、变卖所得的价款,当事人没有约定的,按照实现抵押权的费用、主债权的利息、主债权顺序清偿②。

(四) 抵押当事人的权利

1. 抵押权人的权利

抵押权人有要求抵押人确保不降低抵押物价值的权利。抵押物被依法继承或者赠予的,抵押权不受影响。已经设定抵押的财产被采取查封、扣押等财产保全或者执行措施的,不影响抵押权的效力。抵押权人可以让与其抵押权,或就抵押权为他人提供担保。债务人不履行到期债务或者发生当事人约定的实现抵押权的情形,抵押权人可以与抵押人协议以抵押财产折价或者以拍卖、变卖该抵押财产所得的价款优先受偿。

2. 抵押人的权利

抵押发生后抵押人仍有占有、使用抵押物并获得使用收益以及孳息的权利。抵押人还有一定的处分权,如财产抵押后,该财产的价值大于所担保债权的余额部分,可以再次抵押。抵押期间经抵押权人同意,抵押人可以出租或转让抵押物。

(五) 抵押权的实现与终止

抵押权的实现是在债权已届清偿期而没有清偿时,抵押权人就抵押物受偿的行为。抵押权的作用就在于担保债权受偿,所以抵押权的实现是发挥抵押权的作用的目的。抵押权人实现抵押权的方式包括折价、变卖或拍卖③,然后取得其相应的价金以实现债权。

抵押权因下列法律事实而消灭④:

第一,主债权的消灭。抵押权随担保主债权而存在,所以主债权因清偿、抵消、免除等原因消灭时,抵押权这种从权利也就随之消灭。

第二,抵押物灭失。抵押权因抵押物灭失而消灭,但因抵押物灭失所得的赔偿

---

① 《中华人民共和国物权法》第 173 条.
② 《最高人民法院担保法解释》第 74 条,(法释[2000]44 号).
③ 《中华人民共和国担保法》第 53 条.
④ 《中华人民共和国物权法》第 177 条.

金,应当作为抵押财产。

第三,抵押权实现。抵押权人已就抵押物实现抵押权的,只要抵押物为清偿而变现易主的,不论被担保的债权是全部受偿还是部分受偿,是全部抵押权人受偿,还是部分次序在先的抵押权人受偿,抵押权都归于消灭。

第四,其他原因。例如,抵押权人抛弃抵押权等。

五、质权

(一) 质权概述

质权是指为了担保债权的履行,债务人或者第三人将其动产或者权利移交债权人占有,当债务人不履行债务时,债权人有对其占有的财产优先受偿的权利[1]。质权是担保物权的一种,因而具有担保物权的共同特征。质权与抵押权、留置权等担保物权相比,还具有以下特征:

(1) 质权是为担保债权实现而设定的,它是从属于主债权的担保物权。在债务人不履行债务时,质权人可以就质物优先受偿。

(2) 质权是一种动产物权,对不动产不能设定质权。法律、行政法规禁止转让的动产也不得设定质权。另外,权利也可以成为质权的标的,称权利质权。

(3) 质权须移转质物的占有,质权以占有质物为成立要件。在设立质权时,出质人应当将质物移交给质权人占有。

(二) 动产质权[2]

债务人或者第三人将其动产作为清偿债务的担保,而将该动产作为质物交给债权人占有、控制的行为被称之为动产质押[3];质权人因质押而取得的权利为质权。质权与质押是两个不同的概念。质押是指设定质权的法律行为,质权是因质押而产生的质权人的权利;质押是质权产生的原因,质权是质押引起的法律后果。

1. 动产质权的设立

质权的设立应以书面合同的方式进行。当事人签订的质权合同应包括以下内容[4]:被担保的主债权种类和数额;债务人履行债务的期限;质押财产的名称、数量、质量、状况;质权的担保范围;质物移交的时间和当事人认为需要约定的其他事

---

[1] 《中华人民共和国物权法》第 208 条.
[2] 动产质权是以交付动产为质押标的物而形成的质权.
[3] 《中华人民共和国担保法》第 63 条.
[4] 《中华人民共和国担保法》第 65 条、《中华人民共和国物权法》第 210 条.

项。质押关系的当事人是质权人和出质人。质权人即质权所担保的债的债权人，出质人即提供质物的人，一般是债务人自己，但第三人也可以用自己的财产为他人设定质权。

质权自出质人交付质物时成立①。债务人或者第三人未按质押合同约定的时间移交质物导致质权人遭受损失的，出质人应当承担损害赔偿责任。质权合同中对出质财产约定不明，或者实际交付的质物与约定的质物不一致的，以实际交付占有的质物为准②。质物有隐蔽瑕疵造成质权人其他财产损害的，应由出质人承担赔偿责任。但是，质权人在接受质物时明知质物有瑕疵而接受的除外③。质权人有权收取质押财产的孳息，但合同另有约定的除外④。

2. 质权所担保的债权的范围

质权所担保的范围，包括主债权及利息、违约金、损害赔偿金、质物保管费用和实现质权的费用。质押合同另有约定的，从其约定⑤。在实现质权时，质物折价或者拍卖、变卖所得的价款，当事人没有约定的按照实现质权的费用、主债权的利息、主债权顺序清偿。

3. 动产质权当事人的权利

(1) 质权人的权利。质权人有权在债权清偿前占有质物；质权人有权收取质物的孳息，但质押合同另有约定的除外；因不能归责于质权人的事由使质物毁损或者价值明显减少，足以危害质权人权利的，质权人有权要求出质人提供相应的担保，出质人不提供的，质权人可以拍卖、变卖质物提前清偿债务或者提存⑥；质权人有就拍卖、变卖质押财产所得的价款优先受偿的权利。在质物灭失、毁损或者被征用的情况下，质权人可以就该质物的保险金、赔偿金或者补偿金优先受偿。质权人也可以放弃质权。

(2) 出质人的权利。出质人在质权人因保管不善致使质物毁损、灭失时，有权要求质权人赔偿。质权人的行为可能使质押财产毁损、灭失的，出质人可以要求质权人将质押财产提存，或者要求提前清偿债务并返还质物⑦。在质权存续期间，质权人未经出质人同意，擅自使用、处分质物给出质人造成损失的，出质人有权要求

---

① 《中华人民共和国物权法》第 212 条.
② 《最高人民法院担保法解释》第 89 条,(法释[2000]44 号).
③ 《最高人民法院担保法解释》第 90 条,(法释[2000]44 号).
④ 《中华人民共和国物权法》第 213 条.
⑤ 《中华人民共和国物权法》第 173 条.
⑥ 《中华人民共和国物权法》第 216 条.
⑦ 《中华人民共和国物权法》第 215 条.

质权人赔偿①。出质人可以请求质权人在债务履行期届满后及时行使质权,质权人不行使的,出质人可以请求人民法院拍卖、变卖质押财产。出质人请求质权人及时行使质权,因质权人怠于行使权利造成损害的,由质权人承担赔偿责任②。债务履行期届满,债务人履行债务的,或者出质人提前清偿所担保的债权的,出质人有权要求质权人返还质物③。出质人如果是债务人以外的第三人,该第三人代为清偿债权或者因实现质权而丧失质物时,有权向债务人追偿④。债务履行期届满,出质人请求质权人及时行使质权,因质权人怠于行使质权致使质物价格下跌而造成损失的,出质人有权要求质权人赔偿⑤。

(三) 权利质权

债务人或者第三人将其财产权利作为清偿债务的担保,而将权利交给债权人占有、控制的行为被称之为权利质押。设定权利质权也是为了担保债权的清偿。根据物权法的规定,下列权利可以成为权利质权的标的⑥:有价证券(汇票、本票、支票、债券、存款单、仓单、提单等);依法可以转让的基金份额、股权;依法可以转让的商标专用权、专利权、著作权等知识产权中的财产权;应收账款以及法律、行政法规规定可以出质的其他财产权利。

六、留置

(一) 留置概述

留置是债权人已经按照合同约定合法地占有债务人的动产,债务人不按合同的约定履行债务的,债权人有权依照法律规定对该财产进行折价或者以拍卖、变卖,并以所得价款优先受偿的法律制度。享有留置权的债权人为留置权人,留置权人留置的财产为留置物。债权人依法留置债务人财产的权利称为留置权⑦。

留置权有如下特征:

第一,留置权是担保物权、他物权。留置权作为担保物权,具有对世的效力。

---

① 《最高人民法院担保法解释》第93条,(法释[2000]44号).
② 《中华人民共和国物权法》第220条.
③ 《中华人民共和国担保法》第71条.
④ 《中华人民共和国担保法》第72条.
⑤ 《最高人民法院担保法解释》第95条,(法释[2000]44号).
⑥ 《中华人民共和国物权法》第223条.
⑦ 《中华人民共和国物权法》第230条.

第二，留置权具有从属性。留置权以担保债权的实现而存在，故留置权为从属于主债权的从权利，具有从属性。留置权依主债权的存在而存在，依主债权的转移而转移，并因主债权的消灭而消灭。

第三，留置权是一种法定担保物权，具有法定性。留置权只能直接依据法律的规定发生，不能由当事人自由设定。债务人不履行到期债务的，债权人即可以按照法律规定留置已经合法占有的债务人的动产，并在满足法律规定的条件的情况下，折价、拍卖或变卖留置财产以实现债权。

第四，留置权的标的物仅限于动产。

（二）留置权的取得

留置权的取得必须基于法律的规定，且当事人没有排除适用，债权人才能取得留置权。这些条件可以分为积极要件和消极要件。

留置权取得的积极要件是取得留置权的所应具有的条件。主要有以下几项：

第一，债权人合法占有债务人的动产。担保法规定，因保管合同、运输合同、加工承揽合同发生的债权，债务人不履行债务的，债权人有留置权[①]。

第二，债权已届清偿期。在债权尚未届清偿期时，尚不发生债务人不履行债务的问题，不发生留置权。只有在债权已届清偿期，债务人仍不履行债务时，债权人才可以留置债务人的动产。

第三，债权的发生与该动产有牵连关系。债权人只能把形成债权合同的标的物作为留置物，与债权合同无关的，也在债权人处的属于债务人的他物不能作为留置物。

留置权取得的消极要件：

第一，对动产的占有不是因侵权行为取得。留置权的取得，以对债务人的动产的占有为前提，但其占有必须是合法占有。如果是因侵权行为占有他人的动产，不发生留置权。

第二，对动产的留置不违反公共利益或者善良风俗。对动产的留置如果违反公共利益或者善良风俗，如留置他人的居民身份证，留置他人待用的救灾物品、急救物品，都是违法的，债权人都不能为之。

第三，对动产的留置不得与债权人的义务相抵触。债权人留置债务人的动产如果与其所承担的义务相抵触时，亦不得为之。例如，承运人有将货物运送到指定地点的义务，在运送途中，不得以未付运费为由而留置货物。

---

① 《中华人民共和国担保法》第 84 条.

（三）留置权人的权利和义务

留置权人的权利有：

第一，留置标的物。在债务人不履行债务时，债权人就可以留置标的物，拒绝债务人交付标的物的请求。

第二，收取留置物的孳息。取得孳息，应先充抵收取孳息的费用①。

第三，请求偿还费用。债权人因保管留置物所支出的必要费用，有权向债务人请求返还。

第四，就留置物价款优先受偿。

留置权所担保的范围，包括主债权和利息、违约金、损害赔偿金、留置物保管费用和实现留置权的费用。

留置权人的义务有：

第一，保管留置物。留置权人负有妥善保管留置财产的义务；因保管不善致使留置财产毁损、灭失的，应当承担赔偿责任。在留置权存续期间，债权人未经债务人同意，擅自使用、出租、处分留置物，因此给债务人造成损失的，债权人应当承担赔偿责任。

第二，返还留置物。在留置权所担保的债权消灭，或者债权虽未消灭，债务人另行提供担保时，债权人应当返还留置物给债务人。

（四）留置权的消灭

留置权消灭的主要原因有②：①主债权消灭；②留置权实现；③留置物灭失；④债务人另行提供担保并被债权人接受；⑤留置权人对留置财产丧失占有。

第四节　票据法律制度

票据制度是重要的法律制度。它是为了交易能够顺利完成而制定的法律制度，票据本身还有相当多的重要功能。本节主要根据我国《票据法》③的规定，介绍票据法律制度。

---

① 《中华人民共和国物权法》第 235 条.

② 《中华人民共和国担保法》88 条、《中华人民共和国物权法》第 240 条.

③ 《中华人民共和国票据法》1995 年 5 月 10 日第八届全国人大常委会第十三次会议通过，自 1996 年 1 月 1 日施行. 2004 年 8 月 28 日第十届全国人大常委会第十一次会议修正. 全文共 7 章 110 条.

一、票据和票据的特征

(一) 票据的概念与种类

我国票据法所称的票据是指出票人签发的,约定由自己或者委托他人于见票时或者确定日期,向持票人或者收款人无条件支付票面金额的有价证券。票据法对票据种类采取法定主义,在我国法律规定之外另行创设的票据形式,不产生票据法意义上的权利义务。票据法规定的票据种类分别为汇票、本票和支票[①]。

1. 汇票

汇票是指由出票人签发、委托付款人在见票时或者指定日期无条件向持票人或者收款人支付确定金额的票据[②]。根据不同的分类标准,可以将汇票分为如下几种:

(1) 银行汇票和商业汇票[③]。银行汇票是指银行为出票人,同时以银行为付款人的汇票。商业汇票是指以银行以外的单位为出票人,以银行或者银行以外的单位为付款人的汇票。

(2) 即期汇票和远期汇票。即期汇票是指汇票票面上没有记载到期日,或者明确记载见票即付的汇票。远期汇票是指汇票票面上记载了该汇票的到期日,付款人在该汇票到期时支付确定金额的货币给收款人或者持票人的汇票。

(3) 光单汇票和跟单汇票。光单汇票,即票据法规定的通常的汇票,指的是在进行付款时无须附随其他单据的汇票。跟单汇票指的是需要附随提单、仓单、保险单、装箱单、商业发票等单据才能进行付款的汇票。在国内贸易中,一般均为光单汇票,跟单汇票通常依照有关的国际条约或国际惯例在国际贸易中使用。

2. 本票

本票是指出票人签发的,承诺自己在见票时无条件支付确定金额给收款人或持票人的票据[④]。本票可分为银行本票、商业本票和个人本票,我国《票据法》所称的本票仅指银行本票。

3. 支票

支票是指出票人签发的,委托办理支票存款业务的银行或者其他金融机构,在

---

① 《中华人民共和国票据法》第 2 条.
② 《中华人民共和国票据法》第 19 条.
③ 《中华人民共和国票据法》第 19 条.
④ 《中华人民共和国票据法》第 73 条.

见票时无条件支付确定金额给收款人或持票人的票据[①]。

(二) 票据的特征

票据具有以下特征:

1. 无因性

任何票据的制作与交付都是有原因的,这里的无因性不是指票据可以无因而生,而是指票据关系与票价的基础关系之间是分离的。票据的无因性是指票据关系与票据基础关系相分离,票据上的法律关系仅限于单纯的以票据出票、票据交付、票据流通、票据承兑、支付等关系;票据一旦出票交付就与其所依据的买卖关系等基础关系没有关系,当事人不能以基础关系上的理由来对抗票据关系。无因性是票据流通性的保证,没有无因性票据就不能流通。

2. 流通性

票据的流通性是指票据可以进行多次流转。票据流通性体现为在票据的有效期内,票据权利人可以经过背书转让给他人。票据作为支付工具,流通性是票据的重要特点,没有流通性的票据是无法作为支付工具的。票据的流通性源自于货币的流通性,票据在本质上是货币的一种书面表现形式,它体现为一定数额货币的财产请求权利。人们持有了票据基本上就相当于取得了货币,这是流通性的基础。流通性可以确保人们愿意接受票据,也是使票据的财产请求权利得到社会的公认的基础。

3. 文义性

因为票据是无因的,所以票据权利无法根据基础关系的内容来确定,而必须严格依照票据上的文字记载确定。票据权利不能通过任意解释或者根据票据记载文字以外的其他内容来确定。不论票据当事人当初的真实的意思如何,只要票据上有所记载,必须以该记载为准,即使该记载不是票据当事人的真实意思表示。

4. 要式性

因为票据是无因的、是文义的,为了避免票据内容理解上的歧义,所以法律要求票据的格式、记载事项和所有票据行为都必须严格依照票据法律法规的规定执行,这就是票据的要式性。凡不具备法定形式的票据,其票据权利无效。

5. 设权性

票据的设权性是指,票据权利的产生依赖于当事人制作票据的行为,票据制作人在票据上作记载的过程就是设定票据权利的过程;在票据上记载的金额多少决定了票据权利的大小,在票据上记载的日期决定了票据权利的有效期,在票据上记

[①]《中华人民共和国票据法》第 81 条.

载的收款人与被背书人决定了票据的下一手权利人。没有票据制作就没有票据权利,一张未填制过的票据是没有任何权利的。

二、票据行为

(一) 票据行为的概念和要件

票据行为,是指行为人在票据上进行必备事项的记载、完成签章并予以交付①的行为。票据行为包括出票、背书、承兑和保证等行为。这里所称的票据行为是指狭义的票据行为。票据行为具有独立性的特点,即不同的票据行为人在同一票据上所为的若干票据行为,分别依各行为人在票据上所作的记载独立地发生效力,在先票据行为无效并不影响后续票据行为的效力,某一票据行为无效不影响其他票据行为效力。票据行为具备如下要件:

1. 实质要件

票据行为人必须具有从事票据行为的能力,无民事行为能力人或者限制民事行为能力人在票据上签章的,其签章无效,但不影响其他签章的效力②。

2. 形式要件

(1) 书面形式。票据行为必须以书面形式按法定格式进行。

(2) 票据记载事项。汇票、本票、支票共同的绝对记载事项有票据名称、无条件支付的委托或承诺、确定的金额、出票日期、出票人签章等。汇票还必须记载付款人和收款人名称,本票须记载收款人名称,支票须记载付款人名称③。

(3) 签章。在票据上签章的按票据所载事项承担票据责任④。

(二) 票据行为的种类

1. 出票

出票是指出票人按照票据法的要求完成票据记载事项,并将其交付给收款人的票据行为⑤。当出票人按照法律规定的形式做成票据并将其交付给相对方收款人时,出票行为即告完成。出票的记载事项有绝对必要的记载事项⑥和相对必要

---

① 《中华人民共和国票据法》第 4 条.

② 《中华人民共和国票据法》第 6 条.

③ 《中华人民共和国票据法》第 22、76、85 条.

④ 《中华人民共和国票据法》第 7 条.

⑤ 《中华人民共和国票据法》第 20 条.

⑥ 《中华人民共和国票据法》第 22 条.

的记载事项①。以汇票为例,绝对必要记载事项有:①"汇票"字样;②无条件支付的委托;③确定的金额;④付款人名称;⑤收款人名称;⑥出票日期;⑦出票人签章。汇票上未记载前款规定事项之一的,汇票无效。相对必要记载事项有:①付款日期;②付款地;③出票地。票据上没有这些事项记载的,按票据法的规定确定这些事项②。票据上还可以有任意记载事项。如果出票人票据上载有"不得转让"字样,票据不能再依票据法规定的背书方式转让③。

2. 背书

背书是指持票人在票据的背面(背书栏)或者粘单上记载有关事项,完成签章,并将其交付给他人,从而将汇票权利转让给他人或将一定的汇票权利授予他人行使的票据行为④。

(1)背书转让的方式。在票据的背面都事先印制好若干背书栏的位置,留出背书人及被背书人的空白,供背书人进行背书时填写。票据法不限制背书的次数,在背书栏或票据背面写满时,可以在票据上粘贴"粘单",进行背书。背书应当由背书人签章并记载背书日期。如果未记载背书日期,视为在汇票到期日前背书。背书也必须记载被背书人名称。

(2)背书转让的法律效力。背书转让无须经票据债务人同意;背书转让的转让人不退出票据关系。背书转让具有很强的转让效力,具体表现在以下两方面:①持票人只需以背书连续的票据,就可以证明自己是合法的权利人,而无须提供其他证明;②持票人的票据权利不受票据债务人与其前手之间的抗辩事由的影响。

(3)背书种类。背书是最常见的票据行为,汇票、本票和支票都可以有背书的行为。主要有以下几种类型:①转让背书,即将票据权利转让给他人的背书;②委任背书,即委托收款的背书,这种背书要求背书人在票据上明确记载"委托收款"字样,以表明是委托他人代替自己行使票据权利、收取票据金额而进行的背书;③设质背书,即是以设定质权、提供债务担保为目的而进行的背书,即背书人在背书中载明"质押"字样并签章的背书;④贴现背书,即是指持票人将未到期的汇票背书转让给银行,要求银行在票据金额中扣除贴现利息后,将票据余款以现金的方式支付给持票人的背书。

(4)背书转让的限制情形。在背书中进行特别内容的记载,对背书转让加以

---

① 《中华人民共和国票据法》第 23 条.
② 《中华人民共和国票据法》第 23 条.
③ 《中华人民共和国票据法》第 27 条.
④ 《中华人民共和国票据法》第 27 条.

一定的限制,则构成限制背书,主要情形有:①出票人的限制背书①。汇票的出票人在票据上记载"不得转让"字样的,汇票不得转让。此时,若持票人背书转让的,背书行为无效。②背书人的限制背书②。这是指背书人可以在票据上记载"不得转让"字样,若其后手再背书转让的,原背书人对后手的被背书人不承担保证责任。③附条件背书③。背书不得附有条件。背书时附条件的,所附条件不具有票据上的效力。

3. 保证

保证是指票据债务人之外的第三人以担保特定的汇票债务人履行票据债务为目的,在票据上签章并记载保证事项的票据行为④。保证事项的记载有以下要求:①必须记载"保证"字样;②保证人名称和住所;③被保证人名称;④保证日期;⑤保证人签章。

保证人对合法取得汇票的持票人所享有的汇票权利,承担保证责任⑤。保证人清偿汇票债务后,可行使持票人对被保证人及其前手的追索权⑥。保证不得附有条件;附有条件的,不影响对汇票的保证责任⑦。

4. 承兑

承兑是指付款人在汇票上加盖"承兑"印章并签名,承诺在到期日支付票据金额的票据行为⑧。付款人承兑汇票,不得附有条件;承兑附有条件的,视为拒绝承兑⑨。

提示承兑⑩是指汇票的持票人,向汇票上所载的付款人出示汇票,请求其承诺付款的行为。对于定日付款或者出票后定期付款的汇票,持票人应当在汇票到期日前向付款人提示承兑;对于见票后定期付款的汇票,持票人应当自出票日起1个月内提示承兑。汇票未按规定期限提示承兑的,持票人丧失对其前手的追索权。见票即付的汇票无须承兑。付款人对向其提示承兑的汇票,应当自收到之日起3

---

① 《中华人民共和国票据法》第 27 条.
② 《中华人民共和国票据法》第 34 条.
③ 《中华人民共和国票据法》第 33 条.
④ 《中华人民共和国票据法》第 46 条和第 47 条.
⑤ 《中华人民共和国票据法》第 49 条.
⑥ 《中华人民共和国票据法》第 52 条.
⑦ 《中华人民共和国票据法》第 48 条.
⑧ 《中华人民共和国票据法》第 38 条.
⑨ 《中华人民共和国票据法》第 43 条.
⑩ 《中华人民共和国票据法》第 39 条.

日内承兑或拒绝承兑①。

承兑的记载事项有：①付款人承兑汇票的，应当在汇票正面记载"承兑"字样和承兑日期并签章；②见票后定期付款的汇票，应当在承兑时记载付款日期；③汇票上未记载承兑日期的，以付款人收到提示承兑汇票之日起第3日为承兑日期。

5. 付款

票据付款是指付款人或者承兑人于票据到期时，向持票人支付票据金额的行为。

提示付款是持票人在票据的付款期间内，向付款人提示票据，要求付款人支付票据金额的行为。提示付款人应为合法持票人，提示付款的期限应在票据规定的付款期限内。对于见票即付的汇票，自出票日起1个月内向付款人提示付款；对于定日付款、出票后定期付款或者见票后定期付款的汇票，自到期日起10日内向承兑人提示付款。持票人未在法定期限内提示付款的，在作出说明后，承兑人或者付款人仍应当继续对持票人承担付款责任②。

付款程序。持票人在票据法规定的提示期限内提示付款的，付款人必须在当日足额付款③；持票人获得付款的，应当在汇票上签收，并将汇票交给付款人。持票人委托银行收款的，受委托的银行将代收的汇票金额转账收入持票人账户，视同签收④。

付款人在进行付款时，只需对所提示的票据进行形式审查，并无实质审查义务。付款人在履行法定审查义务后进行的付款是有效付款，即使发生错付，也可善意免责。但在以下情形，付款人须承担损失：①付款人在到期日前付款⑤；②因恶意或重大过失而欠缺对提示付款人合法身份证明或有效证件的审查。需要注意的是，付款人或代理付款人未能识别出伪造、变造的票据或身份证件而错误付款的，也属重大过失⑥；③未对票据必要记载事项是否完备、是否有禁止记载事项、背书是否连续等进行审查⑦；④对在公示催告期间的票据进行付款；⑤收到止付通知后付款⑧；⑥其他恶意或重大过失的情形。

---

①　《中华人民共和国票据法》第41条.

②　《中华人民共和国票据法》第53条.

③　《中华人民共和国票据法》第54条.

④　《中华人民共和国票据法》第55条.

⑤　《中华人民共和国票据法》第58条.

⑥　《最高人民法院关于审理票据纠纷案件若干问题的规定》第69条.

⑦　《中华人民共和国票据法》第57条.

⑧　《中华人民共和国民事诉讼法》第194条.

6. 追索

追索是指持票人在提示承兑或者提示付款而未获承兑或未获付款时,依法向其前手请求偿还票据金额及其他金额的行为。

追索的原因①:

(1) 对于定日付款的汇票、出票后定期付款的汇票以及见票后定期付款的汇票,在汇票到期日前,有下列情形之一的,持票人可以行使追索权:汇票被拒绝承兑的;承兑人或者付款人死亡、逃匿的;承兑人或者付款人被依法宣告破产的或者因违法被责令终止业务活动的。

(2) 汇票到期后,如果汇票的付款人、承兑人或者代理付款人拒绝支付;或者付款人提示付款时,汇票上所载的付款地不存在、付款人不存在或下落不明,无法进行提示而无法获得付款时,持票人可以行使追索权。

(3) 被追索人在依法进行清偿后,可以向其他汇票债务人行使再追索权。

行使追索权的条件除了提示付款被拒绝外,还应具备以下程序性条件:

(1) 已按票据法要求提示承兑或提示付款,但对于无法提示承兑或提示付款者可不提示。

(2) 已做成相关证明,例如拒绝承兑证书、退票理由书等。持票人未能按期提供前述证明的,丧失对其前手(不包括出票人)的追索权,但承兑人或付款人仍应对持票人承担责任②。

在同时存在若干个追索义务人的情况下,持票人可以选择其中的任何一个人,作为追索对象;也可以同时向多个追索义务人行使追索权;持票人还可以不受已经开始的追索权行使的限制,在未实现其追索权之前,再进行新的追索③。

再追索。被追索人在清偿债务后成为持票人,享有持票人的追索权,可以再向其前手行使追索权,直至汇票上的债权债务关系因履行或其他法定原因而消灭为止④。持票人为出票人的无追索权;持票人为背书人的,对其后手无追索权⑤。

三、票据关系

票据关系是指当事人之间基于出票、背书、承兑等票据行为而发生的债权债务关系,即持有票据的债权人和在票据上签名的债务人之间的关系。票据关系的内

---

① 《中华人民共和国票据法》第 61 条.
② 《中华人民共和国票据法》第 62 条.
③ 《中华人民共和国票据法》第 68 条.
④ 《中华人民共和国票据法》第 68 条.
⑤ 《中华人民共和国票据法》第 69 条.

容是票据上的权利义务关系,即基于出票、背书、承兑等票据行为而不是基础关系上的权利和义务。具体有:因出票交付形成的票据关系、背书转让形成的票据关系、承兑形成的票据关系等。票据关系当事人也与基础关系的当事人不同,如没有买方与卖方、借方与贷方、承租方与出租方等,主要有出票人、背书人、保证人、付款人、承兑人、收款人等。

票据关系因以下基础关系而发生:

(1) 原因关系。原因关系,是指存在于授受票据的直接当事人之间授受票据的理由,包括出票人与收款人之间、背书人与被背书人之间的给付事由等。

(2) 资金关系。资金关系,是指票据当事人之间存在应该支付一定金额的资金的法律关系,是出票人委托付款人进行付款的理由。

四、票据权利

(一) 票据权利的概念

票据权利是一种金钱债权,是指持票人向票据债务人请求支付票据金额的权利。债务人在履行时,不得以货物、劳务或者其他无形财产权利来代替支付金钱的义务。票据权利的特征有:①票据权利为金钱债权;②票据权利为证券性权利;③票据权利为双重权利,当事人在行使付款请求权未果时还可行使追索权。票据权利的种类有:

(1) 付款请求权。票据权利人行使付款请求权时,应同时满足以下条件:①票据在有效期内[①];②持票人持有票据原件;③票据所载金额应一次性付清;④持票人收取款项后必须向付款人交付票据,此后的票据权利由付款人享有。

(2) 追索权。追索权是指持票人所持票据被拒绝承兑或者拒绝付款时,向其前手请求支付票据金额的权利。持票人在行使追索权时可以不按先后顺序,对前手中一人、数人或全体行使追索权;持票人对前手中的一人或数人追索未得清偿时,持票人仍可对其他债务人行使追索权;被追索人清偿债务取得票据后享有票据权利[②]。

(二) 票据权利取得与行使

(1) 原始取得。原始取得是指权利人依出票人的出票行为而取得票据,这也是其他取得方式的基础。

---

① 《中华人民共和国票据法》第 17 条.
② 《中华人民共和国票据法》第 68 条.

（2）继受取得。继受取得是指持票人通过前手的背书转让、付款等票据行为取得的票据权利。

（3）票据权利的行使。票据权利的行使是指票据权利人向票据债务人提示票据，请求其履行票据债务的行为。提示票据可分为提示承兑和提示付款。

（三）票据权利消灭

票据权利的消灭，是指因一定的事实而使票据上的付款请求权和追索权失去其法律意义。

除票据物质形态消灭，付款请求权和追索权还可因以下事由而消灭：①付款[①]；②被追索人清偿票据债务及追索费用；③票据时效期间届满[②]；④票据记载事项欠缺。

（四）票据权利瑕疵

票据权利瑕疵是指票据因出票、背书和交付等方面的问题而造成票据权利的瑕疵。其成因大致有：①票据伪造；②票据变造；③票据更改；④票据涂销。

（五）票据抗辩及其原因

1. 对物的抗辩

对物的抗辩是指基于票据本身所存在的事由，票据债务人对任何票据债权人所作的抗辩，主要情形有：①票据欠缺法定必要记载事项或有法定禁止记载事项或不符合法定格式；②超过票据权利时效；③背书不连续的情况下，持票人不能从形式上证明自己的合法持票人身份；④票据尚未到期；⑤票据因除权判决而被宣告无效；⑥票据被伪造；⑦票据被变造；⑧无权代理、越权代理的票据行为；⑨无民事行为能力人或限制民事行为能力人的监护人可主张被监护人所为票据行为无效；⑩欠缺保全手续；⑪票据上记载的债权已经消灭。

2. 对人的抗辩

对人的抗辩是票据义务人与特定票据权利人之间发生的抗辩，抗辩只能对特定票据权利人主张。主要情形有：①在原因关系不存在、无效或消灭的情形下，票据债务人可对有直接原因关系的票据权利人进行抗辩；②票据债务人可对有直接债权债务关系且未履行债务的持票人进行抗辩；③持票人以欺诈、偷盗、胁迫等非法手段取得票据，或明知有此类情形仍恶意取得票据；④持票人明知票据债务人与

---

① 《中华人民共和国票据法》第 60 条.
② 《中华人民共和国票据法》第 17 条.

出票人或与持票人前手之间存在抗辩事由而取得票据;⑤持票人因重大过失取得票据。

(六) 票据权利救济

票据权利被侵害后,票据权利人可以通过以下三种方式寻求救济,主张权利。

(1) 挂失止付。挂失止付是指票据权利人在丧失票据占有时,为使票据权利免受可能发生的损害,可通知并请求付款人停止票据支付。付款人在接到止付通知后仍付款的,不论善意与否,都应承担赔偿责任。但票据本身并不因此而无效,失票人的票据责任也并不因此而免除。另外,挂失止付并非公示催告和诉讼程序的必经程序。

(2) 公示催告程序①。公示催告程序是因申请人的申请,法院以公告的形式,催告票据持有人在一定期间申报票据权利。否则,法院将作出除权判决,使票据权利消灭的一种非诉讼司法程序。

(3) 普通诉讼程序。票据权利人与他人发生票据纠纷后,在票据权利时效届满之前,为解决票据争议,主张票据权利的人向被告住所地或票据支付地法院提起诉讼。

---

① 《中华人民共和国民事诉讼法》第 193 条～第 198 条.

第六章　环境保护与自然资源利用基本法律制度

　　环境就是人类生存的家园,也是民族、国家的生存发展的条件。环境恶化、资源枯竭既是我们不愿意看到的,更不是我们所希望的。但在人类进入工业社会以来,人类的生产生活活动所排出物大大超过了环境的自然净化能力,从环境的角度看,人类都面临着严重的生存危机;人类创造能力的增强不但没有给我们带来生活的温馨和家园的秀美,相反在全球范围内越来越严重地面临着环境污染与资源匮乏的严重问题。所以,我们有责任把现代化从环境污染和资源匮乏中解放出来,生产发展和环境污染并存的经济发展模式不能再继续下去了。太湖蓝藻①已经告诉我们,水源充沛的太湖周边的人们没有水喝已经不是一种可能,而是一种现实了。环境问题是如此的严峻,资源问题也是一样。总之,不能等到环境问题非常严重之后才想到要保护它。保护环境已经成了当代人类的一项使命。我国也已经将保护环境、保护资源作为一项基本的国策,制订了大量的环境保护的法律,政府也已经将环境保护工作列为自己的重要工作,设有专司环境保护的机关,制订了相应的环保法律法规。《中华人民共和国宪法》第 26 条规定:"国家保护和改善生活环境和生态环境,防治污染和其他公害"。截至 2007 年底,我国基本建立了完整的环境与资源法律体系,形成了以《环境保护法》②、《环境影响评价法》③、《水污染防治法》④、《大气污染防治法》⑤、《固体废物污染环境防治法》⑥、《环境噪声污染防治法》⑦、《海

---

　　①　http://view.news.qq.com/zt/2008/bluealgae/ 最后浏览日期:2009 年 2 月 23 日.

　　②　《中华人民共和国环境保护法》由第七届全国人大常委会第十一次会议于 1989 年 12 月 26 日通过并公布,自公布日施行.

　　③　《中华人民共和国环境影响评价法》由第九届全国人大常委会第三十次会议于 2002 年 10 月 28 日通过,自 2003 年 9 月 1 日起施行.

　　④　《中华人民共和国水污染防治法》由第六届全国人大常委会第五次会议于 1984 年 5 月 11 日通过,1996 年 5 月 15 日,2008 年 2 月 28 日两次修订.

　　⑤　《中华人民共和国大气污染防治法》由第六届全国人大常委会第二十二次会议于 1987 年 9 月 5 日通过,经 1995 年 8 月 29 日,2000 年 4 月 29 日两次修订.

　　⑥　《中华人民共和国固体废物污染环境防治法》由第八届全国人大常委会第十六次会议于 1995 年 10 月 30 日通过,由第十届全国人大常委会第十三次会议于 2004 年 12 月 29 日修订.

　　⑦　《中华人民共和国环境噪声污染防治法》已由第八届全国人大常委会第二十次会议于 1996 年 10 月 29 日通过.

洋环境保护法》①等为主体的,以相应的法规与规章支持的防治环境污染的法律体系。形成了以《土地管理法》②、《矿产资源法》③、《水法》④、《水土保持法》⑤、《森林法》⑥、《草原法》⑦、《野生动物保护法》⑧、《渔业法》⑨、《煤炭法》⑩为主体的,以相应的法规和规章支持的自然资源保护法律体系。此外,还制定了《城乡规划法》⑪、《城市房地产管理法》⑫、《节约能源法》⑬等合理使用资源的法律法规。这三部分的法律法规构成了我国环境保护与资源利用法律制度。环境与资源法律制度在我国的可持续发展中将起到越来越大的作用。

---

① 《中华人民共和国海洋环境保护法》由第五届全国人大常委会第二十四次会议于 1982 年 8 月 23 日通过,1999 年 12 月 25 日第九届全国人大常委会第十三次会议修订.

② 《中华人民共和国土地管理法》由 1986 年 6 月 25 日第六届全国人大常委会第十六次会议于 1986 年 6 月 25 日通过,1988 年 12 月 29 日,1998 年 8 月 29 日,2004 年 8 月 28 日三次修正.

③ 《中华人民共和国矿产资源法》由 1986 年 3 月 19 日第六届全国人大常委会第十五次会议于 1986 年 3 月 19 日通过,1996 年 8 月 29 日修正.

④ 《中华人民共和国水法》由第六届全国人大常委会第二十四次会议于 1988 年 1 月 12 日通过,2002 年 8 月 29 日修订.

⑤ 《中华人民共和国水土保持法》由第七届全国人大常委会第二十次会议于 1991 年 6 月 29 日通过.

⑥ 《中华人民共和国森林法》由第六届全国人大常委会第七次会议于 1984 年 9 月 20 日通过,1998 年 4 月 29 日第九届全国人大常委会第二次会议修正.

⑦ 《中华人民共和国草原法》由 1985 年 6 月 18 日第六届全国人大常委会第十一次会议于 1985 年 6 月 18 日通过,2002 年 12 月 28 日第九届全国人大常委会第三十一次会议修订.

⑧ 《中华人民共和国野生动物保护法》由第七届全国人大常委会第四次会议于 1988 年 11 月 8 日通过,2004 年 8 月 28 日第十届全国人大常委会第十一次会议修订.

⑨ 《中华人民共和国渔业法》由第六届全国人大常委会第十四次会议 1986 年 1 月 20 日通过,2000 年 10 月 31 日,2004 年 8 月 28 日两次修正.

⑩ 《中华人民共和国煤炭法》已由中华人民共和国第八届全国人民代表大会常务委员会第二十一次会议于 1996 年 8 月 29 日通过.

⑪ 《中华人民共和国城乡规划法》由第十届全国人大常委会第三十次会议于 2007 年 10 月 28 日通过.

⑫ 《中华人民共和国城市房地产管理法》由第八届全国人大常委会第八次会议 1994 年 7 月 5 日通过,2007 年 8 月 30 日修正.

⑬ 《中华人民共和国节约能源法》第八届全国人大常委会第二十八次会议 1997 年 11 月 1 日通过,2007 年 10 月 28 日修订.

第一节 环境保护法律制度

我国的环境保护制度由一系列的环境监测制度、环境情况评价与报告制度、环境污染收费与治理制度、环境违法处罚制度以及专门的环境行政执法制度等构成。本节以侧重养成公民企业环境意识为目的,介绍几项基本环境保护制度。

一、建设工程环境评价制度

(一) 概述

环境影响评价又称环境影响分析,是指对建设项目、区域开发计划及国家政策实施后可能对环境造成影响进行的预测和估计,是控制环境污染源的首道关口。在环境保护工作中,对污染进行治理只是一种"亡羊补牢"的行为,不为不重要,但更加重要的是污染源的控制,尤其是新增污染源的控制。环境影响评价就是一种有效的新增污染源的控制手段。我国环境影响评价制度是在借鉴国外的经验①,结合我国实际情况的基础上逐步发展起来的。环境影响评价制度是环境保护制度的基础性制度。

我国环境影响评价制度的法律依据主要是《环境保护法》、《环境影响评价法》②等法律法规。《环境保护法》第 13 条第 2 款规定,"建设项目的环境影响报告书,必须对建设项目产生的污染和对环境的影响作出评价,规定防治措施,经项目主管部门预审并依照规定的程序报环境保护行政主管部门批准。环境影响报告书经批准后,计划部门方可批准建设项目设计书"。

《环境影响评价法》将环境评价工作分为规划环境评价和工程环境评价两个部分,对环境影响评价范围作了基本的规定③。规定国务院有关部门、设区的市级以上地方人民政府及其有关部门,对其组织编制的土地利用的有关规划,区域、流域、海域的建设、开发利用规划,应当在规划编制过程中组织进行环境影响评价;国务院有关部门、设区的市级以上地方人民政府及其有关部门,对其组织编制的工业、农业、畜牧业、林业、能源、水利、交通、城市建设、旅游、自然资源开发的有关专项规

---

① 我国在 1979 年颁布的《中华人民共和国环境保护法》(试行)中首次规定了环境影响评价制度.

② 《中华人民共和国环境影响评价法》的颁布实施标志着我国的环境影响评价制度基本完善.

③ 《中华人民共和国环境影响评价法》第 7 条、第 8 条、第 16 条.

划(以下简称专项规划),应当在该专项规划草案上报审批前,组织进行环境影响评价;建设单位应当按照下列规定组织编制环境影响报告书、环境影响报告表或者填报环境影响登记表:对可能造成重大环境影响的工程项目,应当编制环境影响报告书,对产生的环境影响进行全面评价;对可能造成轻度环境影响的工程项目,应当编制环境影响报告表,对产生的环境影响进行分析或者专项评价;对环境影响很小的工程项目,不需要进行环境影响评价的,应当填报环境影响登记表。《建设项目环境保护管理条例》①第2章"环境影响评价"对该项制度进行了详尽的规定,其中第7条明确规定无论是对环境可能造成重大影响的,还是对环境影响很小的建设项目都在环境影响评价制度的使用范围内②。

根据《环境影响评价法》的规定③,经国务院批准,国家环保总局在2004年7月3日以[2004]98号文正式下发了《编制环境影响报告书的规划的具体范围(试行)》和《编制环境影响篇章或说明的规划的具体范围(试行)》两个文件,对环境影响评价的规划范围作出了明确的规定,规范了环境影响评价工作。

(二) 环境影响的分类和报告书的主要内容

国家根据建设项目对环境的影响程度,按照下列规定对建设项目的环境保护实行分类管理:①建设项目对环境可能造成重大影响的,应当编制环境影响报告书,对建设项目产生的污染和对环境的影响进行全面、详细的评价;②建设项目对环境可能造成轻度影响的,应当编制环境影响报告表,对建设项目产生的污染和对环境的影响进行分析或者专项评价;③建设项目对环境影响很小,不需要进行环境影响评价的,应当填报环境影响登记表。建设项目环境保护分类管理名录,由国务院环境保护行政主管部门制订并公布④。

建设项目环境影响报告书,应当包括下列内容:①建设项目概况;②建设项目周围环境现状;③建设项目对环境可能造成影响的分析和预测;④环境保护措施及其经济、技术论证;⑤环境影响经济损益分析;⑥对建设项目实施环境监测的建议;⑦环境影响评价结论。涉及水土保持的建设项目,还必须有经水行政主管部门审

---

① 《建设项目环境保护管理条例》经1998年11月18日国务院第10次常务会议通过,以第253号令发布施行.
② 《建设项目环境保护管理条例》第7条第1款第3项中的"不需要进行环境影响评价的",应该理解为"可以不制作环境影响报告书",不能误解为"可不进行环境影响评价工作".
③ 《中华人民共和国环境影响评价法》第9条.
④ 《建设项目环境保护管理条例》第7条.

查同意的水土保持方案①。

（三）环境影响评价报告的审批

1. 环境影响评价报告的报审

建设单位应当在建设项目可行性研究阶段报批建设项目环境影响报告书、环境影响报告表或者环境影响登记表；但是，铁路、交通等建设项目，经有审批权的环境保护行政主管部门同意，可以在初步设计完成前报批环境影响报告书或者环境影响报告表。

按照国家有关规定，不需要进行可行性研究的建设项目，建设单位应当在建设项目开工前报批建设项目环境影响报告书、环境影响报告表或者环境影响登记表；其中，需要办理营业执照的，建设单位应当在办理营业执照前报批建设项目环境影响报告书、环境影响报告表或者环境影响登记表②。

建设项目环境影响报告书、环境影响报告表或者环境影响登记表，由建设单位报有审批权的环境保护行政主管部门审批。建设项目有行业主管部门的，其环境影响报告书或者环境影响报告表应当经行业主管部门预审后，报有审批权的环境保护行政主管部门审批。海岸工程建设项目环境影响报告书或者环境影响报告表，经海洋行政主管部门审核并签署意见后，报环境保护行政主管部门审批。

国务院环境保护行政主管部门负责审批下列建设项目环境影响报告书、环境影响报告表或者环境影响登记表：①核设施、绝密工程等特殊性质的建设项目；②跨省、自治区、直辖市行政区域的建设项目；③国务院审批的或者国务院授权有关部门审批的建设项目。

除上述规定以外的建设项目环境影响报告书、环境影响报告表或者环境影响登记表的审批权限，由省、自治区、直辖市人民政府规定。建设项目造成跨行政区域环境影响，有关环境保护行政主管部门对环境影响评价结论有争议的，其环境影响报告书或者环境影响报告表由共同上一级环境保护行政主管部门审批③。

2. 环境影响评价报告的批准

环境保护行政主管部门应当自收到建设项目环境影响报告书之日起 60 日内、收到环境影响报告表之日起 30 日内、收到环境影响登记表之日起 15 日内，分别作出审批决定并书面通知建设单位④。

---

① 《建设项目环境保护管理条例》第 8 条.
② 《建设项目环境保护管理条例》第 9 条.
③ 《建设项目环境保护管理条例》第 11 条.
④ 《建设项目环境保护管理条例》第 10 条.

3. 环境影响评价报告的重新审批

建设项目环境影响报告书、环境影响报告表或者环境影响登记表经批准后,建设项目的性质、规模、地点或者采用的生产工艺发生重大变化的,建设单位应当重新报批建设项目环境影响报告书、环境影响报告表或者环境影响登记表。建设项目环境影响报告书、环境影响报告表或者环境影响登记表自批准之日起满5年,建设项目方开工建设的,其环境影响报告书、环境影响报告表或者环境影响登记表应当报原审批机关重新审核。原审批机关应当自收到建设项目环境影响报告书、环境影响报告表或者环境影响登记表之日起10日内,将审核意见书面通知建设单位;逾期未通知的,视为审核同意[1]。

(四) 从事环境影响评价工作的社会中介机构

国家对从事建设项目环境影响评价工作的中介机构实行资格审查制度。从事建设项目环境影响评价工作的单位,必须取得国务院环境保护行政主管部门颁发的资格证书,按照资格证书规定的等级和范围,从事建设项目环境影响评价工作,并对评价结论负责。任何行政机关不得为建设单位指定从事环境影响评价工作的单位,进行环境影响评价[2]工作。

二、"三同时"制度

(一) 概述

"三同时"制度是建设项目环境管理的一项基本制度,是我国以预防为主的环保政策的重要体现。即,建设项目中环境保护设施必须与主体工程同步设计、同时施工、同时投产使用。"三同时"制度的适用范围包括:新、改、扩建项目;技术改造项目;可能对环境造成污染和破坏的工程项目。

"三同时"制度的主要法律依据是《环境保护法》第26条的规定:建设项目中防治污染的措施,必须与主体工程同时设计、同时施工、同时投产使用;防治污染的设施必须经原审批环境影响报告书的环境保护行政主管部门验收合格后,该建设项目方可投入生产或者使用;防治污染的设施不得擅自拆除或者闲置,确有必要拆除或者闲置的,必须征得所在地的环境保护行政主管部门的同意。国务院于1998年11月29日以第253号令发布的《建设项目环境保护管理条例》第3章"环境保护设施建设"对此进行了详尽的规定。

---

[1] 《建设项目环境保护管理条例》第12条.
[2] 《建设项目环境保护管理条例》第13条.

(二)"三同时"制度的主要内容

"同时"的理念和要求体现在建设项目的全过程,包括设计、施工和验收。《建设项目环境保护管理条例》明确规定:建设项目需要配套建设的环境保护设施,必须与主体工程同时设计、同时施工、同时投产使用[①]。

建设项目的初步设计,应当按照环境保护设计规范的要求,编制环境保护篇章,并依据经批准的建设项目环境影响报告书或者环境影响报告表,在环境保护篇章中落实防治环境污染和生态破坏的措施以及环境保护设施投资概算[②]。

建设项目的主体工程完工后,需要进行试生产的,其配套建设的环境保护设施必须与主体工程同时投入试运行。建设项目试生产期间,建设单位应当对环境保护设施运行情况和建设项目对环境的影响进行监测[③]。

建设项目竣工后,建设单位应当向审批该建设项目环境影响报告书、环境影响报告表或者环境影响登记表的环境保护行政主管部门,申请该建设项目需要配套建设的环境保护设施竣工验收。环境保护设施竣工验收,应当与主体工程竣工验收同时进行。需要进行试生产的建设项目,建设单位应当自建设项目投入试生产之日起 3 个月内,向审批该建设项目环境影响报告书、环境影响报告表或者环境影响登记表的环境保护行政主管部门,申请该建设项目需要配套建设的环境保护设施竣工验收。分期建设、分期投入生产或者使用的建设项目,其相应的环境保护设施应当分期验收。环境保护行政主管部门应当自收到环境保护设施竣工验收申请之日起 30 日内,完成验收[④]。

建设项目需要配套建设的环境保护设施经验收合格,该建设项目方可正式投入生产或者使用[⑤]。

三、排污许可制度

(一) 概述

排污许可证制度,是指需要向环境排放污染物的单位和个人,必须向环保部门申请排污许可证,经环保部门审查批准后取得排污许可证后才可以按照许可证规

---

① 《建设项目环境保护管理条例》第 16 条.
② 《建设项目环境保护管理条例》第 17 条.
③ 《建设项目环境保护管理条例》第 18 条.
④ 《建设项目环境保护管理条例》第 19 条~第 22 条.
⑤ 《建设项目环境保护管理条例》第 23 条.

定的排放量排放污染物的一种管理制度。排污许可证制度是一项较新的环保制度,这项制度旨在控制社会的排污总量,是环境保护的基础性制度。目前我国在《水污染防治法》、《大气污染防治法》、《海洋环境保护法》和《放射性污染防治法》[①]中明确规定了排污许可证制度。

(二) 排污许可证制度的主要内容

1. 排污许可证实施的范围

(1) 凡向水体排放工业废水、医疗废水、集中处理的城镇污水和其他有明确规定应当取得排污许可证的情况都应该取得排污许可证[②]。国家实行排污总量控制,排污不能超过控制指标[③]。

(2) 在国家设定的大气污染物总量控制区内政府应核定企业事业单位的主要大气污染物排放总量,核发主要大气污染物排放许可证。有大气污染物总量控制任务的企业事业单位,必须按照核定的主要大气污染物排放总量和许可证规定的排放条件排放污染物[④]。

(3) 在我国海洋倾倒废弃物的要取得许可证[⑤]。

(4) 设立专门从事放射性固体废物贮存、处置的单位,必须经国务院环境保护行政主管部门审查批准,取得许可证[⑥]。

2. 违反许可证制度的法律责任

综合各法规定,违反排污许可证制度属于违反环境法律制度的情形,有关部门可以处以责令限期治理、责令关闭和处以罚款等行政处罚,触犯刑法的要追究刑事责任。

四、排污收费制度

(一) 概述

排污收费制度,是指向环境排放污染物或超过规定的标准排放污染物的排污

---

① 《中华人民共和国放射性污染防治法》由第十届全国人大常委会第三次会议于 2003 年 6 月 28 日通过.

② 《中华人民共和国水污染防治法》第 20 条.

③ 《中华人民共和国水污染防治法》第 74 条.

④ 《中华人民共和国大气污染防治法》第 15 条.

⑤ 《中华人民共和国海洋环境保护法》第 55 条和第 56 条.

⑥ 《中华人民共和国放射性污染防治法》第 46 条.

者,依照国家法律和有关规定按标准交纳费用的制度。征收排污费的目的,是为了促使排污者加强经营管理,节约和综合利用资源,治理污染,改善环境。

排污收费制度是我国环保法律规定的一项重要制度,也是世界各国的通行做法。实行这一制度,对于防治环境污染、改善环境质量,节约和综合利用资源、能源,具有重要的意义和作用①。自国务院 1982 年发布《征收排污费暂行办法》和 1988 年发布《污染源治理专项基金有偿使用暂行办法》以来,全国全面开展了排污收费工作。

排污收费制度的主要法律依据是:《环境保护法》第 28 条,该条规定"排放污染物超过国家或者地方规定的污染物排放标准的企业事业单位,依照国家规定缴纳超标准排污费,并负责治理。水污染防治法另有规定的,依照水污染防治发的规定执行。征收的超标准排污费必须用于污染的防治,不得挪作他用,具体使用办法由国务院规定。"为落实该项规定,国务院及有关部委先后出台了一系列的配套文件,现行有效的法律文件包括《排污费征收使用管理条例》②和《排污费征收标准管理办法》③等。

(二) 排污收费制度的主要内容

1. 征收对象

直接向环境排放污染物的单位和个体工商户应当缴纳排污费。排污者向城市污水集中处理设施排放污水、缴纳污水处理费用的,不再缴纳排污费。排污者建成工业固体废物贮存或者处置设施、场所并符合环境保护标准,或者其原有工业固体废物贮存或者处置设施、场所经改造符合环境保护标准的,自建成或者改造完成之日起,不再缴纳排污费④。

---

① 排污收费制度是"污染者付费"原则的体现,可以使污染防治责任与排污者的经济利益直接挂钩,促进经济效益、社会效益和环境效益的统一。征收的排污费作为重点污染源治理补助资金和环境综合整治资金。排污单位出于自身经济利益的考虑,必然加强经营管理,提高管理水平,以减少排污,并通过技术改造和资源能源综合利用以及开展节约活动,改变落后的生产工艺和技术,淘汰落后设备。大力开展综合利用和节约资源、能源,提高资源、能源的利用率,推动企业、事业单位的技术进步,提高经济和环境效益.

② 《排污费征收使用管理条例》于 2002 年 1 月 30 日由国务院第 54 次常务会议通过,2003 年 7 月 1 日起施行.

③ 《排污费征收标准管理办法》由国家发展计划委员会、财政部 、国家环保总局、国家经贸委于 2003 年 2 月 28 日发布,2003 年 7 月 1 日施行.

④ 《排污费征收使用管理条例》第 2 条.

2. 污染物排放种类、数量的核定[①]

排污者应当按照国务院环境保护行政主管部门的规定,向县级以上地方人民政府环境保护行政主管部门申报排放污染物的种类、数量,并提供有关资料。

县级以上地方人民政府环境保护行政主管部门,应当按照国务院环境保护行政主管部门规定的核定权限对排污者排放污染物的种类、数量进行核定。装机容量 30 万千瓦以上的电力企业排放二氧化硫的数量,由省、自治区、直辖市人民政府环境保护行政主管部门核定。污染物排放种类、数量经核定后,由负责污染物排放核定工作的环境保护行政主管部门书面通知排污者。

排污者对核定的污染物排放种类、数量有异议的,自接到通知之日起 7 日内,可以向发出通知的环境保护行政主管部门申请复核;环境保护行政主管部门应当自接到复核申请之日起 10 日内,作出复核决定。

负责污染物排放核定工作的环境保护行政主管部门在核定污染物排放种类、数量时,具备监测条件的,按照国务院环境保护行政主管部门规定的监测方法进行核定;不具备监测条件的,按照国务院环境保护行政主管部门规定的物料衡算方法进行核定。

排污者使用国家规定强制检定的污染物排放自动监控仪器对污染物排放进行监测的,其监测数据作为核定污染物排放种类、数量的依据。排污者安装的污染物排放自动监控仪器,应当依法定期进行校验。

3. 排污费的征收[②]

国务院价格主管部门、财政部门、环境保护行政主管部门和经济贸易主管部门,根据污染治理产业化发展的需要、污染防治的要求和经济、技术条件以及排污者的承受能力,制定国家排污费征收标准。国家排污费征收标准中未作规定的,省、自治区、直辖市人民政府可以制定地方排污费征收标准,并报国务院价格主管部门、财政部门、环境保护行政主管部门和经济贸易主管部门备案。

排污者应当按照下列规定缴纳排污费:

(1) 依照大气污染防治法、海洋环境保护法的规定,向大气、海洋排放污染物的,按照排放污染物的种类、数量缴纳排污费。

(2) 依照水污染防治法的规定,向水体排放污染物的,按照排放污染物的种类、数量缴纳排污费;向水体排放污染物超过国家或者地方规定的排放标准的,按照排放污染物的种类、数量加倍缴纳排污费。

(3) 依照固体废物污染环境防治法的规定,没有建设工业固体废物贮存或者

---

① 《排污费征收使用管理条例》第 6 条～第 10 条.
② 《排污费征收使用管理条例》第 11 条～第 17 条.

处置的设施、场所，或者工业固体废物贮存或者处置的设施、场所不符合环境保护标准的，按照排放污染物的种类、数量缴纳排污费；以填埋方式处置危险废物不符合国家有关规定的，按照排放污染物的种类、数量缴纳危险废物排污费。

（4）依照环境噪声污染防治法的规定，产生环境噪声污染超过国家环境噪声标准的，按照排放噪声的超标等级缴纳排污费。

排污者缴纳排污费，不免除其防治污染、赔偿污染损害的责任和法律、行政法规规定的其他责任。

负责污染物排放核定工作的环境保护行政主管部门，应当根据排污费征收标准和排污者排放的污染物种类、数量，确定排污者应当缴纳的排污费数额，并予以公告。排污费数额确定后，由负责污染物排放核定工作的环境保护行政主管部门向排污者送达排污费缴纳通知单。

排污者应当自接到排污费缴纳通知单之日起 7 日内，到指定的商业银行缴纳排污费。商业银行应当按照规定的比例将收到的排污费分别解缴中央国库和地方国库。具体办法由国务院财政部门会同国务院环境保护行政主管部门制定。

排污者因不可抗力遭受重大经济损失的，可以申请减半缴纳排污费或者免缴排污费。排污者因未及时采取有效措施，造成环境污染的，不得申请减半缴纳排污费或者免缴排污费。排污费减缴、免缴的具体办法由国务院财政部门、国务院价格主管部门会同国务院环境保护行政主管部门制定。排污者因有特殊困难不能按期缴纳排污费的，自接到排污费缴纳通知单之日起 7 日内，可以向发出缴费通知单的环境保护行政主管部门申请缓缴排污费；环境保护行政主管部门应当自接到申请之日起 7 日内，作出书面决定；期满未作出决定的，视为同意。排污费的缓缴期限最长不超过 3 个月。批准减缴、免缴、缓缴排污费的排污者名单由受理申请的环境保护行政主管部门会同同级财政部门、价格主管部门予以公告，公告应当注明批准减缴、免缴、缓缴排污费的主要理由。

4. 排污费的使用[①]

排污费必须纳入财政预算，列入环境保护专项资金进行管理，主要用于下列项目的拨款补助或者贷款贴息：①重点污染源防治；②区域性污染防治；③污染防治新技术、新工艺的开发、示范和应用；④国务院规定的其他污染防治项目。具体使用办法由国务院财政部门会同国务院环境保护行政主管部门征求其他有关部门意见后制定。县级以上人民政府财政部门、环境保护行政主管部门应当加强对环境保护专项资金使用的管理和监督。

使用环境保护专项资金的单位和个人，必须按照批准的用途使用。县级以上

---

① 《排污费征收使用管理条例》第 18 条和第 19 条.

地方人民政府财政部门和环境保护行政主管部门每季度向本级人民政府、上级财政部门和环境保护行政主管部门报告本行政区域内环境保护专项资金的使用和管理情况。审计机关应当加强对环境保护专项资金使用和管理的审计监督。

五、排污权转让制度[①]

(一) 概述

1. 概念

环境是一种重要资源,同时又是一种公共产品。如何创新机制,发挥市场对环境资源的配置作用,是环境保护政策措施的重要内容。排污权交易以环境有偿使用为前提,通过核定区域内排污总量,建立供求双方交易市场等措施,探索出一条将市场机制引入环境保护的有效途径。

20 世纪 70 年代,经济学家提出排污权转让的概念后,美国国家环保局首先将其运用于大气污染和河流污染的管理。此后,德国、澳大利亚、英国等也相继实施了排污权交易的政策措施。

近年来,天津、江苏、浙江、上海、山西、河南、广西等省区市先后开展了排污权交易试点,交易对象主要是二氧化硫排污权。其中:江苏太仓港环保发电有限公司和南京下关发电厂之间、天津大港发电厂和天津石化公司热电厂之间的二氧化硫排污权交易较为成功。此外,江苏、上海还开展了污水排污权交易试点,也取得了良好效果。以南通市为例,1995 年至 2003 年,进行排污权交易的先行者南通市 GDP 总量增长 115.77%,而主要污染指标化学需氧量、烟尘、粉尘和二氧化硫分别下降 24.7%、45.4%、36.8% 和 29.9%。能取得这样的成绩,排污权交易起了很大的作用。因为江苏南通市是我国最早实行二氧化硫排污权"买卖"的地区。从 2002 年开始,南通从污染物排放总量控制入手,还构建了水污染物排放权交易体系。

2. 排污权交易制度的意义

与我国现行环保政策相比,排污权交易制度是污染物"总量控制"的有效措施,是将市场机制引入环境保护的一条重要途径。

目前,我国排污费征收标准和超标排污处罚标准偏低,客观上造成"付费即可排污"的不合理状况,污染物排放总量难以得到有效控制。这种低成本取得的排污

---

① 朱志刚. 积极推进排污权交易 努力构建环境保护新机制[N]. 经济日报,2006-3-13;程宇. 我国排污权交易的实践及其未来发展探讨[OL]. www.pingan.com/pa18Docc/docc/aboutus/plan/doc/29.doc,最后浏览日期 2009-3-4.

权,客观上造成以下三个问题:一是排污企业宁愿缴纳排污费,一些排污大户甚至在资金预算中,就专门列支了排污费和超标排污罚款支出;二是一些地方环保部门,尤其是基层环保部门演变成排污费征收机构,对企业造成的污染只要缴纳排污费或罚款就不再过问;三是一些财政困难的地方,仍然存在默许甚至鼓励企业排污的现象。实行排污费"收支两条线"之前,这种现象普遍存在。此后虽采取"收支两条线",但由于90%的排污费仍作为地方财政收入,所以一些地方依然存在默许排污的现象。

目前"付费即排污"的污染控制办法,主要是依靠政府行为来推动环境保护。排污费由政府强制征收,排污许可证由政府授予,超标排污由政府处罚,大部分污水处理设施也由政府投资兴建,企业是否执行环保政策过多地依靠行政手段的被动监督。这样,一方面,企业缺乏珍惜环境的内在压力和动力。更有甚者,一些地方环保部门和排污企业之间相互"博弈",最后形成"协议"收费,丧失了排污费应有的政策功能,使"谁污染,谁治理;谁治理,谁受益"的原则难以落实。另一方面,这种污染控制办法还容易导致政府背上沉重的财政负担。尽管经费投入逐年加大,但是环境质量并未得到根本改善。此外,这种政府主导型的污染控制,还存在诸多"寻租"或风险,比如,一些地方环保部门借机干预企业的正常生产,随意减免排污费,违规使用排污费等。这些现象反过来又增加了政府监管的难度。

排污权交易制度不仅能体现"总量控制"的污染物控制策略,而且能依靠市场手段使企业主动实现"总量控制"目标。政府核定区域内污染物总量后,排污权进入市场进行交易,减少排污节约的排污权可以在二级市场上买卖获利。这样,排污者就有减少排污的积极性。可以设想,如果区域内排污总量一旦确定,排污权就获得了类似垄断资源的身份,有限的排污权必然带来价格不菲的交易,企业在利益驱动下,自然会珍惜有限的排污权,减少污染物的排放。

(二)排污权交易制度的主要内容

排污权交易的一般做法是:政府机构评估出一定区域内满足环境容量的污染物最大排放量,并将最大允许排放量分成若干规定的排放份额,每份排放份额为一份排污权。政府在排污权一级市场上,采取一定方式,如招标、拍卖等,将排污权有偿出让给排污者。排污者购买到排污权后,可根据使用情况,在二级市场上进行排污权买入或卖出。具体操作中包含以下几个主要环节:

1. 明确排污权交易对象

首先在法律上对可交易的排污权作出具体规定。法律或相应的法规对每持有一份排污权所拥有的权利明确界定,如允许排放的污染物的种类和数量、排放地点和方式、有效时间等。法律还确保持有排污权者的合法权益,排污权持有者可按规定排放污染物。从美国等国外情况来看，排污权交易对象主要有二氧化硫、温室气体二氧化碳，以及较少的污水等。

2. 科学核定区域内排污权总量

排污权总量一般由环境主管部门根据区域的环境质量标准、环境质量现状、污染源情况、经济技术水平等因素综合考虑来确定。排污权总量虽是一个技术指标，但对排污权交易市场影响显著。排污权总量如何核定不仅对一个区域的环境质量有着很大的影响，并直接关系到排污权交易能否顺利开展。排污权数量过大，会使区域内污染物的排放超过环境容量，并使排污权交易价格偏低，甚至无价，交易无法开展。排污权数量过小，会使排污权交易价格过高，可能造成排污成本超过社会经济技术承受能力，导致排污者不购买排污权，而采取非法排污，或偷排等冒险行为。

3. 建立排污权交易市场

排污权交易市场分为一级市场和二级市场。一级市场是政府与排污者之间的交易。一级市场一般不需要固定的交易地点，交易时间也是由政府主管部门临时确定。二级市场是排污者之间的交易场所，是实现排污权优化配置的关键环节。排污者在一级市场上购买排污权后，如果排污需求大，排污权不足，就必须在二级市场上花钱买入；相反，如果企业减少排污，购买的排污权得到节省，则可以在二级市场上售出获利。二级市场一般需要有固定场所、固定时间和固定交易方式等。

4. 制定排污权交易规则和纠纷裁决办法

交易规则和纠纷裁决是排污权交易不可或缺的重要保障。交易规则和纠纷仲裁办法没有统一标准，从国外的经验看，不同地区不同种类的排污权的交易规则均有差别。

(三) 排污权交易中的相关问题

目前我国的排污权交易制度还处于试点中，从总体上看，我国排污权交易的规模和程度还远远落后于环境保护的形势。阻碍排污权交易进一步推开的因素主要有：

一是"总量控制"的环境保护目标尚未成为环境保护法律制度的核心思想。在现行环境保护法律法规中，主要的法律法规均没有明确"总量控制"的规定。显然，没有对排放量的总量限制，就没有市场。

二是排污权一级、二级市场不完善。从一级市场看，排污权有偿使用缺乏政策和法律依据。另外，目前存在着新建污染企业和已建污染企业之间，在排污权初始分配方面有偿和无偿取得"双轨并存"的不公平局面，挫伤了企业有偿取得排污权的积极性。此外,我国排污权交易二级市场亟待规范。各类企业数量多、规模不等、分布零散,这种状况直接决定了排污权交易市场的基础信息寻求费用过高,环境保护部门监测与执行费用也会过高,导致整个排污交易市场信息不充分。

三是有关排污权交易的政策和法律滞后。目前我国排污权交易尚处于试点阶段,虽然基层环保部门和企业都希望能及时出台有关排污权交易的具体规章制度,部分省市如山西、江苏等还相继出台了一些地方性的排污权交易法规,但是在国家层面上还没有针对性的立法,排污权交易从审批到交易,尚没有统一的标准。

四是环保的"总量控制"和追求经济增长之间的矛盾难以平衡。实施排污权交易必须首先科学核定区域内排污总量,而且一旦核定,一个时期(通常为1年)内不宜调整,否则将失去总量控制的目标。由于一些地方片面追求发展的速度和粗放型经济增长方式仍未从根本上得到改变,所以导致经济增长与环保总量控制之间出现矛盾,使得排污总量的确定成为排污权交易的难点,个别地区总量控制的底线不断被突破,使得整个排污权交易体系非常脆弱。

五是地方保护主义存在。在一些地方政府的眼中,限制排污就等于限制生产,出于对本地经济利益的考虑,往往默许企业暗中增加排污量。此外,在一些跨市、跨省的排污权交易中,计划卖出方的行政部门常常介入交易过程,禁止把排污权指标转让给其他地区,要求只能在本地区内进行排污指标交易。这种地方保护主义也使得排污权交易受到限制,排污权交易市场难以有效运作。

要解决上述问题,应该做好以下几个方面的工作:

首先,切实解决目前实施排污权交易的法律依据和规范缺失问题。一要通过法律来进一步明确排污权有偿取得;二要确立有关"总量控制"污染控制策略具体实施的统一法规,在现行环境法律中对排污总量控制的目标、总量设计、调查和检测、总量分布、适用程序等做出更加明确的规定;三要通过立法建立排污权交易市场,规范初始排污权的分配,确定初始分配方法,加强监管,杜绝企业"寻租"行为。对排污权二级市场的交易范围和交易方式做出明确规定,建立排污权交易的法律体系。

其次,加快排污权交易市场的建立和完善。一是在一级市场上,要探索适合我国国情的排污权一级市场交易形式,改变无偿分配或行政授予的做法,采用招标、拍卖或其他市场化方式将排污权卖给企业;二是政府要提供必要的市场交易信息。可以通过组建专业的排污权中介机构,建立相关的信息网络系统等措施,为交易各方提供供求信息,提高交易的透明度,降低排污权交易费用。

第三,建立和完善排污权交易的政策调控体系。一是要利用税收、信贷等手段对排污权市场进行必要的宏观调控;二是将排污权作为资产进入企业的资产负债表,纳入企业的财务核算;此外,对排污权交易要给予一定的税收优惠政策,以鼓励企业参与排污权交易。

第四,逐步提高排污费收费标准,改变违法成本低于守法或治理成本问题,促使企业参与排污权交易。

六、限期治理制度①

(一) 概述

限期治理是对污染源的一种整治措施,同时也是对已经发生的污染的整治措施。对于已经存在的污染应当限期治理,但污染源的处理比较复杂,所以限期治理的难度主要在于污染源,因此,我国立法也是针对污染源规定的,《环境保护法》第29条规定"对造成环境严重污染的企业事业单位,限期治理。中央或者省、自治区、直辖市人民政府直接管辖的企业事业单位的限期治理,由省、自治区、直辖市人民政府决定。市、县或者市、县以下人民政府管辖的企业事业单位限期治理,由市、县人民政府决定。被限期治理的企业事业单位必须如期完成治理任务";第39条规定"对经限期治理逾期未完成治理任务的企业事业单位,除依照国家规定加收超标准排污费外,可以根据所造成的危害后果处以罚款,或者责令停业、关闭。"

凡污染源都应该毫不留情地清除,当然清除污染源也不宜全部采取"关、停、转产"的方式,对那些在一定时间内可以整治的污染源环境行政管理机关可以责令相关企业在规定的时间内、治理完毕。被限期的企业事业单位必须依法完成限期治理任务。限期治理应当限定治理时间,限定治理内容,限定治理效果。

(二) 限期治理的范围和重点

1. 限期治理的范围

(1) 区域性限期治理。是指通过对现有的已经恶化的区域环境的治理,来推动影响该区域环境的企业污染源的治理。区域治理的目的是提高区域环境的某一项环境指标,如上海市的大气指标,其内容是控制污染气体的排放,其技术手段是停止使用燃煤的使用,其方法是用清洁能源代替燃煤。

---

① "限期治理"的主要法律依据是《中华人民共和国环境保护法》第29条和第39条。笔者认为"限期治理"并非是一项制度,是一项治理环境污染源的具体措施。但学界一段时期以来都把它作为一项制度研究,本书也按惯例将它作为一项环境保护的基本制度介绍。但从内容上看还是学理性的内容多,法律制度性的内容简单.

（2）行业性限期治理。是指为了减少某个行业性对环境的污染,又要维持该行业中不同企业的公平竞争的经济环境。因为治理环境是需要投入,影响生产成本的行为。如果某一企业可以用落后技术生产产品,而另一企业是用同样技术而必须立刻治理污染源,那么在同一时期,后一企业会陷入不利的竞争环境。如造纸行业制浆黑水污染的限期治理,整个行业一起整治可以保证造纸行业的现有的竞争环境。这有利于形成健康的市场,也有利于维护治理单位的发展。

（3）污染源限期治理。是指对污染严重的排放源的治理。

2. 限期治理的重点

（1）污染危害严重。强烈的污染物、污染源,治理后对改善环境质量的污染源,如医疗废弃物。

（2）位于居民稠密区、水源保护区、风景游览区、自然保护区、温泉疗养区、城市上风向等环境敏感区,污染物排放超标、危害职工和居民健康的污染企业。

（3）污染危害较大的行业,如造纸业、电镀业等。

七、环境事件报告制度①

(一) 概述

突发环境事件,是指突然发生,造成或者可能造成重大人员伤亡、重大财产损失和对全国或者某一地区的经济社会稳定、政治安定构成重大威胁和损害,有重大社会影响的涉及公共安全的环境事件。突发环境事件报告制度,是指因发生事故或者其他突然性事件,以及在环境受到或可能受到严重污染,威胁居民生命财产安全时,依照法律法规的规定向上级报告有关情况并及时采取措施的制度。突发环境事件报告制度有利于各级政府在尽可能短的时间内得知事件情况,作出相应对策,以降低事件带来的损失。

突发环境事件报告制度主要法律依据是《环境保护法》和《环境保护行政主管部门突发环境事件信息报告办法(试行)》②。《环境保护法》第 31 条和第 32 条规

① 突发环境事件又称环境污染与环境事故。本书按照现行有效的《环境保护行政主管部门突发环境事件信息报告办法(试行)》的用语,称之为突发环境事件.

② 2006 年 3 月 31 日国家环境保护总局以(环发[2006]50 号)文,印发《环境保护行政主管部门突发环境事件信息报告办法(试行)》,作为突发环境事件报告制度的具体执行依据。此前我国先后颁布了《报告环境污染与破坏事故的暂行办法》(1987)环办字第 317 号)和《关于切实加强重大环境污染、生态破坏事故和突发事件报告工作的通知》(环办[2000]56 号)等规章制度,这些文件中都有关于突发环境事件报告制度的规定.

定：因发生事故或者其他突然性事件，造成或者可能造成污染事故的单位，必须立即采取措施处理，及时通报可能受到污染危害的单位和居民，并向当地环境保护行政主管部门和有关部门报告，接受调查处理。可能发生重大污染事故的企业事业单位，应当采取措施，加强防范；县级以上人民政府环境保护政府主管部门，在环境受到严重污染威胁居民购买力生命财产安全时，必须立即向当地人民政府报告，由人民政府采取有效措施，解除或者减轻危害。2006 年 3 月 31 日国家环境保护总局印发《环境保护行政主管部门突发环境事件信息报告办法（试行）》，该通知明确了突发环境事件报告制度的具体报告程序，提高了政府应对突发环境事件的能力。

(二) 环境事件的类别

根据国家突发环境事件应急预案的规定，环境事件分为四级 19 种情况。

1. 特别重大环境事件（Ⅰ级）

有下列情形之一的，构成特别重大环境事件：

（1）死亡 30 人以上，或中毒（重伤）100 人以上。

（2）因环境事件需疏散、转移群众 5 万人以上，或直接经济损失 1 000 万元以上。

（3）区域生态功能严重丧失或濒危物种生存环境遭到严重污染，或因环境污染使当地正常的经济、社会活动受到严重影响。

（4）因环境污染使当地正常的经济、社会活动受到严重影响。

（5）利用放射性物质进行人为破坏事件，或 1、2 类放射源失控造成大范围严重辐射污染后果。

（6）因环境污染造成重要城市主要水源地取水中断的污染事故。

（7）因危险化学品（含剧毒品）生产和贮运中发生泄漏，严重影响人民群众生产、生活的污染事故。

（8）造成跨国（界）的环境污染事件。

2. 重大环境事件（Ⅱ级）

有下列情形之一的，构成重大环境事件：

（1）发生 10 人以上、30 人以下死亡，或中毒（重伤）50 人以上，100 人以下。

（2）区域生态功能部分丧失或濒危物种生存环境受到污染。

（3）因环境污染使当地经济、社会活动受到较大影响，疏散转移群众 1 万人以上、5 万人以下的。

（4）1、2 类放射源丢失、被盗或失控。

（5）因环境污染造成重要河流、湖泊、水库以及沿海水域大面积污染，或县级以上城镇水源地取水中断的污染事件。

3. 较大环境事件(Ⅲ级)

有下列情形之一的,构成较大环境事件:

(1) 发生 3 人以上、10 人以下死亡,或中毒(重伤)10 人以上、50 人以下。

(2) 因环境污染造成跨地级行政区纠纷,使当地经济、社会活动受到影响。

(3) 3 类放射源丢失、被盗或失控。

4. 一般环境事件(Ⅳ级)

有下列情形之一的,构成一般环境事件:

(1) 发生 3 人以下死亡,中毒(重伤)10 人以下。

(2) 因环境污染造成跨县级行政区域纠纷,引起群体性影响的。

(3) 4、5 类放射源丢失、被盗或失控。

(三) 报告程序[①]

在突发环境事件发生后,事发地环境保护行政主管部门应当立即派人赶赴现场调查了解情况,采取措施努力控制污染和生态破坏事故继续扩大,对突发环境事件的性质和类别作出初步认定,并把初步认定的情况及时报同级人民政府和上级环境保护行政主管部门。紧急情况下,可直接向国家环境保护总局报告,并同时报送省级环境保护行政主管部门。

一般(Ⅳ级)突发环境事件,事发地环境保护行政主管部门应在发现或得知突发环境事件后 1 小时内,向同级人民政府和上一级环境保护行政主管部门报告。

较大(Ⅲ级)、重大(Ⅱ级)、特别重大(Ⅰ级)突发环境事件,市(区)、县级环境保护行政主管部门应当在发现或得知突发环境事件后一小时内,报告同级人民政府和省级环境保护行政主管部门。省级环境保护行政主管部门在接到报告后,除认为需对突发环境事件进行必要核实外,应当立即报告国家环境保护总局。需要对突发环境事件进行核实的,原则上应在 1 小时内完成。

特别重大(Ⅰ级)突发环境事件,事发地环境保护行政主管部门在依照本条前两款规定报告的同时,应当向国家环境保护总局报告。

国家环境保护总局在接到重大(Ⅱ级)、特别重大(Ⅰ级)突发环境事件报告后,应当立即向国务院总值班室报告。

---

① 国家环保总局《环境保护行政主管部门突发环境事件信息报告办法(试行)》(环发〔2006〕50 号).

(四) 报告种类[①]

突发环境事件的报告分为初报、续报和处理结果报告三类。

1. 初报

初报是指在发现和得知突发环境事件后的第一次上报;续报是指在查清有关基本情况后的随时上报;处理结果报告是指在突发环境事件处理完毕后上报。

初报可用电话或传真直接报告,主要内容包括:突发环境事件的类型、发生时间、发生地点、初步原因、主要污染物质和数量、人员受害情况、自然保护区受害面积和濒危物种生存环境受到破坏程度、事件潜在危害程度等初步情况。

2. 续报

续报可通过网络或书面报告,视突发环境事件进展情况可一次或多次报告。在初报的基础上报告突发环境事件有关确切数据、发生的原因、过程、进展情况、危害程度及采取的应急措施、措施效果等基本情况。

3. 处理结果报告

处理结果报告采用书面报告,处理结果报告在初报和续报的基础上,报告处理突发环境事件的措施、过程和结果,突发环境事件潜在或间接的危害及损失、社会影响、处理后的遗留问题、责任追究等详细情况。处理结果报告应当在突发环境事件处理完毕后立即报送。

4. 报告的其他要求

核与辐射事件的信息报告在按照本办法规定报告的同时,还须按照有关核安全法律法规的规定报告。

突发环境事件可能波及相邻省级行政区域的,事发地省级环境保护行政主管部门应当在向国家环境保护总局报告的同时,及时通报可能波及的其他省级环境保护行政主管部门。接到突发环境事件通报的有关省级环境保护行政主管部门,应视情况及时报告本级人民政府。

八、环境法律责任

违反环境保护法律制度会产生法律责任,常见环境违法行为包括:拒绝环境保护行政主管部门或者其他依照法律规定行使环境监督管理权的部门现场检查或者在被检查时弄虚作假的;拒报或者谎报国务院环境保护行政主管部门规定的有关污染物排放申报事项的;不按国家规定缴纳超标准排污费的;引进不符合我国环境

[①] 国家环保总局《环境保护行政主管部门突发环境事件信息报告办法(试行)》(环发[2006]50 号).

保护规定要求的技术和设备的;将产生严重污染的生产设备转移给没有污染防治能力的单位使用的;建设项目的防止污染设施没有建成或者没有达到国家规定的要求,投入生产或者使用的;未经环境保护行政主管部门同意,擅自拆除或者闲置防治污染的设施,污染物排放超过规定的排放标准的。以及环境行政管理部门工作人员的各种违法行为所产生的责任。违反环境保护法律制度产生的法律责任有:

(一) 民事责任[①]

造成环境污染危害的,有责任排除危害,并对直接受到损害的单位或者个人赔偿损失。赔偿责任和赔偿金额可以根据当事人的请求,由环境保护行政主管部门或者其他依照法律规定行使环境监督管理权的部门处理。当事人对处理决定不服的,可以向人民法院起诉。当事人也可以直接向人民法院起诉。

(二) 行政责任

1. 违反环境影响评价法律制度的行政责任

规划编制机关组织环境影响评价时弄虚作假或者有失职行为,造成环境影响评价严重失实的,对直接负责的主管人员和其他直接责任人员,由上级机关或者监察机关依法给予行政处分。

规划审批机关对依法应当编写有关环境影响的篇章或者说明而未编写的规划草案,依法应当附送环境影响报告书而未附送的专项规划草案,违法予以批准的,对直接负责的主管人员和其他直接责任人员,由上级机关或者监察机关依法给予行政处分。

建设单位未依法报批建设项目环境影响评价文件擅自开工建设的,环境保护行政主管部门有权责令停止建设,限期补办手续;逾期不补办手续的,可以处5万元以上20万元以下的罚款,对建设单位直接负责的主管人员和其他直接责任人员,依法给予行政处分。建设项目环境影响评价文件未经批准或者未经原审批部门重新审核同意,建设单位擅自开工建设的,环境保护行政主管部门有权责令停止建设,可以处5万元以上20万元以下的罚款,对建设单位直接负责的主管人员和其他直接责任人员,依法给予行政处分。

建设项目依法应当进行环境影响评价而未评价,或者环境影响评价文件未经依法批准,审批部门擅自批准该项目建设的,对直接负责的主管人员和其他直接责任人员,由上级机关或者监察机关依法给予行政处分。

---

① 《中华人民共和国环境保护法》第41条和第42条.

接受委托为建设项目环境影响评价提供技术服务的机构在环境影响评价工作中不负责任或者弄虚作假,致使环境影响评价文件失实的,由授予环境影响评价资质的环境保护行政主管部门降低其资质等级或者吊销其资质证书,并处所收费用1倍以上3倍以下的罚款。

负责预审、审核、审批建设项目环境影响评价文件的部门在审批中收取费用的,由其上级机关或者监察机关责令退还;情节严重的,对直接负责的主管人员和其他直接责任人员依法给予行政处分。

环境保护行政主管部门或者其他部门的工作人员徇私舞弊,滥用职权,玩忽职守,违法批准建设项目环境影响评价文件的,依法给予行政处分。

2. 违反"三同时"制度的行政责任[①]

试生产建设项目配套建设的环境保护设施未与主体工程同时投入试运行的,由审批该建设项目环境影响报告书、环境影响报告表或者环境影响登记表的环境保护行政主管部门责令限期改正;逾期不改正的,责令停止试生产,可以处5万元以下的罚款。

建设项目投入试生产超过3个月,建设单位未申请环境保护设施竣工验收的,由审批该建设项目环境影响报告书、环境影响报告表或者环境影响登记表的环境保护行政主管部门责令限期办理环境保护设施竣工验收手续;逾期未办理的,责令停止试生产,可以处5万元以下的罚款。

建设项目需要配套建设的环境保护设施未建成、未经验收或者经验收不合格,主体工程正式投入生产或者使用的,由审批该建设项目环境影响报告书、环境影响报告表或者环境影响登记表的环境保护行政主管部门责令停止生产或者使用,可以处10万元以下的罚款。

3. 违反排污许可证制度的行政责任[②]

法律规定应当领取排污许可证之后才能按照许可证的允许范围排污的,排污者未能领取排污许可证的,或者超量排污的,行政机关可以处以责令改正、限期治理、行政罚款等行政处罚。

4. 违反排污收费制度的行政责任[③]

排污者未按照规定缴纳排污费的,由县级以上地方人民政府环境保护行政主管部门依据职权责令限期缴纳;逾期拒不缴纳的,处应缴纳排污费数额1倍以上3倍以下的罚款,并报经有批准权的人民政府批准,责令停产停业整顿。

---

① 《建设项目环境保护管理条例》第26条~第28条.
② 《中华人民共和国水污染防治法》、《中华人民共和国大气污染防治法》等法律规定.
③ 《排污费征收使用管理条例》第21条~第23条.

排污者以欺骗手段骗取批准减缴、免缴或者缓缴排污费的,由县级以上地方人民政府环境保护行政主管部门依据职权责令限期补缴应当缴纳的排污费,并处所骗取批准减缴、免缴或者缓缴排污费数额1倍以上3倍以下的罚款。

环境保护专项资金使用者不按照批准的用途使用环境保护专项资金的,由县级以上人民政府环境保护行政主管部门或者财政部门依据职权责令限期改正;逾期不改正的,10年内不得申请使用环境保护专项资金,并处挪用资金数额1倍以上3倍以下的罚款。

5. 违反限期治理制度的行政责任

对经限期治理逾期未完成治理任务的企业事业单位,除依照国家规定加收超标准排污费外,可以根据所造成的危害后果处以罚款,或者责令停业、关闭。其中罚款由环境保护行政主管部门决定;责令停业、关闭,由作出限期治理决定的人民政府决定;责令中央直接管辖的企业事业单位停业、关闭,须报国务院批准①。

6. 违反突发环境事件报告制度的行政责任

在突发环境事件信息报告工作中,各级环境保护行政主管部门不按照规定报告或者在报告中弄虚作假,致使事故扩大或者延误事故处理的,按照有关规定,由其所在单位或者上级主管机关对有关责任人给予行政处分。

(三)刑事责任②

违反环境保护法律的规定,造成重大环境污染事故,导致公私财产重大损失或者人身伤亡的严重后果的,对直接责任人员依法追究刑事责任。环境保护监督管理人员滥用职权、玩忽职守、徇私舞弊的,构成犯罪的,依法追究刑事责任。

建设项目依法应当进行环境影响评价而未评价,或者环境影响评价文件未经依法批准,审批部门擅自批准该项目建设的,对直接负责的主管人员和其他直接责任人员,构成犯罪的,依法追究刑事责任。

接受委托为建设项目环境影响评价提供技术服务的机构在环境影响评价工作中不负责任或者弄虚作假,致使环境影响评价文件失实的,构成犯罪的,依法追究刑事责任。

环境保护行政主管部门或者其他部门的工作人员徇私舞弊,滥用职权,玩忽职守,违法批准建设项目环境影响评价文件的,构成犯罪的,依法追究刑事责任。

在突发环境事件信息报告工作中,各级环境保护行政主管部门不按照规定报告或者在报告中弄虚作假,致使事故扩大或者延误事故处理的,构成犯罪的,由司

---

① 《中华人民共和国环境保护法》第39条.
② 《中华人民共和国环境保护法》第43条和第45条.

法机关依法追究刑事责任。

第二节 自然资源保护利用法律制度

自然资源是国家与民族赖以生存的基础,也是国民经济发展不可缺少的条件。由于自然资源与国计民生密不可分,所以国家对自然资源保护利用十分重视。自然资源利用保护法律制度是我国法律体系中重要的法律制度,它对我国自然资源利用和保护有着重要的作用。在我国,长期以来调整自然资源分配关系的是计划。随着经济运行方式的改变,这样的配置必然改变。社会必须用新的有形的手去干预自然资源的配置。自然资源利用法律制度是当今情况下配置资源最佳的有形之手。

我国已经建立了比较完善的自然资源法律体系,主要包括《土地管理法》、《水法》、《矿产资源法》、《森林法》、《草原法》和《野生动物保护法》①等。这些法律与国务院、省级人民代表大会和国务院有关行政主管部门、地方各级人民政府分别制定的调整有关自然资源关系的行政法规、地方性法规和部门规章、地方政府规章等相配套的自然资源法规构成了我国现有的自然资源法律体系。在我国专设法律制度保护的自然资源是比较广泛的。本节只介绍土地、水、矿产、森林和草原资源的保护利用制度。

一、土地资源保护利用法律制度

土地资源不丰富,人多地少,可耕地尤其稀缺是我国的基本国情。为了确保土地能够成为中国人民生活的基本保障,国家实行严格的国家所有和集体所有的土地制度。国家所有的土地承载着城市工业、服务业以及其他在城市谋生的人口生活的重负,集体所有的土地承载着农村人口生活的重负。所以,我国土地不单是一种经济资源,更主要的是国家安全与公民保障的基本资源。土地的如此重负决定了我国土地不能像其他生产资料一样可以自由流转。在计划经济时代,土地是远离市场的,是绝对不能通过市场流转的。在改革开放进入了市场经济之后,为了搞活经济,土地开始有条件限制地进入市场,即国有土地的使用权经国家土地管理部门批准后可以流通。但无论是在计划经济时代,还是在走向市场经济时代的今天,只要人多地少,人均可耕地极少的情况没有得到根本改变,那么我国土地的基本保障功能也依然存在,国家对土地应该实行严格的管理制度。

---

① 《中华人民共和国野生动物保护法》于 1988 年 11 月 8 日第七届全国人大常委会第四次会议通过,自 1989 年 3 月 1 日起施行,2004 年 8 月 28 日修订.全文 5 章 42 条。

　　我国宪法对国家的土地制度作出了基本的规定,在 1986 年之后先后制定了《土地管理法》、《水土保持法》①、《农村土地承包法》②和《城市房地产管理法》③等法律。国务院也先后颁布《村镇建房用地管理条例》④、《土地管理法实施条例》⑤、《基本农田保护条例》⑥、《土地调查条例》⑦、《城镇国有土地使用权出让和转让暂行条例》⑧等一系列符合现行国情的土地法律法规。国务院及其有关行政部门还颁布了规章与政策性文件。各省、自治区和直辖市相继制定了一些地方性土地法规。我国基本形成了完整的土地资源管理利用的法律制度。

(一)土地资源保护利用基本原则

1. 土地资源公有制原则⑨

　　在我国实行土地资源公有制原则,即全民所有制和劳动群众集体所有制。全民所有,即国家所有土地的所有权由国务院代表国家行使。对农民集体所有的土地属于村农民集体所有,由村集体组织或者村民委员会经营管理。任何单位和个人不得侵占、买卖或者以其他形式非法转让土地。土地使用权可以依法转让。

2. 土地用途管制原则⑩

　　国家对土地用途实行严格管理制度,国家通过土地规划制度管理土地用途。使用土地的单位和个人必须严格按照土地利用总体规划确定的用途使用土地。国家为了公共利益的需要,可以依法对土地实行征收或者征用并给予补偿。

---

　　① 《中华人民共和国水土保持法》于 1991 年 6 月 29 日第七届全国人大常委会第二十次会议通过,自公布之日起施行. 全文 6 章 42 条.

　　② 《中华人民共和国农村土地承包法》由第九届全国人大常委会第二十九次会议于 2002 年 8 月 29 日通过,自 2003 年 3 月 1 日起施行. 全文 65 条.

　　③ 《中华人民共和国城市房地产管理法》于 1994 年 7 月 5 日第八届全国人大常委会第八次会议通过,自 1995 年 1 月 1 日起施行。2007 年 8 月 30 日第十届全国人大常委会第二十九次会议修正. 全文 7 章 73 条.

　　④ 该法规已被 1986 年 6 月 25 日发布并实行的《中华人民共和国土地管理法》废止.

　　⑤ 《中华人民共和国土地管理法实施条例》经 1998 年 12 月 24 日国务院第 12 次常务会议通过,自 1999 年 1 月 1 日起施行。1991 年国务院制定的同名文件被废止失效.

　　⑥ 《基本农田保护条例》已经 1998 年 12 月 24 日国务院第 12 次常务会议通过,自 1999 年 1 月 1 日起施行。1994 年国务院制定的同名文件被废止失效.

　　⑦ 《土地调查条例》由国务院令(第 518 号)于自 2008 年 2 月 7 日公布之日起施行.

　　⑧ 《中华人民共和国城镇国有土地出让和转让暂行条例》1990 年 5 月 19 日国务院令第 55 号发布,自发布之日起施行.

　　⑨ 《中华人民共和国宪法》第 10 条、《中华人民共和国土地管理法》第 2 条.

　　⑩ 《中华人民共和国土地管理法》第 4 条.

3．国有土地有偿使用原则①

国家依法实行国有土地有偿使用制度。但是，国家在法律规定的范围内划拨国有土地使用权的除外。

4．保护基本农田原则②

国家严格限制农用地转为建设用地，控制建设用地总量，对耕地实行特殊保护。

（二）土地资源保护利用基本制度

1．土地权属登记制度

我国土地实行国家所有制和农民集体所有制③，城市市区的土地属于国家所有；农村和城市郊区的土地，除由法律规定属于国家所有的以外，属于农民集体所有；宅基地和自留地、自留山，属于农民集体所有。对农民集体的土地权实行登记制。农民集体所有的土地，由县级人民政府登记造册，核发证书，确认所有权。

土地所有权、使用权必须办理土地证书，土地所有权、使用权的转让必须办理变更登记手续，更换土地证书④。土地使用都需要得到政府的许可并进行相应的登记。农民集体所有的土地依法用于非农业建设的，由县级人民政府登记造册，核发证书，确认建设用地使用权。单位和个人依法使用的国有土地，由县级以上人民政府登记造册，核发证书，确认使用权；其中，中央国家机关使用的国有土地的具体登记发证机关，由国务院确定。依法改变土地权属和用途的，应当办理土地变更登记手续。

2．土地用途管制制度

我国实行土地用途管制制度⑤，国家通过规划制度实现土地用途管制的目标，无论是国有土地还是集体土地都必须符合国家规划的土地用途，否则就是违法用地。违法用地会受到法律的制裁。改变土地用途必须通过法定程序提出申请，经国家土地管理部门的同意。

国家保护耕地，严格控制耕地转为非耕地。国家实行占用耕地补偿制度。非农业建设经批准占用耕地的，按照"占多少，垦多少"的原则，由占用耕地的单位负责开垦与所占用耕地的数量和质量相当的耕地；没有条件开垦或者开垦的耕地不符合要求的，应当按照省、自治区、直辖市的规定缴纳耕地开垦费，专款用于开垦新的耕地。

---

①　《中华人民共和国土地管理法》第 2 条.
②　《中华人民共和国土地管理法》第 4 条.
③　《中华人民共和国宪法》第 10 条、《中华人民共和国土地管理法》第 8 条、《中华人民共和国物权法》第 47 条等.
④　《中华人民共和国土地管理法》第 11 条和第 12 条.
⑤　《中华人民共和国土地管理法》第 4 条.

我国对建设用地实行严格的管理制度,任何单位和个人进行建设,需要使用土地的,必须依法申请使用国有土地;但是,兴办乡镇企业和村民建设住宅经依法批准使用本集体经济组织农民集体所有的土地的,或者乡(镇)村公共设施和公益事业建设经依法批准使用农民集体所有的土地的除外。国有土地包括国家所有的土地和国家征收的原属于农民集体所有的土地。建设用地的取得要经过国有土地使用权划拨或者国有土地使用权出让这一环节;如果建设用地属于农民集体土地,那么还要经过征地的环节,如果建设用地属于城市土地,还要经过拆迁环节;无论是征地还是拆迁都有一个补偿的工作。

3. 土地承包经营制度

我国实行严格的土地国家所有和集体所有的制度,农民集体所有的土地由本集体经济组织的成员承包经营[①],从事种植业、林业、畜牧业、渔业生产。耕地承包经营期限为30年。发包方和承包方应当订立承包合同,约定双方的权利和义务。承包经营土地的农民有保护和按照承包合同约定的用途合理利用土地的义务。

国有土地可以由单位或者个人承包经营[②],从事种植业、林业、畜牧业、渔业生产。农民集体所有的土地,可以由本集体经济组织以外的单位或者个人承包经营,从事种植业、林业、畜牧业、渔业生产。发包方和承包方应当订立承包合同,约定双方的权利和义务。土地承包经营的期限由承包合同约定。承包经营土地的单位和个人,有保护和按照承包合同约定的用途合理利用土地的义务。

在土地承包经营期限内,对个别承包经营者之间承包的土地进行适当调整的,必须经村民会议2/3以上成员或者2/3以上村民代表的同意,并报乡(镇)人民政府和县级人民政府农业行政主管部门批准。农民集体所有的土地由本集体经济组织以外的单位或者个人承包经营的,必须经村民会议2/3以上成员或者2/3以上村民代表的同意,并报乡(镇)人民政府批准[③]。

4. 基本农田保护制度

我国人多地少,可耕地更少,为了确保国民经济安全,国家实行基本农田保护制度[④]以确保粮食的供应。按照土地管理法的规定,各省、自治区、直辖市划定的基本农田应当占本行政区域内耕地的80%以上。且符合下列五个条件的耕地也属于基本农田保护区:①经国务院有关主管部门或者县级以上地方人民政府批准确定的粮、棉、油生产基地内的耕地;②有良好的水利与水土保持设施的耕地,正在

---

① 《中华人民共和国土地管理法》第14条.
② 《中华人民共和国土地管理法》第15条.
③ 《中华人民共和国土地管理法》第14条和第15条.
④ 《中华人民共和国土地管理法》第34条.

实施改造计划以及可以改造的中、低产田;③蔬菜生产基地;④农业科研、教学试验田;⑤国务院规定应当划入基本农田保护区的其他耕地。

5. 农民集体土地的征收与补偿安置制度

建设占用土地,涉及农用地转为建设用地的,首先应当办理农用地转用审批手续。不同级别的政府批准的权限有所不同。征用下列土地的,由国务院批准:①基本农田;②基本农田以外的耕地超过35公顷的;③其他土地超过70公顷的。征用除此之外的土地,由省、自治区、直辖市人民政府批准,并报国务院备案①。

征用农用地的,应当先行办理农用地转用审批②。其中,经国务院批准农用地转用的,同时办理征地审批手续,不再另行办理征地审批;经省、自治区、直辖市人民政府在征地批准权限内批准农用地转用的,同时办理征地审批手续,不再另行办理征地审批,超过征地批准权限的,应当另行办理征地审批。

基于土地的保障功能,所以征收耕地本质上不是购买耕地,征收不是买卖,而是社会经济发展的一种方式。征收耕地必然会产生失地农民,但这些农民在失去土地的同时应该得到另外的保障。这种保障主要体现在征地补偿与失地安置的具体措施上。

国家对征地的补偿费用包括土地补偿费、安置补助费以及地上附着物和青苗的补偿费③。征收耕地的土地补偿费,为该耕地被征收前3年平均年产值的6至10倍。征收耕地的安置补助费,按照需要安置的农业人口数计算。需要安置的农业人口数,按照被征收的耕地数量除以征地前被征收单位平均每人占有耕地的数量计算。每一个需要安置的农业人口的安置补助费标准,为该耕地被征收前3年平均年产值的4至6倍。但是,每公顷被征收耕地的安置补助费,最高不得超过被征收前3年平均年产值的15倍。

如果这样尚不能使需要安置的农民保持原有生活水平的,经省、自治区、直辖市人民政府批准,可以增加安置补助费。但是,土地补偿费和安置补助费的总和不得超过土地被征收前3年平均年产值的30倍。

征收其他土地的土地补偿费和安置补助费标准,由省、自治区、直辖市参照征收耕地的土地补偿费和安置补助费的标准规定。被征收土地上的附着物和青苗的补偿标准,由省、自治区、直辖市规定。大中型水利、水电工程建设征收土地的补偿费标准和移民安置办法,由国务院另行规定。征地补偿安置方案确定后,有关地方人民政府应当公告,并听取被征地的农村集体经济组织和农民的意见。

---

① 《中华人民共和国土地管理法》第45条第1款.
② 《中华人民共和国土地管理法》第45条第3款.
③ 《中华人民共和国土地管理法》第47条.

6. 国有土地使用权的出让与划拨制度

我国法律规定农民集体所有的土地的使用权不得出让、转让或者出租用于非农业建设①。农民集体所有土地经征地程序变性为国有土地后,土地的使用权要按照法律的规定,经过划拨或出让程序后成为建设单位的建设用地。法律规定,建设单位使用国有土地,应当以出让等有偿使用方式取得;但是,下列建设用地,经县级以上人民政府依法批准,可以划拨方式取得:①国家机关用地和军事用地;②城市基础设施用地和公益事业用地;③国家重点扶持的能源、交通、水利等基础设施用地;④法律、行政法规规定的其他用地②。

(1)出让土地使用权③。出让土地使用权是指国有土地经法定出让土地使用权程序后形成的一种土地使用权。

土地使用权出让是指国家将国有土地使用权在一定年限内出让给土地使用者,由土地使用者向国家支付土地使用权出让金的行为。土地使用权出让,可以采取拍卖、招标或者双方协议的方式。商业、旅游、娱乐和豪华住宅用地,有条件的必须采取拍卖、招标方式;没有条件不能采取拍卖、招标方式的,可以采取双方协议的方式。采取双方协议方式出让土地使用权的出让金不得低于按国家规定所确定的最低价。土地使用权出让,应当签订书面出让合同。土地使用权出让合同由市、县人民政府土地管理部门与土地使用者签订。以出让等有偿使用方式取得国有土地使用权的建设单位,按照国务院规定的标准和办法,缴纳土地使用权出让金等土地有偿使用费和其他费用后,方可使用土地。

土地使用权出让最高年限按下列用途确定:①居住用地 70 年;②工业用地 50 年;③教育、科技、文化、卫生、体育用地 50 年;④商业、旅游、娱乐用地 40 年;⑤综合或者其他用地 50 年④。土地使用权因土地使用权出让合同规定的使用年限届满、提前收回及土地灭失等原因而终止。土地使用权期满,土地使用权及其地上建筑物、其他附着物所有权由国家无偿取得。土地使用者应当交还土地使用证,并依照规定办理注销登记。土地使用权期满,土地使用者可以申请续期。需要续期的,应当重新签订合同,支付土地使用权出让金,并办理登记。

国家对土地使用者依法取得的土地使用权不提前收回。在特殊情况下,根据社会公共利益的需要,国家可以依照法律程序提前收回,并根据土地使用者已使用的年限和开发、利用土地的实际情况给予相应的补偿。

---

① 《中华人民共和国土地管理法》第 63 条.
② 《中华人民共和国土地管理法》第 54 条.
③ 《中华人民共和国城镇国有土地使用权出让和转让暂行条例》第 8 条~第 13 条.
④ 《中华人民共和国城镇国有土地使用权出让和转让暂行条例》第 12 条.

（2）划拨土地使用权①。划拨土地使用权是指国有土地经过法定的程序，无偿交付使用单位用地，而形成的一种土地使用权。

划拨土地使用权是指土地使用者通过各种方式依法无偿取得的土地使用权。划拨土地使用权一般由取得划拨土地使用权的土地使用者自己使用。经市、县人民政府土地管理部门和房产管理部门批准，划拨土地使用者的划拨土地使用权和地上建筑物、其他附着物所有权可以转让、出租、抵押。但应满足以下条件：①土地使用者为公司、企业、其他经济组织和个人；②领有国有土地使用证；③具有地上建筑物、其他附着物合法的产权证明；④依法签订土地使用权出让合同，向当地市、县人民政府补交土地使用权出让金或者以转让、出租、抵押所获收益抵交土地使用权出让金。

无偿取得划拨土地使用权的土地使用者，因迁移、解散、撤销、破产或者其他原因而停止使用土地的，市、县人民政府应当无偿收回其划拨土地使用权，并可依照本条例的规定予以出让。有下列情形之一的，由有关人民政府土地行政主管部门报经原批准用地的人民政府或者有批准权的人民政府批准，可以收回国有土地使用权：①为公共利益需要使用土地的；②为实施城市规划进行旧城区改建，需要调整使用土地的；③土地出让等有偿使用合同约定的使用期限届满，土地使用者未申请续期或者申请续期未获批准的；④因单位撤销、迁移等原因，停止使用原划拨的国有土地的；⑤公路、铁路、机场、矿场等经核准报废的②。

（三）禁止性规定与法律责任③

土地是国民基本生活与保障的基础，法律严禁破坏土地法律制度的行为。凡违反土地管理法律制度的，国家就会追究其法律责任。法律作出了以下禁止性规定：

1. 禁止非法买卖土地

违法买卖或者以其他形式非法转让土地的，由县级以上人民政府土地行政主管部门没收违法所得；对违反土地利用总体规划擅自将农用地改为建设用地的，限期拆除在非法转让的土地上新建的建筑物和其他设施，恢复土地原状，对符合土地利用总体规划的，没收在非法转让的土地上新建的建筑物和其他设施；可以并处罚款；对直接负责的主管人员和其他直接责任人员，依法给予行政处分；构成犯罪的，依法追究刑事责任。

---

① 《中华人民共和国城镇国有土地使用权出让和转让暂行条例》第43条～第47条.
② 《中华人民共和国土地管理法》第58条.
③ 《中华人民共和国土地管理法》第73条～第84条.

2. 禁止非法占用耕地

违法占用耕地建窑、建坟或者擅自在耕地上建房、挖砂、采石、采矿、取土等，破坏种植条件的，或者因开发土地造成土地荒漠化、盐渍化的，由县级以上人民政府土地行政主管部门责令限期改正或者治理，可以并处罚款；构成犯罪的，依法追究刑事责任。

3. 禁止非法占用土地

未经批准或者采取欺骗手段骗取批准，非法占用土地的，由县级以上人民政府土地行政主管部门责令退还非法占用的土地，对违反土地利用总体规划擅自将农用地改为建设用地的，限期拆除在非法占用的土地上新建的建筑物和其他设施，恢复土地原状，对符合土地利用总体规划的，没收在非法占用的土地上新建的建筑物和其他设施，可以并处罚款；对非法占用土地单位的直接负责的主管人员和其他直接责任人员，依法给予行政处分；构成犯罪的，依法追究刑事责任。超过批准的数量占用土地，多占的土地以非法占用土地论处。

4. 禁止非法占地建屋

农村村民未经批准或者采取欺骗手段骗取批准，非法占用土地建住宅的，由县级以上人民政府土地行政主管部门责令退还非法占用的土地，限期拆除在非法占用的土地上新建的房屋。超过省、自治区、直辖市规定的标准，多占的土地以非法占用土地论处。

5. 禁止非法批地

无权批准征收、使用土地的单位或者个人非法批准占用土地的，超越批准权限非法批准占用土地的，不按照土地利用总体规划确定的用途批准用地的，或者违反法律规定的程序批准占用、征收土地的，其批准文件无效，对非法批准征收、使用土地的直接负责的主管人员和其他直接责任人员，依法给予行政处分；构成犯罪的，依法追究刑事责任。非法批准、使用的土地应当收回，有关当事人拒不归还的，以非法占用土地论处。非法批准征收、使用土地，对当事人造成损失的，依法应当承担赔偿责任。

6. 禁止拒不交出应收回的土地

依法收回国有土地使用权当事人拒不交出土地的，临时使用土地期满拒不归还的，或者不按照批准的用途使用国有土地的，由县级以上人民政府土地行政主管部门责令交还土地，处以罚款。

7. 禁止农民集体所有的土地用于非农项目

擅自将农民集体所有的土地的使用权出让、转让或者出租用于非农业建设的，由县级以上人民政府土地行政主管部门责令限期改正，没收违法所得，并处罚款。

土地行政主管部门的工作人员玩忽职守、滥用职权、徇私舞弊，构成犯罪的，依法追究刑事责任；尚不构成犯罪的，依法给予行政处分。

二、水资源保护利用法律制度

水资源包括地表水和地下水。我国人均水资源占有量严重不足，是一个水源性缺水的国家。当今中国经济快速发展，社会对水的需求大大增加，水资源匮乏的问题也日益凸现。再加上我国生态环境日益恶劣，江河湖海水质恶化也很严重，水质性缺水的情况也已经发生，如 2007 年夏太湖出现蓝藻，无锡等太湖沿岸城市无水可取。水已经成了我国社会生活与经济发展的重要问题。为了对有限的水资源进行合理的配置，国家进入了依法配置水资源的历史时期。1988 年 12 月我国颁布实施了《水法》，国务院及其所属部门也先后颁布了 60 多件水行政法规和政府规章，各省、市、自治区先后出台了相应的地方性法规和政府规章。在其他相关的立法中，也有关于水资源保护与利用的相应条款[1]。

(一) 水资源保护利用基本原则

1. 基本水资源国家所有原则[2]

在我国主要水资源属于国家所有，只有集体水库和水塘的水属于集体所有。任何个人不得拥有水资源。水与国民利益是密不可分的，为了确保民众的基本生活需要和国家的经济生活，实行基本水资源国家所有制度。所谓基本水资源国家所有制是指，在我国的江河湖海都属于国家所有，只有集体所有的水塘和水库的水属于集体所有；除了这些地表水，全部的地下水都属于国家。水虽然在某一地域，但不属于某一地域所有，属于国家所有。为了国家的经济安全，只有国家才可以统

---

① 据统计，1997 年全国人均水资源量为 2169 立方米，仅为世界人均占有的 1/4。而且在国土面积 30% 的地区，占总人口 60% 的人口处于缺水状态。水资源时空分布不均匀，水土资源不相匹配。我国长江流域及其以南地区占全国 80.4% 的水资源，属于人多地少、经济发达、水资源丰富的地区；长江流域以北的地区，水资源只占全国的 14.7%，其中黄河、淮河、海河 3 个流域水资源仅有 7.7%，人均水资源量不足 500 立方米，是全国水资源最为短缺的地区；西北内陆水资源占全国的 4.9%，虽然人均水资源量不少，但其地生态环境脆弱，进一步开发利用水资源受到较大限制。从全国范围看，北方干旱缺水与南方洪涝灾害同时出现，形成北旱南涝的局面。全国水土流失面积 367 万平方公里，占国土面积的 38%。全国近 50% 的河段、90% 的城市水域受到不同程度的污染。水环境的恶化，破坏了生态系统，进一步加剧了水资源紧缺的矛盾，出现超采、超用等不合理现象，北方水资源开发程度已超过 50%，导致河道断流和湖泊洼淀萎缩；南方水网地区污水超标排放，造成水体污染；西北干旱区大量挤占生态用水，荒漠化趋势蔓延；西南山丘区坡陡田高水低，水资源开发利用工程艰巨。

② 《中华人民共和国宪法》第 9 条、《中华人民共和国水法》第 3 条.

一调配水资源,南水北调是国家最大的水资源调配行为,其法律依据就是水资源国家所有的制度。根据这项制度也可以得出这样的结论,水资源丰富地区的地方政府不能将水资源作为商品出售给其他地区。

2. 全面规划综合利用原则①

开发、利用、节约、保护水资源和防治水害,应当全面规划、统筹兼顾、标本兼治、综合利用、讲求效益。我国是缺水国家,水资源的保护利用要全面规划,在开发利用水资源时要考虑节约,千万不能把水资源作为取之不尽,用之不竭的无穷无尽的资源。我国也是水害严重的国家,在防治水害时,也要防止破坏水源。

3. 取水许可原则②

国家对水资源依法实行取水许可制度和有偿使用制度。除居民生活用水之外的取水用户都要申请取水许可证,用户应当在政府允许的范围内取水;除居民生活用水以外的取水用户要按照取水量支付水资源使用费。

4. 满足城乡居民生活用水和节约用水原则③

规划与控制水资源首先满足城乡居民生活用水,并兼顾农业、工业、生态环境用水以及航运等需要。当水量不足以满足生活与生产需要时,首先应当满足城乡居民生活用水的需要。同时国家厉行节约用水,大力推行节约用水措施,推广节约用水新技术、新工艺,发展节水型工业、农业和服务业,建立节水型社会。

(二) 水资源保护利用基本制度

1. 水资源所有权制度

水资源是人类生存的必需物资,所有的人都离不开水,很多生产活动也离不开水。为了确保每一个公民都有水的消费权利,也为了满足经济发展对水的需要,我国实行水资源所有权制度。我国境内基本的水资源属于国家所有,即江河湖海中的水都属于国家,集体所有的水库和水塘中的水属于集体;全部的地下水都属于国家。水资源的所有权由国务院代表国家行使。农村集体经济组织的水塘和由农村集体经济组织修建管理的水库中的水,归各该农村集体经济组织使用。

2. 规划用水制度④

国家统一制定全国水资源战略规划。规划分为流域规划和区域规划。流域规

---

① 《中华人民共和国水法》第 4 条.
② 《中华人民共和国水法》第 7 条.
③ 《中华人民共和国水法》第 21 条、第 8 条.
④ 《中华人民共和国水法》第 14 条和第 15 条.

划包括流域综合规划和流域专业规划[1]；区域规划包括区域综合规划和区域专业规划。流域范围内的区域规划应当服从流域规划，专业规划应当服从综合规划。流域综合规划和区域综合规划以及与土地利用关系密切的专业规划，应当与国民经济和社会发展规划以及土地利用总体规划、城市总体规划和环境保护规划相协调，兼顾各地区、各行业的需要。

3. 取水许可证制度

直接从江河、湖泊或者地下取用水资源的单位和个人，应当按照国家取水许可制度和水资源有偿使用制度的规定，向水行政主管部门或者流域管理机构申请领取取水许可证，并缴纳水资源费，取得取水权。但是，家庭生活和零星散养、圈养畜禽饮用等少量取水的除外。

实施取水许可制度的具体办法，由国务院规定。

4. 有偿用水制度

单位和个人使用供水工程供应的水，按照规定向供水单位缴纳水费。水费主要用于供水设施的建设、维护和运行等。对城市直接从地下取水的单位，征收水资源费。其他直接从地下、江河、湖泊取水的，如何征收，由省级人民政府规定。水资源费由国家征收，主要用于水资源的保护和开发。

5. 水资源流域管理与行政区域管理结合的管理制度[2]

国家对水资源实行流域管理与行政区域管理相结合的管理体制。国务院水行政主管部门负责全国水资源的统一管理和监督工作。国务院水行政主管部门在国家确定的重要江河、湖泊设立的流域管理机构（以下简称流域管理机构），在所管辖的范围内行使法律、行政法规规定的和国务院水行政主管部门授予的水资源管理和监督职责。县级以上地方人民政府水行政主管部门按照规定的权限，负责本行政区域内水资源的统一管理和监督工作。国务院有关部门按照职责分工，负责水资源开发、利用、节约和保护的有关工作。县级以上地方人民政府有关部门按照职责分工，负责本行政区域内水资源开发、利用、节约和保护的有关工作。

6. 饮用水保护制度[3]

国家建立饮用水水源保护区制度。省、自治区、直辖市人民政府应当划定饮用水水源保护区，并采取措施，防止水源枯竭和水体污染，保证城乡居民饮用水安全。

---

[1]　综合规划，是指根据经济社会发展需要和水资源开发利用现状编制的开发、利用、节约、保护水资源和防治水害的总体部署。专业规划，是指防洪、治涝、灌溉、航运、供水、水力发电、竹木流放、渔业、水资源保护、水土保持、防沙治沙、节约用水等规划.

[2]　《中华人民共和国水法》第12条和第13条.

[3]　《中华人民共和国水法》第33条和第34条.

禁止在饮用水水源保护区内设置排污口。在江河、湖泊新建、改建或者扩大排污口,应当经过有管辖权的水行政主管部门或者流域管理机构同意,由环境保护行政主管部门负责对该建设项目的环境影响报告书进行审批。

(三) 禁止性规定与法律责任

1. 关于水行政主管部门的禁止性规定和法律责任

水行政主管部门或者其他有关部门以及水工程管理单位及其工作人员,利用职务上的便利收取他人财物、其他好处或者玩忽职守,对不符合法定条件的单位或者个人核发许可证、签署审查同意意见,不按照水量分配方案分配水量,不按照国家有关规定收取水资源费,不履行监督职责,或者发现违法行为不予查处,造成严重后果,构成犯罪的,对负有责任的主管人员和其他直接责任人员依照刑法的有关规定追究刑事责任;尚不够刑事处罚的,依法给予行政处分。

2. 关于不特定公众的禁止性规定和法律责任

在河道管理范围内建设妨碍行洪的建筑物、构筑物,或者从事影响河势稳定、危害河岸堤防安全和其他妨碍河道行洪的活动的,由县级以上人民政府水行政主管部门或者流域管理机构依据职权,责令停止违法行为,限期拆除违法建筑物、构筑物,恢复原状;逾期不拆除、不恢复原状的,强行拆除,所需费用由违法单位或者个人负担,并处 1 万元以上 10 万元以下的罚款。

未经水行政主管部门或者流域管理机构同意,擅自修建水工程,或者建设桥梁、码头和其他拦河、跨河、临河建筑物、构筑物,铺设跨河管道、电缆,且防洪法未作规定的,由县级以上人民政府水行政主管部门或者流域管理机构依据职权,责令停止违法行为,限期补办有关手续;逾期不补办或者补办未被批准的,责令限期拆除违法建筑物、构筑物;逾期不拆除的,强行拆除,所需费用由违法单位或者个人负担,并处 1 万元以上 10 万元以下的罚款。

虽经水行政主管部门或者流域管理机构同意,但未按照要求修建工程设施的,由县级以上人民政府水行政主管部门或者流域管理机构依据职权,责令限期改正,按照情节轻重,处 1 万元以上 10 万元以下的罚款。

在江河、湖泊、水库、运河、渠道内弃置、堆放阻碍行洪的物体和种植阻碍行洪的林木及高秆作物的;在围湖造地或者未经批准围垦河道的,由县级以上人民政府水行政主管部门或者流域管理机构依据职权,责令停止违法行为,限期清除障碍或者采取其他补救措施,处 1 万元以上 5 万元以下的罚款。

在饮用水水源保护区内设置排污口的,由县级以上地方人民政府责令限期拆除、恢复原状;逾期不拆除、不恢复原状的,强行拆除、恢复原状,并处 5 万元以上 10 万元以下的罚款。

未经水行政主管部门或者流域管理机构审查同意,擅自在江河、湖泊新建、改建或者扩大排污口的,由县级以上人民政府水行政主管部门或者流域管理机构依据职权,责令停止违法行为,限期恢复原状,处5万元以上10万元以下的罚款。

生产、销售或者在生产经营中使用国家明令淘汰的落后的、耗水量高的工艺、设备和产品的,由县级以上地方人民政府经济综合主管部门责令停止生产、销售或者使用,处2万元以上10万元以下的罚款。

未经批准擅自取水的;未依照批准的取水许可规定条件取水的,由县级以上人民政府水行政主管部门或者流域管理机构依据职权,责令停止违法行为,限期采取补救措施,处2万元以上10万元以下的罚款;情节严重的,吊销其取水许可证。

拒不缴纳、拖延缴纳或者拖欠水资源费的,由县级以上人民政府水行政主管部门或者流域管理机构依据职权,责令限期缴纳;逾期不缴纳的,从滞纳之日起按日加收滞纳部分2‰的滞纳金,并处应缴或者补缴水资源费1倍以上5倍以下的罚款。

建设项目的节水设施没有建成或者没有达到国家规定的要求,擅自投入使用的,由县级以上人民政府有关部门或者流域管理机构依据职权,责令停止使用,限期改正,处5万元以上10万元以下的罚款。

侵占、毁坏水工程及堤防、护岸等有关设施,毁坏防汛、水文监测、水文地质监测设施的;在水工程保护范围内,从事影响水工程运行和危害水工程安全的爆破、打井、采石、取土等活动的,构成犯罪的,依照刑法的有关规定追究刑事责任;尚不够刑事处罚,由县级以上地方人民政府水行政主管部门或者流域管理机构依据职权,责令停止违法行为,采取补救措施,处1万元以上5万元以下的罚款;违反治安管理处罚条例的,由公安机关依法给予治安管理处罚;给他人造成损失的,依法承担赔偿责任。

侵占、盗窃或者抢夺防汛物资,防洪排涝、农田水利、水文监测和测量以及其他水工程设备和器材,贪污或者挪用国家救灾、抢险、防汛、移民安置和补偿及其他水利建设款物,构成犯罪的,依照刑法的有关规定追究刑事责任。

3. 水事争议处理时的禁止性规定和法律责任

在水事纠纷发生及其处理过程中煽动闹事、结伙斗殴、抢夺或者损坏公私财物、非法限制他人人身自由,构成犯罪的,依照刑法的有关规定追究刑事责任;尚不够刑事处罚的,由公安机关依法给予治安管理处罚。

不同行政区域之间发生水事纠纷,有下列行为之一的,对负有责任的主管人员和其他直接责任人员依法给予行政处分:①拒不执行水量分配方案和水量调度预案的;②拒不服从水量统一调度的;③拒不执行上一级人民政府的裁决的;④在水事纠纷解决前,未经各方达成协议或者上一级人民政府批准,单方面改变水的现状的。

引水、截(蓄)水、排水,损害公共利益或者他人合法权益的,依法承担民事责任。

三、矿产资源保护利用法律制度

矿产作为经济建设的重要物质基础,是社会的基本与重要的财富。我国人均资源量少,部分资源供需失衡。人口多、矿产资源人均量低是中国的基本国情。中国人均矿产资源拥有量在世界上处于较低水平。金刚石、铂、铬铁矿、钾盐等矿产资源供需缺口较大①。为了加强对矿产资源的管理,国家制定了一系列的法律、法规。

矿产资源法是调整关于矿产资源的所有和使用权属及保护管理中的社会关系的法律规范。人们在矿产资源的勘查、开发利用,保护和管理等活动中要遵循矿产资源法律规范。《矿产资源法》是最基本的矿产资源利用保护法律制度,它与国务院及其地质矿产部门颁布的《矿产资源法实施细则》、《探矿权采矿权转让管理办法》和《矿产资源勘查登记管理暂行办法》等构成了我国矿产资源法律体系。

(一)矿产资源保护利用基本原则

1. 矿产资源属于国家所有原则

我国《宪法》规定矿产资源属于国家所有②。我国的矿产资源属于国家,任何人都不得据为己有。矿产资源是国家与民族的重要财富,在我国资源与人口分布不均匀,人均资源量低,以及百姓对资源的购买力相差很大的情况下,矿产资源国家所有是一种合理的资源制度。我国法律明确矿产资源属于国家可以保证矿产资源合理配置,保证国民对矿产资源或国家财富的基本需求。

2. 矿业权优于土地权的原则

矿产生成在地下,有些矿产生成在土地的浅表层,矿权与土地权的冲突是存在的,在采矿时也会因矿业生产而产生对土地的需要,形成与土地权的冲突。但我国法律规定,矿产资源生成地的土地所有权或土地使用权属于他人时,仍不妨碍矿产资源国家所有的基本属性③。这实际上是作了矿业权优于土地权的制度安排。因矿产资源而形成的独立权属,不因为处于土地所有权人和土地使用权人的权属范

---

① 《中国的矿产资源政策》2003 年 12 月 23 日国务院新闻办公室.
② 《中华人民共和国宪法》第 9 条.
③ 指地表或者地下的矿产资源的国家所有权,不因其所依附的土地的所有权或者使用权的不同而改变. 参见《中华人民共和国矿产资源法》第 3 条第 1 款.

围内而不再存在,无论矿产资源再怎样接近地表,再怎样妨碍了土地的正常使用,土地权所有人既不能主张矿产资源的权利,也不能以土地权对抗矿产资源权。当矿权合法地被矿产企业受让后,矿产企业可以因矿业生产需要而要求政府出让土地时,为了实现矿业生产,政府应当征地并向矿业权人出让土地使用权。

3. 勘查、开发矿产资源实行许可证制度原则

我国法律规定勘查、开采矿产资源,必须依法分别申请、经批准取得探矿权、采矿权,并办理登记①。许可证制度是我国管理矿权的基本制度,商事主体如果希望从事探矿活动或采矿活动必须取得勘探许可证或者采矿许可证②。

4. 探矿权、采矿权有偿取得原则

我国法律规定,任何单位和个人如果希望取得探矿权、采矿权的,必须有偿取得③。矿产资源是社会财富,不能谁开发谁受益,开发者可以得到开发投入的回报,但矿产资源本身的价值属于社会,这是矿产资源属于国家的全部意义所在,如果矿产资源的价值全部属于矿产开发商,那么矿产资源属于国家的制度安排就没有任何意义。所以矿产资源的勘查与开采要向政府交纳资源税、资源费和相关费用,这些资金应该收归国库为全民所有的财产。

(二) 矿产资源保护利用基本制度④

1. 矿产资源国家所有制度

我国实行矿产资源国家所有制度,由国务院代表国家行使对矿产资源的管理权。地表或者地下的矿产资源的所有权不因其所依附的土地所有权或者使用权的不同而改变。

国务院国土资源部是国家地质矿产主管部门,主管全国矿产资源勘查、开采的监督管理工作。国务院有关主管部门协助国务院地质矿产主管部门进行矿产资源勘查、开采和监督管理工作。省、自治区、直辖市人民政府地质矿产主管部门主管本行政区域内矿产资源勘查、开采的监督管理工作。省、自治区、直辖市人民政府有关主管部门协助同级地质矿产主管部门进行矿产资源勘查、开采的监督管理工作。省级以下(不含省级)人民政府是否具有矿产资源管理权取决于省级人大制定

---

① 《中华人民共和国矿产资源法》第3条第3款.
② 《中华人民共和国矿产资源法》第3条第3款.
③ 《中华人民共和国矿产资源法》第5条.
④ 我国有完备的矿产资源保护利用制度,但限于篇幅,本书仅介绍矿产资源所有权制度、分级管理制度、许可制度、矿权有偿获得制度等几项基本的制度.

的地方性法规是否允许①,如果允许,则在国家与省级管理范围以外有矿产资源的管理权,按照国家法律和上级人民政府的指令,权利人享有矿产资源勘查、开采的权利和义务。

2. 矿产资源分级管理制度

在矿产资源国家所有的基础上,国家对自然资源的勘查、开采活动采取分级审批的管理制度。就是我国的矿产资源的分为三级管理,首先是国家地质矿产主管部门即国务院地质矿产主管部门、其二是国务院授权的主管部门、第三是省级人民政府的地质矿产主管部门,其他机关与单位如没有得到法律法规的授权都不得主管矿产资源事务。凡国务院授权的主管部门和省级人民政府的颁发采矿许可证的,应该报国家地质矿产主管部门备案。

我国矿产资源法规定由国务院地质矿产主管部门审批,并颁发采矿许可证的矿产有:①国家规划矿区和对国民经济具有重要价值的矿区内的矿产资源;②前项规定区域以外可供开采的矿产储量规模在大型以上的矿产资源;③国家规定实行保护性开采的特定矿种;④领海及中国管辖的其他海域的矿产资源;⑤国务院规定的其他矿产资源②。由国务院授权有关主管部门审批并颁发采矿许可证的矿产有,石油、天然气、放射性矿产等特定矿种的。

以上范围以外的矿产资源且可供开采的矿产的储量规模为中型的,由省、自治区、直辖市人民政府地质矿产主管部门审批和颁发采矿许可证。凡根据法律规定由国务院授权的有关主管部门和省、自治区、直辖市人民政府地质矿产主管部门颁发采矿许可证的,都应向国务院地质矿产主管部门备案。矿产储量规模的大型、中型的划分标准,由国务院矿产储量审批机构规定。

国家对矿产勘查也实行分级管理制度③,《矿产资源勘查区块登记管理办法》规定国家对矿产资源勘查实行统一的区块登记管理制度,登记也分为国家地质矿产主管部门、国务院授权的部门和省级地方政府地质矿产主管部门。

3. 勘查、开发矿产资源许可证制度

许可证制度是资源管理的重要制度,《矿产资源法》规定勘查、开采矿产资源,必须依法分别申请、经批准取得探矿权、采矿权,并办理登记④。国务院制定的《矿

---

① 《矿产资源开采登记管理办法》第 3 条第 4 款.

② 《中华人民共和国矿产资源法》第 16 条.

③ 1998 年 2 月 12 日,国务院颁布了《矿产资源勘查区块登记管理办法》国务院令(第 240 号),自发布之日起施行.

④ 《中华人民共和国矿产资源法》第 3 条第 3 款.

产资源勘查区块登记管理办法》、《矿产资源开采登记管理办法》①对勘查、开采矿产资源实施许可证制度做了具体规定。

（1）勘查许可证的审批与颁发制度②。由国务院地质矿产主管部门审批登记，颁发勘查许可证的范围有：①跨省、自治区、直辖市的矿产资源；②领海及中国管辖的其他海域的矿产资源；③外商投资勘查的矿产资源；④本办法附录所列的矿产资源；⑤勘查石油、天然气矿产的，经国务院指定的机关审查同意后，由国务院地质矿产主管部门登记，颁发勘查许可证。

由省级人民政府地质矿产主管部门审批登记，颁发勘查许可证的范围有：①国务院地质矿产主管部门颁发勘查许可证范围以外的矿产资源；②国务院地质矿产主管部门授权省、自治区、直辖市人民政府地质矿产主管部门审批登记的矿产资源。省级人民政府地质矿产主管部门颁发勘查许可证后，应当自发证之日起10日内，向国务院地质矿产主管部门备案。

（2）采矿许可证的审批与颁发制度。由国务院地质矿产主管部门审批登记并颁发采矿许可证的范围有：①国家规划矿区和对国民经济具有重要价值的矿区内的矿产资源；②领海及中国管辖的其他海域的矿产资源；③外商投资开采的矿产资源；④本办法附录所列的矿产资源。开采石油、天然气矿产的，经国务院指定的机关审查同意后，由国务院地质矿产主管部门登记，颁发采矿许可证。

省级人民政府地质矿产主管部门审批登记并颁发许可证的范围有：①国务院地质矿产部门颁证范围以外的矿产储量规模中型以上的矿产资源；②国务院地质矿产主管部门授权省、自治区、直辖市人民政府地质矿产主管部门审批登记的矿产资源。

县级地质矿产主管部门审批颁发许可证的范围由省、自治区、直辖市人大常委会制定的管理办法规定。

4. 有偿取得矿权制度

矿产资源属于国家，属于人民，但资源应该造福于人民。为了使矿产资源真正造福于人民，我国实行有偿矿权制度。法律规定"国家实行探矿权、采矿权有偿取得的制度"，"开采矿产资源，必须按照国家有关规定缴纳资源税③和资源补偿

---

① 1998年2月12日国务院颁布了《矿产资源开采登记管理办法》国务院令第241号，自发布之日起施行.

② 《矿产资源勘查区块登记管理办法》第4条.

③ 《中华人民共和国资源税暂行条例》国务院令〔1993〕139号。1984年9月18日国务院发布的《中华人民共和国资源税条例（草案）》、《中华人民共和国盐税条例（草案）》在资源税暂行条例实施时废止.

费"①。国务院颁布并实施了《矿产资源补偿费征收管理规定》②，财政部和国土资源部颁发了《探矿权采矿权使用费和价款管理办法》③。根据这些法律制度，凡从事勘查、开采自然资源的单位个人都应该按照法律规定向国家缴纳资源税、资源补偿费、探矿权采矿权使用费等，以保证实现国家资源属于全体人民的国家制度。

（三）禁止性规定与法律责任

1. 关于不特定公众的禁止性规定和法律责任

未取得采矿许可证擅自采矿的，擅自进入国家规划矿区、对国民经济具有重要价值的矿区范围采矿的，擅自开采国家规定实行保护性开采的特定矿种的，责令停止开采、赔偿损失，没收采出的矿产品和违法所得，可以并处罚款；拒不停止开采，造成矿产资源破坏的，依照刑法规定对直接责任人员追究刑事责任。单位和个人进入他人依法设立的国有矿山企业和其他矿山企业矿区范围内采矿的，依照前款规定处罚。

非法收购和销售应由国家统一收购的矿产品的，没收矿产品和违法所得，可以并处罚款；情节严重的，依照刑法规定，追究刑事责任。

以暴力、威胁方法阻碍从事矿产资源勘查、开采监督管理工作的国家工作人员依法执行职务的，依照刑法规定追究刑事责任；拒绝、阻碍从事矿产资源勘查、开采监督管理工作的国家工作人员依法执行职务未使用暴力、威胁方法的，由公安机关依照治安管理处罚法的规定处罚。

2. 关于矿权人的禁止性规定和法律责任

超越批准的矿区范围采矿的，责令退回本矿区范围内开采、赔偿损失，没收越界开采的矿产品和违法所得，可以并处罚款；拒不退回本矿区范围内开采，造成矿产资源破坏的，吊销采矿许可证，依照刑法规定对直接责任人员追究刑事责任。

买卖、出租或者以其他形式转让矿产资源的，没收违法所得，处以罚款。将探矿权、采矿权倒卖牟利的，吊销勘查许可证、采矿许可证，没收违法所得，处以罚款。

采取破坏性的开采方法开采矿产资源的，处以罚款，可以吊销采矿许可证；造成矿产资源严重破坏的，依照刑法规定对直接责任人员追究刑事责任。

3. 关于国家机关工作人员的禁止性规定和法律责任

负责矿产资源勘查、开采监督管理工作的国家工作人员和其他有关国家工作

---

① 《中华人民共和国矿产资源法》第 5 条.

② 《矿产资源补偿费征收管理规定》1994 年 2 月 27 日国务院令第 150 号发布，1997 年 7 月 13 日国务院第 222 号令修改.

③ 《探矿权采矿权使用费和价款管理办法》1999 年 6 月 7 日财政部、国土资源部财综字 [1997]74 号.

人员徇私舞弊、滥用职权或者玩忽职守,违反法律规定批准勘查、开采矿产资源和颁发勘查许可证、采矿许可证,或者对违法采矿行为不依法予以制止、处罚,构成犯罪的,依法追究刑事责任;不构成犯罪的,给予行政处分。违法颁发的勘查许可证、采矿许可证,上级人民政府地质矿产主管部门有权予以撤销。

四、森林资源保护利用法律制度

森林不仅仅是一种可利用的资源,更是一座活的绿色的宝库,它有绿化国土、净化空气、调节气候、涵养水土、孕育生物、防治风沙、提供木材等功能。我国地形复杂、多山,宜林面积 2.6 亿公顷,森林面积约为 1.59 亿公顷,居世界第五位,但森林覆盖率却低于世界平均值,人均占有森林面积约为 0.12 公顷。多年来我们把提供木材视为森林的主要功能甚至是唯一的功能,结果木材消耗量急剧增加,毁林垦荒、乱砍滥伐、浪费破坏森林资源的情况严重,森林面积大幅度减少。造成自然生态环境恶化,水土流失量大,自然灾害频繁。为此,我国制定了一系列的以《森林法》为核心的森林资源利用与保护法律制度,国务院颁布了《森林法实施条例》[1],林业主管部门也相应的制定出了《违反森林法行政处罚暂行办法》[2]、《林业部关于加强林木采伐许可证管理的通知》[3]等规章制度。各省、自治区和直辖市也随之颁布了相关的地方性法规。

(一) 森林资源保护利用基本原则

1. 森林资源国家所有原则

我国宪法规定,森林资源属于国家[4],国家通过实行森林、林木和林地登记发证制度实现所有权的管理。依法登记的森林、林木和林地的所有权、使用权受法律保护,任何单位和个人不得侵犯。未确定使用权的国家所有的森林、林木和林地,由县级以上人民政府登记造册,负责保护管理。

2. 保护在先、利用在后,采育平衡、永续利用的原则

森林不仅仅是一种可利用的资源,更是一座活的绿色的宝库,所以对待森林不能与矿产资源一样,只注意开采与保护,森林是一个有生命的系统,应该让它活下

① 《中华人民共和国森林法实施条例》2000 年 1 月 29 日国务院令 278 号发布施行。同日1986 年 4 月 28 日国务院批准、1986 年 5 月 10 日林业部发布的《中华人民共和国森林法实施细则》同时废止.

② 《违反森林法行政处罚暂行办法》1984 年 12 月 13 日林业部发布.

③ 《林业部关于加强林木采伐许可证管理的通知》林资字[1989]138 号 1989 年 5 月 31 日.

④ 《中华人民共和国宪法》第 9 条.

去。森林的作用不仅仅是提供木材,人们只有让它活下去,它才会造福于人类。因此对待森林必须实行保护在先、利用在后,采育平衡、永续利用的保护利用原则①。我们应该向子孙承诺,从祖先得到了多少面积的森林,就应该给子孙多少面积的森林。

3. 林木采伐许可原则②

国家森林实行计划采伐制度,国家制定统一的年度木材生产计划,年度木材生产计划不得超过批准的年采伐限额③,计划采伐通过采伐许可证制度落实。采伐林木必须申请采伐许可证,按许可证的规定进行采伐(农村居民采伐自留地和房前屋后个人所有的零星林木除外),没有采伐许可证的,不能采伐森林。

(二)森林资源保护利用基本制度

1. 森林、林木资源所有权与使用权登记制度

我国实行森林登记制度,森林资源所有权分为国家所有权、集体所有权、单位和个人所有权④。森林资源属于国家所有,由法律规定属于集体所有的除外;全民所有制单位营造的林木,由营造单位经营并按照国家规定支配林木收益;集体所有制单位营造的林木,归该单位所有;农村居民在房前屋后、自留地、自留山种植的林木,归个人所有;城镇居民和职工在自有房屋的庭院内种植的林木,归个人所有。集体或者个人承包全民和集体所有的宜林荒山荒地造林的,承包后种植的林木归承包的集体或个人所有。

依法使用国家所有的森林、林木和林地,按照下列规定登记:①使用国务院确定的国家所有的重点林区(以下简称重点林区)的森林、林木和林地的单位,应当向国务院林业主管部门提出登记申请,由国务院林业主管部门登记造册,核发证书,确认森林、林木和林地使用权以及由使用者所有的林木所有权;②使用国家所有的跨行政区域的森林、林木和林地的单位和个人,应当向共同的上一级人民政府林业主管部门提出登记申请,由该人民政府登记造册,核发证书,确认森林、林木和林地使用权以及由使用者所有的林木所有权;③使用国家所有的其他森林、林木和林地的单位和个人,应当向县级以上地方人民政府林业主管部门提出登记申请,由县级以上地方人民政府登记造册,核发证书,确认森林、林木和林地使用权以及由使用者所有的林木所有权。

集体所有的森林、林木和林地,由所有者向所在地的县级人民政府林业主管部

---

① 《中华人民共和国森林法》第5条.
② 《中华人民共和国森林法》第32条.
③ 《中华人民共和国森林法》第30条.
④ 《中华人民共和国森林法》第3条、第27条.

门提出登记申请,由该县级人民政府登记造册,核发证书,确认所有权。单位和个人所有的林木,由所有者向所在地的县级人民政府林业主管部门提出登记申请,由该县级人民政府登记造册,核发证书,确认林木所有权。使用集体所有的森林、林木和林地的单位和个人,应当向所在地的县级人民政府林业主管部门提出登记申请,由该县级人民政府登记造册,核发证书,确认森林、林木和林地使用权。改变森林、林木和林地所有权、使用权的,应当依法办理变更登记手续。

2. 森林、林木经营制度

我国法律有条件地允许经营森林、林木。法律规定下列森林、林木、林地使用权可以依法转让[1],也可以依法作价入股或者作为合资、合作造林、经营林木的出资、合作条件,但不得将林地改为非林地:①用材林、经济林、薪炭林;②用材林、经济林、薪炭林的林地使用权;③用材林、经济林、薪炭林的采伐迹地、火烧迹地的林地使用权;④国务院规定的其他森林、林木和其他林地使用权。

可以依法转让的森林、林木、林地还可以作价入股或者作为合资、合作造林、经营林木的出资、合作条件的,已经取得的林木采伐许可证可以同时转让,同时转让双方都必须遵守本法关于森林、林木采伐和更新造林的规定。除15条第1款规定的情形外,其他森林、林木和其他林地使用权不得转让。

3. 许可证制度

我国对森利采伐采用许可证制度,包括采伐许可证制度和运输许可证制度。

(1) 采伐许可证制度。采伐林木的单位或个人必须持有采伐许可证才能对树木进行采伐[2]。法律规定:采伐林木必须申请采伐许可证,按许可证的规定进行采伐;农村居民采伐自留地和房前屋后个人所有的零星林木除外。国有林业企业事业单位、机关、团体、部队、学校和其他国有企业事业单位采伐林木,由所在地县级以上林业主管部门依照有关规定审核发放采伐许可证;铁路、公路的护路林和城镇林木的更新采伐,由有关主管部门依照有关规定审核发放采伐许可证;农村集体经济组织采伐林木,由县级林业主管部门依照有关规定审核发放采伐许可证;农村居民采伐自留山和个人承包集体的林木,由县级林业主管部门或者其委托的乡、镇人民政府依照有关规定审核发放采伐许可证[3]。

取得采伐林木许可的单位或个人也应以法定的方式进行采伐。采伐森林和林木必须遵守下列规定:①成熟的用材林应当根据不同情况,分别采取择伐、皆伐和渐伐方式,皆伐应当严格控制,并在采伐的当年或者次年内完成更新造林;②防护

---

[1] 《中华人民共和国森林法》第15条.
[2] 《中华人民共和国森林法》第32条.
[3] 采伐以生产竹材为主要目的的竹林,也适用以上各款规定.

337

林和特种用途林中的国防林、母树林、环境保护林、风景林,只准进行抚育和更新性质的采伐;③特种用途林中的名胜古迹和革命纪念地的林木、自然保护区的森林,严禁采伐。

采伐林木的单位或个人有重新造林的义务。法律规定:"采伐林木的单位或者个人,必须按照采伐许可证规定的面积、株数、树种、期限完成更新造林任务,更新造林的面积和株数不得少于采伐的面积和株数。"

(2)运输许可证制度。采伐林木的单位或个人从林区运出木材需要得到相应的许可①。从林区运出木材,必须持有林业主管部门发给的运输证件,国家统一调拨的木材除外。依法取得采伐许可证后,按照许可证的规定采伐的木材,从林区运出时,林业主管部门应当发给运输证件。经省、自治区、直辖市人民政府批准,可以在林区设立木材检查站,负责检查木材运输。对未取得运输证件或者物资主管部门发给的调拨通知书运输木材的,木材检查站有权制止。

(三)禁止性规定与法律责任

1. 关于不特定公众的禁止性规定与法律责任

盗伐森林或者其他林木的,依法赔偿损失;由林业主管部门责令补种盗伐株数10倍的树木,没收盗伐的林木或者变卖所得,并处盗伐林木价值3倍以上10倍以下的罚款。

滥伐森林或者其他林木,由林业主管部门责令补种滥伐株数5倍的树木,并处滥伐林木价值2倍以上5倍以下的罚款。拒不补种树木或者补种不符合国家有关规定的,由林业主管部门代为补种,所需费用由违法者支付。盗伐、滥伐森林或者其他林木,构成犯罪的,依法追究刑事责任。非法采伐、毁坏珍贵树木的,依法追究刑事责任。

违法进行开垦、采石、采砂、采土、采种、采脂和其他活动,致使森林、林木受到毁坏的,依法赔偿损失;由林业主管部门责令停止违法行为,补种毁坏株数1倍以上3倍以下的树木,可以处毁坏林木价值1倍以上5倍以下的罚款。

幼林地和特种用途林内砍柴、放牧致使森林、林木受到毁坏的,依法赔偿损失;由林业主管部门责令停止违法行为,补种毁坏株数1倍以上3倍以下的树木。拒不补种树木或者补种不符合国家有关规定的,由林业主管部门代为补种,所需费用由违法者支付。

伪造林木采伐许可证、木材运输证件、批准出口文件、允许进出口证明书的,依法追究刑事责任。

---

① 《中华人民共和国森林法》第37条.

2. 关于林业经营人的禁止性规定与法律责任

买卖林木采伐许可证、木材运输证件、批准出口文件、进出口证明书的,由林业主管部门没收违法买卖的证件、文件和违法所得,并处违法买卖证件、文件的价款1倍以上3倍以下的罚款;构成犯罪的,依法追究刑事责任。

在林区非法收购明知是盗伐、滥伐的林木的,由林业主管部门责令停止违法行为,没收违法收购的盗伐、滥伐的林木或者变卖所得,可以并处违法收购林木的价款1倍以上3倍以下的罚款;构成犯罪的,依法追究刑事责任。

采伐林木的单位或者个人没有按照规定完成更新造林任务的,发放采伐许可证的部门有权不再发给采伐许可证,直到完成更新造林任务为止;情节严重的,可以由林业主管部门处以罚款,对直接责任人员由所在单位或者上级主管机关给予行政处分。

3. 关于国家机关管理人员的禁止性规定与法律责任

超过批准的年采伐限额发放林木采伐许可证的或者超越职权发放林木采伐许可证、木材运输证件、批准出口文件、允许进出口证明书的,由上一级人民政府林业主管部门责令纠正,对直接负责的主管人员和其他直接责任人员依法给予行政处分;有关人民政府林业主管部门未予纠正的,国务院林业主管部门可以直接处理;构成犯罪的,依法追究刑事责任。

从事森林资源保护、林业监督管理工作的林业主管部门的工作人员和其他国家机关的有关工作人员滥用职权、玩忽职守、徇私舞弊,构成犯罪的,依法追究刑事责任;尚不构成犯罪的,依法给予行政处分。

五、草原资源保护利用法律制度

草原也是一座绿色的宝库,但相对森林,它显得更加柔弱,更容易受到破坏,自我恢复能力差,因此需要我们更加多的保护。由于草原地带的土层较薄、降水量少,所以只要稍不注意保护草原,草原就会退化为戈壁。因此保护草原对促进畜牧业健康发展有重要的作用。但我国对草原存在过度放牧,任意开垦、乱挖乱采、鼠害病虫害和草原火灾增多,干旱、风沙自然灾害频繁的情况,从而导致草原植被破坏,水土流失,生态平衡失调,资源退化严重恶果。因此需要加强对草原的管理、建设和保护,要用法律保障草原的合理开发和利用,增强草原资源的可持续性利用。

我国基本上形成了以《草原法》为核心的草原资源保护利用法律制度,国务院颁布了《国务院关于加强草原保护与建设的若干意见》①和《草原防火条例》②等法

---

① 《国务院关于加强草原保护与建设的若干意见》(国发[2002]19号,2002年9月16日).

② 《草原防火条例》1993年10月5日,国务院令第130号.

规、规章,和各省、自治区和直辖市也随之颁布的相关的地方性法规构成了我国现有的草原资源保护的法律体系[①]。

(一) 草原资源保护利用基本原则

1. 保护基本草地原则

建立基本草地保护制度,把人工草地、改良草地、重要放牧场、割草地及草地自然保护区等具有特殊生态作用的草地,划定为基本草地,实行严格的保护制度。任何单位和个人不得擅自征用、占用基本草地或改变其用途。县级以上地方人民政府要切实履行职责,做好本行政区域内基本草地的划定、保护和监督管理工作。

2. 实行草畜平衡原则

根据区域内草原提供的饲草饲料量,确定牲畜饲养量,实行草畜平衡。确定草原载畜量标准和草畜平衡管理办法,核定草原载畜量,控制草原牲畜放养数量,禁止草原超载过牧,实现草畜动态平衡。

3. 推行划区轮牧、休牧和禁牧原则

实行草原划区轮牧;在春季牧草返青期和秋季牧草结实期实行季节性休牧;在生态脆弱区和草原退化严重的地区实行围封禁牧。

(二) 草原资源保护利用基本制度

1. 草原资源的所有权与使用权登记制度[②]

我国法律规定,草原属于国家所有,即全民所有,由法律规定属于集体所有的草原除外。草原的所有权和使用权受法律保护,任何单位和个人不得侵犯。国家所有的草原,由国务院代表国家行使所有权。任何单位或者个人不得侵占、买卖或者以其他形式非法转让草原。

全民所有制单位使用的草原,由县级以上地方人民政府登记造册,核发证书,确认使用权。集体所有的草原和集体长期固定使用的全民所有的草原,由县级人民政府登记造册,核发证书,确认所有权或者使用权。

2. 草原资源的使用制度[③]

全民所有的草原,可以固定给集体长期使用。全民所有的草原、集体所有的草原和集体长期固定使用的全民所有的草原,可以由集体或者个人承包从事畜牧业生产。集体所有的草原或者依法确定给集体经济组织使用的国家所有的草原,可

---

① 《中华人民共和国草原法》指的草原是指天然草原和人工草地,第 2 条.

② 《中华人民共和国草原法》第 9 条和第 10 条.

③ 《中华人民共和国草原法》第 10 条~第 13 条.

以由本集体经济组织内的家庭或者联户承包经营。承包经营草原,发包方和承包方应当签订书面合同。草原承包合同的内容应当包括双方的权利和义务、承包草原四至界限、面积和等级、承包期和起止日期、承包草原用途和违约责任等。承包期届满,原承包经营者在同等条件下享有优先承包权。

草原承包经营权受法律保护,可以按照自愿、有偿的原则依法转让。草原承包经营权转让的受让方必须具有从事畜牧业生产的能力,并应当履行保护、建设和按照承包合同约定的用途合理利用草原的义务。草原承包经营权转让应当经发包方同意。承包方与受让方在转让合同中约定的转让期限,不得超过原承包合同剩余的期限。

3. 建立基本草原和自然保护区制度①

国家实行基本草原保护制度。下列草原应当划为基本草原,实施严格管理:①重要放牧场;②割草地;③用于畜牧业生产的人工草地、退耕还草地以及改良草地、草种基地;④对调节气候、涵养水源、保持水土、防风固沙具有特殊作用的草原;⑤作为国家重点保护野生动植物生存环境的草原;⑥草原科研、教学试验基地;⑦国务院规定应当划为基本草原的其他草原。

国务院草原行政主管部门或者省级人民政府,可以按照自然保护区管理的有关规定在下列地区建立草原自然保护区:①具有代表性的草原类型;②珍稀濒危野生动植物分布区;③具有重要生态功能和经济科研价值的草原。

4. 合理利用草原资源制度②

草原使用权人应当合理利用草原。要实行以草定畜、草畜平衡制度,要按照草的产出量在确保草再生能力的基础上确定牲畜数量;要禁止开垦草原、退耕还草。对水土流失严重、有沙化趋势、需要改善生态环境的已垦草原,应当有计划、有步骤地退耕还草;已造成沙化、盐碱化、石漠化的,应当限期治理。

根据草原情况分别实施轮牧、休牧和禁牧措施。对一般草原实施划区轮牧;在春季牧草返青期和秋季牧草结实期实行季节性休牧;在生态脆弱区和草原退化严重的地区实行围封禁牧。

5. 防治草原灾害制度③

各级人民政府应当建立草原防火责任制,规定草原防火期,制定草原防火扑火预案,切实做好草原火灾的预防和扑救工作。县级以上人民政府应当计划进行火情监控、防火物资储备、防火隔离带等草原防火设施的建设,确保防火需要。

县级以上地方人民政府和草原行政主管部门应当做好草原鼠害、病虫害和毒

---

① 《中华人民共和国草原法》第42条和第43条.
② 《中华人民共和国草原法》第45条~第47条.
③ 《中华人民共和国草原法》第53条、54条.

害草防治保护捕食鼠虫的益鸟益兽的组织管理工作。加强草原鼠害、病虫害和毒害草监测预警、调查以及防治工作,组织研究和推广综合防治的办法。禁止在草原上使用剧毒、高残留以及可能导致二次中毒的农药。

(三) 禁止性规定与法律责任①

1. 对不特定公众的禁止性规定与法律责任

未经批准或者采取欺骗手段骗取批准,非法使用草原,构成犯罪的,依法追究刑事责任;尚不够刑事处罚的,由县级以上人民政府草原行政主管部门依据职权责令退还非法使用的草原,对违反草原保护、建设、利用规划擅自将草原改为建设用地的,限期拆除在非法使用的草原上新建的建筑物和其他设施,恢复草原植被,并处草原被非法使用前3年平均产值6倍以上12倍以下的罚款。

非法开垦草原,构成犯罪的,依法追究刑事责任;尚不够刑事处罚的,由县级以上人民政府草原行政主管部门依据职权责令停止违法行为,限期恢复植被,没收非法财物和违法所得,并处违法所得1倍以上5倍以下的罚款;没有违法所得的,并处5万元以下的罚款;给草原所有者或者使用者造成损失的,依法承担赔偿责任。

在荒漠、半荒漠和严重退化、沙化、盐碱化、石漠化、水土流失的草原,以及生态脆弱区的草原上采挖植物或者从事破坏草原植被的其他活动的,由县级以上地方人民政府草原行政主管部门依据职权责令停止违法行为,没收非法财物和违法所得,可以并处违法所得1倍以上5倍以下的罚款;没有违法所得的,可以并处5万元以下的罚款;给草原所有者或者使用者造成损失的,依法承担赔偿责任。

未经批准或者未按照规定的时间、区域和采挖方式在草原上进行采土、采砂、采石等活动的,由县级人民政府草原行政主管部门责令停止违法行为,限期恢复植被,没收非法财物和违法所得,可以并处违法所得1倍以上2倍以下的罚款;没有违法所得的,可以并处2万元以下的罚款;给草原所有者或者使用者造成损失的,依法承担赔偿责任。

违反规定,擅自在草原上开展经营性旅游活动,破坏草原植被的,由县级以上地方人民政府草原行政主管部门依据职权责令停止违法行为,限期恢复植被,没收违法所得,可以并处违法所得1倍以上2倍以下的罚款;没有违法所得的,可以并处草原被破坏前3年平均产值6倍以上12倍以下的罚款;给草原所有者或者使用者造成损失的,依法承担赔偿责任。

非抢险救灾和牧民搬迁的机动车辆离开道路在草原上行驶或者从事地质勘探、科学考察等活动未按照确认的行驶区域和行驶路线在草原上行驶,破坏草原植

---

① 《中华人民共和国草原法》第61条~第73条.

被的,由县级人民政府草原行政主管部门责令停止违法行为,限期恢复植被,可以并处草原被破坏前3年平均产值3倍以上9倍以下的罚款;给草原所有者或者使用者造成损失的,依法承担赔偿责任。

在临时占用的草原上修建永久性建筑物、构筑物的,由县级以上地方人民政府草原行政主管部门依据职权责令限期拆除;逾期不拆除的,依法强制拆除,所需费用由违法者承担。

临时占用草原,占用期届满,用地单位不予恢复草原植被的,由县级以上地方人民政府草原行政主管部门依据职权责令限期恢复;逾期不恢复的,由县级以上地方人民政府草原行政主管部门代为恢复,所需费用由违法者承担。

未经批准,擅自改变草原保护、建设、利用规划的,由县级以上人民政府责令限期改正;对直接负责的主管人员和其他直接责任人员,依法给予行政处分。

2. 关于对草原行政主管人员的禁止性规定与法律责任

草原行政主管部门工作人员及其他国家机关有关工作人员玩忽职守、滥用职权,不依法履行监督管理职责,或者发现违法行为不予查处,造成严重后果,构成犯罪的,依法追究刑事责任;尚不够刑事处罚的,依法给予行政处分。

截留、挪用草原改良、人工种草和草种生产资金或者草原植被恢复费,构成犯罪的,依法追究刑事责任;尚不够刑事处罚的,依法给予行政处分。

无权批准征用、使用草原的单位或者个人非法批准征用、使用草原的,超越批准权限非法批准征用、使用草原的,或者违反法律规定的程序批准征用、使用草原,构成犯罪的,依法追究刑事责任;尚不够刑事处罚的,依法给予行政处分。非法批准征用、使用草原的文件无效。非法批准征用、使用的草原应当收回,当事人拒不归还的,以非法使用草原论处。

非法批准征用、使用草原,给当事人造成损失的,依法承担赔偿责任。

买卖或者以其他形式非法转让草原,构成犯罪的,依法追究刑事责任;尚不够刑事处罚的,由县级以上人民政府草原行政主管部门依据职权责令限期改正,没收违法所得,并处违法所得1倍以上5倍以下的罚款。

参考书目

应松年. 行政法学新论[M]. 北京：中国方正出版社，1998.

罗豪才，湛中乐. 行政法学[M]. 北京：北京大学出版社 1996.

马怀德. 行政法与行政诉讼法[M]. 北京：中国法制出版社，2000.

姜明安. 行政法与行政诉讼法[M]. 北京：北京大学出版社，高等教育出版社，1999.

范健，王建文. 公司法[M]. 北京：法律出版社，2006.

顾功耘. 公司法[M]. 北京：北京大学出版社，2000.

赵旭东. 新旧公司法比较分析[M]. 北京：人民法院出版社，2005.

董保华. 劳动关系调整的法律机制[M]. 上海：上海交通大学出版社，2000.

王全兴. 劳动法[M]. 北京：法律出版社，2004.

董保华. 劳动法原理[M]. 上海：上海社会科学院出版社，1998.

李昌麒. 经济法学[M]. 北京：中国政法大学出版社，2002.

张富强. 经济法学[M]. 北京：法律出版社，2005.

任荣明. 经济法[M]. 北京：北京师范大学出版社，2006.

王利明，房绍坤，王轶. 合同法[M]. 北京：中国人民大学出版社，2007.

崔建远. 合同法第三版[M]. 北京：法律出版社，2005.

韩世远. 合同法总论[M]. 北京：法律出版社，2004.

王利明. 中国民法案例与学理研究·债权篇[M]. 北京：法律出版社，2003.

沈欣. 浅论拍卖行为中的法律关系及规则[J]. 消费导刊，2006(11).

王锁明. 票据法学[M]. 北京：法律出版社，2007.

世界知识产权组织. 知识产权纵横谈[M]. 张寅虎，译等. 北京：世界知识出版社，1992.

夏叔华. 知识产权法理论与实务[M]. 北京：法律出版社，1992.

郑成思. WTO 知识产权协议逐条讲解[M]. 北京：中国方正出版社，2001.

郑成思. 知识产权论[M]. 北京：法律出版社，2007.

吴汉东. 知识产权法[M]. 北京：法律出版社，2007.

刘春田. 知识产权法[M]. 北京：中国人民大学出版社，2000.

韩德培. 环境保护法教程[M]. 北京：法律出版社，2007.

戚道孟. 环境法[M]. 天津：南开大学出版社，2000.

王曦. 国际环境法[M]. 北京：法律出版社，2005.

汪劲. 环境法[M]. 北京：北京大学出版社，2006.

后 记

经过一段时间的努力本书修订完成了。在本书出版后，我们向法学界和教育界的一些朋友就本书的体系、内容与表达进行了一些讨论，得到了他们的指点。相比一版，二版对本书体系有所调整。本书的逻辑起点还是组织制度。第二章不变，第三章改为财产制度。财产是创业与谋生的重要条件。第四章介绍市场运行规则。第五章介绍的是以合同法为主要内容的市场交易基本法律制度。第六章介绍环境保护和资源利用基本法律制度。希望本书修改后能在对非法学专业学生的法律知识教育起到更好的作用，对增强学生防范法律风险的能力、谋生与创业有积极的意义。

本书引用法律法规的截止日为 2009 年 3 月底。

由于我们学识与水平的原因，本书二版在体系、内容与具体表达上也难免会存在缺点与问题，这些问题有待于以后修改纠正，本人真切地希望读者与学界朋友多提宝贵意见。

本书修改过程中得到梁文清、吕继贵等法学界前辈的支持，又得到李俊明、董燕、丁长二、方坤等朋友的帮助，在此对他们表示感谢，对上海交通大学出版社的支持也表示感谢。

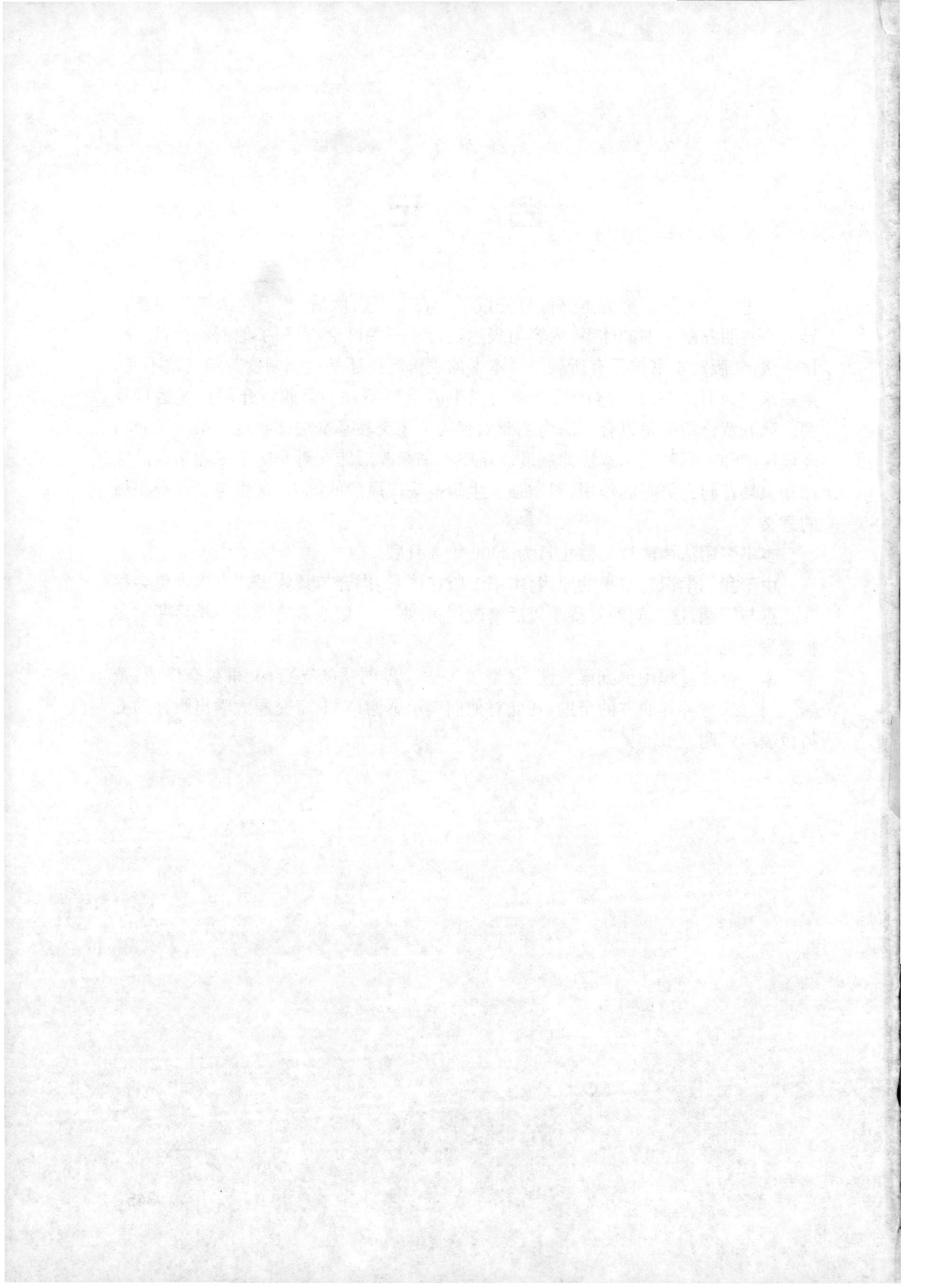